W0367558

L'ÉNIGME
DU *TITANIC*

© 1995 Robin Gardiner and Dan van der Vat
First Published in Great Britain in 1995 by Weindenfeld & Nicholson
© Éditions Michel Lafon, 1998, pour la traduction française

Robin Gardiner et Dan van der Vat

L'ÉNIGME DU *TITANIC*

Mystères et dissimulations...

Traduit de l'anglais
par Martine Bruce et Florence Mantran

Michel Lafon
103, boulevard Murat – 75016 Paris

Plan du *Titanic*, 1911

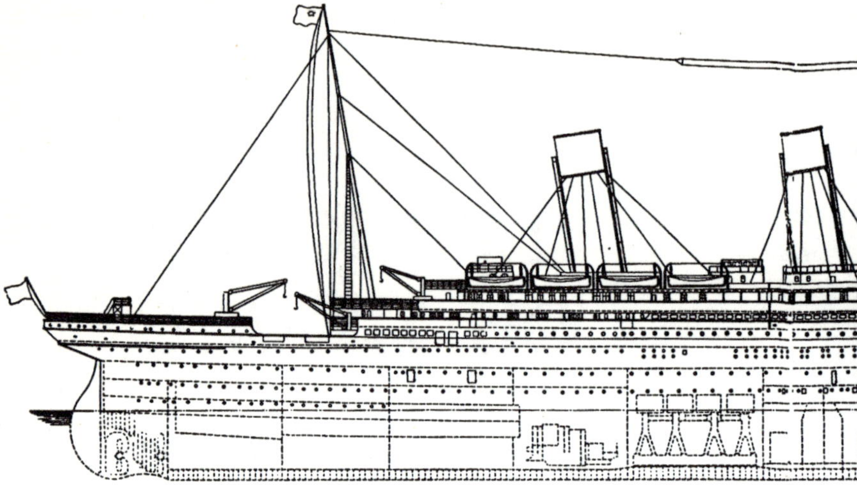

P^{t} promenade supérieur (A)

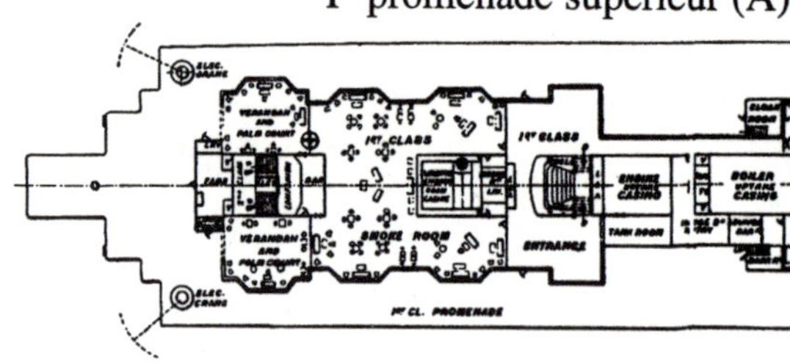

P^{t} promenade (B)

Dunette

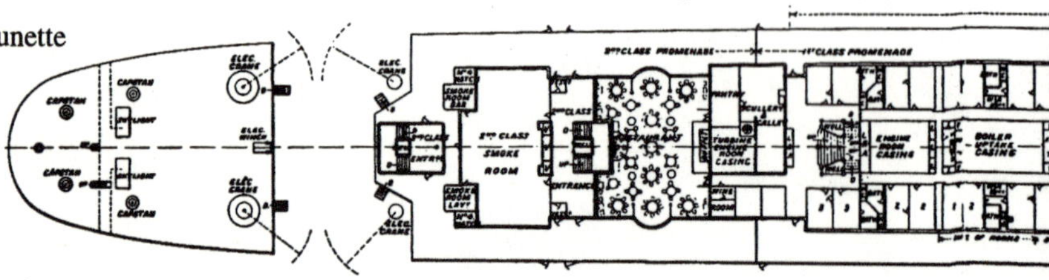

P^{t} supérieur (C)

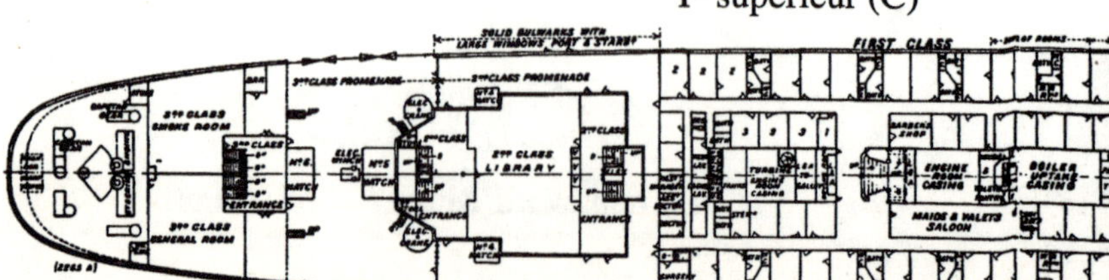

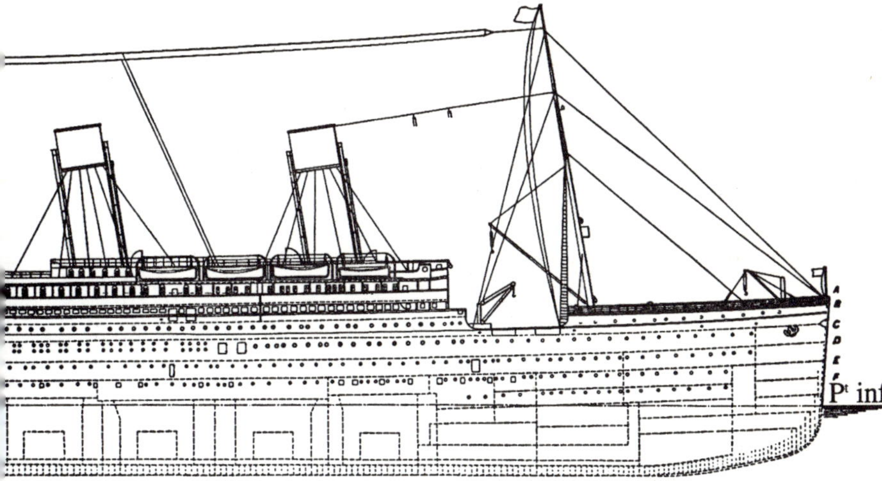

Pt inférieur

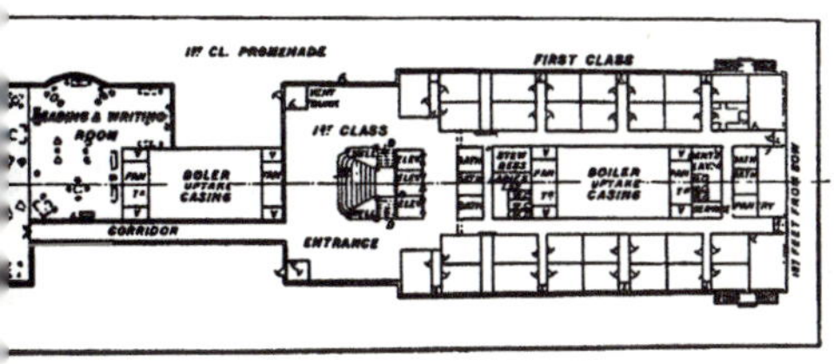

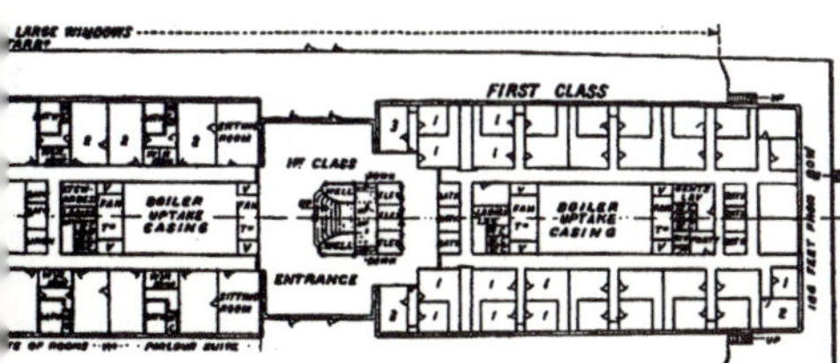

Gaillard d'avant

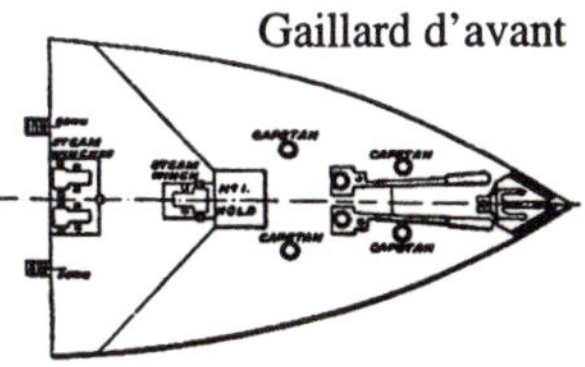

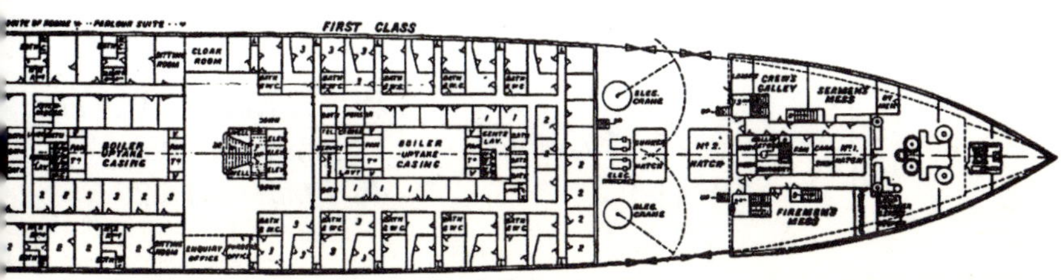

Carte indiquant la position des bateaux dans

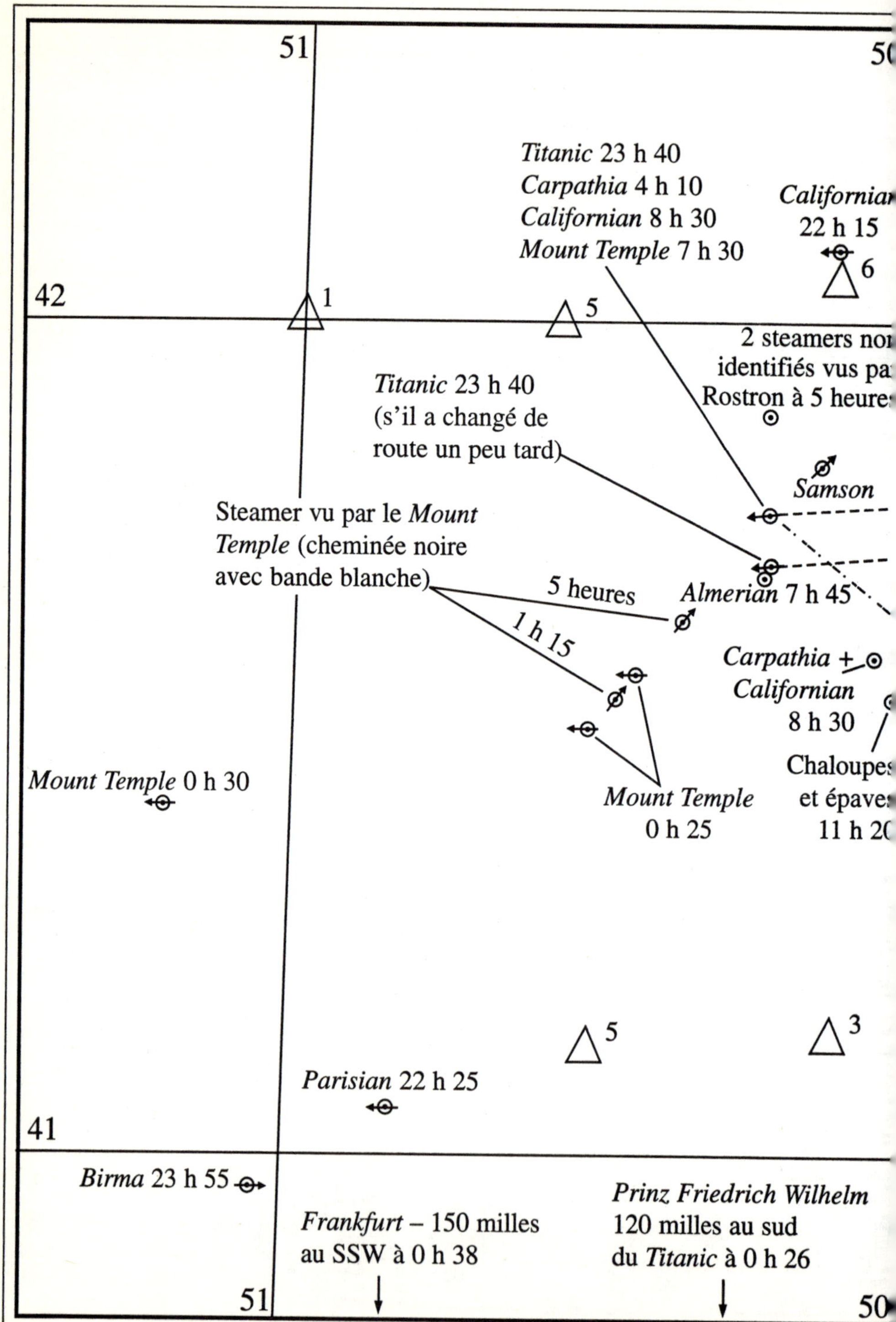

uit du 14 au 15 avril 1912 entre 22 h 15 et 11 h 20

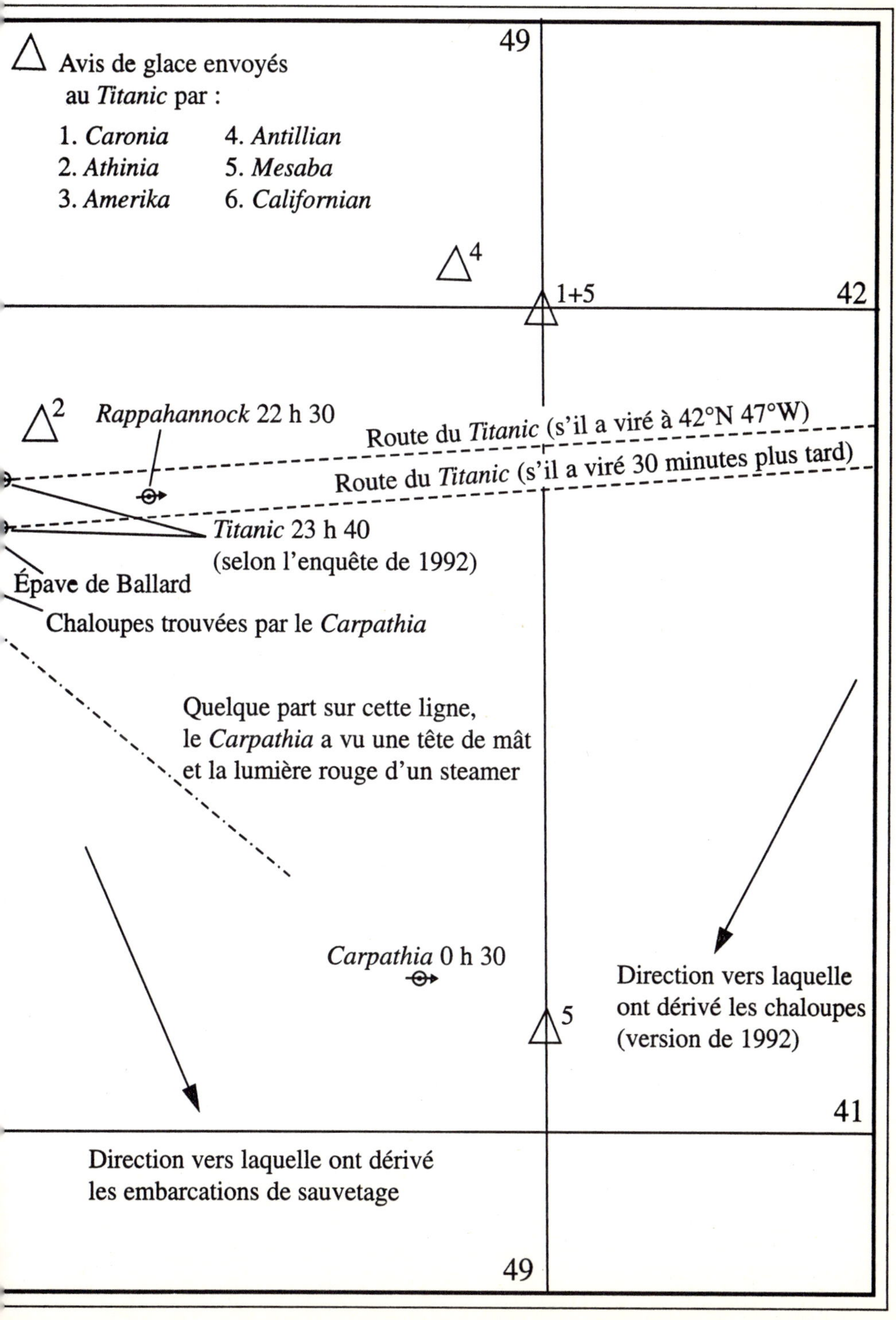

AVANT-PROPOS

DISSIMULATIONS DE PREUVES

Lorsque, en 1985, l'épave du *Titanic* fut enfin localisée par une expédition franco-américaine, l'intérêt du public envers cette tragédie montra tous les signes d'un nouvel essor. De même, l'on se souvient de l'incroyable battage fait autour de l'inauguration, le 15 avril 1995 à Greenwich, du premier monument élevé en mémoire de cette catastrophe maritime.

En fait, cet intérêt devint évident dès octobre 1994, quand la foule prit d'assaut l'exposition que le Musée maritime de Greenwich organisa autour des reliques du *Titanic*. Le mois suivant, une compagnie japonaise annonçait la mise en chantier de la réplique du *Titanic*, « véritable hôtel et centre de conférences flottant » pour un coût de 100 millions de livres. En décembre, une maison de disques ressortit *Le Naufrage du Titanic*, de Gavin Bryar, œuvre datant de 1969, et fit un malheur.

À cette époque, l'actualité rappela brutalement à quel point il peut s'avérer dangereux de voyager sur les mers. Dans la Baltique, 900 personnes disparues corps et biens sur le ferry *Estonia* ; dans l'océan Indien, l'incendie du paquebot *Achille Lauro* (Dieu merci, on ne déplora que 3 morts) ; aux Philippines, le naufrage d'un ferry

(4 375 morts) dont le sinistre bilan dépassa le record que détenait le *Titanic* depuis près de trois quarts de siècle.

Dans la décennie qui suivit la découverte de l'épave du *Titanic* dans l'Atlantique nord, on effectua une demi-douzaine de plongées par 4 000 mètres de profondeur, et l'on remonta 3 600 objets. Il devint vite manifeste que les doutes engendrés par le mythe du *Titanic* (mythe pris ici dans son sens le plus strict, comme un récit dont la véracité peut céder le pas au symbolisme), ces doutes, donc, ne pouvaient être levés grâce à quelques plongées.

Certains soutinrent même l'idée que ces photographies et ces films si complaisamment spectaculaires, que ces objets ayant appartenu au *Titanic* ou à ses passagers (peu importait leur part d'affectif) ne faisaient que nous détourner des véritables questions... Par exemple, pourquoi la cloche qui avait sonné en cette terrible nuit ne portait-elle aucune inscription indiquant qu'elle appartenait au plus grand et au plus luxueux des transatlantiques de son époque ? Mais cela n'est qu'une question parmi tant d'autres...

Une ultime fouille de l'épave serait ruineuse et fort controversée. Le *Titanic*, cette sépulture collective, cette relique de ce qui fut la fierté de la White Star, nous a sans doute révélé tous ses secrets.

Nous devons chercher ailleurs les réponses aux doutes qui ont hanté les écrivains et leurs lecteurs depuis le naufrage du *Titanic*, lors de cette terrible nuit du 14 au 15 avril 1912. La longue brèche que l'iceberg a dû faire dans la coque du navire est profondément enfouie dans les sables et hors d'atteinte, mais que dire de l'énigmatique trouée, près de l'étrave, qui semble avoir été provoquée par une explosion ? Nulle part il n'en est fait mention, bien qu'il paraisse difficile de l'imputer à un accident antérieur.

Réexaminant minutieusement la légende du *Titanic*, nous n'avons écarté aucune hypothèse, même celles mettant en doute l'identité de l'épave. Car, au cours des plongées, on ne put retrouver les numéros d'immatriculation à l'arrière, pourtant hauts d'une cinquantaine de centimètres. Et comme nous l'a confirmé le Dr Robert Ballard, responsable de l'équipe américaine qui conduisit la première exploration en 1986, s'il ne vit rien qui portât le nom de *Titanic*, il fut en revanche surpris de découvrir un agencement intérieur inconnu. Fait difficile à vérifier, puisque les plans officiels du *Titanic* ont été détruits par un raid aérien durant la Seconde Guerre mondiale.

L'exacte position de l'épave elle-même soulève des controverses. Évaluée par les tout derniers satellites de navigation, elle ne concorde pas avec celle donnée par le *Titanic* lors de ses ultimes appels de détresse, même en tenant compte de la dérive des courants.

Notre propos est d'examiner tous les points litigieux à la lumière des plus récentes découvertes, d'aborder toutes les théories, des plus banales aux plus extravagantes, tout en gardant à l'esprit le témoignage des rescapés, même si certains d'entre eux semblent contestables.

Nous soutiendrons par exemple que la White Star évita une condamnation pour négligence grave en payant certains témoins clés... et que le *Titanic* a pu être substitué à son jumeau l'*Olympic*. En effet, les deux navires appartenaient à la compagnie de navigation White Star (ses archives ont disparu elles aussi, et sans l'aide de la Luftwaffe !).

Dans les premiers mois de sa mise à flot, l'*Olympic* avait cassé une pale d'hélice et était entré en collision avec un croiseur, et ce, par sa propre faute. Ses propriétaires n'avaient donc pu toucher l'assurance et avaient perdu de fortes sommes : l'*Olympic* dut rester à quai, au lieu de participer victorieusement à la compétition de vitesse de l'Atlantique nord. Ils décidèrent d'attaquer la Royal Navy en dommages et intérêts auprès de la Chambre des lords, mais furent déboutés.

Les navires jumeaux furent aperçus côte à côte pour la dernière fois à Belfast en mars 1912. Nous démontrerons qu'il était aisé d'échanger les numéros d'immatriculation et surtout la vaisselle, l'argenterie et le linge puisque la White Star équipait ses bateaux en série...

Une étude approfondie des faits relevés par les deux commissions d'enquête, anglaise et américaine, nous laisse un sentiment de travail bâclé, de questions éludées, d'actes manqués et de – pour le moins – curieuses contradictions.

En voici quelques exemples :

Pourquoi le véritable rôle de J. Pierpont Morgan, magnat de la finance et réel propriétaire du *Titanic*, fut-il passé sous silence lors de l'enquête américaine ?

Comment a fait l'avocat général du Tribunal des naufrages britannique pour échapper à l'accusation de délit d'initié, alors qu'il était actionnaire de la Marconi Company, dont la cote boursière s'est envolée après la catastrophe ?

Nous parlerons aussi des boucs émissaires des enquêteurs : Stanley Lord, le commandant du *Californian*, qui resta la nuit du naufrage à quelques milles du *Titanic* sans lui porter secours, et J. Bruce Ismay, directeur de la White Star, qui monta à bord d'un radeau de sauvetage, laissant des centaines de femmes et d'enfants se noyer.

Nous démontrerons que E. J. Smith, le commandant du *Titanic*, était beaucoup moins fiable que l'on ne l'a dit. La ligne sur laquelle il officiait était la plus mal notée de toutes, ses accidents à eux seuls égalant ceux du reste de la compagnie.

Nous tenterons de comprendre ceci :

Pourquoi les deux hommes d'équipage qui étaient de quart quand le *Titanic* a heurté un iceberg ont-ils été payés pour se taire ? Quel secret cachaient-ils ?

Comment le veilleur a-t-il pu, depuis son nid-de-pie, ignorer les premières glaces dérivantes ?

Et surtout, pourquoi le commandant Smith a-t-il augmenté la vitesse du paquebot, connaissant la présence de ces glaces ?

Nous apporterons de nouvelles lumières sur :

– la disparition des jumelles de guet ;

– l'incendie, dissimulé par le commandant Smith, et qui faisait rage dans une soute à charbon, de nombreuses heures avant la catastrophe ;

– la réticence de Henry Wilde, le second, à prendre ses fonctions ;

– les 55 annulations juste avant le départ (y compris celle de J. P. Morgan) ;

– l'importante modification de la superstructure apportée au *Titanic* quelques jours avant qu'il ne prenne la mer ;

– l'énigme de ce (ou de ces) navire(s) passant près du lieu du naufrage sans apporter le moindre secours.

Mais où que puissent nous mener ces questions, que soit résolue ou non l'énigme du *Titanic*, son histoire restera la plus incroyable tragédie de l'histoire de la marine commerciale.

Robin GARDINER
Dan VAN DER VAT
Oxford et Londres, avril 1995

PREMIÈRE PARTIE

PRÉMICES D'UN NAUFRAGE

Descendus en mer sur des navires,
ils faisaient négoce parmi les grandes eaux ;
ceux-là ont vu les œuvres du Seigneur,
ses merveilles parmi les abîmes.

Psaume 107

Est-ce que les eaux infinies et mouvantes
Ne sont pas assez vastes pour y voguer ?
Tous deux portés par le flux,
La blanche goélette et le brillant iceberg.

Celia Thaxter, *A Tryst*, 1874

1

LES « OLYMPICS »

La légende du *Titanic* naquit à Londres, dans le quartier de Mayfair, un soir de 1907, lors d'une conversation d'après-dîner entre lord Pirrie, P-DG de Harland & Wolff, constructeur de bateaux à Belfast, et son hôte, J. Bruce Ismay, directeur général de la White Star. Pirrie se proposait de construire trois navires plus grands et plus luxueux qu'aucun de ceux alors en service. Ismay comprit que c'était la seule manière pour la White Star de pouvoir supplanter la Cunard, qui dominait tout l'Atlantique nord. Comme filiale d'IMM, International Mercantile Marine, aussi présidée par Ismay, la White Star avait accès aux fonds contrôlés par J. Pierpont Morgan, propriétaire d'IMM au travers de ses célèbres trusts et, par voie de conséquence, du *Titanic*. Pirrie fut l'instigateur d'une alliance qui devait réunir l'argent de Morgan, le prestige de la White Star et la suprématie technologique de Harland & Wolff pour créer une série de super-liners dit « Olympics », appelés à dominer les mers pendant plus d'un quart de siècle. Le premier de cette série fut dénommé *Olympic* ; et ses débuts malheureux jouent un rôle crucial dans la compréhension de l'histoire du *Titanic*.

Le 16 décembre 1908, on posa la quille du premier des liners ; les travaux se déroulèrent sur un ensemble de cales prévues pour la construction de trois navires dans les chantiers Harland & Wolff de Queen Island, près de Belfast. Celle du futur *Titanic* sera posée cale n° 3, le 31 mars 1909. Un énorme pont roulant reliait les cales sèches. Le « squelette » du bateau (les traverses verticales de l'étrave à l'étambot, les cloisons transverses et l'enchevêtrement des solives, poutres et piliers prêts à recevoir les plaques d'acier) fut terminé le 20 novembre. La coque mesurait 270 mètres de long et 28 mètres de large.

Le navire possédait un double fond dans la partie inférieure de la coque, ce qui permit, vu ses dimensions, d'y stocker les containers d'eau pour les chaudières et le réseau d'eau non potable.

Un demi-million de rivets furent utilisés rien que pour le fixer, ce qui représentait un sixième de tous les rivets du bateau. Le tout sera assemblé hydrauliquement suivant la toute dernière technologie.

Au milieu du liner, se trouvaient une paire de quilles de bouchain de 310 mètres, conçues pour réduire à son minimum le roulis par gros temps. D'énormes plaques de fonte, qui n'auraient pas détonné dans une exposition d'art moderne, entretoisaient l'étrave et supportaient les trois hélices et le gouvernail (24 mètres de haut, 101 tonnes).

Mais l'un des traits principaux de cette structure devait retenir plus spécialement l'attention des commissions d'enquête après le naufrage. Le navire était divisé par une quinzaine de cloisons étanches et de portes étanchéifiées dont la fermeture se commandait automatiquement depuis la passerelle. Cette caractéristique devait selon le *Shipbuilder*, un magazine qui vantait l'*Olympic* et le *Titanic* durant l'été 1911, « rendre le navire pratiquement insubmersible ». D'autres journaux, moins à cheval sur les adverbes, parlèrent de l'« insubmersible *Titanic* », donnant ainsi corps à la légende. Ses constructeurs et propriétaires se montrèrent à peine moins optimistes, avant le voyage fatal. J. Bruce Ismay, directeur de la White Star, devait plus tard déclarer au tribunal britannique : « Nous pensions que ce liner était insubmersible. »

Tous les paquebots de la série des « Olympics » comportaient huit ponts : le pont principal avec une passerelle de navigation à son extrémité, puis les ponts A (le plus élevé) à G (le plus bas), sans compter le faux-pont. Le pont B était divisé en trois îlots séparés : le gaillard d'avant, la passerelle et la dunette.

Des quinze cloisons étanches, une s'étendait jusqu'au pont F, huit jusqu'au pont E et six jusqu'au pont D. Le fait que ces cloisons étanches descendaient à un mètre au-dessous de la ligne de flottaison donnait à penser que toutes les mesures de sécurité étaient prises.

Mais malheureusement, et à l'inverse des derniers liners de la Cunard, la série « Olympic » ne possédait pas de cloisons longitudinales étanchéifiées, et ses cloisons étanches n'étaient pas toutes aptes à résister à des rentrées d'eau intempestives. En l'absence de ces deux infrastructures, un bateau peut très bien chavirer, comme l'a démontré le *Lusitania*, qui a coulé en dix-huit minutes après avoir été torpillé en mai 1915. L'absence de pont étanche reliant les quinze cloisons sera fatale. Les liners de la Cunard en possédaient un, ainsi qu'un double fond pouvant s'élever de 2,5 mètres. Les « Olympics » ne résistaient, quant à eux, qu'à l'inondation de deux, voire de quatre compartiments sur seize. En fait, ils avaient été prévus pour accuser une torpille (sauf complications, comme pour le *Lusitania*), résister à un abordage ou à un talonnage, grâce en partie à leur quille rigide.

Pourquoi les constructeurs auraient-ils envisagé autre chose ?

Début avril 1910, la coque de l'*Olympic* était entièrement recouverte de plaques d'acier de 25 centimètres d'épaisseur, 9 mètres de long et 1,80 mètre de haut, et pesant 3 tonnes chacune, tandis que la « cage thoracique » de son jumeau, à sa droite, prenait forme. De simples plaques déjà posées sous l'étrave et sous le gaillard d'arrière arboraient fièrement le nom d'*Olympic*.

Comme presque tous les bateaux de la White Star depuis 1871, son nom portait le suffixe *ic*, de même que ceux de la Cunard se terminaient en *ia* : c'était par ce genre de détail que les deux géants de l'Atlantique nord se distinguaient dans l'esprit du public.

Olympic désigne le mont Olympe en Thessalie, là où les anciens Grecs imaginaient que vivaient leurs dieux. Et *Titanic* venait des Titans, les dieux déchus qui voulaient se venger de Zeus.

À cette époque, les habitants de Belfast s'étaient habitués à voir leur horizon barré par deux colosses s'élevant à plus de 30 mètres au-dessus des cales sèches. Hors de leur vue, mais non de leurs tympans, se façonnaient les passerelles d'acier, les infrastructures faites des plus précieux matériaux et prêtes à être montées.

L'*Olympic* fut lancé dans la rivière Lagan par la poupe, le 20 octobre 1910, devant un aréopage de dignitaires. Il n'y eut pas de baptême au champagne, mais cette « merveille technique », devant l'œil attentif de lord Pirrie, glissa sans une secousse. Le navire pesait 24 600 tonnes et son entrée dans l'eau fut facilitée par 23 tonnes de graisse. Dès la première minute, il s'élança de toute sa longueur à la vitesse de 12,5 nœuds avant d'être freiné dans sa course par six ancres et 8 tonnes de câbles. Mais une fois libéré de ses chaînes, il fut envoyé par une rafale de vent sur un dock de carénage, et abîma une de ses pales. Cela aurait dû alerter les spécialistes quant à la difficulté de propulser une telle masse dans un espace aussi réduit, mais il n'en fut rien.

La coque de l'*Olympic*, à cette étape des travaux, était peinte en gris pâle jusqu'à la ligne de flottaison et recouverte d'un enduit ocre en dessous. Tout était en place, la machinerie, la superstructure, tout sauf les quatre grandes cheminées et les deux mâts. Un ponton-grue de 60 mètres de haut vint descendre les chaudières dans la coque.

Le navire fut enfin remorqué jusqu'au grand bassin de Thompson, construit spécialement par le port de Belfast pour ces géants. Harland & Wolff n'eut besoin que de sept mois et dix jours pour terminer ce liner moitié plus grand que tous ceux existant déjà.

L'*Olympic* était un navire de 45 324 tonnes (GRT[1]). Ces mesures sont universellement reconnues par la marine de commerce. Elles ne sont pas des mesures de poids mais de volume, et s'appliquent à l'espace intérieur du bateau, en incluant la superstructure. Le volume net, qui exclut la machinerie, cuves, quartiers réservés à l'équipage, etc., devient l'espace commercial utilisable ou NRT[2] (20 847 tonnes pour l'*Olympic*). Le *Titanic* ayant la moitié de son pont promenade A fermé, son GRT était de 46 328 tonnes et son NRT de 21 831 tonnes, sans toutefois qu'il fût plus long ou plus large que son jumeau.

---

1. *Gross register tonnage*. Unité de mesure internationale concernant les chiffres bruts. (*N.d.T.*)

2. *Net register tonnage*. La même unité que précédemment, mais en chiffres nets. (*N.d.T.*)

De ce fait, le titre de plus grand liner du monde lui était octroyé sans conteste. Le poids d'un navire est calculé par la pression qu'il exerce sur l'eau à chargement complet. Vide, le *Titanic* pesait 250 tonnes de plus que son jumeau, mais en chargement complet, chacun atteignait 66 000 tonnes.

Sur le chantier en ébullition, les travaux du *Titanic* avançaient rapidement grâce à l'expérience tirée de son jumeau, de trois autres liners commandés par différents propriétaires et de deux autres navires construits pour la White Star.

Sur le bassin de radoub, la coque de l'*Olympic* venait d'être peinte en noir et la superstructure en blanc, les trois grandes hélices fixées, ainsi que les deux mâts et les quatre cheminées, avec leur bande peinte en noir pour masquer la salissure des suies. Une armée d'ajusteurs, de menuisiers, de charpentiers, d'électriciens transformait l'intérieur du navire en une véritable ville flottante. Les premières classes, avec leur court de squash, leur gymnase, leur piscine et leurs bains turcs, leurs larges promenades, étaient un endroit élégant, au décor post-victorien.

Le *Titanic* a été célébré pour son incroyable luxe ; mais la plupart des illustrations qui nous sont parvenues, comme celles du magazine *Shipbuilder*, montraient en fait l'agencement de l'*Olympic*. Les caractéristiques interchangeables des deux bâtiments ont servi indifféremment pour leur publicité et on les a souvent pris l'un pour l'autre.

L'*Olympic*, tout en étant colossal, possédait des lignes simples et élégantes, et la comparaison avec ses confrères de la Cunard était nettement à son avantage.

Les liners de la White Star avaient été conçus par Pirrie, mais dessinés par une équipe de chez Harland & Wolff, dirigée par Alexander Carlisle. Ce dernier, beau-frère de Pirrie, était un architecte naval fort prisé, qui prit sa retraite en 1910. Il fut assisté puis remplacé par un autre parent de lord Pirrie, son neveu Thomas Andrews, directeur technique et ingénieur en chef des chantiers (il n'y avait apparemment aucun népotisme chez Harland & Wolff, les deux hommes étant très compétents). Edward Wilding, architecte, était l'assistant du chef de projet et succédera à Andrews quand celui-ci périra dans le naufrage.

Carlisle et Wilding furent des témoins importants pour la commission d'enquête britannique. Pour la série des « Olympics », Carlisle s'inspira de la coque de l'*Oceanic*, construit par Harland & Wolff en 1899 (le premier navire plus long que le *Great Eastern* de 1858), et il en dessina l'intérieur.

L'*Olympic* devait sa puissance à deux machines à vapeur alternatives de quatre cylindres qui actionnaient deux hélices latérales de 7 mètres, encadrant une turbine basse pression Parsons qui actionnait une hélice centrale de 5 mètres. Chaque machine développait 15 000 chevaux, la turbine 16 000, fournissant ainsi une vitesse de croisière de 21 nœuds minimum. La turbine était un rajout né d'une expérience réussie sur la propulsion mixte, en 1909, pour économiser le fuel. La vapeur était fournie par 29 chaudières réparties en 6 compartiments de chaufferie et 159 foyers, alimentés par les 12 soutes à charbon disposées à l'avant du navire. Ces compartiments se trouvaient sous le pont F et avaient une capacité de 8 000 tonnes.

La salle des machines, à bâbord, contenait deux climatiseurs ; quatre dynamos d'une puissance de 400 kilowatts fournissaient l'électricité abondamment utilisée pour le fonctionnement du bateau : grues, cabestans, ascenseurs, chauffage, cuisines, télégraphe, portes étanches, une cinquantaine de lignes de téléphone intérieur et une multitude d'autres gadgets, plus une installation TSF, type Marconi, d'une portée minimale de 350 milles. Ce dispositif installé sur le pont des embarcations bâbord était connecté à une double antenne placée entre les deux mâts, à 64 mètres au-dessus de la mer. Des batteries de secours étaient prévues en cas de défaillance. Des milliers de mètres de câbles et de fils couraient dans le navire pour fournir un dispositif électrique sophistiqué, comme les 1 500 sonnettes pour appeler les stewards. Quand la catastrophe eut lieu, le système ne fut pas pris en défaut.

Les « Olympics » pouvaient accueillir 900 hommes d'équipage : 500 pour veiller au bien-être des passagers, 325 pour s'occuper des machines, et seulement 66, en comptant le commandant et ses sept officiers, aux commandes.

Les appartements du commandant se trouvaient sur le pont des embarcations à tribord, en avant de la timonerie. Les cabines des officiers se situaient dans la même partie, près de la plus avancée des cheminées, et étaient connues sous le nom de « carré des officiers ». L'ingénieur en chef et ses principaux adjoints étaient installés à tribord, sur le pont F, au-dessus des deux principales machines, avec leur propre pont promenade à bâbord du pont des embarcations, entre la troisième et la quatrième cheminées, et leur salle à manger sur le pont E, au-dessus de leurs cabines.

Une longue coursive courait à bâbord, tout le long du pont E, desservant diverses sections, ainsi que d'autres plus étroites, sans oublier des escaliers en spirale, et la coupée principale, tellement fréquentée que l'équipage l'avait surnommée « Scotland Road » (d'après une artère très populaire de Liverpool) et celle moins large, réservée aux premières classes et baptisée « Park Lane » (célèbre avenue de Londres).

Les chauffeurs vivaient sur le gaillard d'avant sur cinq ponts de C à G ; leur mess était à bâbord sur le pont C et leurs dortoirs sur le pont E. Les stewards et tous les hommes du service de la restauration se trouvaient à bâbord du même pont. La poste, quant à elle, se situait sur le pont G, à l'avant, au-dessus de la salle du courrier.

La taille de l'*Olympic* avait permis la construction d'un véritable dédale de coursives et d'escaliers uniquement réservés au service, ce qui permettait au personnel de se mouvoir sans importuner les passagers, système qui prévalait dans les maisons bourgeoises d'avant-guerre. Dans un même ordre d'idées, les sections passagers observaient une ségrégation qui reflétait bien le rigide ordre social de cette époque.

Le pont des embarcations contenait les ponts promenades des premières et deuxièmes classes, ainsi que le gymnase, et ne possédait aucune cabine. Quant au pont A, il n'en comportait que très peu puisqu'elles laissaient la place à l'immense salon des premières, au fumoir et aux cabinets de lecture et de correspondance, ainsi qu'au jardin d'hiver et à la véranda. L'énorme partie centrale du pont B était aussi consacrée aux premières, bien que le fumoir des deuxièmes s'y trouvât. La plupart des cabines des premières se situaient sur le pont C, avec la bibliothèque réservée aux deuxièmes, et tout à l'avant, le pont promenade des troisièmes et quelques salles communes. Le pont de première classe D contenait le reste des cabines des premières, leur salle à manger et à l'arrière quelques cabines de deuxième classe et leur salon.

La partie réservée aux troisièmes classes commençait au pont D à l'avant, et à l'avant et à l'arrière des ponts E et F. La trop grande distance entre ces deux points obligea la compagnie à séparer les émigrants selon leur sexe ; elle aménagea 164 couchettes pour les hommes à l'avant.

L'*Olympic* pouvait transporter 735 passagers de première classe, 674 de deuxième classe et 1 026 de troisième classe, soit un total de 2 435. Mais des aménagements intérieurs mobiles permettaient de changer cette répartition suivant les besoins. En comptant son équipage, ce paquebot pouvait transporter environ 3 300 personnes.

La capacité des 14 canots de sauvetage, des 2 barques de secours et des 4 radeaux repliables Engelhardt était de 1 178 places, c'est-à-dire un peu plus d'un tiers des personnes à bord. C'était toutefois un peu mieux que ce que le Board of Trade (le ministère du Commerce) préconisait à l'époque ; et ce liner avec ses cloisons étanches était conçu pour être son propre bateau de sauvetage. Ce ne fut qu'après la nuit du 14 au 15 avril 1912 que l'on adopta le principe du sauvetage de *tous* les passagers. Avant cette tragédie, personne n'y avait songé.

Seuls les Américains et les Allemands avaient un quota plus élevé de canots. Il est vrai que même aujourd'hui le nombre de chaloupes ne garantit pas toujours la survie de tous les passagers.

Carlisle avait tout d'abord envisagé 64 chaloupes – ce qui correspondait à la quantité des passagers – puis 40, puis 32, pour terminer par 20, après d'âpres discussions avec les propriétaires et les constructeurs, qui préféraient utiliser l'espace pour des ponts promenades plus larges. Ismay prit la décision de transformer une partie du pont B sur le *Titanic* en cabines de luxe, juste après le voyage inaugural de l'*Olympic*. Chaque paire de bossoirs Welin supportait trois canots (et ils auraient pu en contenir quatre). Les radeaux repliables A et B étaient arrimés sur le toit du carré des officiers, tandis que le C et le D se trouvaient à chaque bout du pont promenade des officiers. Aucun de ces canots n'était motorisé.

Les machines tournèrent pour la première fois le 2 mai 1911, alors que l'*Olympic* était amarré dans le bassin d'armement. À la fin de ce mois, Harland & Wolff put faire une substantielle donation aux hôpitaux de Belfast en ouvrant sa « merveille des merveilles » au public. Les gens assiégèrent le navire, aussi bien le matin, alors que la visite était à 5 shillings (une journée de gages), que l'après-midi, alors qu'elle n'en coûtait plus que 2. Le public était passionné.

Le 29 mai 1911, l'*Olympic* tiré par cinq remorqueurs prit la mer pour un essai de deux jours, dans l'estuaire de Belfast. Les bateaux pilotes, le *Nomadic* et le *Traffic*, construits par Harland & Wolff pour escorter l'*Olympic* jusqu'à Cherbourg, partirent avec lui.

Aucun essai de vitesse ne fut annoncé, mais le *Shipbuilder* comprit que la vitesse initialement prévue de 21 nœuds avait été dépassée. Francis Carruthers, l'inspecteur du Board of Trade qui avait examiné plus de deux mille fois le bâtiment pendant sa construction, n'eut aucune hésitation pour délivrer un certificat d'aptitude à tenir la mer, valable un an. Le RMS [1] *Olympic* était prêt à naviguer.

Tôt dans la matinée du 31 mai, le liner scintillait sur les eaux calmes de l'estuaire, quand un steamer affrété depuis Fleetwood, dans le Lancashire, amena plusieurs centaines d'hôtes de marque invités par Harland & Wolff à assister au lancement du *Titanic* et au départ de l'*Olympic* pour Liverpool. Plus de cent mille personnes, soit un tiers de la ville, regardaient. Un ferry proposait

1. *Royal Marine ship*, navire de la marine royale. (*N.d.T.*)

une croisière matinale pour 2 shillings. Les commissaires du port de Belfast, quant à eux, bénéficiaient d'une meilleure vue depuis la rive du comté d'Antrim. Le public investit le chantier naval pour pouvoir contempler le spectacle. Trois stands avaient été érigés pour abriter les invités, notables, représentants de la presse, qui étaient ensuite conviés à une réception. L'Irlande n'avait jamais vu une foule pareille : un hurlement de joie retentit quand le second liner commença sa descente par l'arrière, quittant sa cale, salué par les sirènes des navires dans le port.

Parmi ces personnalités se trouvaient bien sûr J. P. Morgan, le propriétaire occulte des liners, et ses directeurs, J. Bruce Ismay, de la White Star, et lord Pirrie, de Harland & Wolff. C'était un grand jour pour le chantier naval, mais aussi pour son président et son épouse, dont c'était l'anniversaire. Après le déjeuner, les trois hommes invitèrent leurs hôtes à monter à bord du *Nomadic*, qui les transféra sur l'*Olympic*.

Alors que la foule commençait à se disperser, vers l'heure du thé, le paquebot prit la mer, majestueux, et appareilla vers Liverpool, vingt-neuf mois exactement après que sa quille fut posée. Le 1er juin, amarré dans la Mersey, on le rouvrit au public.

Ce soir-là, il se dirigea vers Southampton pour s'approvisionner et subir une ultime vérification avant son voyage inaugural à New York, via Cherbourg et Queenstown (aujourd'hui Cobh), sur la côte sud de l'Irlande. À son départ de Southampton, le 14 juin, le liner avait fait son plein de passagers, ce qui ne fut pas le cas de son jumeau, dix mois plus tard.

Ce voyage inaugural s'acheva sur une fausse note. En manœuvrant le long du quai 55 à Manhattan, le 21 juin, l'*Olympic* heurta le remorqueur *O. L. Halenbeck* à l'arrière. Cet accrochage fut pour lui superficiel et n'entraîna aucune modification de programme.

Aux commandes de ce géant des mers, depuis sa passerelle, se trouvait le commandant Edward John Smith, le plus ancien de la White Star. Après ce léger incident, l'*Olympic* prit son rythme de croisière, calqué sur celui du *Majestic* et de l'*Oceanic*. Chaque paquebot quittait Southampton le mercredi, via Cherbourg et Queenstown, et arrivait à New York le mercredi suivant à l'aube. Il réappareillait le samedi, via Plymouth et Cherbourg, avant d'atteindre Southampton le vendredi soir. Les trois jours à quai étaient passés à faire le plein de charbon, de vivres et de linge propre. Cette belle routine devait se terminer quatre mois plus tard, le 20 septembre à midi.

Southampton se trouve non loin de l'île de Wight, sur la côte sud de l'Angleterre. Un navire peut aussi bien prendre sud-ouest vers le Solent, sud-est vers le chenal de Spithead, ou nord vers Portsmouth, port fréquenté depuis fort longtemps par la Royal Navy. Ces trois courants d'eau se rencontrent et forment des bancs de sable ; ces fonds sont signalés par des balises et l'endroit est communément appelé la Bramble (la ronce). Il est plus dangereux qu'il n'y paraît et, plus le navire est gros, plus la manœuvre est risquée. Pour les bateaux de commerce, un pilote est obligatoire.

Le commandant Smith se tenait sur la passerelle, tandis que l'*Olympic* descendait avec majesté Southampton Water, après avoir largué les amarres, pour son cinquième voyage à New York. Les ordres étaient cependant donnés par George William Bowyer, un pilote de trente ans d'expérience, appointé par Trinity House, organisme chargé de veiller sur les phares, les bateaux-feux et les balises.

La White Star et certaines compagnies américaines réservaient ses services.

Tandis que l'*Olympic* abordait la Bramble et tentait un S pour se diriger vers Spithead, le croiseur HMS [1] *Hawke* (commandant W. F. Blunt, RN [2]) effectuait des tests de routine en remontant le Solent, vers Southampton, à la vitesse de 15 nœuds.

Le *Hawke* était un vieux bâtiment qui pouvait encore atteindre ses 19 nœuds par vent arrière. Il faisait partie de la série « Edgar » et était armé de façon obsolète. L'*Olympic* ralentit son allure, passant de 18 à 11 nœuds, vira à tribord en donnant deux coups de sirène, puis accéléra. La distance entre les deux navires se rétrécit dangereusement et le croiseur, qui avait une vitesse supérieure, se présenta nord-est et faillit bien doubler le superbe géant des mers, quelque huit fois plus gros que lui. Le commandant Smith dit au pilote :

– Est-ce que cet imbécile va nous percuter ?

– Je ferais mieux de barrer à tribord !

Le croiseur perdit un peu de vitesse et se retrouva à la hauteur de l'arrière de l'*Olympic*.

– Il va nous éperonner ! cria le commandant.

– Bâbord toute ! s'époumona Bowyer.

Il faut noter qu'à cette époque les ordres concernant la barre étaient inversés ; cela datait de l'époque où les bateaux possédaient une barre franche. « À tribord toute ! » permettait de virer à bâbord (gauche) et « bâbord toute ! » était utilisé pour virer à tribord (droite). Cette pratique, qui prêtait forcément à confusion, fut abandonnée en 1928.

1. *His* (ou *Her*) *Majesty's ship*, navire de Sa Majesté. (*N.d.T.*)
2. De la Royal Navy, marine royale. (*N.d.T.*)

Fatalement, l'abordage eut lieu : 7 350 tonnes d'acier lancées à 17 milles contre le *Hawke*, qui donna de la bande en reculant sous le choc. L'*Olympic* remonta sous l'impact et l'arrière chassa de 24° à bâbord.

Deux de ses compartiments furent inondés tandis que le nez du croiseur s'inclinait à tribord. Le *Hawke*, étant insubmersible, arriva à regagner Portsmouth par ses propres moyens. L'*Olympic* se dirigea vers Southampton sur une seule machine. Les deux navires adressèrent le constat de la collision par TSF à leurs états-majors respectifs, alors qu'ils se retiraient très embarrassés du lieu de l'accident.

Le commandant Blunt joignit son commandant en chef cinquante-cinq minutes après la collision. Trois heures plus tard, un télégramme de la White Star arrivait sur le bureau du premier secrétaire du ministère de la Marine, à Londres, et deux jours plus tard, la Navy réunissait une commission d'enquête à Portsmouth, dirigée par les commandants Grant et Booty. Ils entendirent sept témoins : un timonier, un matelot de deuxième classe, un quartier-maître, un sous-officier, un officier de navigation, un lieutenant et Blunt lui-même. Personne ne représentait la compagnie ou les propriétaires du liner.

Le commandant Blunt expliqua qu'il croyait que l'abordage était dû à une faute de l'*Olympic*, qui avait sous-estimé sa manœuvre le long de la Bramble Bank, s'approchant si près du *Hawke* qu'il l'avait aspiré de toute sa masse. Le *Hawke* n'avait eu aucune marge de manœuvre à cause de la proximité des bancs de sable. Blunt argua que les lois de navigation donnaient toujours la priorité au navire se présentant à tribord.

Évidemment, la commission d'enquête déclara que seul l'*Olympic* était à blâmer. L'Oceanic Steam Navigation Company, représentant légal de la White Star, reçut le

21 septembre une assignation de la Haute Cour. Après quoi, le ministère de la Marine décida, une semaine plus tard, de demander des dommages et intérêts aux propriétaires de l'*Olympic* pour avoir endommagé l'un de ses croiseurs.

Le président du tribunal, sir Samuel Evans, n'était assisté que de deux assesseurs, tous deux capitaines de la marine marchande de la corporation de Trinity House. La White Star était représentée par Laing, un ténor du barreau, le ministère par un non moindre avocat, le conseiller juridique de la Couronne, sir Rufus Isaacs, et curieusement tous les avocats en présence à cette occasion devaient se retrouver sur l'enquête du *Titanic* quelques mois plus tard.

Le dossier « *Olympic* contre *Hawke* » allait affronter les méandres du système judiciaire britannique, alors qu'aucun navire n'était sérieusement endommagé et qu'il n'y avait eu aucun blessé. Mais c'était le procès du plus grand géant des mers contre l'Amirauté... Une affaire épique.

Et une grande perte de temps et d'argent. La White Star ne put rivaliser avec les témoins cités par l'Amirauté. Haines, l'homme de barre, finit par se contredire dans le box des témoins, et la cour admit que l'abordage était dû à un effet d'aspiration. Smith reconnut qu'il filait 20 nœuds avant d'approcher de la Bramble. Bowyer, qui avait déjà piloté cinq fois l'*Olympic*, déclara que le commandant du croiseur lui avait semblé vouloir virer derrière lui, qu'il avait donné deux coups de sirène et que, pour sa part, il n'avait jamais expérimenté de phénomène d'aspiration.

La cour nomma, avec l'accord des deux parties, Harry Roscoe, un consultant naval de chez Roscoe & Little, qui examina les deux navires en cale sèche, le croiseur à Portsmouth et le liner à Belfast. Sur ce dernier, il constata une brèche d'environ quatre mètres sous le pont D, une autre sous le pont G, sans doute due à l'éperon du croiseur ; à tribord, un moyeu fortement entaillé et les trois lames de l'hélice endommagées, ainsi qu'un vilebrequin désaxé.

En fait, Harland & Wolff était très inquiet au sujet de l'arbre d'hélice, sans aucun doute l'un des dégâts les plus importants. Steele, un expert indépendant, diagnostiqua de sérieux dommages sur les tôles, ponts D, E, F, G, et au tunnel de l'arbre. Un magasin réfrigéré avait eu son système inondé près du pont G. La membrure soutenant les tôles était gondolée par endroits et des dizaines de rivets avaient sauté.

Le président du tribunal, sir Samuel Evans, jugea que la faute incombait à l'*Olympic*. Il débouta les propriétaires dans leur action contre le commandant Blunt, mais aussi, curieusement, l'Amirauté dans son action contre l'*Olympic*.

La White Star n'avait plus qu'à payer la note pour une erreur de pilotage. Aucune des deux parties ne reçut de dommages et intérêts. L'*Olympic* était discrédité, alors que son commandant et l'équipage n'étaient pas à blâmer puisque le pilote du port était en charge du navire au moment de la collision. Et la loi était très précise sur ce point. Quand la présence d'un pilote était obligatoire, le commandant ne pouvait être accusé. Le président Evans estima que cette obligation de présence devait être abrogée, mais cela ne changea en rien son verdict.

Bowyer resta en poste et eut l'occasion de piloter le *Titanic* lors de son départ de Southampton. La Navy promut Blunt et lui donna un autre croiseur, le HMS *Cressy*, aussi obsolète que le premier. Le commandant Smith se vit confier le *Titanic*.

La White Star se rattrapa financièrement en ne payant

son équipage que trois jours au lieu de vingt et un. L'un des chauffeurs porta l'affaire devant le tribunal du comté de Southampton, qui en référa à la Haute Cour, mais l'homme fut débouté.

La White Star fit appel du jugement rendu par Evans. Les juges Williams, Kennedy et Parker rendirent leur verdict le 5 avril 1913. Ils admirent que le croiseur avait eu assez de marge de manœuvre (plus de 70 mètres au lieu des 30 cités précédemment), mais ils estimèrent que les témoins de la défense semblaient pour le moins douteux. Ils condamnèrent donc la White Star aux dépens.

La White Star, devant l'énorme déficit qu'engendrait l'*Olympic*, décida de porter l'affaire devant la Chambre des lords, exhortée en cela par le commandant Smith (qui enfonçait une porte ouverte). Lord Haldane, le ministre de la Justice, traita l'affaire, aidé par lord Atkinson, lord Shaw et lord Sumner. Sir Robert Finlay fut l'avocat principal de la White Star, assisté de Laing. L'avocat général, sir John Simon, était assisté de M. Aspinall. Les ténors du barreau britannique n'arrivèrent pas à fléchir les lords, qui confirmèrent à l'unanimité les premiers jugements, déboutant la White Star et la condamnant une nouvelle fois aux dépens, le 9 novembre 1914.

À cette date, le HMS *Hawke* n'était plus là pour entendre le verdict. Il avait coulé trois semaines plus tôt avec presque tout son équipage, en mer du Nord, torpillé par un sous-marin allemand U9, et son étrave défaussée avait purement et simplement volé en éclats.

Il est évident que si l'*Olympic* avait pris son virage moins largement et surtout moins vite, et que si le *Hawke* lui avait laissé 50 mètres de plus pour manœuvrer, l'abordage aurait pu être évité.

Cet accrochage du 20 septembre 1911 devait avoir son importance dans l'histoire du *Titanic.* La White Star avait prévu son voyage inaugural pour le 20 mars 1912. L'accident de son jumeau remettait tout en question, et c'est en croisant les doigts que la compagnie annonça la nouvelle date du 10 avril, soit un report de trois semaines.

Il fallait réparer l'*Olympic*, et ce, sur le chantier où avait eu lieu sa construction. Or, à Belfast, sa cale sèche était occupée par le *Titanic.* À Southampton, Harland & Wolff mit deux semaines à colmater les principales brèches du liner avant que ce dernier puisse rejoindre Belfast, le 4 octobre, à la vitesse de 12 nœuds. Les réparations proprement dites durèrent six semaines et demie. L'*Olympic* quitta Belfast pour Southampton le 20 novembre, en ayant manqué trois traversées transatlantiques. Les réparations, indemnités et honoraires coûtèrent à la White Star 250 000 livres, soit un sixième du coût total du navire.

L'*Olympic* avait été assuré pour les deux tiers de sa valeur, soit un million de livres, à l'Atlantic Mutual Insurance Co de New York. L'avantage de cette compagnie d'assurance était qu'elle était la seule à couvrir sur plus d'un tiers. C'est ce qu'expliquera P. Franklin, le vice-président du groupe, à la commission d'enquête américaine. Ismay affirmera à la commission d'enquête britannique qu'aucune autre compagnie de navigation ne payait de primes aussi faibles que la sienne.

Mais l'*Olympic* ayant été débouté de son procès, ses propriétaires ne purent prétendre à des indemnités.

Pour gagner du temps, l'arbre d'hélice du *Titanic*, prêt à être posé, fut subtilisé pour servir à son jumeau, tandis qu'on en fabriquait un autre très rapidement. On avait sorti le *Titanic* de sa cale sèche pour laisser la place à l'*Olympic*.

À cette époque, il était difficile de savoir quel navire était à cale, quel navire était à flot. Contrairement à ce qu'ont fait croire certaines photographies retouchées, leurs noms n'étaient pas encore peints en blanc, mais en vieil or, couleur peu visible sans jumelles à une certaine distance.

Toutes les réparations furent menées à bien, malgré la difficulté d'atteindre certaines parties du navire. Mais à cette époque de la navigation à vapeur, les bateaux étaient si souvent endommagés que ces réparations n'étaient que routine pour le personnel qualifié (15 000 hommes) de Harland & Wolff.

Le mardi 29 novembre 1911, l'*Olympic* put reprendre sa course transatlantique, avec un jour de retard cependant, dû au brouillard persistant. George Bowyer le pilota au départ et sans incident, sous l'œil attentif du commandant Smith. Ce dernier savait d'expérience que nul n'est à l'abri des accidents en mer. Le cycle Southampton-New York reprit, et Smith essuya une terrible tempête le 14 janvier. Le 24 février, l'infortuné *Olympic* subit son troisième accident en neuf mois.

Le liner filait à travers les Grands Bancs, à 750 milles de Terre-Neuve, quand il heurta un rocher immergé et perdit trois des pales de son hélice à bâbord, qui pesait pourtant 26 tonnes : « Le choc fut ressenti à travers tout le bateau. » L'*Olympic* arriva non sans mal à Southampton, et non sans avoir porté disparu l'un de ses passagers, un aliéné qui avait faussé compagnie à son gardien et que nul ne retrouva.

Il était monnaie courante de perdre des pales aux beaux jours de la navigation à vapeur, mais là, il s'agissait des plus grosses pales de la plus grosse hélice du plus gros liner du monde. Et même si les machines avaient été stoppées immédiatement, il avait dû en résulter quelques dégâts, surtout sur un navire réparé trois mois plus tôt.

Ce ne fut qu'en 1993 qu'on découvrit l'une des raisons des accidents de l'*Olympic* et, par voie de conséquence, de celui du *Titanic*.

L'acier utilisé en 1910 était en réalité par ses propriétés, sa structure moléculaire et sa résistance plus proche de la fonte que des aciers modernes. L'acier du *Titanic* avait son seuil de fracture vers – 1°, ce qui expliquerait les cassures des plaques et des rivets. Lors de l'abordage de l'*Olympic* et du *Hawke*, les tôles avaient également présenté de curieuses déchirures, ressemblant plutôt à des cassures.

Si ces cassures pouvaient survenir dans les eaux douces de Southampton, en septembre, puis dans les eaux avoisinant 0° de Terre-Neuve, il y a fort à parier qu'en février, dans une mer de glace et en présence d'un iceberg, les tôles ne pouvaient guère offrir de résistance.

Le 28 février, l'*Olympic* repartit sur une seule machine, via Southampton, après avoir passé la douane à Plymouth et Cherbourg, et regagna Belfast avec difficulté, manquant de puissance pour attraper la marée. Il dut y rester une semaine pour réparer ses avaries. Le départ du 6 mars pour New York fut annulé.

Cela constitua une très mauvaise surprise pour ses propriétaires, et une nouvelle facture s'ajouta à la longue liste des débits de l'*Olympic*, mais ils en profitèrent pour changer quelques points de détail. Le travail sur le *Titanic* se vit encore une fois suspendu alors qu'il était en voie d'achèvement, et l'on photographia les deux bateaux pour la dernière fois le 6 mars.

Ismay, représentant des propriétaires, décida alors d'ajouter au *Titanic* des baies vitrées sur la moitié du pont promenade A pour protéger les passagers des embruns. Ismay admit qu'il était rare d'apporter de tels changements si près du voyage inaugural, mais signala que celui de l'*Olympic* lui avait fait prendre conscience de l'utilité de ce rajout. En tout cas, il n'en fut pas question pour l'*Olympic*, qui continua sa carrière pendant encore un quart de siècle en se passant de pont promenade fermé.

Ce détail est le seul permettant de distinguer à l'œil nu les deux liners. D'autres détails sont moins connus du public, comme les hublots moins uniformes du *Titanic* sur le pont B. La profusion de cartes postales vendues avant et après le naufrage du *Titanic* ne montre pas le pont promenade fermé. L'ironie du sort a voulu que ces baies vitrées ne puissent s'ouvrir qu'à l'aide de clés, ce qui empêcha certains passagers de première classe de sauter dans les canots de sauvetage lors de la nuit fatidique.

En résumé, l'*Olympic*, en à peine un an, avait failli couler un remorqueur, abordé un croiseur et perdu quasiment une hélice. Coût de l'opération : neuf semaines de réparations, sans pouvoir faire jouer les assurances, plus les frais inhérents aux procès. On sait à présent que sa coque n'était pas aussi solide qu'on le croyait à l'époque, puisque son acier était cassant. De plus, il était la plupart du temps confondu avec son jumeau, et ce, de propos délibéré. Tout cela donne un sens ironique à la publicité qui fut faite pour son relancement, au printemps 1913 : « Le nouvel *Olympic* : deux bateaux en un ! »

Comme l'*Olympic* ne joue qu'un rôle subsidiaire dans notre histoire, il nous est permis de vous conter sa fin. Sept semaines après le naufrage du *Titanic*, l'*Olympic* faillit à son tour heurter une île, l'Angleterre, ou tout au moins la pointe de Cornouailles, alors qu'il était quelques milles moins au nord que ses officiers ne le pensaient. Seul un tonitruant « arrière toute » le sauva. Cette mésaventure resta secrète pendant soixante-quinze ans.

Pendant la Première Guerre mondiale, on transforma l'*Olympic* en convoyeur de troupes dans l'Atlantique et la Méditerranée, et il échappa aux attaques aériennes comme à celles des sous-marins, coulant même un U-boat en avril 1918. En 1919-1920, on le convertit au pétrole pour la modique somme de 500 000 livres. (Le pont promenade fermé n'était toujours pas au programme.) Il navigua jusqu'en 1935 et fut mis à la casse deux ans plus tard, non sans avoir reculé dans le SS [1] *Fort George*, dans le port de New York, en 1924, et écrasé le bateau-feu de Nantucket, en 1934, tuant sept personnes à bord. Malgré tout, ce remarquable liner gardera son surnom jusqu'au bout : le « vieux bateau fiable ».

Le 7 mars 1912, l'*Olympic* quittait Belfast pour Southampton. Cinq jours plus tard, ayant fait son plein de vivres et de charbon, il reprenait ses traversées. Le 23 mars, il repartait de New York en emportant le maximum de charbon possible pour lui et son jumeau, la grève se durcissant en Angleterre. Le 3 avril, il entamait son septième jour, quelque douze heures avant que le

1. *Steam ship*, navire à vapeur. (*N.d.T.*)

Titanic ne quitte son mouillage de Southampton. Le 13 avril, repartant de New York, il était à 750 milles dans l'Atlantique lorsqu'il entendit l'appel de détresse de son jumeau. Son commandant s'appelait alors Herbert James Haddock.

2

ORIGINES DU DRAME

L'une des légendes engendrées par le *Titanic* est celle d'un navire voué au malheur avant même qu'il n'ait pris la mer : « Avec un tel nom, rien ne pouvait arriver de bon. » Or, si le naufrage n'avait eu lieu, personne n'aurait entendu parler de ces prémonitions destinées à entretenir le goût du sensationnel.

Un autre anachronisme consiste à croire que l'époque édouardienne, qui avait vu l'apparition des « Olympics », était un âge d'or, de paix, de prospérité et de progrès qui devait s'enliser plus tard dans la boue de la bataille des Ardennes. Ce mythe, évidemment, ne vit le jour qu'après la Première Guerre mondiale. En réalité, pour le Royaume-Uni, ce début de siècle représentait une ère de misère, de chômage, de conflits intérieurs et extérieurs, et un déclin amorcé dès l'unité allemande en 1870. Cet âge d'or ressemblait plutôt à un âge de fer.

En Afrique du Sud, l'Empire britannique avait perdu la face dans les affres d'une victoire à la Pyrrhus, un demi-million d'hommes s'étant battus durant trois ans contre quelques milliers de Boers. L'Amérique et l'Allemagne possédaient une énorme avance économique, industrielle et commerciale, et lançaient un redoutable défi à la Royal Navy.

Les Britanniques sortirent enfin de leur « superbe isolement » et conclurent des alliances : en 1902 avec le Japon pour protéger leurs intérêts en Asie, tandis que leurs flottes se concentraient dans les eaux européennes ; et en 1904 avec leur « vieille ennemie », la France, au sein d'une Entente cordiale, qui devint la Triple Entente, lorsqu'une Russie au bord de la ruine vint les rejoindre en 1907.

À l'intérieur de ses frontières, certaines lois furent édictées, comme le Home Rule pour l'Irlande, ou le droit de vote pour les femmes. Bon nombre de graves problèmes sociaux furent résolus ou en passe de l'être. On ne pouvait toutefois parler de période faste, sauf pour une minorité de dirigeants qui estimaient que leur pays était encore le plus riche du monde. Pendant cinq ans, les réformes sociales restèrent quasiment lettre morte, bien que le Parti travailliste eût gagné quelques sièges à la Chambre des communes.

En 1911, alors que les deux liners demeuraient en chantier l'un à côté de l'autre, la vague de mécontentement explosa, d'abord chez les mineurs dans le sud du pays de Galles, puis chez les cheminots durant dix semaines, accompagnée d'émeutes et d'incendies. Dans l'industrie, l'agitation resta constante pendant ces trois dernières années de paix. La grève des mineurs affecta sérieusement le *Titanic,* qui faillit annuler son voyage inaugural.

Si ce mythe d'un âge d'or fut inventé après la Première Guerre mondiale, celui de l'hégémonie britannique lui est bien antérieur ; cette attitude présomptueuse eut le mérite d'inciter les Anglais à de vastes recherches technologiques, souvent velléitaires mais menées tambour battant.

La navigation et les industries qui s'y rapportaient bénéficièrent de ces progrès, qui touchaient des domaines fort divers comme la propulsion à vapeur, les moteurs, l'utilisation de l'acier, l'électricité et la TSF. Il en résulta d'énormes bateaux, comme les super-transatlantiques, qui permirent d'améliorer le commerce maritime et le transport des passagers.

Cette compétition féroce entre l'Angleterre et l'Allemagne pour gagner de la vitesse, du confort et de l'espace, prit son essor au début du siècle. La vitesse devait séduire les hommes d'affaires, le luxe attirer les gens riches, et l'espace permettait d'embarquer un maximum d'émigrés européens à la poursuite du « rêve américain ».

La technologie maritime fit un bond grâce à l'avènement des cuirassés de guerre... et même des pas de géant, quand on passa des coques de bois à celles d'acier, de la voile à la vapeur, puis aux turbines, des canons à charger par la gueule aux tourelles, puis aux torpilles sous-marines et télécommandées. Lorsque l'Angleterre lança le HMS *Dreadnought* en 1906, naquit une nouvelle génération de bateaux de guerre et d'armement stratégique. Cette combinaison de grosse artillerie, d'armement lourd et de rapidité rendit d'un seul coup obsolètes tous les navires existants. En 1907, la course anglo-germanique à l'armement naval déboucha sur la construction de trois énormes navires qui formèrent le premier escadron « Dreadnought » de la Royal Navy.

La même année, les « Olympics » furent conçus par le président de Harland & Wolff, lord Pirrie, directeur de la White Star, dépendant d'IMM et donc de J. P. Morgan.

Durant cet *annus mirabilis* de la construction navale, les plus grands liners appartenaient à la Cunard. Il s'agissait de deux super-transatlantiques de 30 000 tonnes, le *Lusitania* et le *Mauretania.* Ce dernier gagna le célèbre

« ruban bleu » (trophée accordé au bâtiment ayant effectué la traversée la plus rapide de l'Atlantique). Il le garda de 1907 à 1929, et les liners de la White Star ne purent le lui ravir. Pourtant, le ministère du Commerce, dans sa définition des normes de construction et de sécurité des navires, en était resté aux premiers paquebots, de 10 000 tonnes, qui circulaient vingt ans plus tôt.

Beaucoup d'encre a coulé sur le naufrage du *Titanic* ; certains ont prétendu que ses ennuis auraient commencé avant même son voyage inaugural. En fait, il s'agissait de l'*Olympic,* qui fut le premier dans tous les sens du terme : aussi bien dans l'ordre chronologique que le premier à éveiller l'intérêt du public. Ces deux navires identiques et pratiquement construits ensemble excitèrent tellement les esprits qu'il faudra attendre les premiers astronautes pour revoir une telle passion collective. Passion qui atteignit son apogée le 31 mai 1911, lors du lancement du *Titanic* et des essais de l'*Olympic.* Superbe exemple de relations publiques bien menées.

Le voyage inaugural de ce dernier passa malheureusement inaperçu au milieu des préparatifs du couronnement du roi Georges V, et toute la publicité retomba sur celui du *Titanic,* quand ses propriétaires et constructeurs proclamèrent qu'il était le plus grand et le plus luxueux de tous les navires, encore plus somptueux que les paquebots allemands et encore plus opulent que son jumeau.

Le *Titanic* ne fut pas le premier navire de la White Star à couler. En fait, cette catastrophe n'est que la deuxième.

Dans l'histoire de la White Star, des événements dramatiques se sont succédé, dramatiques même pour une époque marquée par le capitalisme industriel. La White Star a battu tous les records (avant comme après le naufrage du *Titanic*) d'imprudence, d'illégalité, de malchance et d'accidents. Des auteurs américains, J. P. Eaton et C. A. Haas, ont écrit un ouvrage minutieux sur le sujet, intitulé *La Star déchue.* La longue liste de ses calamités y est divisée en accidents et incidents. Il en ressort que cette compagnie a toujours pris des risques avec ses navires.

La White Star fut fondée en 1845, à Liverpool, principal port anglais de l'époque, par Henry T. Wilson et son associé John Pilkington. En 1852, elle commerçait avec l'Australie, exportant produits manufacturés et immigrants, et important de la laine, de l'or, de la graisse de baleine et autres matières premières. Cinq ans plus tard, Wilson prit un nouvel associé, James Chambers, et en 1863, ils se lançaient dans la propulsion à vapeur avec le *Royal Standard.*

Or, après un voyage inaugural sans histoire, ce bateau mi-voile, mi-vapeur de 2 033 tonnes se trouva, à quelque distance du cap Horn, enveloppé par un épais brouillard...

C'était le matin du 4 avril 1864, comme le précisera le commandant G. H. Dowell. La vigie hurla : « Brisants droit devant ! » L'instant suivant, un énorme iceberg toucha presque l'étrave à tribord. On mit la barre à tribord toute, ce qui amena le navire en parallèle à l'iceberg, mais malheureusement il le heurta à plusieurs reprises, et d'énormes morceaux de glace tombèrent sur le pont.

Curieusement, on ne détecta aucune voie d'eau après ces heurts répétés contre cette masse de glace, de 180 mètres de hauteur. Dowell put remettre la pression et regagner Rio de Janeiro le 9 mai avec un mâtereau, un gréement et un accastillage sévèremment endommagés ; la coque demeurait intacte et les machines en bon état.

Après trois jours passés à faire le plein de charbon, le *Royal Standard* prit la route du retour et arriva à Liverpool le 19 juin.

En vérité, il semblait en moins mauvais état que les finances de ses propriétaires... Cette année-là, la White Star avait décidé de fusionner avec deux autres compagnies. Des murmures circulèrent dans les milieux initiés, selon lesquels des actions et des avoirs étaient donnés à des prête-noms, ce qui conduisit la Bourse, le Stock Exchange de Londres, à enquêter et à annuler la fusion. Les directeurs de la compagnie résolurent alors d'utiliser leurs 2 millions de livres pour monter une autre société, sous une autre appellation.

Comme on pouvait s'y attendre, personne ne voulut entrer dans ce jeu. La White Star dut emprunter pour financer son second bateau à vapeur, qui fut vendu dès sa mise en service. Chambers démissionna, et Wilson eut un troisième associé en la personne de John Cunningham.

Deux des banques de la compagnie firent faillite en 1866-1867, et la compagnie solda tous ses avoirs, jusqu'à son pavillon : une étoile blanche à cinq branches sur fond rouge. Thomas Henry Ismay s'en saisit pour la modique somme de 1 000 livres.

Ismay était âgé de trente et un ans et déjà associé principal de Ismay, Imrie and Co, qui fondèrent l'Oceanic Steam Navigation Company Limited le 6 septembre 1869, désormais appellation officielle de la White Star. Six semaines auparavant, l'associé d'Ismay, G. H. Fletcher, avait passé un accord avec Harland & Wolff pour construire quatre vapeurs, le premier devant se prénommer *Oceanic* comme la compagnie mère, et le second, identique en tout point mais plus luxueux, l'*Atlantic.*

Avec ces deux navires, et d'autres un peu plus importants, la White Star entendait se concentrer sur la grande compétition de l'Atlantique nord. Les sommes nécessaires à la création de cette nouvelle société furent apportées par un financier de Liverpool, d'origine allemande, Gustavus Schwabe. Son neveu, Gustav Wolff, ingénieur, était l'un des associés de Harland & Wolff. D'où l'alliance White Star-Harland & Wolff.

Schwabe proposait que la compagnie accorde l'exclusivité de la construction de ses navires aux chantiers Harland & Wolff, lesquels resteraient libres de travailler pour autrui. La White Star devenait ainsi l'associé monogame de ce mariage de convenance, pendant que Wolff et Edward Harland prenaient une participation dans l'Oceanic.

L'*Atlantic* possédait une coque équipée d'une quille très profonde (pour supporter sa voilure), et une ligne assez moderne pour un steamer à propulsion mixte. Il mesurait 120 mètres de long et 12,5 de large, proportions idéales pour la vitesse et les économies d'énergie (10 %). Son GRT dépassait 3 700 tonnes, sa vitesse était de 13,5 nœuds, chiffre fort compétitif pour l'époque. Son coût avoisinait les 120 000 livres et il pouvait transporter 166 premières classes, et 1 000 troisièmes classes. Son voyage inaugural à New York eut lieu le 6 juin 1871. La presse applaudit à ses performances et à son luxe sans précédent...

Sa neuvième traversée partit de Liverpool, un jeudi après-midi (jour habituel des départs pour New York), le 20 mars 1873. Son commandant, James Agnew Williams, n'avait que trente-trois ans et deux traversées à son actif. À Queenstown, le navire ne comptait à son bord que quelques douzaines de passagers de première classe, 800 de troisième classe et 140 hommes d'équipage, auxquels on ajouta 14 passagers clandestins trouvés après le départ et qui durent travailler pour payer leur billet. Le navire n'était qu'aux trois quarts plein, avec ses 1 000 passagers.

Le mardi 25 mars, l'*Atlantic* essuya une sérieuse tempête. Durant six jours, constamment battu par les flots, il fut sérieusement ralenti. Inquiet à l'idée que la lutte contre ces éléments déchaînés n'entraîne une surconsommation et donc un manque de charbon, Williams décida le 31 mars, à 460 milles de New York, de dévier vers Halifax, Nouvelle-Écosse, à 170 milles de là. À 3 h 15 du matin, le 1er avril, l'*Atlantic* s'échoua à 15 milles au sud-ouest de Halifax : négligence de navigation et mauvais temps avaient dévié le navire d'une douzaine de milles, pendant que le commandant Williams dormait dans la chambre de veille...

Les canots de sauvetage furent mis en pièces par la tempête, le vent, les rochers et les brisants, tandis que les émigrants luttaient pour sortir des entrailles du navire. L'*Atlantic* affichait une gîte de 55° et les passagers désespérés s'accrochaient au gréement alors que le bateau prenait l'eau de toutes parts. Lorsque l'eau atteignit les chaudières, elles explosèrent. Le navire chavira sur tribord. Environ 250 personnes purent gagner l'île la plus proche, à l'aide de cordes lancées par des marins. Deux hommes parcoururent au moins 200 mètres à la nage pour atteindre la côte et donner l'alerte. Des pêcheurs mirent leurs frêles embarcations à la mer pour porter secours au bateau en détresse, mais ce dernier venait de se fracasser en deux sur les rochers ; l'arrière s'enfonça dans les flots obscurs. Le commandant Williams ordonna au troisième officier, Cornelius Brady, de rejoindre la terre en canot et de se rendre à Halifax pour obtenir une aide plus conséquente. L'officier arriva à bout de forces aux bureaux de la société Cunard et prévint leur agent tard dans l'après-midi du 1er avril. Un bateau de la Cunard, un steamer canadien et un remorqueur partirent à la rescousse. Seuls 400 survivants furent ramenés à Halifax, y compris le commandant. 546 personnes, dont quelque 200 enfants, périrent dans le pire naufrage jamais vu. Plus de 400 corps furent repêchés à 55 milles du lieu de l'accident, et enterrés sur place dans des fosses communes.

Le ministère du Commerce britannique, le Board of Trade, effectua une enquête officielle à Halifax entre le 5 et le 18 avril. Le tribunal attribua ce désastre à une négligence de navigation du commandant qui avait changé de cap, maintenu une vitesse trop élevée et mal sondé les eaux côtières. Il ne retint pas l'excuse du manque de charbon. Cependant, la conduite sans reproche du commandant pendant le naufrage lui évita d'être renvoyé, et l'on se contenta de le suspendre durant deux ans. Il argua pour sa défense qu'il était tombé endormi après avoir donné l'ordre d'être réveillé à 3 heures du matin.

La White Star fit appel et l'audience eut lieu le 28 mai. Les conclusions de la cour d'appel furent identiques. La compagnie avait suffisamment d'influence à Londres pour obtenir un troisième recours auprès de l'expert du Board of Trade. Ce dernier déclara que la question du charbon ne devait pas être évoquée, car le stock avait été sous-estimé par le chef mécanicien, John Foxley, dans son rapport au commandant. Le navire en possédait bien assez pour gagner New York, même dans de mauvaises conditions météorologiques. L'expert ne voulut rien changer aux verdicts précédents.

Cette tragédie parut d'autant plus poignante qu'elle s'était déroulée très près des côtes, à quelques milles du port choisi par le commandant Williams.

Bien entendu, la White Star décida d'enlever de ses publicités le nom de l'*Atlantic.* Il disparut également de la liste des navires de la compagnie, que publia le magazine *Shipbuilder.* Le fait de supprimer tout ce qui pouvait avoir un rapport avec ce genre de difficultés était chose courante, à la White Star. Parmi les accidents graves survenus à cette compagnie (et dont la liste n'est pas exhaustive !), on peut noter la disparition inexpliquée d'un steamer de 6 594 tonnes, le *Naronic,* en plein Atlantique nord : le plus gros cargo du monde, qui effectuait son treizième voyage en 1893. Six ans plus tard, le liner *Germanic* (5 008 tonnes) sombra dans le port de New York, à cause du poids de la glace sur son accastillage.

En 1907, à son retour d'Australie, le *Suevic* (12 500 tonnes) ne put éviter la pointe de Cornouailles et une partie du navire se brisa et coula ; on remorqua le reste jusqu'à Southampton. Une nouvelle étrave de 70 mètres environ fut reconstruite et réajustée.

Deux ans plus tard, le *Republic* (15 378 tonnes) entra en collision avc le liner *Florida* au large du Massachusetts, et sombra malgré les secours apportés par le *Baltic,* prévenu par TSF. Celui-ci put néanmoins sauver la plupart des 1 650 passagers et membres d'équipage.

Cette longue liste de désastres dépasse de loin celle des autres compagnies, même si, en ce début du siècle, les accidents maritimes s'avéraient nombreux.

Il n'existe aucune référence dans le *Dictionary of National Biography* sur le rôle joué par Joseph Bruce Ismay dans l'histoire du *Titanic,* même si cet événement fut celui qui compta le plus dans sa vie. Son père, Thomas Henry Ismay, mourut en 1899 ; J. Bruce, né en 1862, prit la tête des compagnies White Star et Ismay, Imrie & Company. Cette dernière armait les bateaux pour l'Oceanic, la société mère.

Ismay père était un homme fortuné, qui montra à son

fils l'affection qu'il lui portait en l'envoyant, comme on le faisait dans la bonne bourgeoisie en cette ère de révolution industrielle, en pension à Elstree, dans le Hertfordshire, dès ses huit ans, puis à Harrow dès qu'il en eut treize. J. Bruce ne fréquenta pas les universités mais passa une année en France sous l'égide d'un précepteur, avant de faire quatre ans d'apprentissage dans les bureaux de son père. Puis Thomas Henry l'envoya faire le tour du monde (nul doute qu'il lui évita la troisième classe !).

Lorsque J. Bruce Ismay eut vingt-quatre ans, il partit cinq ans travailler à New York dans les bureaux de la White Star, où il accéda très vite au poste d'agent de navigation pour la compagnie sur sa principale destination.

Alors très au fait des affaires de famille, il retourna en Angleterre en 1891, comme associé de Ismay, Imrie & Company, et ce jusqu'à la mort de son père, moment où il devint le P-DG. Il dirigea par la même occasion la White Star avant de la revendre trois ans plus tard.

Le *Dictionary of National Biography* évoque cette période en ces termes : « Ismay prit la tête de la société et la dirigea brillamment », puis en 1901 « des financiers américains le contactèrent pour former l'International Shipping Company, et, après maintes négociations avec J. P. Morgan, l'International Mercantile Marine Company (IMM) fut créée ».

En réalité, Morgan, le plus puissant financier des États-Unis, fit à Ismay une offre que celui-ci ne pouvait (ou ne voulait) refuser. IMM était riche de dividendes non versés, et Morgan évalua la White Star à dix fois son prix de 1900 (déjà surévalué grâce à la guerre des Boers).

Morgan, dans le collimateur du gouvernement américain et de sa loi antitrust, voulait une ouverture, et la suprématie sur la route transatlantique l'intéressait au plus haut point. Ismay négocia et resta P-DG de la White Star jusqu'en 1904, puis devint président de la holding IMM jusqu'en 1912, époque où il démissionna. Il était aussi administrateur de quatre compagnies d'assurances britanniques et de trois sociétés de transport.

Son biographe, dans le *Dictionary,* explique comment Ismay pouvait armer le navire-école marchand *Mersey,* et plus tard offrir 11 000 livres aux veuves des marins disparus en mer, et 25 000 livres aux vétérans de la Première Guerre mondiale. Selon lui, Ismay aurait eu une forte personnalité, des opinions bien arrêtées, et cherchait à dominer les autres. Mais sous cette apparence un peu revêche se cachait un être timide et sensible, débordant d'affection et comprenant les choses de la vie. Il éprouvait de la compassion pour les gens dans la détresse et fuyait toute forme de publicité. Enfin Ismay était bon tireur, adorait le tennis, le golf, les voitures et la pêche, dans sa maison de campagne en Irlande. À Londres, il habitait 15, Hill Street, entre Berkeley Square et Park Lane, dans le très chic quartier de Mayfair. Il mourut en octobre 1937, obscur, un mois après que l'épave de l'*Olympic* fut remorquée jusqu'à Inverkeithing, en Écosse, et vendue à la ferraille.

L'Américain dont il était le bras droit, John Pierpont Morgan, le véritable propriétaire de la White Star et des « Olympics », était un homme si riche et si puissant qu'il put à lui seul sauver les États-Unis de la débâcle dans laquelle la parité dollar-or les avait plongés, en 1895.

John était le fils de Junius Spencer Morgan, qui possédait une compagnie d'assurances, et de Juliet Pierpont. Il naquit à Hartford, dans le Connecticut, le 17 avril 1837. Il hérita malheureusement du nez proéminent des Pierpont, dont il souffrit toute sa vie. A quinze ans, il eut une attaque de fièvre rhumatismale qui lui laissa une claudication permanente, ainsi que divers eczémas, migraines, syncopes et léthargies, ce qui ne l'empêcha pas de faire du sport, notamment de la voile.

Son père partit pour Londres comme représentant du magnat américain George Peabody. On envoya Morgan dans un collège suisse pour parfaire son éducation avant d'entrer à l'université de Göttingen, en Allemagne, en 1856-1857. Il en sortit parfait polyglotte, citoyen du monde à l'allure irréprochable. Comme Ismay, il travailla un temps comme employé dans les bureaux de son père, à New York. Puis en 1859, il partit pour La Nouvelle-Orléans se familiariser avec le commerce du coton. Deux ans plus tard, il épousait sa première femme, Amelia Sturges, le grand amour de sa vie, malheureusement phtisique. À sa mort, seulement quatre mois après leur mariage, c'était un homme brisé. Il envisagea de se retirer, à trente-trois ans, tant sa mélancolie était chronique.

Néanmoins, il mit ses dons indubitables au service des intérêts de son père en fondant la plus puissante banque privée des États-Unis. Ensuite, avec la Morgan Guaranty Trust Company derrière lui, il prit des participations dans les chemins de fer, à l'époque en plein essor, puis fonda la United States Steel, ce qui lui permit de mieux dominer cette nouvelle industrie : l'acier.

Mais il n'était pas infaillible et son flair lui fit défaut quand, par exemple, il refusa d'acheter la General Motors pour seulement un demi-million de dollars. C'était avant tout un banquier, le plus puissant que la profession ait jamais connu.

C'était aussi un philanthrope et un collectionneur qui amassa un nombre considérable d'œuvres d'art. À sa mort, en 1913, il en fit don au Metropolitan Museum of Art de New York, dont il était le président. Il présidait aussi le Yacht Club de New York.

Le père d'Ismay, pleinement conscient de sa vulnérabilité et du fait que Morgan voulait s'opposer à la maîtrise anglo-allemande de l'Atlantique nord, tenta de réunir d'autres armateurs britanniques au sein d'une alliance à connotation défensive et patriotique. Jusqu'à sa retraite, Ismay père tenta d'endiguer seul l'ambition de Morgan, rencontrant peu de compréhension de la part de ses compatriotes.

Les Américains commencèrent par posséder l'International Navigation Company du New Jersey (une filiale du Fidelity Trust of Philadelphia, lui-même holding de Morgan), puis raflèrent la Imman Line de Liverpool, une compagnie au bord de la faillite, et ensuite l'American Line et la Belgian Red Star Line. La Imman donna aux Américains le moyen d'entrer dans le club très fermé des armateurs anglais, les meilleurs du monde à l'époque. Morgan changea le nom de son conglomérat en IMM, en 1902, après avoir acquis l'Atlantic Transport et la Leyland & Dominion.

Son ambition était de traiter avec les Allemands pour briser l'hégémonie britannique, rendant ainsi les États-Unis invincibles. Il se serait bien entendu débarrassé des Allemands dès qu'il aurait réussi.

Mais ce qui rendit IMM véritablement invicible, ce fut l'acquisition de l'Oceanic et de sa filiale la White Star pour la somme de 10 millions de livres. Les actions furent immédiatement transférées sur une filiale fraîchement créée d'IMM, répondant au nom d'International Navigation Company (de Liverpool, et non celle du New Jersey). Pour que la confusion soit complète, IMM les transféra une nouvelle fois sur des trusts Morgan. Cette prise de contrôle byzantine se termina en 1902-1903, malgré l'opposition des frères Ismay (J. Bruce et James). Mais les actionnaires prirent les dollars de Morgan et s'évanouirent dans la nature.

Le gouvernement britannique se rendit compte trop tard de la menace que représentait ce conglomérat, et décida de faire son possible pour garder au moins la Cunard, encouragé en cela par son P-DG, lord Inverclyde. Il prêta à un taux dérisoire les sommes nécessaires pour construire le *Mauretania* et le *Lusitania,* à la condition qu'ils comportent des ponts renforcés pour servir en temps de guerre. Les autorités craignaient que des navires anglais armés par un groupement américain ne puissent être réquisitionnés en cas de crise (en fait, le fils de Morgan a prouvé plus tard qu'il était anglophile).

La Cunard ne fit aucune difficulté pour accepter cette manne : la compagnie allait prendre la tête de file du trafic transatlantique et triompher de ses rivaux américains.

James Ismay et William Imrie (l'ancien associé de Thomas Ismay) quittèrent le conseil d'administration de l'Oceanic, mais J. Bruce Ismay (P-DG et directeur du management) ainsi que Harold Arthur Sanderson, quant à eux, restèrent. De même que William James Pirrie, de Harland & Wolff. Ismay (qui touchait 20 000 livres par an comme président) et Pirrie rejoignirent un peu plus tard Morgan et cinq autres membres, au conseil d'administration d'IMM, après avoir obtenu que la White Star ne soit pas menacée.

Les milliardaires américains ont souvent tendance à vouloir que la moindre décision au sein de leur conglomérat soit justifiée par de solides bénéfices. Dans sa jeunesse, J. P. Morgan notait le moindre centime dépensé ; plus tard, quand sa fortune s'agrandit à vue d'œil, il s'entoura d'une armada d'experts-comptables et d'avocats, mais sut toujours à combien se montait sa fortune.

Morgan prit une part active aux affaires de la White

Star, l'un des plus prestigieux joyaux de l'empire IMM et de loin le plus profitable. On peut supposer que Morgan, avec son sens des affaires, ne pouvait supporter l'absence de profit d'IMM et surtout l'absence de dividendes...

Ce grand homme chauve, corpulent, au nez à la Cyrano, vint à Belfast en février 1910 pour superviser les plans du *Titanic*. Il examina chaque détail, jusqu'au choix du mobilier de l'opulente suite du pont B qui lui était affectée. Ce liner, comme son jumeau, était construit grâce à son argent, dans le but inavoué de relancer IMM à travers la White Star.

Morgan acceptait la politique d'Ismay, qui consistait à préférer le luxe et l'espace à la vitesse, toujours privilégiée par la Cunard et les Allemands. Il devait revenir le 31 mai 1911 pour le lancement du *Titanic* et les essais de l'*Olympic*. Retournant en Angleterre à la fin de l'année, il promit de faire le voyage inaugural du *Titanic*.

Il est surprenant que cet homme, si impitoyable dans les affaires, qui n'avait que pouvoir et profit en tête, ait accepté le curieux arrangement passé entre la White Star et les chantiers Harland & Wolff. Il n'y avait pas de contrat, seulement une lettre pour ordonner la mise en chantier des « Olympics »...

Morgan garda pourtant Ismay comme directeur général de la White Star et le persuada même d'entrer à IMM à partir de 1904, et pour le temps qu'il le désirerait. Ismay démissionnera des deux compagnies après le naufrage, ce qui n'est guère surprenant, sachant qu'au moment de la collision de l'*Olympic* avec le *Hawke* il pensait déjà à se retirer, à l'âge de cinquante ans.

L'attitude du financier trouvait sa source en William James Pirrie, président de Harland & Wolff, et directeur de la White Star et d'IMM. Ce fut lui qui encouragea Morgan à s'intéresser aux armateurs britanniques, entreprenant sondages et négociations sous son propre nom. Ce fut également Pirrie, on s'en souvient, qui lança l'idée des « Olympics », un soir chez Ismay, à Londres. En résumé, Pirrie fut à l'origine de l'union de la merveilleuse technicité britannique et des finances américaines quasi inépuisables. Il ignorait que cette union se terminerait par un divorce et espérait préserver l'avenir de ses chantiers, les protéger de toute crise financière, de toute perte de capital.

Bien que faisant partie de la genèse du *Titanic* et de son naufrage, Pirrie n'entra pas dans l'histoire, alors qu'il était le seul à avoir des intérêts personnels et financiers aussi bien dans la White Star/IMM, que dans Harland & Wolff. Le président de la commission d'enquête britannique, lord Mersey, pourtant habile à démontrer les collusions entre constructeurs et propriétaires, ne put rien prouver.

À l'inverse de ses deux partenaires, Pirrie ne craignait pas la publicité, comme le démontra sa promptitude à accepter les apparitions en public. La maladie l'empêchera de prendre part à la traversée fatale et d'être mis sur la sellette par la commission d'enquête. Par une ironie du sort, alors que Ismay vit son nom sali parce qu'il ne s'était pas noyé, et Morgan parce qu'il s'était fait aménager une suite luxueuse au lieu de commander des canots en nombre suffisant, Pirrie l'instigateur, lui, ne fut qu'à peine cité.

Pirrie naquit au Québec en 1847, fils de James Alexander Pirrie et de Margaret Montgomery, tous deux irlando-écossais, communauté essentielle de la minorité protestante d'Irlande (qui devint majoritaire en Ulster à partir de 1921). Ses parents retournèrent dans la région de Belfast lorsqu'il fut en âge d'entrer à la très élégante Royal Academical Institution de Belfast. Mais les études universitaires ne l'inspirant pas, il débuta comme apprenti chez Harland & Wolff en 1862. Il ne lui fallut que douze ans pour en devenir l'un des associés. À la mort du fondateur, Edward Harland, en 1895, Pirrie fut nommé directeur des chantiers Harland & Wolff, qu'il transforma en société anonyme. Lorsque l'autre associé, Wolff, se retira en 1906, Pirrie devint un P-DG innovateur et expansionniste. Il créa les deux énormes cales et la grue qui devaient servir plus tard aux « Olympics ».

Concepteur hors pair et homme d'affaires avisé dans un milieu pourtant coriace, il resta à la pointe du progrès aussi bien en architecture navale qu'en ingénierie marine... On peut le considérer comme le père de tous les liners.

Toute sa vie, il accumula honneurs et décorations : chevalier de l'ordre de Saint-Patrick, conseiller privé de Sa Majesté la reine Victoria (1897) et docteur *honoris causa* en sciences et droit, il devint baron en 1906 à l'époque de sa prise de pouvoir sur les chantiers Harland & Wolff.

Sa carrière ne s'acheva pas avec le naufrage du *Titanic,* auquel il était pourtant intimement lié, bien que le public ne l'ait guère perçu comme tel. Il devint vicomte en 1921, lorsque le roi Georges V se rendit à Belfast pour l'ouverture du nouveau Parlement après le partage de l'Irlande. À la même époque, Pirrie, tout en menant une vie mondaine fort bien remplie, occupait les fonctions de juge de paix et de lord-maire de Belfast (1896-1897), administrateur royal (1911), et durant de nombreuses années vice-chancelier de la Queen's University de Belfast. En mars 1918, il fut nommé contrôleur général de la marine, succédant à sir Joseph Maclay, avec les pleins pouvoirs pour accélérer la construction navale, alors en crise après les années de guerre. Il modernisa et agrandit tous les ports du pays, supervisa l'armement de navires marchands et de bâtiments de guerre, et construisit même des avions pour l'aéronavale sur les chantiers Harland & Wolff, dans le cadre de l'effort de guerre, qui employèrent jusqu'à 50 000 hommes.

En 1924, Pirrie mourut en mer, ne laissant aucun héritier derrière lui. Toujours président de sa société, il revenait d'une tournée d'inspection des principaux ports d'Amérique du Sud, pour lesquels il avait émis quelques suggestions de modernisation. Le *Dictionary of National Biography* tait le rôle joué par Pirrie dans l'histoire du *Titanic.* Mais cela paraît moins surprenant que dans le cas d'Ismay. En consultant les dossiers de Harland & Wolff aux archives publiques d'Irlande du Nord, on découvre que Pirrie à la fin de sa vie avait un million de livres de dettes, et qu'il mourut en état de banqueroute.

La société Harland & Wolff fut fondée par Edward Harland qui, en 1858, racheta le chantier naval de Hickson à Queen's Island, près de Belfast. Comme Ismay quelques années plus tard, il eut besoin d'argent et l'obtint de son ami Gustavus Schwabe, dont le neveu Gustav Wolff devait devenir l'un des associés du chantier en 1861. Harland adopta les toutes dernières technologies, comme les gabarits de coque avec système de calage pour les quilles, ce qui permettait un gain de place. Ce chantier et son principal futur client étaient ainsi liés à travers Schwabe, et ce bien avant que Harland ne rencontre Ismay.

Lorsque la rencontre eut enfin lieu, les deux hommes développèrent, avec la bénédiction de Schwabe, une remarquable façon de travailler qui leur survécut. Avec eux, point besoin de contrat, une simple lettre d'accord suffisait. Harland & Wolff pouvait construire un liner sans regarder à la dépense, simplement en consultant à chaque étape la White Star pour obtenir son aval. Cette société prenait une commission de 5 % à la fin des travaux.

Ils purent ainsi armer de grands et somptueux navires qui ne pouvaient rembourser leur coût qu'après de longues années de service. L'*Olympic,* même sans ses accidents, aurait eu besoin de six ans de plein rendement pour amortir sa construction. Toutefois, Harland & Wolff n'était guère concerné par ce genre de détail, puisque cette société travaillait pour d'autres clients, comme Bibby, Royal Mail, Peninsula and Oriental Line, et même pour leurs concurrents germaniques.

Pirrie, quant à lui, aida l'Américain Morgan à organiser un cartel avec les Allemands dans le but de saper la Cunard, qui n'était pas de ses clients et ne dut son salut qu'aux contribuables britanniques. Dans cette tradition très particulière à l'Angleterre, et qui perdure encore de nos jours, du *great and good* (grand et bon), Pirrie permit à Morgan d'agir en requin, tandis qu'il s'octroyait les bénéfices.

Harland & Wolff existe depuis près d'un siècle et demi maintenant et demeure le seul grand chantier privé de tout le Royaume-Uni ; quant à la Morgan Guaranty Trust Company de New York, elle semble florissante. La White Star, pour sa part, a disparu depuis longtemps, mais son histoire, après 1911-1912, demeure fertile en rebondissements.

La décision de construire le troisième « Olympic » fut prise durant l'été 1911 et annoncée le 1er septembre. La presse expliqua qu'il s'appellerait *Gigantic.* Cette information fut réfutée par Ismay en mai 1912, et dès la fin du mois, on avança le nom de *Britannic.* À l'évidence, on l'a changé à la suite du naufrage du *Titanic.* Le mot *Gigantic* évoquait trop la Grèce antique et sa race de géants qui, comme les Titans, avaient provoqué le courroux des dieux de l'Olympe.

La White Star avait déjà eu sa dose de mauvais présages ; aussi, cette fois, fit-elle plutôt appel au nationalisme. Et c'est au service de la nation que ce nouveau géant des mers devait apparaître. Lancé en février 1914, comme le « plus grand liner du monde » (48 158 tonnes ; environ 280 mètres de long sur 28 de large), il ne fut achevé qu'en novembre 1915, à cause de la guerre. Cet automne-là et pour la dernière fois, deux des « Olympics » demeurèrent côte à côte sur les chantiers Harland & Wolff.

Le *Britannic* fut réquisitionné comme navire-hôpital dès son achèvement et envoyé en mission en décembre. En cinq trajets, il ramena de Méditerranée plus de 15 000 blessés de guerre, plus qu'une division d'infanterie. Ce fut lors de son sixième voyage que le HMHS [1] *Britannic* heurta une mine allemande, en pleine mer Égée. Une de ses soutes à charbon fut touchée et il ne lui fallut que cinquante minutes pour couler par l'avant. Il n'y eut que 22 morts, la plupart pris dans les tourbillons de l'hélice quand le navire se remit en marche pour tenter d'atteindre l'île la plus proche. Une des rares survivantes de ce massacre fut Violet Jessop, ancienne hôtesse du *Titanic.* Un chauffeur, John Priest, survécut quant à lui à trois « Olympics »...

Des trente-cinq bateaux qui composaient la flotte de la

1. *His Majesty's hospital ship,* navire-hôpital de Sa Majesté. *(N.d.T.)*

White Star en 1914, dix furent perdus durant la guerre. Ensuite, la compagnie déplora d'autres accidents, mais aucun mort.

En 1926, IMM se désintéressa de la course transatlantique, qui devenait une foire d'empoigne. Elle vendit la White Star à la Royal Mail Line pour 8 millions de livres, soit un déficit de 2 millions de livres.

Son directeur, lord Kylsant, avait remplacé Pirrie chez Harland & Wolff et possédait des intérêts dans la Union Castle Line, le Southern Railway et la Midland Bank. Mais là s'arrêtait sa ressemblance avec Morgan. Avec Harold Sanderson, ancien membre du conseil d'administration de Morgan, et son fondé de pouvoir, il créa une nouvelle société qu'il intitula la White Star Line Limited et prit des risques pour en absorber deux autres. Or la grande crise arrivait. Des questions posées par des députés en 1931 poussèrent le gouvernement à enquêter sur le Royal Mail. Kylsant fut convaincu d'avoir falsifié en 1928 le bilan annuel destiné aux actionnaires. On le condamna à un an de prison.

En 1933, le gouvernement britannique offrit de nouveaux subsides à la Cunard pour l'aider à armer deux navires colossaux de 80 000 tonnes, les « Queens », non plus pour se défendre contre la White Star mais pour la détrôner. En 1934, le Parlement leur prêta main-forte et, un an plus tard, la White Star rendait l'âme avec un déficit de 11 millions de livres, qui fut effacé.

L'Oceanic fut dissoute en 1939, et la White Star Line Limited en 1945. La Cunard gagnait enfin le dernier round de cette longue bataille commerciale. Curieusement, les registres de la White Star disparurent. La Cunard, quant à elle, continua sa fructueuse carrière jusqu'à nos jours, avec son *Queen Elizabeth II,* détenu par le groupe Trafalgar House. Un seul des bateaux de la White Star est arrivé jusqu'à nous, le *Nomadic,* l'escorteur des « Olympics », pour finir en restaurant sur la Seine, à Paris.

Sanderson, qui ne jouera qu'un petit rôle à la commission d'enquête britannique, resta presque aussi longtemps qu'Ismay à la White Star. Ses origines sont peu connues malgré un paragraphe dans le *Who's Who* où l'on mentionne ses activités professionnelles et d'homme de club. On peut faire confiance à cette vénérable institution pour la valeur de ses sources, mais il n'y a rien sur son âge, ses parents, sa formation, ni même son adresse.

Sanderson naquit à Bebington, dans le Cheshire. Son père était un certain « Richard Sanderson, de Londres », sa mère n'apparaît même pas. En 1885, il épousa Maud Blood, de New York, décédée en 1927, qui lui donna deux fils et une fille. Il devait avoir soixante-dix ans lorsqu'il mourut en février 1932.

Après avoir été associé dans la firme Sanderson & Son de New York, sans doute celle de son père, il devint l'associé d'Ismay, Imrie & Company, en 1899. Il détenait un siège au conseil d'administration d'une demi-douzaine de compagnies maritimes, ainsi qu'aux Mersey Docks et au Harbour Board. Il devint P-DG de Liverpool Shipbrokers' Benevolent Society et capitaine du Formby Golf Club (Lancashire). Comme ses mentors, Morgan et Ismay, il était passionné de voitures, de chasse et de voile. Il fréquentait les meilleurs clubs ; le Royal Yacht Squadron (Cowes, île de Wight), le Royal Thames (Londres) et le Larchmont Yacht Club (New York), aussi bien que le Constitutional, le City of London et le White's. Le *Who's Who* incluait dans ses notes un fort curieux : « M : YP4724 ». Le « M » signifiant membre, les numéros suggèrent une loge maçonnique. Qui était cet homme qui demandait à figurer dans le *Who's Who,* sans accepter pour autant de se dévoiler à ses concitoyens ?

Mais revenons en 1911, alors qu'on achevait le *Titanic.* Les prémonitions, les mauvais augures et auspices étaient déjà légion, et si sceptique soit-on, il faut avouer que les prédicateurs de l'époque avaient de quoi étayer leurs thèses. Le numéro de la coque du *Titanic* était le 390904, et même sans croire à une conspiration, il est vrai que ces chiffres, surtout écrits à la main, donnaient reflétés dans un miroir les mots « *no pope* », c'est-à-dire « à bas le pape ». Combien de personnes en ont perçu le sens caché, on ne saurait le dire, mais des travailleurs catholiques s'étaient à l'époque plaints auprès de la direction, qui leur avait assuré qu'il ne s'agissait que d'une coïncidence. Certains y virent un signe du destin.

La situation politico-religieuse de l'Irlande se révélait complexe : les protestants d'origine anglo-écossaise, établis depuis le XVIIe siècle, étaient « unionistes » (autrement dit, souhaitaient demeurer britanniques), alors que les catholiques étaient nationalistes. Or la majorité des travailleurs des chantiers Harland & Wolff n'étaient pas des protestants (ils auraient pris cette anecdote pour une plaisanterie), mais des catholiques. On a peine à imaginer que des troubles puissent survenir pour une raison aussi étrange, mais la région se trouvait à l'époque au bord de la paranoïa. Eaton et Haas, qui racontent cet épisode, ajoutent que la rumeur d'ouvriers emprisonnés dans la coque circulait également.

Quand Michael Davie effectua des recherches pour l'ouvrage qu'il écrivait sur le naufrage du *Titanic,* il rencontra un ancien ouvrier de chez Harland & Wolff dont l'oncle et le grand-père avaient travaillé sur les « Olympics ». Le vieil homme avait une autre théorie, toute politique, sur une possible conspiration, liée au Home Rule (l'autonomie de l'Irlande). Même si Pirrie s'avérait un partisan convaincu du Home Rule, fait inhabituel pour un protestant, les « Olympics » étaient construits par une société « anglaise », et la plupart des ouvriers protestants éprouvaient de la sympathie pour le chef des Irlandais unionistes, sir Edward Carson, qui les incitait à résister au Home Rule par la force s'il le fallait (étrangement, il se calma lorsqu'il reçut un titre et une place au cabinet ministériel). Le vieil homme énuméra tous ces faits et laissa entendre à Davie qu'il s'agissait sans doute d'un sabotage dû à des raisons politiques et que le travail avait été volontairement bâclé.

Bien sûr, ce témoignage ressemble fort à une manifestation de cette paranoïa qui incitait les Irlandais à tout voir au travers de leurs problèmes religieux et politiques. L'*Olympic* a pu naviguer pendant un quart de siècle malgré ses nombreuses mésaventures et son acier cassant, et il aurait pu continuer encore longtemps, de même que les deux « Queens » de la Cunard, le *Queen Mary* et le *Queen Elizabeth II*, ont navigué trente ans.

En 1874, la poétesse Celia Thaxter écrivit une ode sur un navire finissant par heurter un iceberg, sans un seul rescapé. En 1886, le magnat de la presse et spiritualiste anglais, W. T. Stead, qui disparut dans le naufrage du *Titanic,* avait écrit une nouvelle sur une collision en mer qui se révélait tragique par manque de canots de sauvetage, puis un autre texte en 1892 sur le sauvetage des passagers d'un navire qui venait de heurter un iceberg.

Mais, parmi ces œuvres prémonitoires, la plus spectaculaire est bien *Futility,* une nouvelle écrite par un amateur américain, le mystique Morgan Robertson (1861-1915) et publiée en 1898. Robertson, ancien officier de marine, s'inquiétait de la désinvolture avec laquelle le problème des icebergs était traité par les bateaux et les liners de l'époque. Il n'eut pas d'autre intuition que celle-là, mais les similitudes relevées entre son SS *Titan* qui heurte un iceberg et coule, et le *Titanic*, apparaissent nombreuses et troublantes :

	Titanic	*Titan*
Drapeau	Anglais	Anglais
Traversée	Avril	Avril
Tonnage	60 250 T	70 000 T
Longueur	264 mètres	244 mètres
Vitesse maximum	24 nœuds	24 nœuds
Passagers	3 000	3 000
Hélices	3	3
Canots	20	24
Cloisons étanches	15	19
Côté touché	Tribord	Tribord

Les personnages clés du *Titanic* ont-ils eu vent de cet ouvrage prophétique, nul ne saurait le dire. Mais cela semble peu probable, ce texte devant sa célébrité à une série télévisée, réalisée longtemps après le naufrage.

Les travaux sur le *Titanic* commencèrent donc le 31 mars 1909, trois mois et demi après ceux de l'*Olympic*. Ce léger décalage se transforma vite en sept mois et demi, à l'époque du lancement, en dix mois à celle de la mise à l'eau. Cet écart n'avait rien d'exceptionnel, il indiquait seulement que tous les efforts s'étaient focalisés sur le premier paquebot de la série pour le rendre le plus rapidement opérationnel. Il fallut sept mois pour lancer l'*Olympic* et dix pour équiper le *Titanic,* mais les chantiers étaient submergés à cette époque.

Néanmoins, tout se passa bien puisque le lancement du *Titanic* et le départ de l'*Olympic* furent superbement orchestrés pour le 31 mai 1911. Plus de sept semaines de réparations non prévues au programme immobilisèrent l'*Olympic* et retardèrent la date du voyage inaugural du *Titanic* de trois semaines à peine, alors qu'il n'y avait à ce moment qu'une seule cale sèche de disponible pour les deux bateaux, et que Ismay exigeait des modifications de dernière heure sur le *Titanic* ainsi que quelques changements mineurs sur l'*Olympic.*

L'efficacité dont fit preuve Harland & Wolff, reculant les barrières de la technologie, pour construire ces deux géants des mers, demeure impressionnante. Aucun de ses navires n'a eu de défauts intrinsèques ou de structure ; les dégâts restent tous imputables à une mauvaise navigation.

La liste détaillée de l'équipement du *Titanic* s'avère presque plus longue que celle de son jumeau. Ce cahier des charges de trois cents pages prévoyait tout, des boiseries des salons à la taille des pinceaux pour les peindre, des chandeliers aux couchettes, des mâts aux vadrouilles.

Une cloche de 57 centimètres de diamètre fut fixée au pied du mât d'avant, pour prévenir l'équipage situé dans le gaillard d'avant. On en accrocha une autre, de 47 centimètres, au nid-de-pie pour permettre aux vigies de signaler les dangers, et l'on mit la troisième, de 23 centimètres, sur la passerelle.

On installa à bord 3 560 gilets de sauvetage en liège, nombre suffisant pour les passagers et l'équipage. En tant que navires de plus de 10 000 tonnes (la plus grande capacité reconnue par les réglementations de 1894), les « Olympics » devaient légalement comporter des canots de sauvetage pour 960 personnes. Mais le *Titanic* en comptait 1 178 , c'est-à-dire un bonus volontaire de 23 % par rapport au minimum. Après coup, ces chiffres paraissent illogiques. Si les normes imposées par le règlement convenaient à ce type de navires, pourquoi ce supplément de 23 % ? Cela ne servait à rien, ou alors on jugeait insuffisant le quota initial.

Les travaux avançaient donc à grands pas ; un essaim d'ouvriers s'activaient sur le chantier, changeant le *Titanic* de place, inspectant l'*Olympic,* refixant son hélice à bâbord. Ensuite, ils effectuèrent la manœuvre inverse pour que le navire puisse repartir. Mais il ne put aller jusqu'à Liverpool, son port d'enregistrement (choisi parce que la White Star y avait ses bureaux), par manque de temps d'abord, puis à cause de vents violents qui l'obligèrent à rester à Belfast pour ses essais.

Le commandant Haddock avait été remplacé par Smith, le 3 avril, puisque la tradition voulait que le plus âgé des capitaines commande le dernier navire en date. Après le naufrage, certaines autorités déclarèrent que Smith n'avait pu commander le *Titanic* sur son voyage inaugural que parce qu'on lui permettait ainsi de finir sa carrière en beauté, à l'âge de soixante-deux ans. D'autres affirmèrent qu'il devait effectuer le voyage inaugural du *Britannic* et prendre sa retraite à l'âge normal de soixante-cinq ans.

Les archives disparues de la White Star auraient sans doute pu nous éclairer sur ce point, comme sur bien d'autres, d'ailleurs. On ne découvrit aucune note sur un possible remplacement de Smith pour la première traversée du *Titanic.*

Que Haddock fût remplacé par Smith qui, lui, avait

l'expérience des liners, n'a rien de surprenant en soi, mais qu'on ait « enlevé » à Haddock son second en titre, Henry Wilde, ainsi que le premier officier de l'*Olympic*, William McMaster Murdoch, voilà qui semble pour le moins étrange. Wilde ayant été nommé second sur le *Titanic*, Murdoch, initialement second sur ce paquebot, se trouva alors « rétrogradé » au rang de premier officier, pendant que Charles Herbert Lightoller, de premier officier, passait au rang de deuxième. David Blair, qui embarqua à Belfast comme deuxième officier, se vit démis de ses fonctions à Southampton et assigné à un autre poste.

Cet équipage remanié ne fut complet qu'au matin du 10 avril. Smith aurait désigné Wilde comme second pour ce voyage inaugural. Il est pourtant difficile d'expliquer ce geste si peu en accord avec le personnage.

Edward John Smith, connu dans la marine marchande sous les initiales E. J., naquit en 1850 à Hanley, Staffordshire, et donc assez près de la mer. Il quitta l'école à treize ans et fit son apprentissage chez Gibson & Company, avant d'entrer à la White Star comme jeune officier en 1880. Sept ans après, il obtenait son premier commandement.

Deux ans plus tard, il eut sa première mésaventure, la première d'une longue série, lorsque le *Republic* s'échoua près de Sandy Hook, à l'entrée du port de New York, le 27 janvier 1889. On put remettre le navire à flot durant cinq heures, temps nécessaire pour qu'il puisse débarquer ses passagers. Mais à peine cette opération terminée, une cheminée s'écrasa, tuant trois hommes d'équipage et en blessant sept. À la fin de cette journée, le commandant estima que les dégâts étaient mineurs (il ne s'agissait pas du *Republic* de 1909, mais de son prédécesseur, celui de 1872, vendu en 1889).

L'accident suivant survint moins de deux ans après,

quand il échoua le *Coptic* près de Rio de Janeiro, en décembre 1890. Une fois de plus, les dégâts ne se révélèrent pas importants.

Tout se passa bien pour E. J. durant onze ans. Il fit la guerre des Boers, commandant des navires de troupes, ce qui lui valut deux décorations, la Transport Medal et la Reserve Decoration, ainsi que le grade de commandant dans la Royal Naval Reserve.

En 1901, il se retrouva aux commandes du *Majestic,* construit en 1890. Un incendie attribué à un court-circuit éclata dans une lingerie vers 5 heures du matin, le 7 août 1901, alors qu'il approchait de New York. On éteignit le feu en jetant de l'eau depuis un trou percé sur le pont avant. Mais quatre heures plus tard, les flammes rejaillirent, et des fumées nocives envahirent les cabines proches. Il fallut utiliser de la vapeur d'eau pour venir à bout de ce sinistre.

Un feu mal maîtrisé n'était pas chose rare à l'époque, mais celui-ci l'était à plus d'un titre, car Smith déclara n'avoir été alerté qu'une fois le feu éteint ; or il n'existe pas en mer d'accident plus grave qu'un incendie. Ce silence paraît aussi curieux que l'insouciance du commandant.

Commodore depuis 1904, Smith commanda tous les navires de file de la White Star, et ce, jusqu'à la fin de sa carrière. Il commença avec le *Baltic* et, le 3 novembre 1906, un feu éclata alors qu'il se trouvait encore à quai, à Liverpool. Les cales furent inondées à dessein et l'incendie ainsi éteint, mais on perdit 640 balles de coton.

Smith, transféré du *Baltic* sur l'*Adriatic* (24 541 tonnes) le 10 octobre 1908, eut affaire à un vol : quatre membres d'équipage dissimulaient sur le navire des biens subtilisés dans les bagages des passagers, pour une valeur de 15 000 dollars.

Treize mois plus tard, en vue de New York, l'*Adriatic* s'échoua, à l'entrée du chenal d'Ambrose, le 4 novembre 1909.

Le 8 août 1910, des hommes de chauffe firent grève à bord, pendant que le navire demeurait à Southampton.

Lorsque Smith commanda l'*Olympic,* il entra en collision avec le HMS *Hawke* (bien sûr, le pilote du port était en charge du liner, mais Smith, sur la passerelle, n'était pas intervenu), comme on l'a vu, puis il heurta une épave échouée, le 24 février 1912, et perdit une pale d'hélice.

Échouer trois liners représentait un record, même selon les critères peu rigoristes de la grande époque de la vapeur. La coutume voulait que le commandant et ses officiers reçoivent un substantiel bonus si leur navire n'essuyait aucun dommage durant l'année, ce qui démontre combien ce genre de mésaventure était commun à l'époque. Smith, comme commandant du plus gros liner du monde, le premier de la série des « Olympics », était le mieux payé de tous, avec un salaire de 1 250 livres par an. Son bonus anticollision aurait signifié pour lui 200 livres de plus, soit 16 % d'augmentation. Mais il eût été inconcevable qu'il puisse les obtenir.

En mai 1907, après une traversée sans histoire sur l'*Adriatic,* Smith gratifia l'Amérique d'une interview accordée au *New York Times.* Le journaliste lui demanda naturellement s'il avait été impliqué dans un accident durant sa longue carrière. Le commandant, déjà grisonnant, répondit qu'à part quelques tempêtes il n'avait jamais eu d'ennuis en mer, ni même failli en avoir : « Je ne peux imaginer ce qui aurait pu faire que mon bateau coule... Ces liners modernes sont à l'abri de ce genre d'accident. »

Cette dernière phrase impliquait que ces paquebots étaient en fait indestructibles. Même en laissant de côté les accidents qui auront lieu après cette interview, et en estimant que les commandants de ces nouveaux géants des mers étaient soumis à des emplois du temps très serrés, à des marges très faibles qui les exposaient à toutes sortes d'incidents, on ne peut que voir dans cette réponse un parfait exemple de ces litotes qu'affectionnent les Britanniques et qui, en langage courant, se nomment tout simplement des mensonges.

À peu près à cette époque, le sénateur William Alden Smith effectua une visite guidée de l'*Adriatic* avec le commandant Edward John Smith, pendant l'une de ses escales à New York. Les deux hommes n'avaient aucun lien de parenté.

L'avocat général et conseiller du ministère, sir Rufus Isaacs, déclara à la commission d'enquête britannique, lors de son discours d'ouverture : « Si la White Star lui a donné le commandement du *Titanic,* c'est, vous vous en doutez, parce qu'elle avait entièrement confiance en son adresse et en son jugement. Il avait été à son service pendant de longues années et je crois être en droit de dire qu'à part sa collision avec le *Hawke,* il n'eut jamais d'accident... »

Strictement parlant, c'était exact, du moins en oubliant le remorqueur. Les juristes pèsent leurs mots, c'est là tout leur art. Le substitut, Butler Aspinall, déclara que Smith était un « homme avec un bon dossier » ; et l'un des héros du naufrage, le commandant Arthur Rostron, du *Carpathia,* le navire qui porta secours au *Titanic,* expliqua au vingt-huitième jour d'audience qu'il avait connu Smith, un homme de « grande qualité ».

La femme de Smith s'appelait Eleanor et leur fille unique, née au début du siècle, Helen. Smith habitait une propriété imposante, admirablement située à Winn Road, Westwood, près de Southampton, comme il sied à un homme au sommet de sa carrière. D'ailleurs, il jouait son rôle à la perfection, avec sa casquette galonnée et son long manteau bleu marine, ses médailles au revers, ses quatre galons à la manche. C'était un personnage solide, imposant, avec une superbe barbe à la Georges V, irradiant la bonne humeur et la confiance et n'élevant presque jamais la voix. Bien que très rigide dans ses principes, il n'en était pas moins populaire et respecté de tous, tant par les gens de la White Star, que par ses pairs, ses subordonnés et ses passagers. Chose assez rare pour être mentionnée.

Mais il était aussi impétueux, « va-t-en guerre », comme le rappelle le deuxième officier, Lightoller, le plus haut gradé qui ait survécu au naufrage : « C'était instructif de le voir diriger son navire à pleine vitesse dans d'inextricables chenaux, pour accéder au port de New York. Un coin particulièrement mauvais... Cela nous rendait très fiers de le voir virer de bord, juger des distances avec une grande précision ; le navire gîtait à peine, à quelques mètres de la rive. » Ce témoignage explique peut-être pourquoi il échouait si souvent ses navires...

Voilà le genre de commandant qui monta à bord du *Titanic* à Belfast, le 1er avril 1912, pour faire ses essais dans le Belfast Lough, une grande baie à l'est du North Channel, en mer d'Irlande. La tempête avait reporté le départ de vingt-quatre heures, et lord Pirrie, qui désirait venir, avait dû annuler, invoquant un ennui de prostate, et s'était fait représenter par Thomas Andrews, le nouveau directeur des chantiers, et Edward Wilding, un architecte naval. Ismay, retenu par un engagement, avait demandé à son associé et ami d'IMM et de la White Star, Harold

Sanderson, de venir à sa place. Après tout, ce n'était pas la première fois qu'un « Olympic » faisait ses essais et des hommes de confiance conviendraient tout aussi bien.

L'essai lui-même avait un air de déjà vu. Le premier des « Olympics » avait été mis à l'épreuve durant deux jours, le deuxième apparemment n'aurait besoin que d'une journée, et pour être plus précis, peut-être seulement de douze heures. Cinq remorqueurs tirèrent le liner, via la rivière Lagan et le chenal de Victoria, pour atteindre la pleine mer, pendant que la vapeur montait en pression dans les chaudières. Le contrôleur du Board of Trade, Francis Carruthers, qui avait déjà inspecté le bateau deux mille fois pendant sa construction, réglait les derniers détails, tandis que Smith prenait son commandement. Un peu moins de la moitié de l'équipage se trouvait à bord ; le reste, y compris les stewards, embarquerait à Southampton. Seul un chauffeur parmi ceux engagés avant les essais à Belfast signa pour le voyage proprement dit, Thomas McQuillan.

Comme l'*Olympic,* on examina le *Titanic* les machines arrêtées, puis remises en route, sans toutefois lui imposer le test du mille ou du maximum de tours-minute. La vitesse de 20,5 nœuds fut atteinte pendant quelques minutes. À cette vitesse, son rayon de braquage était d'un peu plus de 1 000 mètres, performance qui impressionna Carruthers. L'essai d'arrêt d'urgence, départ arrêté, se fit sur une vitesse de 20 nœuds ; le paquebot eut besoin de 800 mètres environ pour s'immobiliser de « en avant toute ! » à « stoppez les machines ! » puis « en arrière toute ! ».

Le liner effectua le test suivant : deux heures de navigation à la modeste moyenne de 18 nœuds, puis 21 nœuds durant quelques minutes. Au retour, on testa sa maniabilité avec succès.

Pendant ce temps, les deux opérateurs TSF, John « Jack » Phillips et Harold Bride, réglaient et testaient le dispositif Marconi. Bien que faisant partie des jeunes officiers, les deux hommes étaient employés et payés par la société Marconi, comme le voulait l'usage en ces débuts de la radio sans fil. Les compas furent précisés et étalonnés en pleine mer, à l'abri des champs magnétiques du chantier.

Les dernières recommandations de Carruthers (seize ans contrôleur et ancien chef mécanicien) au commandant Smith furent de descendre les deux principales ancres et de vérifier les canots de sauvetage, sans toutefois les mettre à l'eau. Le quatrième officier, Boxhall, s'assura personnellement que les canots étaient bien équipés pendant que le liner quittait Belfast. Mais comme les autres officiers, il ne sut pas si les canots et les bossoirs s'avéreraient suffisamment solides pour supporter un plein chargement de passagers.

Enfin, le contrôleur signa le certificat d'aptitude à naviguer pour un an. Andrews et Sanderson, quant à eux, signèrent le transfert du liner, du constructeur à ses propriétaires. Andrews et huit de ses assistants resteraient à bord comme « garantie du constructeur », pour d'ultimes ajustements et d'inévitables ennuis, inhérents à un premier voyage.

Le mauvais temps ayant retardé d'une journée les essais et empêché une escale à Southampton, le navire se hâta d'appareiller dès que Carruthers, Sanderson et autres eurent mis le pied à terre. Il prit sa vitesse de croisière de 20 nœuds et fit une traversée de 570 milles vers Southampton, qu'il atteignit le 4 avril.

À cause de la grève des mineurs, le port était encombré par les navires dont on avait annulé ou retardé le passage. Les demandes avaient en effet diminué dès que l'on avait informé le public des conséquences du manque de combustible.

La future traversée de Smith n'était pas remise en question, grâce à l'*Olympic* (qui avait rapporté de grandes quantités de charbon de New York), et au « pillage » des navires d'IMM immobilisés à quai, à Southampton. Afin d'obtenir son quota pour ce voyage inaugural du 10 avril, la White Star dut détourner bon nombre de passagers de ses autres paquebots. Il s'agissait entre autres de voyageurs de première classe, sur des navires plus anciens, qui durent se contenter d'une deuxième classe sur le *Titanic.* Bien sûr les critères y étaient plus élevés, mais il leur manquait la connotation « première classe ». Malgré tous ces efforts, le paquebot ne fut qu'à moitié rempli.

Aucun doute que le manque de charbon était à l'origine de ces annulations, de ces changements de dernière minute apportés par des voyageurs avertis que les grèves se durcissaient en ce printemps 1912. 55 personnes devaient ainsi renoncer à la croisière inaugurale du *Titanic,* et ce à la dernière minute.

J. P. Morgan, qui avait promis d'être là, argua d'un ennui de santé. L'un de ses anciens associés, Robert Bacon, ancien ambassadeur à Paris, sa femme et sa fille annulèrent après que Morgan leur eut téléphoné dans le Midi de la France. Bacon expliqua qu'il avait dû rester à Paris pour mettre au courant son successeur, qui n'arrivait que quelques jours plus tard.

Henry C. Frick, un magnat de l'acier et anti-unioniste

comme Morgan, avait déjà annulé sa « suite princière », la B52, dotée d'un pont promenade privé, parce que sa femme s'était foulé une cheville lors d'une croisière à Madère. Cette suite fut réaffectée à Morgan, qui annula à son tour. On la donna alors à M. et Mme J. Horace Harding, qui préférèrent, en dernière minute, prendre le *Mauretania,* plus rapide. J. Bruce Ismay en hérita par défaut.

Le 9 avril, veille du départ, George W. Vanderbilt (les chemins de fer et les bateaux), avec son épouse, annula sur les instances de sa mère, qui lui déconseillait l'agitation et les tracas liés à ce genre de voyage inaugural. Leur domestique, Frederik Wheeler, et leurs bagages, embarquèrent comme prévu sur le *Titanic,* et coulèrent avec le navire. Un télégramme indiquant que les Vanderbilt étaient sains et saufs, après le naufrage, devait plus tard faire croire à la presse que le *Titanic* avait été sauvé.

Les « Olympics » furent conçus, planifiés et construits par Pirrie, un homme qui défendait coûte que coûte son chantier naval, à la trésorerie défectueuse. Il n'hésita pas à lâcher Morgan, un rapace impitoyable, sur l'Angleterre, et à trahir son principal client.

La White Star commanda des paquebots à l'initiative de lord Pirrie, avec l'argent de Morgan et l'approbation d'Ismay, à une période où l'éthique des affaires était plutôt douteuse et la navigation insouciante. Son dirigeant, un héritier doté d'un caractère faible, fut ébloui, comme Pirrie d'ailleurs, par la fortune et le pouvoir de Morgan.

Quant au commandant de bord de la White Star, il n'était pas seulement un habile maître de cérémonie pour passagers exigeants, mais aussi un poseur qui commandait ses liners comme s'il s'agissait de gigantesques bateaux de course.

Voilà ce que l'on peut dire de Smith, Ismay, Morgan et Pirrie, le quatuor qui fut à l'origine du naufrage du *Titanic.*

3

EMBARQUEMENT IMMÉDIAT

Au départ de Belfast, on trouvait des jumelles dans le nid-de-pie du *Titanic*. Et l'on constatait également un incendie dans la soute à charbon n° 10, qui donnait sur la chaufferie n° 6. À Southampton huit jours plus tard, les jumelles avaient disparu mais l'incendie n'était toujours pas maîtrisé. William McMaster Murdoch, brevet n° 025780, avait dû céder sa place de second, la veille du départ à Southampton, à Henry Wilde, brevet n° 027371.

Aussi bizarre que cela puisse paraître, il n'y avait pas de jumelles dans le nid-de-pie du plus luxueux paquebot du monde, alors qu'il entreprenait son voyage inaugural à une saison particulièrement mauvaise ; notons qu'il en existait au moins cinq paires sur la passerelle, selon les dires de Charles Lightoller. Le nid-de-pie contenait même une boîte spéciale pour les ranger. George Hogg, un veilleur, se rappela que la paire qu'il avait tenue entre les mains, entre Belfast et Southampton, était marquée « deuxième officier, *Titanic* ». Le deuxième officier était à ce moment-là David Blair. Hogg avait été chargé de les ranger dans la cabine de ce dernier, arrivé à Southampton. Mais Lightoller avait pris la place de Blair à l'escale, et

Hogg expliqua qu'ensuite il avait demandé en vain qu'on les lui rende.

Ismay devait répondre à la commission d'enquête britannique que la White Star avait fourni les jumelles des vigies jusqu'en 1895, et qu'après cela avait été laissé à la discrétion des commandants.

Tout le monde connaît les limites d'une paire de jumelles. La moindre anomalie est d'abord détectée à l'œil nu. Ensuite seulement, on utilise les jumelles pour mieux identifier le phénomène. Les jumelles restreignent le champ de vision et fatiguent la vue à la longue, surtout la nuit.

Dans toute la littérature consacrée au *Titanic*, l'absence de jumelles dans le nid-de-pie a été occultée. Seul Frederick Banfield, dont le père est mort sur le *Titanic*, avant sa naissance, a démontré l'importance de ce détail. Le nid-de-pie est ouvert à tout vent, et, la nuit du désastre, le bateau filait 22 nœuds. Les deux veilleurs étaient donc exposés à un flux d'air glacé qui les faisait larmoyer. Ils auraient pu au moins utiliser les jumelles de temps à autre, ce qui aurait permis à leurs yeux de se « reposer ». Ce quart était très éprouvant pour les deux hommes, même s'ils étaient remplacés toutes les deux heures, et aidés dans cette tâche par le premier et le sixième officiers, le timonier et son premier maître... Tout cela n'explique en rien la disparition des jumelles du nid-de-pie, qui demeure un mystère.

Le feu sur un navire est le pire cauchemar du marin, et cela demeure vrai encore aujourd'hui. Tout le monde se rappelle le liner italien *Achille Lauro*, qui en 1994 prit feu et sombra au large de la Corne de l'Afrique.

L'avènement de la vapeur changea la navigation du tout

au tout, non seulement d'un point de vue technologique, mais aussi d'un point de vue pratique, en permettant de respecter un emploi du temps. Cependant, le charbon est par essence une substance volatile, capable de s'enflammer spontanément dans des lieux confinés, spécialement dans les soutes. Par précaution, on l'asperge d'eau, dès son chargement, ce qui limite aussi la poussière. Mais si le feu prend et se développe malgré cela, la seule solution consiste à envoyer un groupe de chauffeurs vider la chambre de chauffe avec leur pelle. Ils étaient là pour cela, à l'époque, pelleter le charbon dans les énormes foyers des chaudières, par une température avoisinant les 33°.

Aussi, qu'un début d'incendie ait été détecté sur le *Titanic* juste après ses essais n'a rien de remarquable en soi, si ce n'est qu'il a débuté la veille d'un voyage inaugural hautement médiatisé.

Le liner quitta Belfast avec juste 1 880 tonnes de charbon, à cause de la grève. Il devait en trouver 5 000 autres à Southampton, provenant de l'*Olympic* et d'autres navires appartenant à IMM et immobilisés à quai. Le charbon chargé à Belfast avait été réparti dans 11 soutes (170 tonnes chacune) pour les 29 chaudières. Les soutes comme les chaufferies étaient numérotées par deux, dos à dos, avec une cloison étanche au milieu de chaque paire. Le feu avait pris à tribord de la soute n° 10, à l'extrémité de la chaudière n° 6, à l'avant de la cloison étanche n° 5.

Il est pour le moins étrange que cet incendie ait non seulement fait rage à Belfast durant plusieurs jours, mais aussi à Southampton une semaine entière, alors qu'il aurait semblé naturel, évident, plus commode (pour ne pas dire plus prudent) de l'éteindre tant que le navire demeurait au port.

Mais ce qui est encore plus curieux, c'est que cet

incendie ait pu échapper à Maurice Harvey Clarke, officier de l'émigration et inspecteur du Board of Trade à Southampton. Son travail consistait à vérifier une nouvelle fois, après son confrère de Belfast. Sur les trois visites au *Titanic*, dont la dernière eut lieu le matin qui précédait le départ, le capitaine Clarke vérifia de nouveau les aménagements du bateau et inspecta l'équipage, aidé par des médecins officiers. Cet examen officiel d'un navire destiné à transporter des émigrés l'obligeait à plus de vigilance ; or la plus grande partie de la troisième classe se trouvait juste au-dessus de la soute en flammes, ponts E et F.

N'ayant rien noté d'anormal sur les ponts inférieurs, Clarke monta sur le pont des embarcations et demanda que deux canots de sauvetage fussent descendus et mis à l'eau avec leur équipage, puis remontés. Enfin il délivra son certificat et contresigna le rapport de surveillance. Clarke devait déclarer à l'enquête qu'il n'avait remarqué aucun feu, et qu'aucun incendie n'avait été porté à sa connaissance.

Évidemment l'importance d'un feu reste toujours subjective, mais cacher au capitaine Clarke, de propos délibéré, un incendie couvant depuis une semaine semble pour le moins cavalier.

Les chauffeurs, qui, eux, ne pouvaient ignorer ce sinistre, refusèrent de participer aux manœuvres du navire dans le port avant qu'il ne prenne la mer. Clarke déclara lors de l'enquête que ce genre d'indiscipline était propre à la White Star et que même la promesse d'une demi-journée de solde ne pouvait obliger ces hommes à se présenter.

Le gouvernement se montra tout aussi suffisant. Les officiels du Board of Trade affirmèrent à la commission britannique que le fait que les liners aient comporté des cloisons étanches et un système TSF performant expliquait le petit nombre de canots de sauvetage imposés sur ce genre de navires.

Entre 1881 et 1891, 822 passagers et hommes d'équipage devaient trouver la mort dans des accidents de navigation sur l'Atlantique nord. Entre 1891 et 1901, 247 personnes ; et entre 1901 et 1911, seulement 57.

Henry Tingle Wilde, le second, qui périt avec son commandant lors du naufrage, nous apparaît tout aussi mystérieux. Grâce au registre de l'équipage, on apprend qu'il avait trente-huit ans, qu'il était né à Liverpool et y habitait toujours, 24, Grey Road, Walton (une banlieue célèbre pour sa prison). On ne l'avait engagé que le 9 avril 1912, pour être au rapport le 10, à 6 heures du matin, juste avant l'embarquement... Sa paie était de 25 livres, un quart de celle du commandant, mais de 7,10 livres plus élevée que l'homme qu'il remplaçait, le premier officier Murdoch. Lightoller, qui était passé de premier à deuxième officier, devait se contenter de 14 livres. Tous trois étaient habilités à effectuer le quart.

L'arrivée tardive de Wilde ne saurait être imputée à une lubie du commandant ou de ses employeurs. Cette nomination n'avait pu se faire sur un coup de tête ; l'*Olympic* était parti pour New York depuis le 3 avril... Haddock, qui le commandait et était nouveau sur ces liners, avait été privé de son chef mécanicien, Joseph Bell, de son premier officier, Murdoch (qui naïvement espérait être second sur le *Titanic*), et de Wilde. Il devait payer ce problème d'effectif en manquant s'échouer, sept semaines après le naufrage du *Titanic*, sur la pointe de Cornouailles.

Smith, quant à lui, n'aurait jamais « kidnappé » Wilde, comme certains l'ont laissé entendre. Seul quelqu'un de haut placé à la White Star pouvait organiser tous ces changements de dernière minute, en espérant que Smith serait obligé de donner son consentement, bon gré mal gré.

Mais ce Wilde, apparemment si indispensable, libéré le 3 avril par le départ de l'*Olympic*, n'effectua pas les essais de Belfast, ni l'embarquement de Southampton. Il ne se présenta qu'à la toute dernière minute sur le *Titanic*, juste avant que le commandant lui-même ne vienne donner ses ordres. Sans doute Wilde avait-il négocié un congé pascal en échange de ce changement imposé.

L'étrange arrivée de Wilde apparaît dans le témoignage du deuxième officier, Lightoller, et du quatrième, Boxhall, les premier et troisième jours de l'enquête de la commission américaine. D'après eux, on ne parlait pas encore de Wilde à Belfast ; Murdoch était toujours second, et Lightoller premier officier, le 9 avril, alors que le capitaine Clarke était fort occupé à ne pas remarquer l'incendie du *Titanic*.

Wilde écrivit une dernière lettre à sa sœur, qu'il posta de Queenstown, un jour et demi avant sa nouvelle assignation : « Je n'aime vraiment pas ce navire... J'ai un étrange sentiment à son sujet. » Avait-il déjà appris son transfert ou parlait-il en connaissance de cause, ayant eu l'occasion de visiter le liner à Belfast, lorsque l'*Olympic* s'y trouvait pour des réparations ? Mais pourquoi aurait-il eu ce genre de prémonition au sujet d'un bateau en tout point semblable à son jumeau, sur lequel il avait déjà navigué ? Quoi qu'il en soit, sa lettre semble a posteriori impressionnante.

Ceux qui croient aux pressentiments s'intéresseront aussi à l'une des lettres de George Beedem, que détient la British Titanic Society. Il fut l'un des nombreux matelots à avoir été transférés de l'*Olympic* au *Titanic*. Il écrivit à sa mère, la veille du Vendredi saint, soit deux jours après son embarquement : « Cela fait deux jours que je suis là... On peut difficilement faire la distinction entre les deux navires. J'ai l'impression que mon imagination me joue des tours. » Il écrivit à sa femme Lill, la veille du départ de Southampton : « C'est la dernière nuit et, Dieu merci, nous appareillons demain ! » Il détestait cette attente, loin des siens, et cherchait un logis à Southampton afin de pouvoir leur rendre visite entre deux traversées. À court d'argent, il s'inquiétait pour sa femme, qui souffrait d'horribles torticolis. « Je n'ai rien à te raconter d'autre. Je me sens dépressif, il n'y a rien à faire à bord ; comme j'aimerais voir ce foutu bateau au fond de l'eau ! »

Le trop affectueux Beedem écrivit une ultime lettre à sa femme et à son fils Charlie, qu'il posta de Queenstown, où il se sentait un peu mieux. Malheureusement, il n'eut pas le loisir de regretter cette phrase innocente...

La White Star souhaitait à tout prix que de nouveaux passagers tentent ce « voyage inaugural du plus grand et plus luxueux liner du monde ». Elle espérait remplir une bonne moitié du bateau, mais les défections de J. P. Morgan, de ses amis et d'une cinquantaine d'autres personnes firent tomber le pourcentage prévu. La compagnie bombarda la presse de communiqués, où une fois encore les navires jumeaux furent confondus : « Le *Titanic* fait son voyage inaugural le 10 avril 1912, via Southampton, Cherbourg, New York... Ces palaces flottants, l'*Olympic*, 45 324 tonnes, et le *Titanic*, 45 000 tonnes (*sic*), sont les plus gros liners du monde. » Les GRT avaient été inversés, faisant de l'*Olympic* l'unique géant des mers. Bien sûr, il ne s'agissait que d'une erreur de copiste, mais qui s'ajoutait à tant d'autres...

Southampton remplaça Liverpool comme premier port anglais pour les paquebots transatlantiques à la fin du siècle dernier. Il était mieux situé, plus près de Londres et de ses environs, pour attirer les gens riches (Anglais ou étrangers retournant dans leur pays), et de Cherbourg pour embarquer les continentaux, ainsi que de Queenstown et de ses tristes flux d'émigrants.

La White Star y transféra ses services en 1907. Ce fut comme d'habitude le commandant Smith qui l'inaugura, avec l'*Adriatic*, en faisant la traversée Liverpool-New York en mai, retour Southampton le 5 juin, puis plus tard avec l'*Olympic*.

Pour mieux approvisionner ses liners, la White Star fit l'acquisition d'un dock (plus tard connu sous le nom d'Ocean Dock), tout près du chantier de réparations de Harland & Wolff : les mouillages n°s 43 et 44, d'une longueur totale de 4 500 mètres. Le *Titanic* arriva là, à minuit, le 3 avril, ses cales emplies de 1 880 tonnes de combustible (dont une partie en feu). Son jumeau avait laissé tout ce qu'il pouvait en charbon, avant son départ, douze heures plus tôt. Un total de 4 427 tonnes fut ainsi amassé, y compris dans les chaufferies de l'*Oceanic*, du *Majestic*, du *New York*, du *Philadelphia*, et du *Saint-Louis*, propriétés d'IMM, amarrés par paires dans le port encombré.

Le 5 avril étant un Vendredi saint, le liner fut pavoisé. Ce week-end de Pâques explique sans doute pourquoi le *Titanic* dut rester à Southampton une semaine, au lieu de trois ou quatre jours.

La White Star n'eut aucun mal à compléter son équipage, le 6 avril, les emplois s'étant considérablement raréfiés à cause de la grève. Les hommes ayant déjà travaillé sur l'*Olympic* furent favorisés ; la majorité de l'équipage était originaire de Southampton, qui sera la ville la plus touchée par le naufrage, mais Liverpool, Londres, Belfast et Dublin étaient bien représentés.

L'équipage comprenait en outre cinq postiers (trois Américains et deux Anglais) pour trier le courrier durant la traversée ; huit musiciens fournis par une agence de Liverpool pour divertir les passagers dans le jardin d'hiver ; des douzaines de serveurs de chez Gatti à Londres pour travailler au « restaurant à la carte », l'une des dernières et coûteuses innovations de cette traversée transatlantique. Aucune de ces personnes n'était appointée par la White Star, mais toutes, à l'instar des deux opérateurs radio de la Marconi, étaient assujetties aux règlements du navire. Il en allait de même, bien sûr, pour Thomas Andrews, l'ingénieur en chef et directeur de Harland & Wolff, et ses huit assistants, embarqués au titre de la « garantie du constructeur ».

L'équipage finalement compta 892 personnes :

73 au service de pont, dont 2 médecins, 2 laveurs de carreaux, 2 stewards attachés aux officiers et 7 commissaires.

325 au service des machines, dont 28 ingénieurs mécaniciens, 8 ingénieurs et électriciens, 289 chauffeurs, soutiers et machinistes.

494 à l'intendance, dont 2 radiotélégraphistes et 471 personnes attachées au chef steward, 20 femmes de chambre et 1 intendante.

Un chauffeur se présenta spontanément, Thomas Hart, habitant 51, College Street, Southampton, muni de son livret de solde. On le prit.

Des équipes de réserve attendaient à bord qu'on leur

propose d'éventuels remplacements. Une inévitable poignée d'hommes (22, ici, en général ceux des salles des machines) manquait au départ du bateau pour avoir bu une pinte de trop dans les cafés du port. Certains étaient déclarés « absents », d'autres « partis de leur plein gré », et 13 hommes purent ainsi se faire embaucher à la dernière minute, pendant que les autres candidats étaient renvoyés à terre, à bord des remorqueurs.

Un peu moins de 1 000 passagers embarquèrent à Southampton (427 en première et deuxième classes, 495 en troisième classe, ce qui donna un total officiel de 922). 11 500 marchandises diverses, pesant 559 tonnes, furent hissées à bord (le transport par liner était plus cher mais beaucoup plus rapide).

Wilde se présenta à 6 heures du matin, le 10 avril, pour préparer l'arrivée de Smith en taxi à 7 h 30. Le pavillon de la marine de réserve, le Blue Ensign, fut hissé à 8 heures. Le train amenant les troisièmes classes arriva à 9 h 30, et celui des première et deuxième classes, à 11 heures. Tous deux venaient de Londres.

Aucune liste des denrées embarquées sur le *Titanic* ne nous est parvenue, mais nous pouvons imaginer grâce à celles de l'*Olympic* les montagnes de beurre et de céréales, les milliers de litres de vin et de lait, et les six jours de nourriture fraîche emmagasinés dans les compartiments réfrigérés. À l'époque, les gens aisés faisaient de copieux repas.

Le « thé à la carte » et les restaurants de première classe avaient été conçus pour des passagers exigeants. Le plus riche d'entre eux, sans conteste, était le colonel John Astor, dont la fortune personnelle s'élevait à 30 millions de livres (beaucoup moins que J. P. Morgan, mais Astor n'était que l'un des membres d'une famille fabuleusement riche). À quarante-sept ans, il possédait une grande partie de Manhattan, et venait d'épouser en secondes noces une jeune fille de dix-huit ans. Après le scandale retentissant de son divorce, il avait dû fuir son pays, le temps que la presse se calme et trouve une autre tête de Turc.

Un autre était Benjamin Guggenheim (et sa blonde maîtresse), qui, s'il n'était pas aussi riche qu'on le prétendait, faisait néanmoins partie d'une des dynasties d'émigrants ayant réussi dans l'exploitation minière, la métallurgie et l'outillage. Comme Morgan, les Guggenheim aspiraient à l'immortalité en créant des musées.

Un autre encore de ces passagers milliardaires, voyageant avec sa femme, était Isodor Straus, propriétaire avec son frère du plus grand magasin new-yorkais, Macy's.

L'argent des chemins de fer était représenté par Charles M. Hays, le Canadien, et John B. Thayer, de la Pennsylvania Railroad Company. On pouvait trouver aussi George D. Widener, de Philadelphie, Pennsylvanie, banquier enrichi grâce aux tramways, et son épouse. Et, moins riche que puissant, le commandant Archie Butt, ami et aide de camp du président des États-Unis, William Howard Taft.

Après que le capitaine Clarke eut signé les papiers pour le Board of Trade, Smith les fit parvenir aux propriétaires par l'intermédiaire de leur superintendant à Southampton, le capitaine Steele : « Ci-joint le rapport indiquant que le navire est dûment chargé et prêt à prendre la mer. Les machines et les chaudières sont en parfait état de marche, et toutes les cartes et instructions de navigation à jour. Votre dévoué E. J. Smith. » Smith ne trouvait toujours pas utile de mentionner le feu de la soute n° 10.

Thomas Andrews monta à bord en même temps que Wilde, et posa ses bagages dans la cabine de première classe A36, créée par simple déplacement de cloisons, juste avant le départ de Belfast.

J. Bruce Ismay montra ce matin-là une partie du bateau à sa femme et à ses enfants avant de leur dire au revoir sur la passerelle. Ensuite, il prit possession de la suite B52, qui comprenait les cabines B54 et B56, formant un appartement à bâbord : le plus luxueux appartement du paquebot, dessiné suivant les vœux du milliardaire J. P. Morgan. Le valet de chambre d'Ismay, Richard Fry, occupait la cabine B102, presque à l'opposé de la suite. Son secrétaire, W. H. Harrison, se trouvait à bord. Tous trois voyageaient gratuitement. À tribord, on rencontrait le même genre de suite : la B51, légèrement plus petite, occupée depuis Cherbourg par M. et Mme Thomas Cardeza.

Le 10 avril, l'un des premiers à monter à bord fut le pilote, George Bowyer, celui-là même qui avait pris en charge l'*Olympic* et causé l'accident avec le *Hawke*.

Le *Titanic* était en bonne position pour quitter le port encombré de Southampton. Six remorqueurs le tirèrent du quai pour le placer au milieu du chenal dévasé de la rivière Test. Le navire prit alors de la vitesse et profita de la marée montante. Il passa les mouillages n°s 38 et 39, prêt à tourner dans la rivière Itchen.

Le long de ces mouillages se trouvaient l'*Oceanic* et le *New York* amarrés en tandem, le dernier en abord du premier. D'habitude, un seul liner restait amarré à cet endroit, laissant ainsi plus d'espace dans le chenal. Alors que le *Titanic* s'approchait du *New York*, la dernière des six amarres mollit, puis se raidit avant de lâcher, telle une corde de guitare trop tendue. Le navire, ainsi rendu à sa liberté, se balança fortement, perturbant par simple effet de masse le *Titanic* dans ce goulet d'une douzaine de mètres.

Le capitaine C. Gale, du remorqueur *Vulcan*, avec une admirable présence d'esprit, sauva la situation. Il passa derrière le bateau et non pas devant, ce qui aurait réduit son remorqueur en miettes. Ce mouvement lui permit de tirer plutôt que de pousser le liner vers les quais. L'arrière en dérive du *New York* faillit bien aborder le *Titanic*, mais les autres remorqueurs vinrent à la rescousse. Le beaupré du *New York* frôla l'*Oceanic*, causant de légers dommages. Des badauds à terre regardaient l'événement avec horreur. George Beedem racontera que le *Titanic* l'avait échappé belle.

Sur la passerelle du liner, les deux vieux loups de mer, qui avaient apparemment appris les effets de la succion depuis leur mésaventure avec le *Hawke*, réagirent avec rapidité et adresse.

– Stoppez les machines, en arrière toute ! aboya Bowyer, tandis que Smith maintenait l'ancre tribord juste au niveau de l'eau, prêt à la lancer.

Cet incident retarda le départ du *Titanic* d'une heure. Le fait que le liner ait pu faire rompre l'amarre du *New York* est suffisamment explicite : encore une fois Smith et Bowyer naviguaient trop vite, au milieu d'un port surchargé, et leur adresse pour éviter le crash n'excuse pas tout...

Comme si rien ne s'était produit, la cloche du navire sonna l'heure du déjeuner, et les matelots reprirent le paquebot en main, avec fermeté cette fois, d'abord dans Southampton Water, puis vers Spithead et Cherbourg. À en juger par son palmarès, Smith possédait des nerfs d'acier et n'était pas homme à s'appesantir sur ses erreurs, même s'il fallut une heure pour récupérer un *New York* à la dérive et sortir le *Titanic* du port. Heureusement, il ne tenta pas de rattraper son retard sur la courte traversée vers la Normandie.

Andrews et ses hommes n'avaient pas arrêté depuis Belfast, même quand le navire avait été à quai à Southampton, restant sur le pied de guerre vingt-quatre heures sur vingt-quatre. Mais une fois en mer, ils n'eurent plus grand-chose à faire.

Le port de Cherbourg, beaucoup plus petit que celui de Southampton, ne pouvait accueillir les grands liners, qui devaient rester en rade et attendre que les deux bateaux annexes de la White Star s'occupent des passagers, par classes. Le *Train transatlantique* amena seulement 142 passagers de première classe, 30 de deuxième et 102 de troisième, de la gare Saint-Lazare. Les bateaux annexes n'étaient donc pas surchargés.

En première classe, en plus des Cardeza, on rencontrait bon nombre de riches Américains, comme les magnats des affaires Emil Brandeis et, on l'a vu, Benjamin Guggenheim. Les plus socialement intéressants étaient cependant anglais, sir Cosmo et lady Duff Gordon. Ils voyageaient incognito sous le nom d'emprunt de « M. et Mme Morgan ». Sans doute un exemple du célèbre humour anglais : utiliser le nom du propriétaire du navire...

Sir Cosmo Edmund Duff Gordon, baronnet, tenait sa noblesse et sa fortune d'un ancêtre s'étant illustré au cours des guerres napoléoniennes. Il avait hérité ce titre d'un cousin mort sans descendance, et était le cinquième du nom. Sir Cosmo ne figure pas dans le *Dictionary of National Biography,* et le *Who's Who* ne lui attribuait aucune activité particulière, ni intellectuelle, ni sportive, aucun métier. Il avait fait ses études à Eton et possédait plusieurs demeures, dont l'une dans le très élégant quartier de Kensington, à Londres, et l'autre dans le Kincardineshire, en Écosse.

Ce dilettante avait fait un mariage intéressant. En 1900, il avait épousé Lucy, veuve de James Stewart Wallace et fille de Douglas Sutherland, originaire de Toronto, au Canada. Cette jeune femme était aussi la sœur aînée de la romancière Elinor Glyn, maîtresse de lord Curzon, diplomate, politicien et vice-roi des Indes. Lucy s'était fait un nom dans la mode, sous la signature « Lucile », et l'une de ses boutiques se situait à Hanover Square, à Londres. Les Gordon n'avaient pas d'enfant. La photographie de sir Cosmo montre un homme au flegme typiquement britannique, au menton à fossette, aux moustaches en « guidon de vélo » et aux cheveux clairs coupés en brosse. Sa femme était jolie, dotée d'un charmant visage encadré de cheveux noirs, comme ceux de sa célèbre sœur.

Si le choix de leur nom d'emprunt était bien une plaisanterie, il ne pouvait venir que d'elle. Morgan était un nom courant, mais la presse attendait de pied ferme Morgan, l'unique, le Morganissimo des Morgan qui devait prendre part à cette croisière inaugurale. Ce patronyme n'offrait donc guère de chances de passer inaperçu. Curieusement, rien ne transpira, et leur anonymat fut sauvegardé.

Le paquebot leva l'ancre vers 18 h 30, heure locale, après avoir embarqué passagers, bagages et courriers arrivés sur les deux escorteurs : 13 passagers de première classe, 7 de seconde, et sans doute 2 de troisième.

Il existe une remarquable photo du navire, à la nuit tombée, brillant de tous ses feux, ses ponts allumés, semblable sans doute à l'image qu'en retiendront les rescapés du naufrage. Cette photo n'est d'ailleurs pas tout à fait exacte, puisque ses quatre cheminées fument, alors que la dernière était factice. Un chauffeur en mal d'air frais y grimpa par l'intérieur, à l'escale de Queenstown, et son visage noirci de charbon, surgissant de là, fit rire ceux qui l'aperçurent. D'autres prirent cela pour un mauvais présage, une manifestation diabolique.

Le port de Queenstown étant lui aussi trop petit pour accueillir les grands liners, le *Titanic* dut s'ancrer à 2 milles au large et attendre l'arrivée des escorteurs, l'*America* et l'*Ireland*, deux steamers à roue, qui transportaient les passagers par classes : 120 de troisième classe et 7 de deuxième, ainsi que le courrier, 1 385 sacs, preuve éloquente s'il en est du nombre d'immigrants irlandais aux États-Unis ; Queenstown était la dernière escale avant New York.

Sept passagers débarquèrent à cet endroit, tous de deuxième classe. L'un d'entre eux, le père Francis Browne, jésuite, professeur et admirable photographe, prit les ultimes clichés du *Titanic* et de son commandant, seul, fixant l'océan du haut de sa passerelle.

Les escorteurs rapportèrent quelques sacs de courrier à terre. Au milieu de la confusion créée par les allées et venues des passagers, des reporters, de l'équipage et des officiels, un certain John Coffey, échappant à l'objectif des photographes, arriva à se faufiler hors du liner. C'était un chauffeur, âgé de vingt-quatre ans. Il put regagner la terre ferme, caché dans les sacs postaux.

Selon le rôle de l'équipage, il avait servi sur l'*Olympic* et habitait 12, Sherbourne Terrace, sans indication de ville. Il ne pouvait s'agir que de Liverpool ; la plupart de ces hommes venaient de là et l'employé avait pris l'habitude de ne noter que les autres villes. Il était né à Queenstown et avait dû s'engager sur le *Titanic* après une période de chômage consécutive à la grève des mineurs. L'homme s'étant évanoui dans la nature, il est difficile d'en savoir plus. Apparemment, il n'avait pas peur de travailler dans l'enfer qu'étaient les rues de chauffe à cette époque. Il s'engagea d'ailleurs sur le *Mauretania* quelques jours après sa fuite. Cet homme plein de ressources dut falsifier ses papiers, et on peut se demander ce qui lui fit prendre tant de risques... Qu'avait-il vu pour penser qu'il valait mieux quitter le *Titanic* ?

À Queenstown, E. J. Sharpe, l'officier d'émigration, contresigna le rapport d'enquête établi par Carruthers à Belfast. Il délivra aussi la dernière « lettre de mer », indiquant le nombre total des personnes à bord. Ignorant la désertion de Coffey, il nota 892 membres d'équipage et 1 316 passagers (606 en cabine, 710 dans les dortoirs de troisième classe), soit un total de 2 208.

Ce nombre total de personnes à bord a toujours été contesté, et c'est là l'un des faits les plus curieux de ce naufrage. La commission d'enquête britannique donne pour sa part un équipage de 885 hommes (66 au service de pont, 325 aux machines, 494 à l'intendance) ; les 8 musiciens de l'orchestre sont comptés avec les passagers, ce qui fait un total de 1 316. La White Star et Sharpe trouvent le même nombre d'hommes d'équipage, soit 892. L'écart vient des hommes de pont, 73 pour eux et 7 de moins pour la commission. Sans doute cette dernière a-t-elle omis les 7 commissaires, ou même les officiers de pont.

Tandis que le liner quittait Queenstown, J. Bruce Ismay partait à la recherche de Joseph Bell, chef mécanicien, un ancien de l'*Olympic*, pour avoir une discussion avec lui. Une discussion très privée, puisque personne n'y fut convié.

– Il était dans *nos* intentions, si le beau temps persistait lundi après-midi ou mardi, d'amener ce navire à donner son plein rendement, expliqua-t-il dès l'ouverture de la commission américaine à New York.

Mais il admit ne jamais avoir évoqué ce sujet avec le commandant. Puis il continua :

– Le *Titanic* étant un navire en rodage, *nous* augmentions peu à peu sa vitesse.

Ce « nous » n'englobait pas le commandant, apparemment. Ismay devait témoigner devant la commission d'enquête britannique que par « plein rendement » il entendait 78 tours, mais le « notre intention » de New York était devenu « l'intention ». Il récusait ainsi toute responsabilité dans ces tests de vitesse. Un peu plus tard, il reprendra :

– Nous voulions lui faire donner son plein rendement dès le lundi. L'*Olympic* avait bien filé 22,75 nœuds dans des conditions optimales, et le *Titanic* aurait pu faire mieux.

Alors que Ismay, directeur de la compagnie et du conglomérat qui possédait le liner, voyageait gratuitement avec son équipe dans les plus somptueuses conditions (il considérait cela comme un privilège), il déclara à la commission britannique qu'il n'était qu'un passager ordinaire. L'avocat général se montra dubitatif.

Certains survivants du naufrage témoignèrent que le *Titanic* tentait de battre le record de 27,4 nœuds, détenu depuis 1907 par le *Mauretania*. Mais le possesseur du « ruban bleu » était beaucoup plus puissant que le *Titanic*. Et même si ce dernier avait pu battre le record de la traversée la plus rapide, il ne pouvait changer l'heure de la cérémonie officielle d'arrivée, prévue pour la matinée du mercredi 17 avril. Certains navires arrivaient avec douze heures d'avance, mais cela aurait été embarrassant pour le *Titanic*, en mal de publicité après ses récents déboires.

Smith était déjà arrivé à New York avec une belle avance lors du voyage inaugural de l'*Olympic*. Il était possible de pousser les machines à fond durant un certain laps de temps, pour après réduire la cadence.

Ismay avait incontestablement l'intention de battre les records de l'*Olympic* et, pour cela, il avait besoin de l'assentiment du commandant et de celui du chef mécanicien Bell. Jour après jour, le navire augmenta sa vitesse, et, le dimanche 14 avril, il filait ses 22,5 nœuds. Les cinq chaudières auxiliaires devaient être allumées le lendemain pour un sprint final (le paquebot avait déjà atteint 23,5 nœuds entre Belfast et Southampton), de courte durée à cause du rationnement de charbon.

Voilà à quoi pensaient les responsables du *Titanic*, au lieu de se soucier de la dérive des glaces, dont ils avaient pourtant connaissance.

Le *Titanic* quitta Queenstown à 13 h 30, le mardi 11 avril. Un passager de troisième classe, Eugene Daly, qui avait emporté sa cornemuse, se tenait sur le pont promenade arrière et jouait *Erin's Lament*[1] alors que la terre disparaissait à l'horizon. Sa prestation n'enthousiasma guère les autres passagers, émigrants allemands, scandinaves ou méditerranéens, qui se demandaient à quoi rimait ce Celte en kilt avec sa triste cornemuse.

---

1. La « complainte de l'Irlande ». (*N.d.T.*)

Ismay, ce passager ordinaire qui ne se mêlait point des affaires du liner, se trouvait pourtant là lorsque le commandant Smith reçut un message important du *Baltic*, le 14 avril à 13 h 42. Smith non seulement lui montra cette mise en garde contre des champs de glace dérivant sur leur route, mais lui permit d'enfouir cette missive dans sa poche et de la garder par-devers lui cinq heures durant, au lieu de l'afficher dans la salle des cartes.

Mystère du *Titanic* ou non, le fait est que Smith, alors aux commandes du plus grand et du plus célèbre liner du monde, a *accéléré*, une fois dans l'Atlantique nord, alors qu'il savait cette région infestée de glaces, sur une route plus au sud que celle qu'il prenait habituellement. Et si le fait de battre les records de l'*Olympic*, malgré les risques, était chose tentante pour des gens comme Smith et Ismay, leur attitude irresponsable restera une énigme pour nous.

L'hiver avait été particulièrement doux au Groenland, le plus doux depuis trente ans. Cela avait accéléré la formation des icebergs (fragments géants de glaciers), de glaces flottantes et de champs de glace dérivant vers le sud, portés par le courant du Labrador, et plus au nord-est par le Gulf Stream, jusqu'aux routes de navigation empruntées par les transatlantiques.

Ce risque était bien connu des bateaux de l'époque et signalé aussitôt par TSF. Les airs crépitaient de messages, et l'on prouva à la commission d'enquête britannique que le *Titanic* n'avait pas reçu moins de six avertissements dans la journée du 14 avril.

Une notice encadrée dans la salle des cartes de chaque paquebot de la White Star attirait l'attention des officiers sur une série de règles, dont celle d'avoir toujours présent à l'esprit que la sécurité des vies et des biens qui leur étaient confiés constituait la règle principale qui devait les guider dans la conduite de leur bâtiment... Selon les instructions, le second, comme le commandant, était responsable de la sécurité du navire, de sa bonne marche, et devait obligatoirement rendre compte à son commandant du moindre danger, s'il voulait que sa responsabilité soit dégagée. Aucun manquement à cette règle ne pouvait être toléré.

Il n'existe aucun moyen de savoir si Wilde, le second, a rendu compte à son commandant. Il devait être au courant des messages d'avertissement, et il est difficile de croire qu'il n'ait rien fait. Cet homme nous apparaît comme un personnage falot, mais les témoins, devant les deux commissions d'enquête, en parlèrent comme d'un officier à la forte personnalité, veillant à ce que l'embarquement des passagers se fasse dans le plus grand calme, évitant la panique par sa seule présence. Ce n'était a priori pas le genre d'homme à se laisser submerger par des pressentiments et à refuser de monter à bord d'un nouveau navire.

Pourtant, dans sa lettre adressée à sa sœur, il est clair qu'il ne se montre guère heureux d'accepter ce poste. Ses craintes demeuraient, tandis qu'il montait à bord pour la première fois. Cette gêne de Henry Wilde est l'un des mystères de l'histoire du *Titanic*. Avait-il vu ou su quelque chose qui ait pu échapper aux autres (sauf peut-être à John Coffey) ?

En résumé, le *Titanic* prit la mer avec un incendie à bord, un nid-de-pie sans jumelles, un nombre insuffisant de canots de sauvetage et un second embarqué quasiment à son corps défendant.

Et, même si le problème du combustible était désormais réglé, les passagers étaient peu nombreux, beaucoup ayant annulé à la dernière minute.

Les inspections officielles étaient de pure forme et le représentant des propriétaires se permettait de demander secrètement des tests de vitesse au chef mécanicien, et surtout de garder par-devers lui un message important durant cinq heures.

Personne à bord ne crut bon de prendre au sérieux ces glaces dérivantes, pourtant nombreuses après un hiver si doux, à cette période de l'année et sur ces routes.

DEUXIÈME PARTIE

LE NAUFRAGE

La sauvegarde de tous ceux qui, avec vous, ont embarqué sur ce navire dépend entièrement de vous et de votre équipage, et nous insistons sur ce fait : votre prudence, votre détermination à ne prendre aucun risque... choisir au moindre doute la seule voie possible, celle de la sécurité.

IMM Company,
Instructions aux commandants

Gardez-vous de tout excès de confiance, c'est la principale source d'accidents.

Extrait d'une notice encadrée dans la salle des cartes

4

LA COLÈRE DES DIEUX

Lançant un coup de sirène pour toute excuse à un chalutier français qui s'était trop rapproché, au point d'être aspergé par sa lame d'étrave, le *Titanic* quitta le vieux continent, tôt dans l'après-midi du 11 avril, et disparut à l'horizon une heure plus tard.

Malgré les menaces de glaces dérivantes, le temps au milieu de l'Atlantique était doux. La brise était légère, la houle clapotait doucement et le soleil brilla toute la journée, après la dissipation rapide du voile de brume matinale. Cette absence de nuages et de lune permettait la nuit d'admirer le ciel scintillant de milliers d'étoiles, comme il est rarement donné de le voir.

Du jeudi au vendredi, et malgré son escale de deux heures à Queenstown, le liner couvrit 464 milles (à 70 tours). Comme le voulait la tradition, la distance parcourue chaque jour était affichée dans le fumoir.

Par un temps pareil, les officiers n'avaient aucun mal à faire le point tous les jours à midi. Du vendredi au samedi, le navire parcourut 519 milles (à 72 tours) et 546 du samedi au dimanche (à 75 tours), 2 milles de moins que l'*Olympic* sur sa meilleure traversée.

Les horloges du paquebot étaient retardées chaque jour

pour tenir compte du changement de fuseau horaire (New York, cinq heures de moins que Londres) ; aussi la moyenne, calculée en nœuds (c'est-à-dire en milles par heure), n'était-elle pas aussi brillante que les chiffres le laissaient croire.

Mais chaque jour, le navire accentua sa vitesse, jusqu'à atteindre 22,5 nœuds durant les dernières heures. Ismay prit la décision de mettre en route les cinq dernières chaudières, le lundi, pour voir quelle vitesse pourrait atteindre le liner, à 78 ou 80 tours. Il est certain que le *Titanic* aurait surpassé son jumeau.

Les deux opérateurs TSF, Phillips, vingt-quatre ans et Bride, vingt-deux ans, travaillaient par tranches de six heures et étaient submergés par la quantité de messages à transmettre et à recevoir. À 3 dollars minimum et 35 cents le mot, prix exorbitant pour l'époque, les riches passagers de première classe se battaient pour envoyer un Marconigramme. Ismay donnait ses instructions à ses bureaux de Liverpool et de Southampton. Quant au commandant Smith, il ne reçut aucun message, à part ceux lui souhaitant « bonne chance » et ceux l'avisant de la présence de glaces.

Le vendredi, il n'y eut aucun échange avant 23 heures, les opérateurs radio s'étant effondrés de fatigue. Selon Bride, le samedi, convenablement reposés, ils purent travailler dès 17 heures, comme prévu.

Les messages ne représentaient que l'une des nombreuses distractions de la vie à bord. Évidemment les promenades étaient limitées, car la vue des flots le jour, et celle des étoiles le soir, n'était égayée que par celle de rares navires passant au loin. Mais la compagnie offrait des réceptions, des bals, des jeux à ceux qui le voulaient. On écoutait un orchestre de huit musiciens au répertoire intarissable, et un orgue électrique situé sur le pont A, où

© Sipa

« Comment le *Titanic* a coulé », titraient les journaux vingt-quatre heures à peine après la tragédie. Mais aujourd'hui des faits nouveaux alimentent une étrange polémique.

© Sachs / Sipa

Deux monstres marins quasiment identiques bientôt lancés sur les océans.
Pourtant, alors que le *Titanic* (ci-dessus)

semble une réussite, l'*Olympic* présente de graves dégâts techniques... trop chers à couvrir pour les assurances !

© Sachs / Sipa

D'un navire à l'autre, les salles de restaurant sont décorées de la même manière. Troublante ressemblance, de nature à tromper les explorateurs de l'épave.

© Sachs / Sipa

© Sipa

Le *Titanic* marqua une date importante
de l'industrie navale. Jamais l'homme n'avait été à ce point
atteint par la folie des grandeurs.

© Sipa Icono

© D.R.

L'*Olympic* (en haut) avec son pont A ouvert, et le *Titanic* (en bas)

© D.R.

avec son pont A fermé et l'espacement irrégulier des hublots du pont B.

© Sipa

L'équipe du projet. De gauche à droite :
Gustav Wolff, W. H. Wilson, lord Pirrie et Edward Harland.

© Sachs / Sipa

Le commandant Edward J. Smith pose en compagnie de son second,
Henry Wilde, peu de temps avant le départ.

se trouvaient les salons des premières et leur fumoir. Ces derniers, avec leur décor somptueux et leurs plafonds vertigineux, étaient dignes des plus grands hôtels. Le hall d'entrée des premières était surmonté d'un dôme de verre, et derrière le fumoir on découvrait un bar, une véranda et un jardin d'hiver. Il existait aussi une pléthore de jeux sur le pont des embarcations.

Plus bas, sur le pont F, on pouvait bénéficier d'une piscine de 10 mètres sur 5, de bains turcs ouverts aux hommes comme aux femmes, suivant l'heure, pour 4 shillings. Le pont inférieur contenait la poste, un court de squash (sous la férule de Frederick Wright) qui coûtait 2 shillings la demi-heure. Le gymnase, avec ses appareils dernier cri, se situait sur le pont des embarcations, à tribord de la deuxième cheminée.

Les passagers pouvaient se reposer de ces activités exténuantes dans les cabinets de lecture et d'écriture. Des ascenseurs desservaient les premières comme les deuxièmes classes.

Ces dernières jouissaient d'autant de confort, et étaient tout aussi somptueuses que celles des premières classes sur l'ancienne génération des transatlantiques. Leur fumoir, sur le pont B, se trouvait juste au-dessus de leur immense bibliothèque, pont C.

La troisième classe présentait, elle aussi, des améliorations notables. Les bancs de jadis avaient été remplacés par des chaises dans les salles à manger blanches. Elle comportait deux bars sur le pont D, et un sur le pont C, à côté d'un fumoir aux boiseries, aux tables et aux chaises de chêne. La grande salle commune, toute blanche elle aussi, s'agrémentait d'un piano pour des concerts improvisés, et de tables de jeu.

Toutes les classes possédaient un pont promenade strictement réservé, réglementé comme la vie à bord.

Les repas étaient annoncés par le clairon P. W. Fletcher et servis tous en même temps (dans des salles à manger différentes, bien entendu). Les petits déjeuners étaient servis entre 8 h 30 et 10 h 30, le déjeuner entre 13 heures et 14 h 30, et le dîner entre 18 heures et 19 h 30. L'énorme salle à manger des premières classes, sur le pont D, pouvait accueillir 532 convives. Au fond, la table du commandant pouvait en réunir six. Smith prenait son petit déjeuner dans ses quartiers, parfois son déjeuner dans la vaste salle à manger, seul ou en compagnie d'un ou deux invités, et le dîner à sa propre table, ou en invité à celle de quelque personnage distingué.

Le dimanche 14 avril au soir, il dîna au « restaurant à la carte », comme invité d'honneur de M. et Mme George Widener, de Philadelphie.

La salle à manger des deuxièmes classes était plus que correcte et contenait jusqu'à 394 personnes. Les troisièmes classes en possédaient deux, sur le pont F, d'une capacité de 473 personnes.

Le restaurant du « thé à la carte » était réservé aux premières classes de 8 à 23 heures, et les habitués, principalement américains, pouvaient obtenir un rabais de 15 à 25 livres s'ils s'y rendaient, au lieu d'utiliser la salle à manger. Le « café parisien », lui aussi réservé aux premières, se situait sur le pont B, à tribord, et formait l'un des lieux de rencontre privilégiés de l'élite. Tous ces endroits étaient approvisionnés par les vastes compartiments frigorifiques.

Le prix du billet de troisième classe donnait droit à des repas copieux, aux généreuses portions, ce qui compensait le choix limité des plats du jour. Le petit déjeuner comprenait des céréales, des harengs fumés ou des œufs, du pain, de la confiture, et du thé ou du café. Le déjeuner consistait en une bonne soupe, un plat de viande conséquent, comme du rôti du porc aux légumes, un dessert et un fruit ; le dîner se composait d'un plat cuisiné, de petits pains, de fruits cuits et de thé. Un souper de fromages, de gruau ou de biscuits, arrosé de café, était offert à qui le désirait.

Le petit déjeuner pour les deux autres classes semble gargantuesque, du moins selon nos critères modernes, et encore plus somptueux, bien sûr, en première. En deuxième classe, la quantité était la même, seule la qualité différait.

Le dîner du dimanche offert aux passagers de deuxième classe incluait consommé, poisson, poulet au curry et riz, agneau pré-salé ou dinde rôtie servie avec des légumes, pommes de terre ou riz au choix, divers desserts, « mendiants » et fruits, fromages et café (tous ces menus nous sont parvenus).

Le même dîner dans la salle à manger des premières comportait sept plats : hors-d'œuvre variés ou huîtres, deux consommés au choix, saumon, filet mignon, poulet ou amourette de mouton, agneau, canard ou rôti de bœuf aux légumes, un choix de quatre entremets, et quatre desserts.

Le restaurant du « thé à la carte » était digne d'un grand restaurant londonien comme le *Café Royal* ou le gril du *Savoy*. Il proposait une cuisine internationale, agrémentée d'une touche britannique.

En première, les passagers pouvaient boire de la bière pression munichoise pour 6 pence la pinte, ainsi que des bières de toutes marques à la bouteille, et bien sûr les meilleurs vins français.

Alors que les passagers, toutes classes confondues, étaient choyés par les stewards, mangeaient, buvaient, se reposaient, se promenaient, lisaient, prenaient de l'exercice, conversaient, écoutaient de la musique ou contemplaient la mer, les services du pont et des machines établissaient leur routine.

Dès le matin, le commandant Smith recevait les rapports de tous les chefs de service, du second, du commissaire en chef, du chef steward, du médecin-chef, du chef mécanicien. Puis, sanglé dans son uniforme et suivi de ses officiers, il procédait en grande pompe à l'inspection du navire. Cette inspection avait lieu tous les jours sauf le dimanche, de la passerelle aux chaudières, du coqueron à la poupe, des salons aux offices.

Sur le pont, les trois officiers supérieurs prenaient le quart. Ces officiers de quart étaient assistés par des juniors, remplacés toutes les quatre heures ; leurs supérieurs assuraient quatre heures de quart, suivies de huit de repos. Ces huit heures leur permettaient de faire face à d'autres responsabilités. Le second, par exemple, était chargé du journal de bord, qui malheureusement disparut dans le naufrage.

Le deuxième officier était responsable des veilleurs. Le premier détenteur du titre, David Blair, avait fourni les jumelles au nid-de-pie, et les aurait rangées dans sa cabine, avant de descendre à Southampton. George Symons, la vigie, s'enquit des jumelles auprès de son successeur, Lightoller, mais on lui répondit qu'elles ne se trouvaient pas dans le carré des officiers. Symons expliqua que Lightoller s'était ensuite rendu dans la cabine du premier officier, Murdoch, en vain. Il aurait mieux fait de les chercher dans sa propre cabine, naguère celle de Blair. Lightoller déclara qu'il en avait référé à Wilde, qui lui aurait affirmé que l'affaire était en main. Le fait de n'avoir jamais pu récupérer les jumelles pour le nid-de-pie engendra une rancœur tenace et fort compréhensible chez les veilleurs, même quand le sujet fut clos (cela a pu servir d'alibi à Fleet, qui signala l'iceberg quelques secondes trop tard). Mais les griefs de Fleet ont pu avoir une tout autre raison... Le vice-président de l'American Titanic Historical Society (THS), George Behe, affirma en 1993 que Fleet avait signalé des glaces *par trois fois*, et ce, une demi-heure avant qu'il ne voie l'iceberg responsable de la catastrophe ; ces avertissements avaient été ignorés par les officiers de quart, Murdoch et Moody.

Cette affirmation de Behe se fonde sur des ouï-dire, des témoins ayant entendu Fleet raconter l'incident juste après le naufrage ; Fleet avait tenu un langage différent lors des auditions. Fleet et Lee, les veilleurs, pensaient que le premier officier Murdoch s'était chargé lui-même pour avoir ignoré leurs avertissements. Behe explique que ces assertions circulaient à bord du *Carpathia* après que celui-ci se fut porté au secours du *Titanic* ; de là à supposer que la White Star ait offert à Fleet la sécurité financière en échange de son silence...

Fleet fut à l'évidence un témoin sur la défensive, au bord même de la paranoïa, en tout cas inquiet. Après le naufrage, il ne put trouver la sérénité et, à l'âge de soixante-dix-sept ans, se suicida. Quelque trente ans après avoir quitté la mer et l'*Olympic,* son dernier bateau... Sans doute se rendait-il responsable du naufrage, ou, comme beaucoup de survivants de grandes catastrophes, ne pouvait-il admettre d'avoir survécu.

Behe affirme aussi que Robert Hitchens, l'homme de barre, aurait confié à un matelot qu'après la collision on lui avait proposé une place très bien payée s'il taisait certains événements survenus sur la passerelle du *Titanic.* Or il devint capitaine de port au Cap, en Afrique du Sud.

Personne sur la passerelle ne pouvait ignorer les avertissements lancés par la vigie, depuis son nid-de-pie...

Cette version fut relatée pour la première fois par Don Lynch, historien et vice-président de la THS, dans son *Titanic : la Grande Histoire illustrée.*

Le premier avis de présence de glace porté à la connaissance du commandant Smith émanait d'un navire de la Cunard, le *Caronia,* le dimanche 14 avril : « Au commandant du *Titanic.* Steamers allant à l'ouest signalent icebergs, *growlers* et champs de glace par 42° de latitude N, du 49° au 51° de longitude W. 12 avril. Compliments. Barr. » Le *Titanic* était déjà par latitude 43° 35' N, longitude 43° 50' W, car il était 21 heures et le message datait de deux jours. Mais la zone indiquée ne se trouvait qu'à quelques milles au nord, sans compter une dérive sud naturelle de 1,5 nœud. Smith fit peu cas de ce message et du suivant.

Le deuxième message de la journée fut remis en main propre au commandant, à 13 h 42, alors que le liner se situait à 42° 35' N et 45° 50' W. Il provenait du *Baltic,* l'un de ses anciens navires : « Au commandant Smith, *Titanic.* Depuis départ, avons eu vents variables et modérés, et beau temps. Vapeur grec *Athinia* signale passage icebergs et grande quantité de champs de glace aujourd'hui par latitude 41° 51' N et longitude 49° 52' W. Vous souhaite, ainsi qu'au *Titanic,* tout succès. » Ce message indiquait une zone encore plus proche de la route du paquebot (et de la position qu'il donnerait lors de sa collision).

Le rapport britannique mentionne : « Il apparaît que le commandant a tendu le télégramme à M. Ismay presque immédiatement après l'avoir reçu. Cela permet d'affirmer que M. Ismay était au courant de la présence de glaces, et qu'il avait conscience que le navire se dirigeait droit dessus. Il a d'ailleurs montré ce message à deux passagères, et il est plus que probable qu'une bonne partie du bateau devait être au courant après cela. Ce message aurait dû être affiché dans la salle des cartes aussitôt reçu. *Cependant, il resta en la possession de M. Ismay jusqu'à 19 h 15, et ne fut affiché dans la salle des cartes que sur la demande expresse du commandant.* »

Ce fait se produisit bien avant que le navire n'atteigne le lieu de son premier SOS, mais le président du Tribunal des naufrages, lord Mersey, critiqua la conduite des deux hommes. Toutefois, il admit qu'elle n'avait eu aucune conséquence sur les événements ultérieurs.

Ce qui fut mal perçu, ce ne fut pas l'insouciance d'Ismay, mais celle du commandant, qui lui laissa conserver un message de cette importance. De le lui avoir montré, de le lui avoir fait lire, cela n'avait rien de répréhensible, mais le lui avoir laissé aussi longtemps, au lieu de l'afficher dans la salle des cartes, est inconcevable.

Pendant ce temps, les glaces se rapprochaient. Le liner allemand *Amerika* transmettait au service hydrographique de Washington : « Passé le 14 avril en vue de deux grands icebergs par 41° 27' N et 50° 8' W. » Ce service rapportait toutes les informations aux navires en mer. Bride raconta que le *Titanic* prit cela pour un vulgaire bulletin météo et que l'opérateur Phillips ne lui en parla même pas, ni n'envisagea de le donner à un officier.

À 19 h 30, le *Titanic* capta encore un message venant du *Californian* et destiné à l'*Antillian* : « Lat. 42° 3' N, long. 49° 9' W. Trois grands icebergs à 5 milles de nous au sud. Considérations. Lord. » Bride affirma qu'il l'avait porté à un officier, mais ne put se souvenir de son nom.

À 21 h 40, alors que Smith s'était retiré, arrivée d'un message du SS *Mesaba* spécialement destiné au *Titanic* : « Du *Mesaba* au *Titanic* et à tous navires alentour. Glaces signalées, latitude 42° à 41° 25' N, longitude 49° à 50° 30' W. Avons vu quantité de grosses masses de glace et grand nombre de grands icebergs. Champs de glace également. Temps beau et clair. » La zone concernée entourait l'endroit où le *Titanic* devait couler. Rien n'indique que le commandant sur sa passerelle l'ait reçu, et s'il en avait eu connaissance, rien ne prouve qu'il aurait donné l'ordre de ralentir.

Le sixième message fut lancé à 22 h 30 par fanaux et provenait du *Rappahannock* (capitaine Albert Smith, aucun lien de parenté), un cargo britannique passant à quelques milles au nord, avec son mécanisme de direction endommagé par les glaces : « Venons juste de rencontrer grands champs de glace et nombreux icebergs. » Là, il fut prouvé qu'un officier sur la passerelle en eut connaissance et ordonna de répondre : « Message reçu. Merci. Bonne nuit. »

Vingt-cinq minutes plus tard, le *Californian* s'adressa de nouveau au *Titanic,* directement cette fois : « Nous sommes arrêtés et entourés de glace... » mais il ne put donner sa position car Phillips l'interrompit : « Taisez-vous, je suis occupé, je communique avec Cape Race. » Bien sûr, cet échange verbal ne fut pas rapporté au commandant, mais on ne peut nier que ce dernier ait bel et bien reçu deux des avis de glace sur sa route en ce dimanche 14 avril 1912.

Smith connaissait les routes fixées par la charte de navigation et les avertissements qui y étaient portés : « Glaces de mars à juillet » à 25 milles au nord de sa route. Mais la carte indiquait aussi, entre 100 et 300 milles au sud : « Icebergs isolés en avril, mai et juin. »

Ce dimanche-là jusqu'à 22 heures, l'officier de quart était Lightoller. Il ordonna à Symons et à son coéquipier Archie Jewell, alors dans le nid-de-pie, de se méfier tout particulièrement des glaces vers 21 h 30 (et ce, sans jumelles). L'ordre fut transmis par le sixième officier, James Moody.

Le deuxième officier s'était livré à un rapide calcul, en tenant compte du message du *Caronia,* pour arriver à déterminer cette heure. Le sixième officier, lui, fit un bref calcul mental, s'appuyant sans doute sur le message du *Baltic,* et prédit les glaces pour 23 heures.

Le feu qui brûlait depuis dix jours dans la chaufferie n° 6 était enfin éteint depuis la veille au soir. Le quartier-maître chauffeur, Frederick Barrett, ses coéquipiers et une douzaine de chauffeurs étaient venus à bout de l'incendie en vidant totalement la chaufferie de son charbon. Le chef mécanicien Bell avait demandé à Andrews et à ses hommes de venir inspecter les dégâts, au nom de la « garantie du constructeur ». Barrett expliqua que le feu avait complètement noirci la cloison étanche n° 5, alors qu'on l'avait continuellement arrosée.

Le chef soutier, Charles Hendrickson, raconta que l'incendie avait pris à Belfast sans que personne s'en préoccupe avant d'avoir quitté Southampton. La cloison avait rougeoyé, brûlé et s'était gondolée sous l'action du feu, sans que les dommages fussent signalés. Il confia qu'il l'avait simplement brossée, enduite d'huile de vidange et frottée pour lui redonner son apparence première.

On peut se demander pourquoi Hendrickson s'était donné tout ce mal... Le charpentier Edward Wilding répliqua que le feu avait dû rendre l'acier cassant (comme l'aurait fait une température basse).

Clement Edwards, du Syndicat des travailleurs des quais, docks et rives, suggéra au vingt-cinquième jour d'audience que la cloison n° 5 avait subi des voies d'eau parce qu'elle se trouvait affaiblie par le feu.

Thomas Lewis, du Syndicat des marins britanniques, mit en évidence les dégâts causés par cet incendie en interrogeant Barrett au troisième jour des audiences de la commission d'enquête britannique.

Dans sa dernière intervention, le vingt-neuvième jour, Edwards suggéra de façon fort intéressante que le commandant Smith pouvait avoir donné le message du *Baltic* à Ismay comme un avertissement tacite contre les tests de vitesse prévus pour le lendemain, lundi 15 avril (une façon pour le commandant de demander aux « propriétaires » de ralentir l'allure ?). Ismay l'aurait gardé en poche dans l'espoir qu'on l'oublierait et que les tests auraient lieu comme prévu.

Cette suggestion cadre mal avec l'image de « va-t-en-guerre » de « E. J. », mais une fois encore cet argument nous démontre qu'Ismay n'avait rien d'un passager ordinaire... Edwards racontera d'ailleurs qu'après la collision avec l'iceberg, ce dernier s'était immédiatement rendu sur la passerelle du commandant.

Cependant le *Titanic* continuait sa route, suivant le trajet fixé par les conventions pour la période du 15 janvier au 14 août, c'est-à-dire à 200 milles plus au sud.

Le règlement de la White Star imposait un exercice de sauvetage, le dimanche matin, qui n'était guère observé. Ce dimanche-là, on l'annula à cause du vent violent qui d'ailleurs disparut aussi vite qu'il était venu. La journée fut belle, et la seule brise notable fut celle que souleva le passage d'un autre navire...

Le commandant Smith préféra assister au service religieux, dans la grande salle à manger des premières classes, qui commença à 10 h 30 pour durer quarante-cinq minutes. Ce service était l'occasion rêvée pour les autres classes d'admirer le luxe ostentatoire des lieux. Les cantiques étaient accompagnés par le grand orchestre.

Comme il n'y avait pas assez de canots pour tous les passagers, l'exercice de sauvetage aurait pu causer plus de mal que de bien, et n'aurait rien eu de rassurant. La loi anglaise n'impliquait pas que Smith dût obliger quiconque et encore moins les chauffeurs (éléments subversifs par excellence) à participer à cet exercice, considéré par beaucoup comme ne faisant pas partie de leur travail.

L'arrimeur George Cavell dira brutalement à la commission d'enquête britannique qu'il n'avait fait, en tout et pour tout, qu'un exercice de sauvetage sur les liners de la White Star, un dimanche où son navire restait à quai dans le port de New York (en un jour et en un lieu où cela ne pouvait alarmer les passagers).

Le trajet du *Titanic* était une route dite du « grand cercle », depuis Fastnet Rock, à la pointe sud-ouest de l'Irlande, latitude 42° N, longitude 47° W. Une route du grand cercle représente la plus courte distance entre deux points du globe ; l'arc de cercle qui les relie a pour centre celui de la Terre. Les bateaux rejoignaient un *turning point* en une large courbe sud-ouest (S 62° W ou 242° dans le cas du *Titanic*) pour obliquer vers l'ouest sur le parallèle de New York (S 86° W ou 266° dans ce cas).

Le commandant Smith laissa des instructions écrites pour que l'officier de quart (Wilde était occupé) effectue le virage à 17 h 40, ce dimanche 14 avril, en fait trente minutes plus tard que prévu. À l'évidence, le navire, en maintenant une vitesse de 22 nœuds, aurait parcouru 11 milles, ce qui l'amenait 2 ou 4 milles plus au sud que prévu pour le virage. Cela le plaçait au sud-ouest des glaces annoncées par le *Caronia.* Mais dans l'hypothèse de champs de glace situés à 78 milles sur sa trajectoire, l'abattée était trop légère pour justifier une manœuvre intentionnelle de la part de Smith. Au moment de la collision, le paquebot n'était qu'à 2 milles de la route habituelle.

On aurait pu penser que le navire obliquerait franchement vers le sud-ouest, s'écartant ainsi du plateau continental de Terre-Neuve et de la Nouvelle-Écosse, même en virant vers l'ouest plus tard, si telle était vraiment la volonté de son commandant. Ce qui n'est pas certain.

Lightoller prit la relève de Wilde à 18 heures, ce dimanche-là, et le sixième officier James Moody, à 20 heures. La température de l'air relevée en début de soirée était peu engageante, environ 5°. Le premier officier Murdoch nota à 19 h 15, en faisant sa ronde, que l'écoutille du gaillard d'avant était entrouverte et laissait filtrer de la lumière. Il ordonna à l'arrimeur Samuel Hemming de la fermer pour préserver la vision nocturne des veilleurs en poste sur la passerelle et dans le nid-de-pie. En l'espace de deux heures, la température avait chuté de presque 10°.

À ce moment, le commandant Smith dînait avec les Widener. Il avait montré dans la journée l'avis de glace du *Caronia* à Lightoller, et ce dernier estimait que le danger se présenterait vers 21 h 30, même si le sixième officier Moody le situait pour sa part vers 23 heures.

Ni Lightoller ni les jeunes officiers en poste sur la passerelle ne reconnurent qu'ils avaient reçu le message du *Californian* apporté par Harold Bride à 19 h 30.

À cet instant, les glaces se trouvaient à seulement

50 milles du navire. À 20 h 40, Lightoller avertit un matelot charpentier, J. Maxwell, responsable des containers d'eau fraîche, que l'eau pourrait geler, la mer étant à – 1° ; seule l'eau douce gèle à 0°, tandis que l'eau salée ne se solidifie que quelques degrés plus bas. Il prévint aussi le mécanicien en chef Bell, pour qu'il surveille ses chaudières.

Smith s'excusa auprès des Widener et de leurs hôtes illustres, tels les Thayer et le commandant Butt, de quitter la table si tôt. Il gagna très vite la passerelle, et à 21 heures engagea une discussion avec Lightoller, qui dura une vingtaine de minutes.

– Il n'y a pas beaucoup de vent, constata le commandant.

– Oui, c'est le calme plat, répondit le deuxième officier.

– Le calme plat... répéta Smith.

Tous les témoins questionnés par la commission d'enquête britannique répondirent que de telles conditions météorologiques étaient très rares en Atlantique nord. Lightoller, pour sa part, regretta qu'il n'y eût même pas la plus petite brise dans cette région de glaces, ce qui aurait permis d'apercevoir les clapotis phosphorescents entourant les icebergs et révélant leur présence.

Les deux officiers débattirent des signes précurseurs d'icebergs, comme les reflets dans l'eau, dangereux parce qu'ils pouvaient provenir des lumières du navire ou de celle des étoiles par une nuit sans lune. Les icebergs pouvaient montrer leur face sombre ou leur face bleue, révélée par une frange d'écume blanche [1].

1. Rappelons ici la définition des diverses formes de glace que l'on peut rencontrer sous ces latitudes.

Lightoller, optimiste devant cette nuit si claire et calme, comptait apercevoir les icebergs ou les *growlers* à 1 ou 2 milles, ce qui lui laisserait le temps de manœuvrer.

En revanche, aucun des deux hommes n'abordera le sujet des menaces de glace ou des calculs auxquels Lightoller s'était livré. Et vingt minutes plus tard, Smith annoncera son intention d'aller dormir, mais, précisera-t-il, tout habillé et sur la couchette de la salle des cartes. Ses dernières paroles seront :

– S'il se passe quoi que ce soit d'inhabituel, prévenez-moi. Je serai à l'intérieur.

Lightoller ne doute pas qu'il s'agisse bien d'un ordre concernant la présence éventuelle de glaces. Le contexte de cette discussion ne permet pas d'imaginer autre chose.

À 21 h 30, il dit à Moody d'inviter les deux hommes dans la hune, Symons et Jewell, à veiller attentivement à la petite glace et aux *growlers,* et de transmettre l'ordre aux deux autres veilleurs, Fleet et Lee, lorsqu'ils vien-

---

• *Iceberg :* masse de glace détachée d'un glacier polaire dérivant, entraînée par la mer. Sa glace est pratiquement composée d'eau douce.

• *Growler :* iceberg de petite taille. Il peut aussi s'agir d'un iceberg retourné, qui de ce fait montre de la « glace noire » ou, plus exactement, bleu sombre.

• *Banc de glace :* glace flottante qui s'étale sur de vastes étendues de mer polaire, brisée en de larges morceaux entraînés et regroupés par le vent et le courant, pour ne plus former sur l'eau qu'une plaque de glace pratiquement continue. Ce type de glace, composé en général d'eau de mer gelée, ne provient pas des glaciers.

• *Champ de glace :* eau de mer gelée, flottant sous une forme beaucoup plus éparse et moins dense que le banc de glace.

• *Banquise :* champ de glace dont les morceaux flottent en quantité moindre. *(N.d.T.)*

dront les relever à 22 heures. Puis Lightoller sera lui-même relevé par le premier officier Murdoch.

La température de l'air est de 0°, le « chérubin », c'est-à-dire le sillomètre, indique que le navire a couvert 45 milles durant les deux précédentes heures, à la vitesse moyenne de 22,5 nœuds. Le temps reste toujours clair et anormalement calme, comme la mer.

Moody était à son poste. D'après leurs faits et gestes, les trois officiers et le commandant étaient conscients d'approcher de la zone des glaces dérivantes, même s'ils s'y préparaient de façon différente. Le commandant avait retardé son temps de repos et, par une sorte de précaution supplémentaire, avait demandé qu'on l'informe de la moindre anomalie. Murdoch avait ordonné qu'on ferme l'écoutille au pied du nid-de-pie ; Lightoller avait exigé une surveillance accrue à l'heure présumée de l'apparition des glaces. Et Moody avait calculé pour sa part que les risques seraient pour 23 heures.

À 22 h 30, la température, ayant encore baissé, avait atteint le point où l'acier devient friable.

À 23 h 30, selon Fleet et Lee, les deux vigies de quart et un autre témoin, un léger halo apparut droit devant eux. Ils n'en tinrent pas compte. Dix minutes plus tard et sans consulter son coéquipier, Fleet tressaillit, se pencha. Trois coups de cloche. Obstacle droit devant...

Fleet devait s'expliquer devant la commission américaine : « Une masse noire... à peine plus haute que la pointe du gaillard d'avant », c'est-à-dire un peu plus de 17 mètres de haut. Mais il devait révéler à la commission britannique qu'il avait bien vu un halo suspect dix minutes auparavant. Son coéquipier, Reginald Lee, confirma ses dires, suivi d'un chauffeur, Alfred Shiers, venu se rendre compte de l'origine de la collision : « L'iceberg était entouré d'un halo. » Au tribunal britannique, lord Mersey ne tint pas compte de leurs déclarations.

Tout en actionnant sa cloche, Fleet téléphonait à la passerelle, 22 mètres plus bas. Le sixième officier Moody lui répondit :

Fleet : – Vous m'entendez ?
Moody : – Oui. Que se passe-t-il ?
Fleet : – Iceberg droit devant !
Moody : – Merci.
Moody à Murdoch : – Iceberg droit devant !
Murdoch à Hitchens : – Barre à tribord toute !

À Londres, au douzième jour d'audience, Lightoller relata une version stupéfiante de l'accident. Il suggéra que le navire avait d'abord viré à bâbord, le temps que Fleet dégringole de la mâture. Or Lightoller était couché à ce moment-là et sans contact avec la passerelle. Quoi qu'il en soit, le timonier Robert Hitchens, trente ans, à la barre ce soir-là depuis 22 heures, tourna violemment la barre, au maximum de ses possibilités, dans l'espoir de virer plein sud, de 289° ou N 71° W, à 40°. Murdoch hurlait dans le transmetteur d'ordres :

– Stoppez les machines ! En arrière toute !

Puis Murdoch se précipita et pressa dix bonnes secondes le bouton avertissant les occupants du navire que les cloisons étanches allaient se fermer. Les lumières rouges s'allumèrent, les sonneries retentirent. En quelques instants, les lourdes portes se refermèrent automatiquement.

Mais il était trop tard. Il aura fallu quarante secondes

entre l'avertissement de Fleet et le changement de cap du navire (de 2 quarts à peu près, soit 22,5°) à bâbord, suffisamment pour que l'iceberg ne heurte pas le *Titanic* de plein fouet, mais pas assez pour éviter totalement l'obstacle. Et le choc eut lieu. Oblique. La coque racla l'iceberg sur toute sa longueur, causant des dommages sur 90 mètres environ. Le contact ne durera que dix secondes. Interminables.

Entre le moment où l'alarme fut donnée et l'impact, le navire parcourut 450 mètres. Il faut se rappeler que lors de ses essais, filant 22 nœuds, il lui avait fallu 800 mètres pour s'arrêter. On peut donc en déduire que Fleet avait vu l'iceberg lorsqu'il arrivait à seulement 450 mètres de la proue.

Le choc fut ressenti très différemment par les passagers, suivant l'endroit où ils se trouvaient, ce qu'ils faisaient, ou leur imagination naturelle.

Le troisième officier, Herbert Pitman, déclara à la commission d'enquête américaine qu'on aurait cru entendre le « bruit d'une chaîne se dévidant de son treuil », et, à Londres, il évoqua une « ancre » qu'on aurait descendue.

Le commandant Arthur Peuchen, de la Canadian Militia (l'équivalent de la British Territorial Army), ressentit comme une « grosse vague déferlant sur le navire, qui trembla sous le choc... ».

Lightoller eut maintes occasions de décrire l'impact ressenti. La première fois, ce fut devant la commission d'enquête américaine : « Un léger choc, un léger tremblement, un son grinçant. » À Londres, cela devint : « Un choc, un grondement... une légère secousse » ; en fait, rien de violent.

Mme J. Stuart White, une passagère, conta d'une manière fort convaincante : « C'était comme si nous avions rayé des milliers de plaques de marbre... » Mais George Harder, un passager lui aussi, n'entendit qu'un « bruit sourd ».

Devant la commission d'enquête britannique, les impressions ne furent pas moins nombreuses et variées. Le matelot de deuxième classe Joseph Scarrott mentionna la sensation d'un « en arrière toute ! » qui fit trembler le navire.

Dans les profondeurs du liner, ce fut une autre histoire. Le chauffeur George Beauchamp, qui se trouvait dans la chaufferie n° 10 à ce moment, parle d'un « roulement de tonnerre ».

James Johnson, l'un des stewards de première classe, raconta : « Je n'étais pas très inquiet car je croyais que le navire avait perdu son gouvernail ou quelque chose comme ça, et quelqu'un s'est exclamé : on est bons pour retourner à Belfast ! (sous-entendu : pour réparer). » Il devait s'agir d'un ancien membre de l'équipage de l'*Olympic*...

Le soutier Thomas Dillon (les soutiers sont ceux qui s'occupent de maintenir le charbon à niveau dans les soutes), qui travaillait dans la salle des machines, ne ressentit qu'un « léger choc ». Comme Thomas Ranger, un mécanicien : une « simple trépidation qui a failli nous faire perdre l'équilibre » (curieusement, il n'apparaît pas sur la liste de l'équipage). Mais le soutier Cavell vécut une tout autre expérience, quand dans sa soute le charbon se renversa et faillit l'engloutir. Le chauffeur Shiers, ayant senti une secousse, sortit de sa couchette et monta sur le gaillard d'avant.

Le garçon de cabine Charles MacKay, n'étant pas de service, jouait aux cartes quand il ressentit un choc de faible intensité. Mais la vigie George Symons raconta : « J'ai été réveillé par un grincement qui semblait provenir du fond du bateau. J'ai tout de suite pensé qu'il avait perdu son ancre et que la chaîne riflait sa coque. »

J. Bruce Ismay, le directeur de la White Star, fut réveillé par la collision et pensa que le liner avait « perdu une pale d'hélice ».

Martha Eustis Stevenson, passagère de première classe, était profondément endormie, quand elle fut « réveillée par un terrible choc, suivi de sons déchirants qui durèrent un moment ».

En deuxième classe, un jeune professeur, Lawrence Beesley, qui plus tard écrira un récit fort précis du sinistre, se réveilla mais ne sentit « pas grand-chose, juste un emballement des machines, et mon matelas qui tremblait ».

Secousse, grincement, grondement sourd ou fracas, en tout cas, cela amena le commandant Smith sur la passerelle en moins d'une minute.

– Nous avons heurté quelque chose ? demanda-t-il à Murdoch.

– Un iceberg, commandant. J'ai fait mettre la barre à tribord toute, puis les machines en arrière et bâbord toute, mais nous étions trop près. Je n'ai rien pu faire, à part fermer les cloisons étanches.

Le quatrième officier, Boxhall, arrivait sur la passerelle et Smith lui ordonna d'inspecter les fonds, pour s'assurer des dommages, les localiser et revenir ensuite au rapport. Ismay apparut à son tour pour s'entendre dire que le navire venait de heurter un iceberg.

Le quartier-maître chauffeur, Fred Barrett, qui était à son poste de la chaufferie n° 6, près de la cloison étanche n° 5, fut l'un des premiers à subir les dramatiques conséquences de la collision. Avec un grondement de tonnerre, un torrent d'eau jaillit de la brèche de la coque, un peu en dessous du faux-pont, et Barrett ne dut son salut qu'à l'échelle de secours, la porte étanche s'étant refermée automatiquement.

Boxhall mit un bon quart d'heure à juger des dégâts et à appeler Lightoller et Pitman en retournant sur la passerelle. Il n'avait pas trouvé de voie d'eau sur le pont F, mais le faux-pont était inondé à la hauteur de la cloison n° 4. Les cinq postiers évacuaient leurs précieux sacs jusqu'à la salle de tri, pont G. Dix minutes après la collision, les cinq premiers compartiments étaient envahis, l'eau arrivant à 6 mètres au-dessus de la quille.

Quelques instants après le choc, le navire avait semblé faire machine arrière, avant de s'arrêter, ou vice versa, suivant que l'on écoute la déposition du soutier Thomas Dillon, le cinquième jour, ou celle du mécanicien Scott, le sixième jour de l'enquête britannique, tous deux se trouvant à proximité du transmetteur d'ordres relié à la passerelle.

À minuit, alors que le commandant Smith et Thomas Andrews, de Harland & Wolff, descendaient pour une rapide inspection, les sacs postaux flottaient déjà, à 7 mètres au-dessus de la quille. En voyant les dégâts, Andrew sut immédiatement que le liner était perdu. Il lui donnait entre une heure et une heure et demie, deux heures au maximum, avant de couler. Les quatre compartiments avant étaient inondés, le reste allait suivre et bientôt le navire s'enfoncerait par l'avant. En fait, cinq compartiments étaient envahis.

Andrews se montra pessimiste dans son estimation mais sans excès. Vingt minutes après la collision, le commandant était persuadé que son navire était bel et bien condamné.

À 0 h 05, le lundi 15 avril (une heure cinquante-cinq minutes de moins qu'à New York) le court de squash était inondé à son tour, pont F, à 10 mètres au-dessus de la quille, et il y avait une importante voie d'eau à la chaufferie n° 5. Le navire commençait à piquer du nez...

Boxhall s'activait toujours. Il avait fait son rapport au commandant et ce dernier lui redemanda d'aller vérifier les dégâts à l'avant. Lightoller, qui avait fait son point astronomique à 19 h 30, prit en considération les coordonnées portées sur le livre de bord pour calculer sa position. Mais ses chiffres étaient-ils exacts, avait-on tenu compte du courant du Labrador, que le navire avait rencontré après 19 h 30 ? Comment Lightoller trouva-t-il une latitude de 41° 46' N et une longitude de 50° 14' W, ce qui plaçait le *Titanic* quelques milles plus loin qu'il n'était ? Nul ne le sait puisque le livre de bord ne fut jamais retrouvé... Chaque minute de latitude ou de longitude représente plus de 1 000 mètres à cette latitude. Boxhall aurait pu faire un autre point astronomique, mais sans doute le temps ou les instruments lui manquèrent-ils... De toute façon, cette position, même inexacte, suffit aux sauveteurs. Le commandant Joseph Groves Boxhall, retraité de la Royal Navy, mourut cinquante-cinq ans plus tard, et demanda que ses cendres soient dispersées au 41° 46' N, 50° 14' W.

Le commandant Smith s'empara de la feuille sur laquelle Boxhall avait inscrit les nouvelles coordonnées et la porta au poste de TSF, ordonnant que de constants messages radio signalent leur position corrigée. Les précédents messages, trente-cinq minutes après la collision, donnaient la position 41° 44' ou 41° 46' N, 50° 24'W. Cette dernière était à présent rectifiée et diffusée, précédée de l'indicatif du *Titanic,* MGY. Cape Race nota le premier appel de détresse corrigé à 0 h 25, soit dix minutes plus tard que la station Marconi à Terre-Neuve et que deux bateaux, *La Provence* (français) et le *Mount Temple* (canadien).

Le code d'appel d'urgence international était en train de changer : on passait de « CQD » (*come quick, danger*[1]) à « SOS » (*save our souls*[2]) ; le navire en détresse usa des deux. « CQ » était un code Marconi s'adressant à toutes les stations et le « D » signifiait l'urgence. On avait inauguré le SOS en 1908 comme étant plus facile à retenir et à transmettre, mais aussi à reconnaître en morse (trois brèves, trois longues, trois brèves).

À cet instant, le paquebot retentissait d'un vacarme assourdissant, la plupart des chaudières chassaient leur vapeur pour prévenir le risque d'explosion lorsque la mer envahirait les chaufferies. À l'arrière, quelques-unes fonctionnaient encore, en maintenant assez de pression pour fournir l'énergie nécessaire à l'éclairage et au poste TSF.

Phillips et Bride pouvaient à peine entendre l'accusé de réception de leurs messages de détresse au milieu de ce vacarme : « MGY lance CQD. Position corrigée... Venez au plus vite. Avons touché iceberg. Coulons. N'entendons rien à cause de la vapeur » : ce fut ce que reçut le SS *Ypiranga* à 0 h 26. Des trains d'ondes parcouraient la nuit noire et glaciale...

Le rapport de la commission d'enquête britannique calcula que seize navires, en plus de la station de Cape Race, avaient reçu l'appel de détresse du *Titanic,* et que plusieurs d'entre eux avaient aussitôt offert leur aide. Mais cette liste demeure incomplète, comme l'est aussi celle qui recense les appels.

La commission d'enquête américaine, pour sa part, situa douze navires (tous sur la liste anglaise) et un bateau non identifié aux alentours du lieu de la catastrophe. Le *Rap-*

1. « Venez vite, danger. » *(N.d.T.)*
2. « Sauvez nos âmes. » *(N.d.T.)*

pahannock n'avait pu se diriger trop vers l'est, après ses échanges par fanaux et avec son gouvernail endommagé ; sans doute s'était-il éloigné de 15 milles environ. Mais comme il ne possédait pas de TSF, il ne fut pas répertorié. Nous reviendrons sur cette terrible question, qui était là, et où, en temps utile.

L'un des navires qui n'entendirent pas les appels de détresse fut le *Californian.* Ce bateau, vieux de onze ans, ne pesait que 6 233 tonnes et n'avait qu'un opérateur radio, Cyril Evans, vingt ans, ne possédant que six mois d'expérience. Le concept d'une radio branchée vingt-quatre heures sur vingt-quatre n'était pas encore né. Ayant été rabroué après son message d'avertissement au *Titanic,* il débrancha son poste à 23 h 30 (heure de son bateau, en avance de vingt minutes sur celle du *Titanic*).

Mais les deux choses ne peuvent être liées : à l'évidence, Evans était seulement fatigué par une longue journée passée à transmettre en morse, le casque sur la tête. Devant la commission d'enquête britannique (le huitième jour), il insista sur le fait qu'il ne s'était absolument pas senti insulté par la fin de non-recevoir, un tantinet impatiente, de Phillips, et que de toute façon la convention stipulait bien que les plus gros navires émettaient en priorité.

Le commandant Lord stoppa les machines pour la nuit, à 22 h 21 (22 h 09 pour le *Titanic*), parce qu'il était entouré par les glaces. Il donna sa position : 42° 5' N, 50° 7' W, soit à 19,5 milles environ de la collision (et une heure et demie avant qu'elle ne survienne). Evans ne reçut aucun message avant 5 h 45, le lundi matin.

Il n'existait aucun moyen d'informer les passagers à bord du *Titanic,* mais les nouvelles circulèrent vite, les stewards allant dans chaque cabine.

À 0 h 15, l'orchestre dirigé par Wallace Hartley (de Colne, Lancashire) commença à jouer des airs de jazz endiablés dans le salon de première classe. Peu de temps après, il s'installera devant le grand escalier. À ce moment, l'eau sera à 12 mètres au-dessus de la quille, ayant atteint le pont E.

À 0 h 25, le commandant donna l'ordre de préparer les canots de sauvetage pour embarquer les femmes et les enfants. Le liner de la Cunard, le *Carpathia* (commandé par Arthur Rostron), accusa réception du signal de détresse corrigé. Il se détourna aussitôt de sa route, à 58 milles sud-est, mettant toute la vapeur.

L'attitude d'Ismay, du commandant Smith et de ses officiers vis-à-vis de la menace de glaces s'avéra à la fois désinvolte et fataliste. Jour après jour, le paquebot accéléra. Un message important fut oublié ou ignoré durant cinq heures. Le nid-de-pie n'avait toujours pas retrouvé ses jumelles, et on avait prévu des tests de vitesse pour le jour suivant. Les premiers signes de glace aperçus depuis la hune furent ignorés par les officiers de quart, déterminés qu'ils étaient à battre le record de l'*Olympic.* Au moment de la collision, les réactions sur la passerelle furent curieusement lentes : trente-cinq minutes d'hésitation avant que le premier SOS ne soit lancé ; quarante-cinq minutes avant que l'on ne prépare les canots de sauvetage.

Tout cela démontre que les craintes de la White Star – être poursuivie pour négligence criminelle – n'avaient rien d'absurde. Au moment de la collision, il y avait six hommes de quart en poste. Fleet et Lee se trouvaient dans le nid-de-pie, les officiers Murdoch et Moody sur la passerelle (tous deux seront noyés), les deux timoniers Hitchens à la barre et Alfred Olliver en réserve (sur tous les bateaux, deux hommes prennent la barre à tour de rôle, toutes les deux heures). Olliver, qui ne comparut que devant la commission d'enquête américaine (le sixième jour), déclara qu'il était en train de régler le compas fixe lorsque la collision eut lieu. Il put ainsi voir l'iceberg défiler le long du navire.

Fleet (cité par les deux commissions) et Lee (par la commission britannique uniquement) racontèrent la même chose, et furent d'accord pour certifier qu'un halo entourait l'iceberg, soutenus en cela par le chauffeur Shiers (commission britannique uniquement), alors que Lightoller et d'autres prétendirent le contraire.

Hitchens était le seul témoin à s'être trouvé là au moment de l'impact. Fleet et Lee, les seuls à pouvoir préciser comment et quand l'alarme avait été donnée. Et sur ces trois témoins, deux semblent avoir été payés pour leur silence ; le troisième, Lee, disparut dans la nature, comme Coffey le chauffeur, et ce malgré les investigations des différentes sociétés de recherches sur le *Titanic,* britanniques et américaines.

Il est peu probable que la version des faits fournie par la White Star soit l'exacte vérité, et on peut spéculer sur ce qu'elle a bien pu cacher, sachant que cette compagnie au passé douteux battait des records de catastrophes à une époque où pourtant elles étaient monnaie courante.

Les navires transportant des émigrants, comme les « Olympics », étaient soumis à des inspections gouvernementales, à la suite d'infractions notoires commises par les propriétaires des premiers bateaux à vapeur : surcharge, mauvais entretien, sur assurance. Un membre du Parlement, Samuel Plimsoll, avait alerté l'opinion publique et inauguré le Merchant Shipping Act de 1876. Il laissa son nom à la ligne de flottaison maximale autorisée.

Les recherches avancent et les mystères s'épaississent, mais une théorie émerge pourtant, qui expliquerait ces anomalies, entraînant une nouvelle hypothèse.

La White Star savait ce que « fraude » voulait dire, et J. P. Morgan était un requin de la finance. Jusqu'où étaient-ils capables d'aller, s'ils estimaient que leur principal investissement, l'*Olympic,* était pratiquement hors d'usage après son abordage avec un croiseur ? Qu'ont-ils pensé quand leur paquebot géant dut s'immobiliser durant un mois et demi, et plus encore après avoir heurté une épave quelques mois plus tard, laissant la Cunard écumer seule l'Atlantique nord ?

Leur paquebot devait encore retourner à Belfast pour une journée de réparations qui se transforma en une petite semaine, lui faisant manquer un autre aller-retour New York, avec les frais financiers et les complications que cela entraînait.

Sur le même chantier, changeant de place avec lui sur la seule cale sèche disponible, le même, l'identique, l'entier *Titanic,* son jumeau. Si semblable que les deux navires étaient la plupart du temps confondus, accidentellement ou de manière délibérée. (Les photos, les dessins qui nous sont parvenus sont ceux de l'*Olympic.*) Même Harland & Wolff s'arrangeait pour mélanger les deux navires dans ses rapports de réunions de conseil d'administration.

La présence simultanée des deux liners sur le chantier signifiait une aubaine. On pouvait agir simplement :

échanger tout ce qui portait le nom des bateaux, les objets, les plaques, ou certains gilets de sauvetage (peu en fait portaient le nom du navire), en somme une tâche facile pour une petite équipe d'hommes travaillant en secret, sous le couvert d'emplois définis. Leur motif ? Un mélange d'orgueil blessé et d'avidité financière. N'oublions pas que la White Star s'était battue en vain pour obtenir des dommages et intérêts de l'Amirauté, ces frais s'ajoutant encore aux autres pertes.

Aussi, pourquoi ne pas échanger les liners et restaurer l'*Olympic* pour quelques essais, plus un voyage inaugural qui se terminerait dans un iceberg bien répertorié, avec, tout autour, quelques navires d'IMM prêts a secourir les passagers... ? Mais c'était compter sans l'impétueux commandant Smith. Smith, qui coulera beaucoup trop tôt...

L'*Olympic* serait passé ainsi en pertes et profits, bénéficiant des assurances contractées pour le *Titanic,* tandis que ce dernier continuerait à naviguer longtemps (encore vingt-trois ans, si l'on considère que le vrai-faux *Olympic* n'a terminé sa carrière qu'en 1935). Le plus extraordinaire de cette théorie réside peut-être moins dans sa véracité que dans les conséquences que l'on peut en tirer.

5

DES VIVANTS ET DES MORTS

L'absence de liste précise, portant les noms des passagers et des membres d'équipage (2 200 personnes en tout), est irritante mais guère surprenante. Même à l'âge de l'ordinateur, les crashes aériens nous ont habitués à ce genre de lacune. La confusion générale concernant les canots de sauvetage, alors qu'on n'en comptait qu'une vingtaine, est en revanche inconcevable.

Inutile d'insister sur les nuances existant déjà entre les diverses listes établies avant le naufrage ; quant à celles établies après le sinistre... On note par exemple une énorme différence entre celle de la commission d'enquête britannique sur le nombre de personnes vues à bord des embarcations par des témoins (914), et le nombre de survivants (705), ce dernier chiffre n'étant même pas prouvé.

Indépendamment de l'écart entre le nombre de passagers à bord et celui que les chaloupes auraient pu contenir, l'écart le plus consternant est celui qui existe entre le nombre de rescapés (705) et celui que les canots auraient pu contenir (1 178). Surtout si l'on se souvient que la mer était calme, au moins 500 autres personnes auraient pu être sauvées, ce qui aurait réduit d'au moins un tiers le nombre de disparus. Le total des vivants aurait alors dépassé celui des morts.

Que s'est-il passé pour certains de ces canots, que s'est-il passé au sein de ces canots... ? Les témoins sont par essence peu fiables et, lorsqu'ils sont nombreux, leurs incohérences augmentent d'autant. La perspective d'une mort imminente ne développe pas l'acuité visuelle...

La température des flots, autour du navire qui s'enfonçait lentement dans le champ de glace, était inférieure à 0° ; autrement dit, elle représentait un danger mortel. On ne peut en effet survivre plus de quelques minutes dans une eau à l'extrême limite de la glaciation.

Les témoignages, donc, divergent de manière considérable. D'après certains, l'iceberg à l'origine de ce naufrage ressemblait peu ou prou au rocher de Gibraltar. Pourtant, ceux qui ont pu le dessiner ou le prendre en photo (des bateaux sauveteurs, à l'aube) n'étaient pas tous d'accord.

Des témoins racontèrent aussi que d'énormes quantités de glace étaient tombées entre le gaillard d'avant et la passerelle. Ils furent trop nombreux pour que leurs déclarations puissent être contestées, d'autant qu'il pouvait y avoir une explication à ce phénomène. La passerelle formait en effet une saillie de 50 centimètres qui pouvait fort bien racler l'iceberg et décrocher les plus gros morceaux, qui seraient tombés sur le pont ; ou bien la courbe du bastingage du gaillard d'avant pouvait déloger ces mêmes fragments de glace ; mais il pouvait également s'agir des gréements ou de la grande antenne TSF, à quatre torons, qui se balançait entre les mâts. Quoi qu'il en soit, plusieurs passagers, avec un certain humour noir, demandèrent qu'on leur réserve quelques glaçons pour leur whisky, ou comme souvenir à rapporter chez eux.

Comme l'eau se dilate en gelant, la glace est forcément plus légère que l'eau, et donc la partie visible d'un iceberg ne représente que le neuvième de son volume total. Le *Titanic* avait pu heurter, en donnant fortement de la bande, cet iceberg immuable de par son poids, véritable île flottante de plusieurs centaines de milliers de tonnes. À moins d'une explosion nucléaire, il n'existe aucun moyen connu à ce jour pour briser un iceberg. Le plus gros bateau du monde ne pourrait affecter sa lente mais inexorable dérive de plus d'un millimètre. La plupart des icebergs de l'hémisphère nord prennent naissance en se détachant d'un glacier, au Groenland, dans l'immense Disko Bay. Ils mettent deux bonnes années pour atteindre les Grands Bancs de Terre-Neuve ; et par temps doux, ils se fractionnent en *growlers*, sortes de petits icebergs dérivant au hasard, au gré des courants.

L'iceberg responsable du naufrage continua de dériver à la vitesse probable de 1 mille par heure, et se trouva quelques milles plus au sud et un peu moins à l'est, six heures plus tard, quand on le signala. Il semble reconnaissable à ses deux pics et à sa bande ocre au niveau de l'eau, suggérant la trace d'une peinture antirouille. Mais la description de cet iceberg assassin varia beaucoup d'un passager à l'autre : il était entouré d'un halo ; il n'y avait rien de tel ; la face visible était noire ; ou bleu foncé ; il était de la hauteur du navire ; il le dépassait largement ; en fait, il était blanc ; il était large, il était étroit...

Mais sans aucun doute, il sentait terriblement mauvais. Les icebergs, en effet, contiennent souvent des minéraux, des végétaux, des poissons ou tout autre débris du règne animal, qui, exposés à l'air pour la première fois depuis des millénaires, dégagent assurément une odeur des plus nauséabondes.

Mais peu importe à quoi il ressemblait, ou ce qu'il sentait. La seule version crédible a priori est celle de Frederick Fleet, le veilleur qui l'aperçut le premier, bien avant son coéquipier Reg Lee, et bien avant quiconque sur la passerelle, alors qu'une alerte « spéciale glace » était en place.

Une passagère de première classe, Marian Thayer, dont le mari se noya mais dont le fils fut sauvé, vit quelque chose de bizarre alors qu'elle s'était rendue sur le pont A, juste après la collision :

– J'observais d'étranges côtes, longues et noires, flottant sous la surface des eaux, parallèles les unes aux autres... séparées de 1 mètre... la première à 6 mètres du navire environ, de l'étrave au milieu du bâtiment. Non, je n'ai pas vu à ce moment-là un quelconque iceberg.

Il fallut presque vingt minutes, après que l'ordre en fut donné par le commandant, pour mettre le premier canot à la mer. Cela ne signifiait pas une performance pour un équipage professionnel, en principe, mais qui manifestement ignorait tout des procédures d'urgence. Les officiers avaient une sorte de plan qui consistait à mettre les chaloupes à la mer avec très peu de personnes à bord, puis à les amener jusqu'aux sabords de charge, où ils compléteraient leurs effectifs. Or ces sabords n'étaient pas ouverts. Le maître d'équipage Nichols et quelques matelots reçurent l'ordre d'y remédier. Personne ne les revit jamais...

À 0 h 45, le lundi 15 avril, le canot de sauvetage n° 7 fut descendu sur l'ordre du premier officier Murdoch, assisté du cinquième officier Harold Lowe. C'était l'un des 14 canots prévus à cet effet, de 9 mètres de long et d'une capacité de 65 personnes.

Les embarcations portant un nombre impair se situaient à tribord, les autres à bâbord. Les radeaux pliables Engelhardt, A et C à tribord, et B et D à bâbord, étaient tous quatre prévus pour contenir 47 personnes. Il y avait aussi 2 barques de secours près de l'étrave, d'une contenance de 40 personnes chacune : la n° 1 à tribord, la n° 2 à bâbord.

Les canots ne furent pas armés dans l'ordre, mais uniquement lorsque les officiers les jugèrent prêts.

Aux audiences de la commission d'enquête britannique, on prit soin d'interroger des témoins de chaque embarcation, ce qui ne fit qu'accentuer le sentiment de confusion.

Les témoins expliquèrent que le canot n° 7 était occupé par trois membres d'équipage, dont les deux veilleurs Hogg et Jewell, plus 8 femmes et 10 hommes. L'une de ces passagères, Helen Bishop, de Dowagiac, Michigan, âgée de vingt-cinq ans (dixième jour de la commission américaine), insista pour faire l'éloge de la conduite de Hogg, qui commandait les manœuvres, et d'un certain Jack Edmonds... Or ce nom n'apparaissait nulle part dans le rôle de l'équipage. Un exemple classique des difficultés rencontrées par les commissions d'enquête.

Archie Jewell, lorsqu'il avait quitté son poste à 22 heures, avait entendu et ressenti le choc de la collision. Il s'était alors précipité sur le pont et avait assisté à la chute des blocs de glace. Il avait regagné sa cabine pour y prendre des vêtements quand le maître d'équipage Nichols était apparu.

– Tous sur le pont ! lui avait-il ordonné.

Jewell n'avait que dix-huit ans, mais il était l'un des rares hommes d'équipage à connaître son poste d'abandon, le n° 7. Les listes étaient pourtant affichées dans les divers locaux affectés au personnel de bord, assignant les hommes (chauffeurs, stewards et matelots) aux différents canots ; mais ces listes n'étaient jamais lues, par indifférence, illettrisme, ou parce que, à l'instar du commandant, l'on croyait à l'insubmersibilité du paquebot.

Les hommes d'équipage devaient pouvoir ramer et diriger les canots, mais peu d'entre eux, pour ne citer que les chauffeurs et les stewards, savaient le faire. Et pour cause, la White Star n'observant guère l'exécution des exercices de sauvetage. La plupart des canots manquaient de biscuits et d'eau, alors que ces denrées étaient supposées être là lors de l'inspection de Belfast. Seuls quelques-uns d'entre eux possédaient un compas, par économie, puisque les canots étaient censés rester ensemble. On distribua des lanternes quand les embarcations furent mises à l'eau, et les boulangers lancèrent des pains.

Enfin, le canot n° 7 fut paré et put se dégager du bateau.

Ce dernier fut vite rejoint par le n° 5, commandé par le troisième officier Herbert Pitman. Pitman était sous les ordres de Murdoch, et assisté du cinquième officier Harold Lowe, pour aider à charger 41 personnes, dont quelques hommes, puisqu'il n'y avait plus de femmes alentour à ce moment-là (0 h 55).

J. Bruce Ismay jouait les utilités, pressant les passagers, agitant les bras en tous sens et criant à un Lowe exaspéré :

– Laissez aller ! Laissez aller !

Lowe, plutôt irascible de nature, portait comme les autres officiers un pistolet chargé sur lui. Il se retourna vers le directeur général de la White Star et lui cria :

– Foutez le camp !

Le jeune officier de vingt-neuf ans continua de hurler :

– Vous voulez que je les fasse descendre à toute vitesse, c'est ça ? Et que je les noie tous ? Beau résultat !

Sidéré, Ismay décampa.

Pitman faisait partie de ceux qui, à bord, auraient préféré rester sur le navire pour attendre les secours. Mais Murdoch en avait décidé autrement, et il lui dit en lui serrant la main :

– Éloignez-vous avec ce canot, mon vieux, et ramez jusqu'aux sabords de charge. Au revoir, bonne chance.

Beaucoup de passagers adoptèrent cette attitude optimiste, encore persuadés que le navire était insubmersible et que c'était pour cela que l'on avait si peu rempli les chaloupes. Par ailleurs, la plupart des officiers croyaient que des canots surchargés rompraient facilement, et ils ne les remplirent à pleine charge que lorsque le *Titanic* commença de sombrer.

Wilding, l'architecte naval, confirmera à l'audience que les canots avaient été testés pour être mis à l'eau à pleine charge. Il aurait dû en avertir les officiers... Quant à Thomas Andrews, de Harland & Wolff, il ne remarqua même pas que les canots n'étaient qu'à moitié remplis, lui qui aurait pu obliger les officiers à modifier leur façon d'agir. Il est vrai qu'Andrews était trop occupé à rassembler les passagers, à travers tout le bateau, et à aider de toutes les manières possibles. Tant et si bien qu'à la fin ses nerfs lâchèrent.

Le Dr H. W. Frauenthal, ayant vu sa femme partir à bord du canot n° 5, décida brusquement, avec son frère, de sauter dans l'embarcation qui s'éloignait, aux trois quarts pleine. Le médecin atterrit sur une passagère de première classe, Annie Stengel, qui se croyait enfin à l'abri de tout danger. Les bottes du nouvel arrivant lui cassèrent deux côtes et la laissèrent sans connaissance.

Pitman ordonna à ses matelots de ramer pour s'éloigner du navire, et de rejoindre au plus vite le canot n° 7. Ce faisant, il décida de répondre à l'appel des naufragés, mais se heurta à un refus catégorique des passagers, qui craignaient de chavirer sous leur poids. Pitman ignora donc les cris de ceux qui se noyaient et en garda toute sa vie un amer souvenir.

À la barre des témoins, pressé de s'expliquer sur sa conduite, il demandera qu'« on ne le questionne plus là-dessus ». Deux passagers, un homme et une femme, transférés du canot n° 7 au sien, témoignèrent avec indignation de son refus de retourner sur le lieu de la catastrophe. La commission d'enquête américaine malmena quelque peu Pitman, alors que la commission d'enquête britannique évita de le bousculer.

Le premier canot à être mis à l'eau à bâbord fut le n° 6, sous la responsabilité de Lightoller, et à peu près à la même heure que le n° 5, soit 0 h 55. Il devait contenir environ 26 femmes et 2 hommes d'équipage (le timonier Hitchens, celui qui était à la barre au moment de la collision, et Fred Fleet), ainsi que 2 passagers, le commandant canadien Arthur Peuchen et un passager clandestin italien qui avait un bras cassé. Lightoller avait permis à Peuchen d'embarquer, parce que celui-ci s'était présenté comme un yachtman expérimenté, et Lightoller se sentait submergé, occupé qu'il était à mettre sept chaloupes à l'eau. Le commandant Smith s'approcha et ordonna que Hitchens rame en direction du bateau dont il apercevait les feux, à 5 milles et à 2 quarts, sur l'avant du *Titanic* à tribord. Lightoller transmit l'ordre.

La commission d'enquête américaine cita 16 témoins mentionnant ce « mystérieux navire » qui devait disparaître dans la nuit.

Hitchens, avec ses 38 femmes à bord, décida d'accaparer la barre, et de laisser ramer Fleet et Peuchen. Il refusait de répondre aux appels des naufragés et buvait avec avidité, au goulot de sa fiasque. Cette nuit-là, leur canot rejoignit le n° 6, et ils s'attachèrent l'un à l'autre. Un chauffeur du canot n° 6 vint dans le leur pour les aider à ramer. Il n'y avait pas de compas à bord. Quelques femmes décidèrent de prendre les avirons à leur tour, surtout dans l'espoir de se réchauffer un peu.

Murdoch et Lowe s'activaient efficacement à tribord, mais ils ne rencontraient pas les problèmes de Lightoller et de Moody à bâbord. En effet, le navire avait d'abord gîté à tribord, puisqu'il était touché à cet endroit ; puis l'eau s'était engouffrée, arrachant les cloisons, envahissant la coursive « Scotland Road » et faisant prendre au navire une forte gîte à bâbord. De ce fait, il était devenu difficile de mettre les canots à la mer de ce côté-là. Ces derniers avaient toutes les chances de racler la coque et d'amerrir trop loin du bateau pour que les passagers puissent y monter d'ailleurs que du pont des embarcations. Ces difficultés ralentirent l'évacuation à bâbord.

Murdoch et Lowe, ayant descendu les chaloupes n°s 7 et 5, s'attaquèrent au n° 3. Il devait y avoir 25 femmes et enfants et 10 hommes à bord, avec une forte proportion d'hommes d'équipage, 15 sans doute, beaucoup plus qu'il n'était nécessaire pour ramer et diriger l'embarcation. Un matelot de deuxième classe, George Moore, expliqua ce fait par l'absence de femmes ou d'enfants à ce moment-là.

La chaloupe n° 3 fut descendue du pont A, mais les

passagers de première classe ne purent y monter à cause des baies vitrées qu'Ismay avait fait poser peu avant le départ et qui ne s'ouvraient qu'à l'aide d'une clé spéciale. Le canot fut enfin mis à l'eau, après avoir perdu deux rames dans une descente difficile.

L'une des passagères de première classe, Mme Charles M. Hays, devint folle de douleur, cherchant et appelant son mari dans tous les canots qui passaient à proximité. Mais ce dernier faisait partie de ces hommes qui refusèrent de quitter le *Titanic* tant qu'il resterait des femmes et des enfants à bord.

Tandis que ses collègues supervisaient le chargement, ou du moins le demi-chargement des embarcations de sauvetage, le quatrième officier Boxhall, sur les ordres du commandant, et avec l'assistance du timonier Rowe, commençait de lancer des fusées depuis la passerelle. Ce faisant, les deux hommes apercevaient la paire de feux vert et rouge, à 5 milles environ, d'un vapeur venant droit devant. Plus tard, Boxhall verrait ses feux de tête de mât, ce qui pouvait indiquer que le bateau virait à tribord. Entre les fusées, il tenta d'attirer son attention à l'aide de fanaux, mais en vain.

Les puissantes fusées explosèrent à 240 mètres dans le ciel, en douze étoiles blanches qui redescendirent lentement. Boxhall en lança huit, à cinq minutes d'intervalle, depuis la mise à l'eau du premier canot jusqu'à celle des n°s 9 et 10. Il n'existait aucun code international concernant les signaux de détresse, mais seulement une procédure usuelle : les lancer à intervalles réguliers et utiliser des fusées blanches de préférence.

Il est évident maintenant, après des années de discussions, que la plupart de ces signaux, si ce n'est le *Titanic* lui-même, ont été aperçus du *Californian*, qui avait fait halte au milieu des glaces pour la nuit. Ce navire se trouvait à 19 milles environ. Le commandant et son second virent bien, de la passerelle, de lointains signaux qu'ils prirent pour les feux de tête de mât d'un steamer (qui allait dans la même direction que le *Titanic*, ce qui fut établi plus tard), lequel ne répondait pas à leurs signaux.

Les deux commissions d'enquête passeront beaucoup de temps à tenter de confronter les récits si dissemblables des témoins et d'en extraire une réponse satisfaisante. Dans l'affaire du *Titanic*, peu de points aussi litigieux que la présence de ce mystérieux bateau auront déchaîné une telle passion.

Alors que les fusées explosaient au-dessus de leur tête, Murdoch et Lowe, secondés par un quartier-maître, se dirigeaient vers la barque de secours n° 1. Ils eurent beaucoup de mal à la dégager (encore un exemple évident du manque de pratique de cet équipage) et à la mettre à l'eau, aux environs de 1 h 10, soit un quart d'heure après le canot n° 6, à qui ils avaient demandé de s'éloigner d'au moins 2 quarts de l'étrave.

L'homme chargé de la barque de secours n° 1 était George Symons, un veilleur. Lui aussi aperçut les feux blancs d'un vapeur, à 1 quart ou 2 à bâbord, ce qui laissait supposer que le steamer virait vers l'ouest. Il ordonna à ses hommes de ramer dans sa direction pendant quelque temps.

Cette barque de secours n° 1 pouvait contenir 40 personnes, mais elle fut la moins chargée de tous. Les officiers ne purent rassembler que 12 passagers, soit 2 femmes, 3 hommes et 7 membres d'équipage (2 matelots et 5 chauffeurs). Le cinquième officier Lowe confirma qu'il n'y avait personne d'autre sur le pont A à cet instant.

Sir Cosmo et lady Duff Gordon espéraient pouvoir se joindre au groupe qui venait d'embarquer. , sa femme et leur secrétaire, Laura Francatelli, avaient déjà tourné autour des canots n°s 7 et 3 dans l'espoir d'y trouver une place. Duff Gordon, voyant que Murdoch s'enquérait d'éventuels passagers pour sa barque n° 1, lui demanda :

– Pouvons-nous y monter tous les trois ?

Le premier officier aurait répondu :

– Mais avec le plus grand plaisir.

Deux Américains en profitèrent pour monter également.

Là, les dépositions sont des plus contradictoires : la barque de secours aurait plus tard fait demi-tour pour revenir sur les lieux du désastre ; elle s'en serait abstenue ; elle se serait écartée du navire de 100, non de 1 000 milles dans l'attente d'ordres qui ne seraient jamais arrivés ; les passagers, non, deux femmes seulement, auraient voulu revenir ; ou auraient rejeté cette idée, formulée par les hommes d'équipage...

Le seul fait indiscutable fut que sir Cosmo, une fois à bord, promit à chacun des sept membres d'équipage la somme de 5 livres, soit le salaire mensuel d'un matelot. Ce fut la révélation la plus sensationnelle du cinquième jour de la commission d'enquête britannique, faite par le chef soutier Hendrickson, qui se trouvait dans la même embarcation.

La presse américaine s'empara de l'affaire, titrant que Duff Gordon avait tenté de soudoyer l'équipage pour qu'il ne porte pas secours aux naufragés, de peur que la barque ne chavire. Duff Gordon se défendit en expliquant que son offre ne représentait qu'un geste de sympathie envers ces hommes qui avaient tout perdu, leur paie, leurs affaires personnelles et leur équipement. Il déclara « avoir juste voulu faire quelque chose pour eux ».

Entre l'audition de Hendrickson et celle de Duff Gordon, un représentant de ce dernier chercha à rencontrer Symons ainsi que James Taylor à Southampton, et ce dernier corrobora les dires de Hendrickson. Taylor perçut 7 shillings (un jour de paie) comme dédommagement pour s'être déplacé afin de répondre aux questions dans les bureaux de la White Star. Les deux hommes déposèrent sous serment le dixième jour de la commission d'enquête britannique.

Les 5 livres (qui ne furent pas distribuées en liquide, mais en chèques compensables en Angleterre) leur avaient été données pour qu'ils puissent s'acheter de nouveaux effets. En fait, Duff Gordon leur avait remis une lettre de change sur sa banque de Londres, une fois à bord du *Carpathia*, rédigée par Mlle Francatelli sur une feuille de papier vierge, et signée par lui-même. Naturellement, cette affaire fit grand bruit.

Mis à l'eau en même temps que le canot n° 1, mais à bâbord, le n° 8 était supervisé par le second, Wilde, assisté de Lightoller. Le commandant Smith vint les aider quelques minutes. Des témoins affirmèrent que ce canot avait été descendu avant le n° 6, mais c'était inexact, il fut bel et bien mis à l'eau au même moment que le n° 1, à 1 h 10.

Quelques instants auparavant, un drame poignant s'était déroulé tout près d'eux. Sachant que le commandant avait ordonné : « Les femmes et les enfants d'abord », M. et Mme Isidor Strauss (les propriétaires du grand magasin Macy's à New York) se tenaient, inquiets, près du canot n° 8, à observer les femmes qui prenaient place dans l'embarcation. Le colonel Archibald Gracie, leur ami, était là aussi. Invitée à monter à son tour, Mme Straus s'écria brusquement :

– Non ! Je ne veux pas être séparée de mon mari. Nous mourrons comme nous avons vécu, c'est-à-dire ensemble !

Aussitôt, quelqu'un suggéra qu'ils montent tous les deux. Personne n'y voyait d'objection, vu l'âge vénérable de M. Strauss. Mais le vieil homme répliqua avec fermeté :

– Je ne saurai accepter un traitement de faveur qui ne soit accordé aux autres !

Et ensemble, ils trouvèrent la mort... Ellen Bird, la femme de chambre de Mme Strauss, grimpa dans la chaloupe n° 8, avec l'étole de vison de sa maîtresse en guise de cadeau d'adieu.

La commission d'enquête britannique a estimé à 39 le nombre de passagers à bord de ce canot. Il y avait 4 membres d'équipage (Thomas Jones, matelot de deuxième classe chargé de la manœuvre, 2 stewards et 1 cuisinier) et 35 femmes.

Le premier jour de la commission d'enquête américaine, le steward Alfred Crawford déclara à propos du commandant Smith : « [Il] nous a donné l'ordre de ramer jusqu'à une lueur qu'il avait aperçue, de débarquer là-bas les femmes et de revenir ensuite au bateau. Il s'agissait des feux d'un navire croisant au loin. Nous avons ramé et ramé, sans jamais atteindre ce point lumineux. »

Le sixième jour, Thomas Jones raconta comment « une femme très bavarde... une comtesse ou quelque chose comme ça » prit la direction des opérations. Elle n'avait pas sa langue dans sa poche et, pendant que les hommes d'équipage et quelques femmes ramaient, elle tint la barre. Il s'agissait de l'élégante Lucy-Noel Martha, comtesse de Rothes, qui voyageait en compagnie de sa femme de chambre (Mlle Mahoney) mais sans son mari écossais. Elle n'avait rien d'une aristocrate excentrique. Quand elle n'était pas à la barre, elle ramait, ou elle réconfortait une jeune femme italienne qui avait perdu son mari. À son exemple, plusieurs femmes s'emparèrent des avirons. Jones, une fois à bord du *Carpathia*, se débrouilla pour obtenir le tableau d'affichage de leur canot, et plus tard il le fit encadrer, pour l'envoyer à lady Rothes, en témoignage de son éternelle admiration.

Le canot n° 9 descendit par tribord, à 1 h 20, surveillé par Murdoch et Moody. Albert Haynes, le second maître d'équipage, était chargé de la manœuvre, en liaison avec deux timoniers, un matelot et quatre stewards. D'après la commission britannique, il contenait 56 personnes, soit 8 membres d'équipage, 6 hommes et 42 femmes. Les six hommes avaient pu monter en l'absence d'autres femmes à cet instant. Au dernier moment, une vieille dame s'effondra et refusa de prendre place dans l'embarcation. Son époux, le romancier français Jacques Futrelle, aidé d'un officier, l'embarqua contre son gré.

– C'est votre seule chance. Partez, je vous en prie ! lui cria-t-il, désespéré.

La chaloupe n° 9 embarqua toutes les femmes présentes sur le pont des embarcations, plus quelques-unes du pont A au cours de sa descente. Ce canot ne possédait ni compas ni lanterne. Le timonier Walter Wynn distingua lui aussi les feux rouge et blanc d'un steamer, qu'il estima à 7 ou 8 milles de distance. Puis les feux disparurent, et il crut reconnaître un autre feu blanc dans la même direction. Après avoir eu du mal à détacher les avirons, le canot n° 9 s'éloigna lentement du *Titanic*.

Ayant aidé Murdoch à armer le n° 9, Moody traversa le pont des embarcations, contourna le dôme qui surplombait le hall des premières classes et alla prêter main-forte à Lightoller pour charger le canot n° 10, à bâbord. La commission britannique conclut que ce dernier fut mis à l'eau à 1 h 20. Edward Buley, matelot de deuxième classe, était chargé de la manœuvre. C'était un vétéran de la Royal Navy, que secondaient un matelot et trois membres des services techniques. Aucun homme ne put monter, les officiers y veillaient, mais deux passagers clandestins, un Japonais et un Arménien, furent découverts une fois en mer. À bord, on comptait 41 femmes et 7 enfants.

Le chef boulanger Charles Joughin, assigné au canot n° 10, avait treize hommes sous ses ordres, en cuisine. Il leur demanda de porter 20 kilos de pain dans chaque canot dès 0 h 30. Joughin aida à passer les enfants, au-dessus du vide créé par la forte inclinaison du navire, jusqu'au canot. L'espace était de 1,30 mètre et plusieurs femmes hésitaient à sauter.

Joughin ne prit pas ce canot, ni les suivants. Il réussit, au moment où le *Titanic* s'enfonça dans les flots, à plonger, puis à s'accrocher un peu plus tard à l'un des radeaux pliables.

Le matelot de deuxième classe Buley déclara à la commission américaine que le canot n° 10 avait été le dernier à être descendu, mais il se trompait. Il ajouta que le vapeur ne se trouvait, d'après lui, qu'à 3 milles au plus du *Titanic* et qu'il était resté là trois heures avant de s'évanouir dans la nuit (sixième jour). Buley pensait que c'était la présence de ce steamer dans les parages, prêt à les secourir, qui avait calmé les passagers. Les stewards expliquaient volontiers : « Il y a un vapeur qui vient à notre secours. » Cela a pu persuader maintes personnes de rester à bord pour attendre les secours, plutôt que de se précipiter afin de prendre d'assaut les canots de sauvetage.

Le canot n° 10 rejoignit le radeau D et les canots n°s 4, 12 et 14 ; ils formèrent un peu plus tard une flottille, reliée par leurs cordages, et commandée par le cinquième officier Lowe.

Le canot n° 11 descendit par tribord, à 1 h 25, toujours supervisé par Murdoch et Moody. Selon la commission d'enquête britannique, il était surchargé, contenant plus de 70 personnes. Ce chiffre est contestable, car le nombre de survivants se révèle moins élevé que celui des prétendus embarqués. Cependant, les deux officiers avaient dû brusquement prendre conscience de l'urgence de la situation, le *Titanic* coulant par l'avant.

Un matelot de deuxième classe, Humphries, était chargé de la manœuvre, assisté par sept membres d'équipage et par Annie Robinson, l'une des femmes de chambre de première classe, qui voyageait sur le *Lake Champlain* en 1907, lorsqu'il avait heurté un iceberg et coulé. Un seul passager de première classe se trouvait à bord, un certain Philip E. Moch, parmi 60 femmes et enfants.

Alors que le canot atteignait l'eau, lourdement chargé, il manqua chavirer, refoulé par le débit des pompes fonctionnant à plein régime. Après une lutte violente pour se dégager des palans, il effectua correctement sa mise à l'eau.

D'autres canots se libérèrent de leurs attaches. La mer restait calme et il n'y avait pas de houle.

Mme Robinson remarqua que le valeureux orchestre jouait jusqu'au bout, accompagnant les chaloupes dans leur difficile descente. Les femmes étaient effrayées et l'une d'elles, devenue folle, fit sonner son réveil durant toute la nuit.

De l'autre côté du navire, au même instant, le canot n° 12 commençait à descendre, supervisé par Lightoller et Lowe (1 h 25). Il contenait 42 personnes, d'après la commission britannique, avec seulement 2 membres d'équipage, John Poingdestre, chargé de la manœuvre, et Frederick Clench, tous deux matelots de deuxième classe. Une fois encore, les femmes et les enfants manquaient à l'appel. Un grand nombre de passagers de deuxième et troisième classes tentèrent de monter à bord, mais furent repoussés par Lightoller et Poingdestre.

Selon Clench, un Français sauta dans le canot alors que celui-ci arrivait à la hauteur du pont B. Les deux matelots eurent toutes les peines du monde à le dégager des garants, et il fallut qu'une des passagères de troisième classe leur propose son petit canif pour que Poingdestre puisse couper les cordes. Ce canot, le dixième à avoir été mis à l'eau, rejoignit la flottille de Lowe.

Le *Titanic*, ce géant des mers, cette « merveille des merveilles », éclairé de la proue à la poupe, lâchant sa vapeur dans un hurlement terrifiant, au milieu des explosions de fusées, des ragtimes de l'orchestre, avec pour toile de fond de mystérieuses lumières passant dans le lointain, nous apparaît comme un rêve ayant tourné au cauchemar. Mais aucun témoin n'éprouva ce sentiment, n'eut cette vue d'ensemble, sauf Lightoller et Boxhall, qui, d'après leur déposition, en eurent sans doute le plus conscience.

L'impression finale tournait au fantastique : des canots à demi chargés, d'autres remplis par-dessus bord ; l'équipage découvrant des groupes d'émigrés catholiques récitant leur chapelet dans les salons de troisième classe, s'en remettant à la volonté divine ; le second, Wilde, arrêtant une bousculade d'une centaine de personnes par la seule force de sa présence, de son charisme, et demandant que des centaines de passagers se déportent d'un côté à l'autre pour rectifier la gîte !

Et ces scènes racontées entre autres par le colonel Gracie, cette marée humaine, ces centaines de femmes et d'enfants surgis des entrailles du navire et envahissant la dunette quelques minutes avant que le *Titanic* ne s'enfonce dans les flots.

Ces impressions des derniers instants, recueillies au cours des audiences, dans des articles de presse plus ou moins fiables, ou dans des mémoires et des livres écrits immédiatement après le naufrage ou des années plus tard, ces impressions formèrent le ciment qui aida à construire la légende du *Titanic*.

Bien sûr, quelques-unes de ces histoires étaient fausses, comme celle de cet homme déguisé en femme pour pouvoir monter dans un canot et qui n'avait mis, en fait, qu'un châle sur sa tête pour se protéger du froid. Bien sûr, le commandant Smith ne se suicida pas d'un coup de pistolet et il n'ordonna pas davantage à ses passagers de se conduire en « véritables Anglais » ! Tout cela n'est qu'œuvre d'imagination.

Bien sûr, il y eut des scènes de courage, d'héroïsme et de lâcheté, de pure terreur et de folle excentricité. De nombreuses personnes trouvèrent un réconfort dans l'alcool ; un homme avala une bouteille entière de gin, alors qu'un des membres d'équipage distribuait la ration de cognac. Le chef boulanger Joughin se contenta d'un demi-gobelet de son whisky personnel et rencontra un médecin qui, lui, en cherchait. Une file d'attente, composée de gens fort disciplinés au demeurant, patientait devant le bureau du commissaire, sur le pont C, pour retirer les objets de valeur, alors que le commandant Peuchen, sans doute plus averti de ce qu'on pouvait emporter dans de telles circonstances, laissa dans sa cabine une boîte de fer contenant environ 60 000 livres pour prendre calmement ses vêtements les plus chauds (les coffres du *Titanic* ne regorgeaient pas de trésors, comme ont pu le démontrer les récentes plongées). Le colonel Gracie rencontra le professeur de squash, Frederick Wright, au milieu de cette agitation. Ce dernier, un sourire forcé aux lèvres, annula son rendez-vous du lundi matin sur un court déjà totalement inondé.

Dans les coursives tortueuses du navire, le quartier-maître de chauffe, Barrett, qui avait failli périr noyé dans la chaufferie n° 6, se rendit dans la n° 5 pour aider quelques mécaniciens à pomper, comme il le confiera plus tard au journal *Marine Engineer*. L'un d'entre eux gisait avec une jambe cassée lorsque la cloison déjà endommagée par le feu céda brutalement sous la pression de l'eau. Il ne dut son salut qu'à une échelle. Tous les mécaniciens moururent noyés.

À 1 h 30, soit une heure cinquante minutes après la collision, dix embarcations de sauvetage avaient été mises à l'eau, et dix restaient encore à bord. Le second, Wilde, ordonna au cinquième officier Lowe de se charger de la manœuvre du canot n° 14, qui contenait 63 personnes : 53 femmes, 7 membres d'équipage et Lowe lui-même, soit 61 ; les deux personnes manquantes devaient être un passager clandestin, et un autre qui s'était porté volontaire comme rameur. Lowe dut chasser deux hommes qui tentaient d'embarquer alors qu'ils se tenaient encore au niveau du pont des embarcations et, au cours de sa descente, il tira trois coups de feu pour décourager d'autres tentatives, comme il le racontera au treizième jour d'audience de la commission britannique. Le canot se bloqua à 1,5 mètre au-dessus de l'eau et Lowe dut le détacher pour pouvoir continuer.

On peut s'interroger sur la fiabilité du témoignage de Lowe. Devant la commission d'enquête américaine, il déclara avoir été assigné au canot n° 11 ; et, devant la commission britannique, n'avoir pas su quel était son poste d'abandon, ce qui arracha une exclamation de surprise au président du Tribunal des naufrages. En revanche, ce qui demeure incontestable, c'est l'assurance de ce jeune officier de vingt-huit ans.

– Vous étiez bien cinquième officier sur le *Titanic* ? lui demanda-t-on.

– J'avais cet honneur, en effet, répondit-il.

Avec son canot, il s'écarta d'environ 150 mètres du navire, pour ne pas se laisser aspirer au moment où ce dernier s'enfoncerait dans les flots. Puis il s'occupa de réunir les canots nos 4, 10, 12, ainsi que le radeau D, les attachant ensemble à l'aide de cordages. Il transféra ses passagers dans les autres embarcations pour vider la sienne, dans l'intention d'aller sauver quelques naufragés. Mais il attendit un moment que les cris se calment, qu'il y ait « un peu moins de gens dans l'eau »... Il voulait sauver des vies, mais non pas voir son canot chavirer sous le poids de grappes humaines. Aussi attendit-il... avant de sauver bon nombre de personnes. Malheureusement, cela n'aida pas à chiffrer le nombre de passagers se trouvant à bord de ces cinq embarcations.

À 1 h 35, les derniers canots à tribord, les nos 13 et 15, furent mis à l'eau à peu près simultanément. Murdoch et le sixième officier Moody devaient être chargés de la manœuvre. Un sentiment d'urgence s'installait, il n'était plus question de ne charger les canots qu'à moitié ou d'avoir peur qu'ils ne cèdent sous le poids de leurs occupants. Le commandant et son second se tenaient, suivant toute probabilité, sur le pont des embarcations, prêts à prévenir tout mouvement de masse.

On plaça le canot n° 13 sous la responsabilité de Fred Barrett, qui venait de sortir indemne de la chaudière n° 5. Il y avait 4 membres d'équipage avec lui, et 59 femmes et enfants, selon le rapport de la commission britannique. Mais des témoins attestèrent que 4 autres hommes étaient présents, dont Lawrence Beesley, passager de seconde classe, qui devait écrire le récit de cette tragédie, et observait attentivement ce qui se passait.

La chaloupe chavira presque à sa mise à l'eau, à cause du torrent d'eau qui jaillissait du condenseur. Les occupants se mirent à crier, l'embarcation s'arrêta et ils purent s'écarter de la coque du navire à l'aide de leurs avirons.

À peine la mise à l'eau effectuée, il fallut se dégager des garants. Ensuite, les occupants virent avec horreur qu'ils avaient été refoulés par la cataracte à l'endroit réservé à la manœuvre du canot n° 15, et que ce dernier descendait droit sur eux. On entendit leurs hurlements du pont des embarcations, et au dernier instant on évita la collision. Le n° 13 déborda *in extremis* et le n° 15 se posa non loin de lui.

Sans aucun doute, l'homme le plus heureux de cette embarcation fut un passager de première classe, le Dr Washington Dodge, qui pouvait espérer rejoindre sa femme et son fils Arthur, embarqués à bord du canot n° 7. Le reste des passagers venaient de la troisième classe, et la plupart d'entre eux témoignèrent avoir vu les lumières d'un bateau qui passait lentement à l'horizon, avant de s'évanouir dans la nuit.

Le canot n° 15 était plus chargé encore que le n° 11, toujours suivant le rapport de la commission britannique. Il y aurait eu 13 membres d'équipage, plus que dans n'importe quelle autre embarcation, excepté la n° 8 ; 8 stewards et 3 chauffeurs, mais aucun matelot, car un grand nombre d'entre eux avaient déjà embarqué. D'après George Cavell, le soutier qui avait manqué périr étouffé sous le charbon lors de la collision, ce canot était commandé par un chauffeur, un certain Diamond.

Cet accident évité de justesse avait dû troubler son esprit, car le garçon de cabine Samuel James Rule expliqua au sixième jour de la commission britannique que celui qui était en charge du canot était un steward, du nom de Jack Stewart, et que la plupart des occupants étaient des hommes, qu'il n'y avait qu'une poignée de femmes et d'enfants sur les 70 personnes à bord. Murdoch aurait laissé des hommes s'embarquer parce que aucune femme n'était en vue à ce moment-là. Le président du Tribunal des naufrages et l'avocat général restèrent dubitatifs quant à cette brusque pénurie de femmes...

La différence entre ces deux témoignages devait trouver son explication lors du neuvième jour d'audience. Rule perdit de sa crédibilité quand il se souvint soudain que ce fameux canot n° 15 était presque exclusivement chargé de femmes, curieusement habillées, il est vrai, et lui tournant le dos. Rule passa un peu pour un fou quand il fut interrogé par Clement Edwards, l'avocat du syndicat.

Rule expliquait que les passagers embarquaient du pont A.

– Comment cela pouvait-il se faire, demanda Edwards, puisque ce pont était fermé ?

Aux questions du président, de Laing pour la White Star, de sir John Simon pour le Board of Trade, et de sir Robert Finlay pour la White Star, Rule répliqua :

– Les baies vitrées sont plus en avant sur le pont A.

Comme on sait que les vérités énoncées sont inversement proportionnelles au nombre d'avocats engagés pour les démontrer, Edwards insista pour prouver que la maquette présentée au tribunal était celle l'*Olympic.*

– Le pont A du *Titanic* est fermé d'un bout à l'autre et il est en cela très différent de celui de l'*Olympic*, dont nous voyons ici la maquette.

– Non. Ce modèle est le même que celui du *Titanic*, assura Finlay.

– Nous pouvons donc le prendre comme une réplique de celui du *Titanic* ? demanda le président du Tribunal des naufrages, lord Mersey.

– Absolument, répondit Finlay.

– Tout à fait, laissa tomber le représentant du Board of Trade.

– Avec tout le respect que je dois à sir Robert Finlay, intervint Edwards, les documents que je détiens sont très explicites sur les caractéristiques du pont A.

– Au moment voulu, pourrons-nous comparer les deux maquettes ? s'enquit lord Mersey.

– Certainement, répliqua Finlay.

– Vous affirmez que le pont A était ouvert ? demanda Edwards à Rule.

– Oui. À l'arrière, répondit ce dernier.

– Ai-je bien entendu ce mot... à l'arrière ? reprit lord Mersey. Dans mon souvenir, s'il existait des baies vitrées, elles ne s'étendaient pas sur toute la longueur du pont.

Au moment où l'on commençait à clarifier le débat, l'opiniâtre Edwards attaqua de nouveau :

– En effet, monsieur le président, mais sur l'*Olympic.*

– Bien. Donc, vous vous êtes trouvé à un endroit où les baies vitrées s'arrêtent, conclut lord Mersey.

Edwards tenta de traduire les pensées du président pour Rule :

– Vous affirmez donc que le pont A était ouvert à l'arrière ?

– Oui, dit Rule.

Lord Mersey s'étonna.

– Pas à l'arrière. Près de l'arrière, rectifia-t-il.

Edwards demanda à Rule d'aller vers le modèle exposé devant la cour et de lui indiquer où le pont A était clos, et où il était ouvert. Il fut finalement établi que ce pont A était ouvert juste à l'endroit où le canot n° 15 pouvait espérer descendre...

Que cette chaloupe ait été la première à accueillir des passagers de troisième classe, extraits du fond du navire, fut attesté par le témoin suivant, le steward John Edward Hart. Il raconta comment il avait réveillé femmes et enfants, 25 environ, et les avait poussés à travers un labyrinthe de coursives jusqu'au pont des embarcations, avant de s'en retourner afin de renouveler l'expérience. Malgré un ou deux témoignages contraires, Hart insista sur le fait qu'on n'avait opposé aucun barrage aux passagers de troisième classe qui tentaient d'atteindre les ponts supérieurs.

À bâbord, Lightoller et Moody, toujours actifs, supervisaient le lancement du canot n° 16, avec 56 personnes à bord, dont 3 membres d'équipage, 3 femmes de chambre (parmi elles, Violet Jessop, qui se retrouvera plus tard sur le *Britannic* lors de son naufrage, alors qu'elle arborera l'uniforme des volontaires de la Société de secours aux blessés). Officiellement, il n'y aurait eu que 50 femmes et enfants, bien qu'un chauffeur fût découvert à bord plus tard. A. Bailey, l'un des responsables de la discipline sur le navire, chargé de la manœuvre, donna l'ordre de ramer vers le bateau dont il apercevait les feux, toujours visibles deux heures après la collision.

La femme de chambre Elizabeth Leather insista pour ramer, dans l'espoir d'avoir moins froid, ainsi qu'une vingtaine d'autres femmes. Les liners étaient les seuls navires à cette époque à employer des femmes pour assurer le bien-être de leurs passagères et de leurs enfants. Ces femmes de chambre étaient des pionnières, pleines de courage, l'âme bien trempée, acceptant de travailler au milieu de 900 hommes, loin de chez elles.

Ce canot finit par rejoindre le n° 6, et attendit que le jour se lève.

Le premier officier Murdoch travaillait dur. Après s'être occupé des chaloupes n°s 7, 5, 3 et 1, il détacha le radeau C des superstructures et regarda autour de lui pour trouver 47 personnes. Sur les ordres de Smith, il chargea le timonier George Thomas Rowe de la manœuvre. Cette embarcation comportait un fond plat, bordé à clin, et des côtés de toile capables de se relever jusqu'à 2,50 mètres. Il fut plus chargé qu'aucun autre, avec ses 71 passagers, plus même que les canots n°s 11 et 15, qui emportèrent chacun 70 personnes.

Il se révéla extrêmement difficile d'additionner les personnes à bord, dans le noir, entre celles qui bougeaient sans cesse, celles qui ramaient, se pressaient les unes contre les autres, tremblaient de froid ou de peur dans le fond des canots, se levaient, s'asseyaient. Sans oublier les facteurs psychologiques, comme le sentiment de culpabilité, le désir d'aider, le goût de la catastrophe, car tout cela entraînait des exagérations. Le colonel Gracie expliqua très bien ce phénomène, en un récit parfaitement documenté, et lui-même ne dénombra que 39 personnes à bord.

Rowe, qui avait aidé Boxhall à envoyer les fusées de détresse et à tenter de prendre contact avec le mystérieux bateau au moyen de fanaux, expliqua au sénateur Theodore E. Burton, qui l'interrogeait au sixième jour de la commission d'enquête américaine, qu'il n'avait compté que 39 personnes à bord, y compris lui-même : soit 1 steward, 1 coiffeur nommé Weikman, 3 chauffeurs, 31 femmes et enfants et 2 passagers de première classe. Mais il oublia de mentionner les 4 passagers clandestins chinois, ce qui portait le total à 43.

Un autre témoin déclara que Murdoch avait tiré deux coups de feu pour empêcher des hommes de se ruer vers le radeau.

Rowe expliqua à la commission britannique, le quinzième jour, que le commandant Smith lui avait demandé personnellement de diriger le radeau C. Le lancement s'était avéré difficile à cause d'une gîte de 6° à bâbord, à ce moment-là (1 h 40). Le radeau avait raclé et heurté la coque. Ce jeune marin de trente-deux ans avait remarqué que le navire avait parcouru 260 milles entre midi et l'heure de la collision, ce qui donnait une vitesse moyenne de 21,75 nœuds (en fait de 22,25 nœuds). Et il était certain que le bateau vers lequel il ramait n'était pas un steamer mais un voilier.

À Londres, il se montra moins certain du nombre de personnes à bord : 6 membres d'équipage assurément, peut-être 28 femmes et quelques enfants, 4 Chinois à coup sûr et juste 2 passagers de première classe, William Carter, un riche habitant de Philadelphie, et... J. Bruce Ismay.

Si la présence d'Ismay ne fait aucun doute, les circonstances de son embarquement sont plus nébuleuses. Ismay déclara qu'il n'y avait aucun homme d'équipage, ni aucun autre passager sur le pont des embarcations, lorsque le radeau commença à descendre. Aussi y monta-t-il avec Carter (qui ne fut pas cité comme témoin).

Quelques années plus tard, l'un des survivants, John B. Thayer, âgé de dix-sept ans à l'époque de la catastrophe, écrivit dans ses mémoires qu'Ismay avait repoussé un groupe d'hommes pour grimper dans le radeau. Or, juste après le naufrage, en arrivant à New York, Charlotte Cardeza fit à l'Associated Press une déclaration moins préjudiciable. Elle affirma qu'Ismay était monté à bord du radeau quasiment vide, avec son mari, qu'il avait pressenti pour ramer, Thomas Cardeza étant un rameur émérite. Ce dernier ne fut pas invité à témoigner.

Ismay avait peut-être sauvé sa vie, mais son honneur en resta à jamais entaché.

Il y eut certainement un mouvement de foule vers le radeau C, de la part d'« étrangers », ce qui justifia les coups de feu tirés par Murdoch (sans doute les hommes repoussés par Ismay), mais une chose reste sûre : les femmes à bord du radeau étaient presque toutes des passagères de troisième classe.

Quelques doutes subsistent aussi sur la barque n° 2, lancée par Lightoller à 1 h 45. Elle avait une capacité de 40 personnes et l'homme chargé de la diriger était le quatrième officier Boxhall, assisté d'un matelot, d'un steward et d'un cuisinier. Les femmes, au nombre de 21, étaient accompagnées d'un vieux passager de troisième classe (au total 26 personnes). Lightoller aurait fait usage de son arme pour éloigner quelques individus au « faciès fortement méditerranéen » (la plupart de ces hommes ne parlaient pas anglais, et ne pouvaient se conduire « comme des Anglais » alors qu'ils ne comprenaient même pas le sens de « les femmes et les enfants d'abord ! »). Que cette anecdote soit exagérée ou non, Lightoller s'est montré fort strict, alors que Murdoch, sans doute faute de temps, a été plus flexible. Ce dernier avait mis à l'eau tous ses canots, sauf un, à 1 h 40, et Lightoller seulement vingt-cinq minutes plus tard.

Boxhall, d'après sa déposition, fit le tour du navire à la rame, jusqu'à tribord, ce qui dut lui prendre un certain temps. Sans doute cherchait-il des sabords ouverts. Puis il rama sud-ouest, toujours avec ses 26 personnes à bord. Il ne vit pas le *Titanic* s'enfoncer dans les flots, parce qu'il lui tournait le dos et qu'il se trouvait déjà à un demi-mille de distance. Pourtant, les remous provoqués par cette masse sombrant dans l'océan auraient dû l'alerter... Il avait emporté avec lui une boîte de fusées vertes (ou il l'avait découverte à bord) et il en lança quelques-unes, ce qui explique sans doute pourquoi son canot fut l'un des premiers à être secourus par le *Carpathia*.

Pendant ce temps, la barque de secours n° 2 terminait sa mise à l'eau. Les flots recouvraient une partie du pont du *Titanic*, le nettoyant de ses morceaux de glace tombés durant la collision, et le poste TSF informait le *Carpathia* que la salle des machines était envahie par l'eau, jusqu'aux chaudières.

Le dernier des canots de sauvetage, le n° 4, fut lancé à 1 h 55, à bâbord. Lightoller, sur les ordres de Smith et de Wilde, l'avait débâché une heure auparavant. Il comptait, ayant sans doute oublié les baies vitrées, le charger à partir du pont A. Comme personne n'avait réussi à ouvrir ces maudites baies, le canot démarra à vide, puis fut remonté sur le pont des embarcations en attendant qu'un homme d'équipage trouve la clé permettant de les ouvrir. Les passagères de première classe et leur suite attendirent sagement, pendant plus d'une heure, que Lightoller revienne. Il y avait Mmes Astor, Carter, Ryerson, Thayer et Widener, accompagnées de leurs enfants et de leurs femmes de chambre.

Quand le deuxième officier réapparut, tous les canots et l'un des radeaux avaient déjà été mis à l'eau. Les bossoirs qui avaient aidé au lancement de la barque n° 2 servirent aussitôt pour le radeau D. Les radeaux A et B restaient, quant à eux, toujours amarrés sur le toit du carré des officiers. Alors que le canot n° 4 descendait et arrivait à la hauteur du pont A, Lightoller estima qu'il était assez près pour poser un pied sur le rebord et qu'il pouvait ainsi, aidé par le colonel John Jacob Astor, faire passer 36 femmes et enfants à bord, y compris la jeune Madeleine Astor, enceinte. Astor demanda à Lightoller s'il pouvait se joindre à eux, puisque le canot n'était qu'aux trois quarts plein, mais l'officier refusa avec fermeté. Le milliardaire, stoïque, fit ses adieux à sa jeune femme, et se retira comme un gentleman. La chaloupe fut vite à l'eau et Astor se souvint brusquement de son chien, Kitty, un airedale, enfermé à l'arrière du pont F. Il descendit le libérer.

La dernière chose que vit sa jeune femme, ce fut leur chien courant sur le pont qui s'enfonçait dans la mer.

Le canot sur lequel se trouvait Madeleine Astor n'avait qu'un homme d'équipage quand on le lança enfin. Le timonier W. J. Perkis et deux autres matelots descendirent à mains nues le long des garants jusqu'au canot. Après la mise à l'eau, un passager clandestin se fit connaître. Perkis se chargea de la manœuvre et se rendit compte qu'il était le seul encore assez proche du paquebot pour tenter de sauver les personnes en train de se noyer. Perkis et ses coéquipiers hissèrent 7 ou peut-être 8 hommes d'équipage dans le canot (deux d'entre eux devaient mourir aussitôt d'hypothermie), portant ainsi à 46 le total des personnes embarquées.

Le canot n° 4 rejoignit les nos 14, 12 et 10, et le radeau D, tous sous la tutelle de Lowe, qui alla rechercher d'autres naufragés. Mais le canot n° 4 faisait eau de toutes parts et certains témoins se souvinrent d'en avoir eu jusqu'aux tibias tandis qu'ils ramaient. Chaque embarcation possédait un bouchon pour évacuer le trop-plein, mais il était apparemment difficile à trouver.

Marian Thayer devait affirmer plus tard avoir distingué, près de son canot, une embarcation retournée.

Le radeau D fut la dernière embarcation lancée du *Titanic*. Il était 2 h 05 et le gaillard d'avant était envahi par les flots. Le niveau de l'eau atteignait à présent le pont B. Le second, Wilde, et Lightoller supervisèrent le chargement. Lightoller sortit son arme et demanda à ses hommes de former un cercle autour du radeau pour prévenir un mouvement de foule. Parmi cette foule, un passager de deuxième classe, Michel Hoffmann, avec ses deux petits garçons, Michel et Edmond. Hoffmann s'appelait en réalité Navratil et avait embarqué à Southampton. Son histoire aurait fait la une des tabloïds actuels : « Un père enlève ses deux enfants ! » Il avait en effet kidnappé ses fils chez leur mère, dont il était séparé, comme on devait l'apprendre plus tard. Les deux enfants survécurent, mais Navratil se noya dans les eaux glaciales de l'Atlantique nord.

Remplir le radeau prit un certain temps. Enfin 40 femmes et enfants montèrent à bord, toujours d'après le rapport de la commission britannique, avec 3 membres d'équipage, dont le timonier Arthur John Bright, chargé de la manœuvre. Deux passagers, un Suédois et un Anglais, sautèrent du pont A au moment où le radeau passait. Plus tard, on devait découvrir un passager clandestin. Ce qui porta le total à 47.

Lorsque le radeau D rejoignit la flottille, Lowe déplaça les trois membres d'équipage et laissa l'embarcation sans homme à la barre, mais il devait le remorquer au moment même où le *Carpathia* paraissait à l'horizon.

Avant cela, Lowe et quatre volontaires étaient retournés vers le *Titanic* dans l'espoir de sauver quelques vies, et de parer au manque d'effectif. Et ils trouvèrent trois survivants au milieu des corps flottant dans leurs gilets de sauvetage. L'un d'entre eux, William F. Hoyt, obèse et malade, mourut aussitôt en dépit des soins prodigués par les cinq hommes.

Lowe décida de dresser son mât et de hisser la voile pour profiter de la brise qui venait de se lever.

La confusion des dépositions concernant le lancement des divers canots n'est rien à côté de celle engendrée par les deux derniers radeaux, A et B, toujours amarrés au toit du carré des officiers. Il n'était plus temps de se servir des bossoirs, ces embarcations seraient obligatoirement mises à l'eau quand le navire sombrerait. Le radeau B, d'ailleurs, tomba à la mer, retourné.

Lightoller raconta qu'il avait essayé de les détacher, mais qu'il avait abandonné très vite le radeau A (qui, pensait-il, serait libéré par le choc) pour consacrer toute son énergie au radeau B. Ce dernier devait surnager, bien que toujours retourné, avec quelques hommes accrochés à ses flancs, au moment du naufrage. Ce fut la dernière fois qu'on aperçut Wilde et Murdoch en vie.

L'opérateur TSF Harold Bride décrivit comment il avait été balayé par les flots pour aboutir sous le radeau B, et demeurer heureusement prisonnier d'une poche d'air, durant trois quarts d'heure. Il devait réussir à se dégager et à nager pendant un temps qui lui sembla tout aussi long, avant d'être ramassé par la chaloupe n° 12. Ses chevilles et ses pieds furent à demi gelés dans cette lutte acharnée pour survivre. Son supérieur, Phillips, lui, mourut d'hypothermie dans la nuit.

Deux des trente hommes qui tentèrent de grimper sur le radeau B chaviré faisaient partie de l'équipage, et racontèrent avoir vu le commandant Smith nager jusqu'à eux, puis se raviser et retourner vers son navire.

– Je périrai avec lui, leur dit-il.

Ce furent ses dernières paroles.

Lightoller, emporté par une lame, aspiré, faillit être entraîné dans les profondeurs du bateau, et se retrouva miraculeusement refoulé par une énorme bulle d'air à la surface. Il put grimper à bord du radeau B. Le colonel Gracie subit une expérience similaire et réussit à surnager et à s'agripper au radeau. Les hommes, aidés de Lightoller, se regroupèrent en deux colonnes pour tenter de garder l'équilibre. Plusieurs occupants tombèrent, morts d'épuisement et de froid durant ces deux heures où ils restèrent là, complètement trempés. D'autres prenaient aussitôt leur place.

Joughin, le chef boulanger, revigoré par le whisky, parvint à nager pendant deux heures, avant d'atteindre le radeau B, où personne ne voulut l'aider à monter avant que quelqu'un ne le reconnaisse. L'aube se leva, et ils furent enfin repérés par la flottille de Lowe, et pris à bord du canot n° 12, dans un état de prostration totale dû à l'épuisement et à leurs nombreuses gelures.

Le radeau A était toujours rivé à la superstructure, et quelques matelots essayaient de le détacher lorsqu'une énorme lame le jeta au large. Lightoller ne vit rien de tout cela, puisqu'il s'occupait du radeau B. L'Engelhardt flotta au gré des vagues, toujours replié. Le rapport britannique déduira que ces deux radeaux avaient sauvé conjointement une cinquantaine de vies.

Le steward de première classe Edward Brown devint le responsable du radeau A, après avoir été emporté par la lame, à bord du radeau, pendant qu'il essayait de le libérer de la superstructure. Brown, témoin fiable dont les paroles sonnaient juste, raconta qu'alors qu'il désarrimait l'embarcation il vit la passerelle disparaître sous l'eau et entendit l'orchestre qui jouait toujours. Le commandant Smith venait de passer et leur avait dit :

– C'est bien, messieurs, vous avez fait le maximum pour les femmes et les enfants... Vous pouvez partir. Maintenant, c'est chacun pour soi.

Il avait aussi adressé un message au poste de TSF, libérant Phillips et Bride de leurs responsabilités. Mais Phillips continuera d'émettre jusqu'à 2 h 17, c'est-à-dire quelques minutes avant que sombre le navire. Quant à Bride, selon son témoignage, il se battit avec un chauffeur qui tentait de lui arracher un gilet de sauvetage.

Le steward Brown s'était auparavant trouvé sur le pont des embarcations, à tribord, pour aider à mettre à l'eau les canots n°s 5 (auquel il était assigné), 3, 1, et le radeau C. Il déclara n'avoir vu aucun steamer à l'horizon à cet instant (sans doute celui-ci avait-il disparu vers 2 heures, ou bien le *Titanic* avait-il viré sur lui-même). Il déclara aussi n'avoir pas remarqué Ismay en train d'aider à détacher le radeau C, ou même d'y monter. Le liner donnait alors une gîte impressionnante sur bâbord.

À la surface des flots, Brown verra autour de lui nombre de personnes balayées tout comme lui, et accrochées au radeau A. Les montants ne purent être relevés, la procédure étant trop incommode en pleine mer. Brown racontera que les gens se battaient, que ses vêtements lui furent à demi arrachés au cours d'une terrible lutte pour accéder au dernier radeau disponible. Ses mains gonflaient à cause de l'eau et du froid, ses pieds explosaient dans ses bottes ; néanmoins, il put s'accrocher à un aviron. 16 personnes, dont 4 membres d'équipage, purent grimper à bord de ce radeau. Tous des hommes. Certains moururent, d'autres glissèrent dans l'eau, d'autres encore furent expulsés par les occupants.

Lorsque Lowe apparut, dans son canot, l'eau s'élevait à plus de 30 centimètres dans le fond du radeau. Il prit les survivants avec lui, 11 environ, peut-être 14, et laissa les trois morts dans le radeau, qu'il décida d'abandonner.

À bord du *Titanic*, la fin était proche. Benjamin Guggenheim et son valet de chambre, Victor Giglio, laissant les canots aux femmes et aux enfants, redescendirent dans leur cabine, pour réapparaître quelques minutes après en tenue de soirée.

– Nous sommes prêts à mourir en gentlemen, dira Guggenheim (épisode rapporté par l'un des naufragés au *New York Times*).

À 2 heures du matin, le commandant Archie Butt et trois autres hommes, Arthur Ryerson, Francis Millet et Clarence Moore, disputèrent une dernière partie de cartes dans le fumoir des premières classes, avant de rejoindre le pont des embarcations. À une autre table, Thomas

Andrews, de Harland & Wolff, son gilet de sauvetage posé devant lui, fixait le mur, le regard perdu, exténué et en état de choc.

À l'extrémité du pont des embarcations, le père Thomas Byles, catholique, entendait les confessions. Un peu plus loin, l'orchestre jouait toujours, entre autres la mélodie *Autumn*, et plus spécialement (parce que plus approprié) le cantique *Plus près de toi, mon Dieu.*

Tout l'orchestre se noiera ; ainsi que l'équipe des mécaniciens, 32 officiers et matelots, qui avaient livré la bataille des fonds, permettant aux lumières de briller jusqu'au bout ; ainsi que Andrews et ses 8 hommes, embarqués au titre de la « garantie du constructeur » ; ainsi que les 5 postiers et le trio d'officiers provenant de l'*Olympic*, qui s'occupèrent du navire jusqu'à la fin : Smith, Wilde et Murdoch. Et, bien sûr, des familles entières, toutes nationalités confondues ; des groupes entiers de matelots venant des mêmes rues de Southampton ; tous moururent. 1 500 personnes qui participeront ainsi à la légende du *Titanic*...

2 h 20. L'agonie du géant des mers... Les lumières s'éteignaient enfin. Il ne restait plus que l'intense clarté des étoiles, instant difficile pour les naufragés, qui devaient s'habituer à l'obscurité, et à cette vision dantesque. Le crépuscule des dieux.

L'arrière du *Titanic* sembla émerger à 90° avant de s'enfoncer dans les flots ; lorsqu'on localisa l'épave en 1985, on s'aperçut que l'arrière avait bel et bien cassé net. Des centaines de personnes se cramponnèrent aux bastingages, avant d'être propulsées dans les airs. D'autres refluèrent vers l'arrière, s'agrippant aux rambardes, aux bossoirs, à n'importe quel objet, avant d'être enlevées par des lames de fond.

Tous les témoins décriront le long râle d'agonie du

navire. Les chaudières, et sans doute les machines, explosaient, crevant les cloisons au contact de l'eau glaciale. Ces témoins resteront hantés toute leur vie par ce râle et, comme bon nombre de survivants après un naufrage, s'en souviendront mieux que du désastre lui-même.

Sur les 711 rescapés recensés par la commission d'enquête britannique, on dénombre 203 passagers de première classe, 118 de deuxième, 178 de troisième, ainsi que 212 membres d'équipage. Le rapport expliqua qu'en première classe 33 % d'hommes et 97 % de femmes furent sauvés ; qu'en deuxième il y eut 8 % d'hommes et 86 % de femmes sauvés, et qu'en troisième 16 % d'hommes et 46 % de femmes échappèrent à la mort. Tous les enfants de première et deuxième classes furent sauvés, contre seulement 27 % de petits garçons et 45 % de petites filles en troisième. 24 % des membres d'équipage survécurent : 65 % au service de pont, 22 % au service des machines et 20 % de stewards. Le total des survivants était de 32,30 %.

Ce fut le plus formidable désastre jamais vu en temps de paix et dans l'histoire des transports maritimes. Il fallut attendre soixante-huit ans pour que ce triste record soit battu, lorsqu'un ferry coula au large des Philippines en avril 1980, avec 4 375 victimes.

De tous ces récits, de toutes ces dépositions, nous pouvons retenir plusieurs choses.

Il n'y avait aucun plan d'évacuation de prévu. Aucun plan, non plus, pour des cas d'extrême urgence, comme l'a démontré l'attitude irresponsable du commandant et de ses officiers. La principale raison de ce manque de prévoyance tenait principalement à l'absolue confiance que ces hommes avaient en l'insubmersibilité de leur navire. Le manque de canots n'avait, de ce fait, pas de véritable importance pour eux. Une évacuation systématique leur paraissait inconcevable. Et des chaloupes en nombre suffisant pour ne sauver que la moitié des passagers (peu importe qu'ils aient été remplis ou non), cela signifiait que l'autre moitié des effectifs était condamnée à mort.

Il dut se dérouler des luttes fratricides pour l'accès à ces places en nombre si limité. Et ce n'étaient pas des officiers armés qui pouvaient rétablir le calme, surtout lorsque les chaloupes et les hommes furent à la mer...

Les officiers supérieurs décidèrent, d'un tacite accord, de se référer au principe de « les femmes et les enfants d'abord ». Mais au moment de la mise à l'eau des embarcations, le principe, plus réaliste, du « premier arrivé, premier servi » a dû resurgir dans les esprits...

Ces officiers étaient tragiquement ignorants de la charge exacte qu'un canot pouvait supporter. Le lancement, quant à lui, ne paraît pas coordonné ; ce fut même une belle pagaille, malgré les efforts héroïques des officiers, des matelots et de certains passagers.

C'est pour cela que Smith, comme commandant, doit être blâmé. Il a manqué à son devoir en ne s'assurant pas que les canots, même en nombre insuffisant, étaient correctement chargés de femmes et d'enfants.

La différence entre l'inefficacité constatée la nuit du 14 au 15 avril 1912, et le niveau d'efficacité qui aurait pu être obtenu de la part d'officiers plus compétents et d'un équipage mieux entraîné, se résume à un chiffre : la différence entre les 32,30 % de rescapés et les 50 % de personnes qui auraient pu être sauvées. On peut même songer aux 100 % qui auraient survécu si le *Titanic* n'avait pas eu la réputation d'être insubmersible, surtout auprès des bateaux appelés à l'aide.

Et maintenant, examinons les navires venus à la rescousse et ceux qui n'ont pas répondu.

6

DES MYSTÈRES ET DES NAVIRES

Le commandant du *Carpathia*, Arthur Henry Rostron, devint le héros par défaut de la tragédie du *Titanic*, tant son rôle contrastait avec l'imprudence du commandant Smith et l'inaptitude du commandant Lord, du *Californian*. Le Congrès américain, législateur d'une nation qui vénère ses héros, accorda des honneurs particuliers à Rostron, le sauveteur des rescapés du *Titanic*. La qualité qui lui valut une telle reconnaissance des deux côtés de l'Atlantique ne fut pas tant son courage que l'extraordinaire compétence dont il fit preuve : véritable marin, ferme dans ses décisions lors d'une alerte en mer, il se montra d'une remarquable efficacité. L'ironie de l'histoire reste néanmoins que le commandant Stanley Lord, qui partagea avec Ismay le rôle peu glorieux de bouc émissaire, ait pu aussi aisément s'en tirer, grâce aux lauriers de Rostron, sans avoir couru le moindre danger pour lui-même ou son navire, comme nous allons le voir dans ce chapitre.

Ce fut le *Carpathia* qui, le premier, apparut à l'horizon, à l'aube de ce lundi 15 avril, causant une joie indescriptible aux centaines de survivants du *Titanic*, qui attendaient, engourdis et glacés, dans les canots de sauvetage.

Construit en 1902-1903 pour la Cunard, ce paquebot de 13 600 tonnes emmenait à son bord les innombrables émigrants qui traversaient l'Atlantique. Il était, à l'origine, destiné à transporter 200 passagers de deuxième classe et 1 500 de troisième, pour la plupart entassés dans des dortoirs. En 1905, après un lifting intérieur et une amélioration de son confort, ce navire proposait dorénavant 100 couchettes en première classe, 200 en deuxième et 750 en troisième (le tout n'occupant qu'un tiers de l'espace utilisé par les « Olympics », qui pouvaient transporter jusqu'à 2 435 passagers, dont 1 026 seulement dans l'entrepont). Quant à l'équipage du *Carpathia,* il comptait 325 hommes.

Après deux ans passés à sillonner l'Atlantique nord (de Liverpool à Boston ou New York), le *Carpathia* fut détourné sur la route Méditerranée-New York, celle des émigrants. Ce n'était nullement un bateau de prestige mais plutôt un vaisseau utilitaire, de construction solide et élégante, qui filait 14,5 nœuds. Long de 162 mètres et large de 19, il possédait une cheminée unique, peinte aux couleurs rouge et noir de la Cunard. Sa superstructure avait le blanc habituel et sa coque était noire.

Né à Bolton, dans le Lancashire, en 1869, le maître de ce vaisseau, après avoir appris son métier de marin, rejoignit la Cunard en 1895, où il obtint le titre de commandant en 1907. Excepté quelques années de guerre passées au service de la Royal Naval Reserve, il demeura au sein de la même compagnie jusqu'à sa retraite, en 1931. Le 18 janvier 1912, Rostron embarqua sur le *Carpathia,* assurant pour la sixième fois en cinq ans un poste de commandement. Le 11 avril, avec 740 passagers à bord – 125 en première classe, 65 en deuxième et 550 en troisième –, le navire quitta le quai n° 54, sur la partie ouest de Manhattan Island. Son premier objectif était Gibraltar mais il devait continuer ensuite vers l'est (heureusement pour les rescapés du *Titanic*, les navires d'émigrants repartaient vers l'est beaucoup moins chargés que dans le sens opposé).

Rostron ne s'adjoignit les services que d'un seul opérateur TSF, Harold Thomas Cottam, âgé de vingt et un ans à peine, plus jeune encore que ses collègues du *Titanic*. Censé ne se trouver à son poste que durant la journée, il devait toutefois rester disponible à n'importe quelle heure du jour et de la nuit, en cas de nécessité. Sa cabine radio, qui contenait aussi sa couchette, se trouvait au sommet de la superstructure, au pied de la cheminée arrière, sur le toit du fumoir de deuxième classe. Cottam eut un dimanche bien rempli : au travail depuis 7 heures du matin, il ne termina que vers minuit, ses écouteurs toujours sur la tête car il attendait une réponse à son message adressé au paquebot *Parisian*. Balayant les ondes d'une oreille distraite, il capta la fréquence de Cape Cod, dans le Massachusetts, où il intercepta plusieurs transmissions radio destinées au *Titanic*.

Intrigué, Cottam chercha alors à savoir si le navire recevait bien ces signaux. Après avoir frappé les lettres MGY, le code télégraphique du *Titanic*, il demanda dans le style typique du morse : « OM [*old man*], savez-vous qu'il y a un paquet de messages qui vous sont adressés de la part de MCC [Cape Cod]... ? »

On imagine aisément la réaction de l'opérateur lorsque MGY interrompit sa transmission : « Venez au plus vite. Avons touché iceberg. Appel CQD. Position : 41° 46' N, 50°14' W» Sidéré, Cottam ne put que bredouiller des questions ineptes : « Dois-je en parler au commandant ? Avez-vous besoin de secours ? » La réponse au MPA (le code du *Carpathia*) fut immédiate : « Oui. Venez vite. »

Il était 0 h 25 sur le *Titanic*, et 0 h 35 sur le *Carpathia*. À demi vêtu, Cottam se rua sur la passerelle de commandement et alerta le premier officier, H. V. Dean, qui était alors de quart. Ensemble, les deux hommes dégringolèrent l'escalier vers le pont inférieur et, sans frapper, firent irruption dans la cabine du commandant. L'irritation de Rostron vira aussitôt à la stupéfaction lorsqu'il prit connaissance de la nouvelle alors qu'il se dirigeait déjà vers la salle des cartes. Après quelques mesures, il constata que son navire se trouvait à 85 milles au sud-est de la position annoncée par le *Titanic*. Il lança une série d'ordres à ses officiers et mit cap vers le nord, à 52° W ou 308°.

Les 18 chaloupes du *Carpathia* furent aussitôt débâchées et l'équipage entier, qu'il soit de quart ou non, mis en alerte. À peine réveillés, les hommes se virent servir des boissons chaudes pour se préparer à recueillir les rescapés. Le chef soutier reçut l'ordre de lancer le navire à toute vapeur ; on bourra les chaudières de charbon et on ferma jusqu'au dernier radiateur afin de consacrer le maximum de pression à la mécanique elle-même. Rapidement, la vitesse passa à 17,5 nœuds, trois de plus que ce que les machines étaient censées procurer.

On demanda aux passagers alertés par cette effervescence inhabituelle de rester dans leur cabine ou sur leur couchette. Le *Carpathia* vibrait de toutes parts tandis que l'on dégageait et installait jusqu'au moindre recoin du bateau pour recevoir les rescapés. Çà et là, on récoltait des couvertures, on préparait soupes et boissons chaudes ; les trois médecins du bord étaient en alerte et l'on avait posté des vigies supplémentaires pour scruter les alentours. Outre le matelot qui se tenait déjà dans le nid-de-pie, deux hommes avaient en effet pris position sur les « yeux » du bateau, à la pointe extrême de la proue, tandis qu'un marin volontaire restait sur le pont pour repérer toute trace de glace ou débris d'épave.

Rostron déclara plus tard que le message de détresse du *Titanic* lui avait, le premier, révélé la présence de glace sur sa route, qui allait effectivement à l'inverse de celle du liner. Cottam avait dû manquer les nombreux avis de glace ou négligé de s'assurer que son commandant en avait été informé.

L'attention que Rostron porta au moindre détail tandis qu'il filait au secours du *Titanic* fut sans doute l'aspect le plus impressionnant de son intervention dans la tragédie. Il semblait penser absolument à tout : on ôta tout objet sur le pont qui risquait de gêner ou de blesser quelqu'un, les portes des sorties latérales furent ouvertes et tenues attachées, on improvisa des sellettes pour faciliter l'embarquement des rescapés, on fixa des sacs à des cordes afin de hisser des enfants à bord, on sortit filets et échelles, on alluma toutes les lumières du pont... Chaque tonneau d'huile de machine fut prêt à être vidé à la mer pour éventuellement calmer une houle un peu forte qui secouerait les canots de sauvetage.

Cottam reçut le dernier message direct du *Titanic* au *Carpathia* à 1 h 55 (heure du *Carpathia*, en avance de dix minutes sur celle du *Titanic*) : « L'eau atteint les chaudières dans la salle des machines. » Après réflexion, ce texte parut curieux car chaudières et machines se situaient au même niveau, au-dessus du réservoir, logées dans d'énormes compartiments qui s'élevaient jusque sous le pont G ; mais le sens du message restait assez clair, même si Phillips s'imaginait que le système de propulsion d'un bateau à vapeur était quelque peu brumeux.

Filant à toute vapeur, exhalant de sa cheminée un vaste panache de fumée noire, esquivant les blocs de glace qui lui barraient la route, le *Carpathia* envoya une fusée éclairante pour signaler son approche aux rescapés. Curieusement, des signaux lumineux lancés par Boxhall de la barque n° 2 furent repérés par le *Carpathia* à 2 h 40, alors que ses propres fusées (bien plus hautes dans le ciel) ne furent aperçues qu'à 3 h 30, heure du *Titanic*, c'est-à-dire soixante minutes plus tard. À 4 heures du matin, moins de trois heures et demie après que Cottam eut capté le premier message de détresse, le *Carpathia* repéra les lumières vertes de l'embarcation de Boxhall. Sa position était alors de 41° 40' N, 50° W, entre 7 et 8 milles au sud-est de celle indiquée par Boxhall. Dix minutes plus tard, son embarcation fut rejointe et les rescapés du *Titanic* commencèrent à grimper ou à se faire hisser à bord du *Carpathia*.

L'aube se leva sur un spectacle inoubliable : un nombre impressionnant d'icebergs, dont certains s'élevaient à plus de 60 mètres, apparurent dans la lueur bleutée, rendant plus misérables encore les chaloupes qui dérivaient lentement au milieu des glaces, sur une étendue de 5 ou 6 milles. Plus tard, Rostron se rappela très exactement la scène :

– Si ce n'étaient les canots et les icebergs qui les entouraient, la mer paraissait étrangement vide. Il flottait à peine quelques débris – une ou deux chaises longues, des gilets de sauvetage et bon nombre de bouées ; mais aucune trace d'épave comme celles que l'on trouve souvent sur les rivages, balayées par la marée. Le navire avait fini par plonger, entraînant tout avec lui. Je n'ai vu qu'un corps dans l'eau ; avec le froid intense qui régnait, il était impossible à quiconque d'y rester vivant.

Entre le naufrage du *Titanic* et l'arrivée du *Carpathia*, le radeau repliable A fut déchargé de ses 13 rescapés par les embarcations D et n° 14, puis laissé à la dérive avec trois cadavres à son bord. Il ne fut pas ensuite repéré par les sauveteurs.

Le repliable B, qui s'était retourné en atteignant les flots, fut également abandonné ; les trois douzaines de personnes qui y avaient trouvé refuge furent transférées sur le canot n° 12, alerté un peu plus tôt par le sifflet de Lightoller. Le B fut retrouvé par le *Carpathia,* encore retourné mais entouré de très peu de débris. À 6 h 30, le deuxième officier prit la charge de la chaloupe n° 12, qui avait aussi récupéré quelques survivants du D ; cette embarcation fut la dernière à transférer sur le *Carpathia* les 70 personnes qui la surchargeaient. À 8 h 30 du matin, Lightoller, deuxième officier du *Titanic,* fut le dernier à monter à bord du navire sauveteur.

Le repliable C, où s'était réfugié Ismay, avait rencontré le *Carpathia* vers 6 h 15, avant d'être vidé de ses occupants puis abandonné.

Le radeau D arriva vers 7 heures, attaché au canot n° 14 de Lowe ; tous deux furent rejetés après que ses passagers eurent embarqué sur le *Carpathia.* Les canots n°s 4 et 15 (dont le premier avait une importante voie d'eau) furent également laissés à la mer.

Entre 4 h 10 et 8 heures, les treize autres embarcations furent déchargées au fur et à mesure qu'elles atteignaient le navire, qui naviguait lentement d'un canot à l'autre. Lorsqu'il débarqua de la première chaloupe récupérée, Boxhall se dirigea droit vers la passerelle pour raconter au commandant Rostron les détails du naufrage.

Les canots n°s 1 à 3, n°s 5 à 13, et enfin le n° 16, furent hissés à bord du *Carpathia.* Sept d'entre eux furent placés sous bossoirs et les six autres installés sur cales, sur le gaillard d'avant, afin qu'on les remette à la White Star lors du retour à New York.

Pour compléter l'inventaire, précisons que le radeau B fut retrouvé le 22 avril, par un navire de récupération, le *Mackay-Bennett.* Endommagé sur un côté et cerné de débris d'épave, le canot dérivait à plusieurs milles de la position de Boxhall. Il ne fut pas récupéré. Le repliable A fut localisé et hissé à bord de l'*Oceanic,* de la White Star, le 13 mai seulement. Les trois cadavres qui gisaient à bord furent immergés en haute mer après un service funèbre, et le canot fut finalement ajouté aux treize autres déjà livrés à New York par Rostron.

Pour la commission d'enquête britannique, la déposition de Rostron sur les embarcations récupérées à bord du *Carpathia* est claire : il dit avoir trouvé 13 canots de sauvetage, les 2 barques de secours et 2 des radeaux repliables, ainsi que 2 embarcations retournées (une chaloupe et un radeau). Il annonça aussi qu'un repliable ne s'était pas ouvert, manifestement mal informé par Lightoller, qui ignorait alors que le repliable A avait été mis à l'eau et utilisé pendant un temps.

À bord du *Carpathia*, les passagers eurent tôt fait de comprendre qu'une véritable tragédie avait eu lieu à quelques milles de leur paquebot. Ils commencèrent à encombrer le pont au fur et à mesure qu'arrivaient les canots de sauvetage ; puis, lorsqu'ils virent les rescapés de plus en plus nombreux monter à bord, ils s'alignèrent en spectateurs silencieux le long des bastingages. Et, bientôt, l'on vit les passagers réguliers réconforter les nouveaux venus, leur distribuer des vêtements et soutenir les plus âgés, les enfants, les malades et les blessés, tous en état de choc et à demi pétrifiés par le froid.

J. Bruce Ismay fut conduit à la cabine du Dr Frank

McGee, médecin du bord, pour n'en sortir que lorsque le *Carpathia* atteignit New York.

Le commandant Rostron fit compter les rescapés, dont le nombre se monta finalement à 705, soit : 201 pour la première classe, 118 pour la deuxième, 179 pour la troisième, et 207 hommes d'équipage. La commission britannique, pour sa part, estima qu'il avait oublié 6 passagers de première classe, ce qui amenait le total des survivants à 711. Il paraît cependant peu probable qu'un homme aussi efficace soit capable d'une telle erreur. Par la suite, Rostron ne reviendra jamais sur le chiffre qu'il avait annoncé, et le nombre de 705 rescapés fut en fin de compte celui que l'on retint officiellement.

Alors que son navire passait devant le lieu présumé du naufrage du *Titanic*, le père Roger Anderson, un moine américain de l'Église épiscopalienne qui voyageait sur le *Carpathia*, célébra dans le salon de première classe surpeuplé un office religieux à la mémoire des disparus et récita une action de grâce pour les survivants. Puis, lorsque le bateau quitta le champ de glace pour continuer sa route vers New York, Anderson dit un office funèbre pour les trois membres d'équipage du *Titanic* et le passager de troisième classe dont les corps avaient été ramenés à bord. Ceux-ci furent ensuite immergés en haute mer.

La fatigue de l'opérateur TSF, Harold Cottam, frisait à présent l'épuisement. Malgré ses blessures et ses pieds gelés, son collègue rescapé du *Titanic,* Harold Bride, finit par répondre aux appels de Cottam et de Rostron, qui avaient besoin de son aide. On l'emmena jusqu'à la cabine radio et il y demeura jusqu'à ce que le *Carpathia* atteigne New York. Le commandant Rostron tint néanmoins à contrôler tous les messages transmis par son navire. L'*Olympic,* qui faisait route à l'est, changea de cap pour repartir en direction de l'ouest, vers la position de Boxhall, située à 500 milles de là. Il vint en aide au *Carpathia* en transmettant des messages à New York via les stations côtières, dans lesquels il divulgua la liste péniblement dressée des survivants.

Le *Chester,* un croiseur américain spécialement envoyé par le président Taft, désespéré de rester sans nouvelles de son ami et aide de camp Archie Butt, reçut l'ordre de servir de relais pour les messages radio du *Carpathia.* Harold Bride se plaignait en effet de la lenteur des télégraphistes navals.

Ce fut aussi Rostron qui suggéra à Ismay, fort perturbé alors qu'il venait de monter à bord du *Carpathia*, d'annoncer le drame à son bureau de New York. Ismay envoya donc ce message à Philip A. S. Franklin, vice-président américain d'IMM : « Immense regret vous annoncer naufrage *Titanic* ce matin, après collision avec iceberg ; pertes humaines innombrables. Recevrez tous les détails plus tard. »

Ismay envoya trois autres messages, demandant que le *Cedric* de la White Star, qui devait quitter New York le jeudi 18 avril, soit réquisitionné pour ramener chez eux les membres survivants de l'équipage. Leurs gages devaient d'ailleurs, selon les conditions d'IMM/White Star, ne plus leur être comptés dès l'instant où le *Titanic* avait sombré !

Toutes les tentatives pour obtenir du *Carpathia* le moindre renseignement furent dès lors ignorées, qu'elles viennent de la Maison-Blanche ou soient signées par C. P. Sumner, l'agent de la Cunard à New York : Rostron donna en effet la priorité absolue aux rescapés et aux messages les concernant.

Tandis que le *Carpathia* faisait route vers New York (où nous le retrouverons plus tard), emmenant à son bord l'un des deux boucs émissaires du *Titanic* encore en état de choc, il laissa l'autre, le commandant Lord, du *Californian*, sur les lieux de la catastrophe.

Le navire de Lord apparut en effet vers 8 heures du matin, au moment où les derniers occupants des chaloupes étaient transbordés sur le *Carpathia*. Rostron lui demanda alors de fouiller à nouveau la zone du naufrage pour retrouver d'éventuelles victimes, afin que lui-même puisse ramener au plus vite les rescapés vers New York. Les recherches systématiques de Lord, accomplies en cercles de plus en plus grands, ne ramenèrent curieusement que peu de débris et aucun corps.

En revenant près de son point de départ, Lord compta « environ » 6 embarcations abandonnées : 3 canots de sauvetage, 2 radeaux repliables et seulement 1 bateau retourné (et non 2). Il précisa aussi que ce dernier était un canot et non un repliable. Rostron, lui, se souviendra avoir vu un canot sens dessus dessous ainsi qu'un radeau dans le même état. Et Mme Thayer jurera elle aussi avoir vu un canot retourné, peu après que le n° 4, dans lequel elle se trouvait, eut touché l'eau.

Le nombre des bateaux abandonnés annoncé par Lord, additionné au radeau A retrouvé plus tard et aux 13 canots secourus, aboutit à un total de 20. Toutefois, là encore subsiste l'un des nombreux petits mystères de la tragédie : Lord s'est souvenu avoir vu 4 canots de sauvetage, dont un retourné. Le *Titanic* n'emportait avec lui que 14 de ces canots – parmi lesquels 11 avait été indiscutablement récupérés par Rostron (ainsi que les 2 barques de secours plus petites). Le *Californian* n'en chargea aucun à son bord et le commandant Lord abandonna ses recherches à 11 h 20 du matin. Afin de comprendre quel rôle il a joué dans cette tragédie, il nous faut revenir une fois encore sur les événements précédant le sauvetage.

Le *Californian* avait été construit pour la Leyland Line de Liverpool à Dundee, en Écosse, en 1901-1902. Destiné au commerce du coton, il pesait 6 223 tonnes et mesurait 134 mètres de long sur 16 de large. Son équipage comptait 55 hommes et le navire, agrémenté d'une belle salle à manger et d'un fumoir, pouvait transporter 47 voyageurs. Il n'y avait cependant aucun passager sur cette traversée. Sur un bateau de cette taille, on pouvait franchir l'Atlantique moins vite et pour moins d'argent que sur un paquebot, avec pourtant tout le confort désiré. La vitesse du *Californian* était d'environ 13 nœuds et sa cheminée portait les couleurs de la Leyland : rose avec un col noir.

Stanley Lord, son quatrième commandant, était né en 1877 à Bolton, la ville natale de Rostron. Comme lui, il avait appris son métier de marin avant de rejoindre une compagnie de vapeurs, la West India & Pacific, en 1897. Celle-ci fut rachetée en 1900 par la Leyland, qui, peu de temps après, la céda à IMM. Lord prit son premier service en tant que commandant sur l'*Antillian*, en 1906. Son service sur le *Californian* représentait son quatrième commandement en six ans.

Le 5 avril 1912, le navire quitta Liverpool pour Boston. Ayant reçu la veille plusieurs messages annonçant la présence de glace, Lord ne fut pas surpris d'apercevoir, au crépuscule du dimanche 14, des icebergs jalonnant sa route vers le sud. À 18 h 30, il ordonna donc d'envoyer un message d'alerte à l'*Antillian,* dont l'émission fut captée, comme nous l'avons précisé, par le *Titanic*. Quatre-vingt-dix minutes plus tard, Lord fit doubler la surveillance (il avançait de douze minutes sur l'heure du *Titanic*) et se trouvait encore sur le pont lorsqu'on repéra de la glace droit devant le *Californian*.

À 22 h 30, le commandant ordonna de faire machine arrière puis de stopper le navire en même temps qu'il lançait : « Barre à bâbord toute ! » Le bateau vira de bord direction nord-est puis continua lentement sur son erre avant de s'immobiliser. La mer était calme, le temps clair et froid, mais Lord ne distingua aucun iceberg alentour.

Cependant, voyant le *Californian* cerné par une multitude de blocs de glace, il en conclut qu'il venait de pénétrer dans un vaste champ de glace. Il décida donc de se mettre en panne pour la nuit à une position que lui-même avait calculée à l'estime, de 42° 5' N, 50° 7' W, Lord étant donc le seul témoin de la position de son bateau. On maintint néanmoins la pression dans les chaudières afin de rester prêt à la première alerte.

Si les calculs de Lord et de Boxhall étaient corrects, le *Californian* se trouvait à 19 ou 20 milles nord-nord-est du *Titanic* quand celui-ci heurta l'iceberg.

Environ une heure avant l'accident, Lord aperçut la lumière d'un vaisseau venant du sud-est et qui s'approchait de lui. À 23 h 30, heure du *Californian,* ou au moins vingt minutes avant la collision, le commandant vit ce qu'il croyait être le feu vert de tribord du même navire, indiquant que celui-ci faisait route vers l'ouest. Il distingua aussi un feu de mât et les lueurs d'un pont éclairé à quelque 5 milles au sud. Bien que la visibilité maximum du pont de son bateau – 14,7 mètres au-dessus du niveau de l'eau – n'allât pas au-delà de 8 milles, on pouvait repérer un bâtiment de haute taille à une distance plus grande encore.

Le troisième officier, Charles Groves, tenta d'entrer en contact avec ce navire au moyen de la lampe morse mais son appel demeura sans réponse.

Juste après minuit, le deuxième officier, Herbert Stone, aperçut un bateau à environ 5 milles au sud-sud-ouest, qui lui montrait un feu de mât et sa lumière rouge de bâbord, indiquant donc qu'il se dirigeait vers l'est.

Pendant ce temps, le *Californian* virait lentement dans le sens des aiguilles d'une montre d'est-nord-est vers ouest-nord-ouest, sa proue (donc son cap) devant finalement former un arc d'au moins 225°. Toutefois, restant relative au navire lui-même, la boussole continua de pointer dans la même direction, bien qu'il fallût désormais traverser le pont du *Californian* dans sa largeur pour continuer à regarder vers le sud : l'endroit d'où avaient pu être observés tous les phénomènes cités plus haut.

Ces précisions, qui paraîtraient évidentes à n'importe quel « terrien », posèrent de gros problèmes à la commission d'enquête britannique, à qui des termes nautiques tels que direction et orientation (position relative à celle d'un navire), route et cap (point vers lequel se tourne un bateau, qu'il soit en panne ou en mouvement) ne disaient rien.

Il n'y a donc aucune raison de mettre en doute cette conclusion : soit deux bateaux ont été aperçus au sud du *Californian* par plusieurs témoins, l'un se dirigeant vers l'ouest, l'autre faisant route vers l'est ; soit il s'agirait d'un seul navire, qui aurait ensuite fait demi-tour. Quoi qu'il en soit, personne à bord n'a pu voir le *Titanic* si les deux positions annoncées par Lord et Boxhall n'étaient pas totalement exactes. Lord, d'abord averti d'un naufrage (sans aucun autre détail) à 5 h 15, apprit le nom et la position du vaisseau une demi-heure plus tard et mit pourtant près de deux heures pour atteindre celle de Boxhall (qu'il trouva sans aucune difficulté). Il eut la présence d'esprit de hisser ses vigies, munies de jumelles, dans un panier à charbon jusqu'en haut du mât de misaine, bien au-dessus du nid-de-pie. Le *Californian* évita donc prudemment les bancs de glace en naviguant vers l'ouest, avant de virer au sud pour finalement longer à toute vapeur et durant une heure la bordure ouest du champ de glace.

À 7 h 30 du matin, Lord trouva le paquebot de la Canadian Pacific, le *Mount Temple,* avec sa cheminée jaune et ses quatre mâts, à la position de Boxhall. Peu de temps après, le *Californian* croisa un autre navire équipé de deux mâts et de la cheminée rose de la Leyland, faisant route vers le nord : l'*Almerian,* qui n'avait pas de radio. Alors seulement, Lord aperçut le *Carpathia,* au sud-est, de l'autre côté du champ de glace. Il le contacta par radio puis navigua prudemment pour le rencontrer 8 h 30. Là, les deux commandants communiquèrent par sémaphore.

Mais cette arrivée si tardive, alors qu'il n'avait que 20 milles à parcourir, suffisait-elle à condamner le commandant Lord (sans procès) comme les autres boucs émissaires de la légende du *Titanic* ? La réponse n'est qu'une longue suite d'événements malheureux, d'erreurs, d'omissions, de méprises, de déformations et peut-être d'odieux mensonges. En tant que seul maître à bord, Lord fut en fin de compte désigné comme responsable de tout ce qui était arrivé ou n'était pas arrivé sur son navire. Mais son attitude fut mal comprise, mal interprétée tout autant par les autorités américaines et britanniques que par les médias.

Ignorant le respect de l'horaire que l'on pouvait exiger d'un navire de cette classe, il donna l'exemple à ses pairs moins prudents en se mettant en panne jusqu'à l'aube (comme le fit aussi le *Mount Temple* lorsqu'il rencontra des glaces sur sa route vers la position de Boxhall) plutôt que de plonger dans l'obscurité pour naviguer à l'aveuglette dans un champ de glace dont il ne connaissait pas l'ampleur.

Comme Rostron, Lord n'avait sur son navire qu'un opérateur radio, un jeune homme de vingt ans du nom de

Cyril Evans, qui ne possédait que six mois d'expérience. Lord lui signala le passage du navire au moment où Evans songeait à aller se coucher et lui demanda avec quels autres bateaux il avait été en contact. « Seulement le *Titanic* », lui répondit-il. Lord lui ordonna alors d'annoncer au vaisseau que le *Californian* s'était mis en panne et se trouvait entouré de glace. Evans, comme il est dit plus haut, s'exécuta mais fut alors soudain sinon rudement interrompu par le *Titanic* lui-même, pressé d'envoyer des messages à Cape Race. Evans, qui travaillait depuis 7 heures du matin, estima donc fort justement qu'il pouvait aller se coucher.

Le *Californian* devint donc aussi sourd qu'immobile, au moment précis où le *Titanic* entrait en collision avec son iceberg. Si Evans n'était pas allé se coucher, s'il avait eu, comme Cottam, un travail à terminer et avait donc gardé ses écouteurs pour pendant encore quarante-cinq minutes, si l'écoute radio permanente, de jour comme de nuit, avait été la règle et non une exception, s'il n'avait pas oublié de laisser branchée l'alarme d'appel au secours... le *Californian* aurait pu atteindre le *Titanic* avant qu'il ne sombre, et sauver de nombreuses vies – ainsi que la réputation de Stanley Lord. Comme Winston Churchill devait l'écrire en 1914 à propos d'une autre catastrophe maritime : « Les terribles *si* s'accumulent. »

Cependant, alors que Evans débranchait ses appareils, l'officier de quart, Groves, crut voir disparaître au loin les lumières d'un pont éclairé (ce qui signifiait que le navire avait viré de façon à ne plus montrer que sa poupe au *Californian*).

Le soutier Ernest Gill, âgé de vingt-neuf ans, qui aidait à surveiller le moteur auxiliaire (le « petit cheval »), sortit quelques instants sur le pont. « À 11 h 56 », précisa-t-il. Il prétendit avoir vu les feux de tribord d'un « très grand steamer, à environ 10 milles » naviguant à grande vitesse (alors que lui-même se trouvait nettement plus bas que la passerelle de commandement, où la visibilité n'était que de 8 milles). Il retourna sur le pont principal une demi-heure plus tard et, au bout de dix minutes, soit à 0 h 40, aperçut ce qu'il crut être une fusée, bientôt suivie d'une autre à sept ou huit minutes, lancées de tribord et toujours à la même distance de 10 milles. Ce qui pourrait coïncider avec les premiers signaux de détresse de Boxhall. Étant donné les conditions atmosphériques particulières de cette nuit, ces signaux pouvaient effectivement être aperçus à une distance de 20 milles, même s'ils ne se situaient pas très haut au-dessus de l'horizon.

À minuit, le deuxième officier, Herbert Stone, prit son tour de veille à la place de Charles Groves, troisième officier. Trois quarts d'heure plus tard, Lord quitta la passerelle pour s'allonger sur le divan de la salle des cartes, non sans ordonner qu'on l'appelle au moindre changement de situation. Une demi-heure après son départ, à 1 h 15 du matin sur le *Californian*, Stone lui signala que le navire apparemment immobile qu'ils avaient tous deux distingué au sud-est avait remis la vapeur et se dirigeait maintenant vers le sud-ouest. Il déclara aussi avoir vu plusieurs fusées blanches, assez basses dans le ciel, bien au-delà du bateau aperçu plus tôt. Lord lui répondit d'essayer à nouveau de le contacter et le pria de lui envoyer l'aide radio James Gibson pour le tenir au courant.

À ce moment, il ne restait au *Titanic* que cinquante-trois minutes à vivre, et il était impossible au *Californian* de le rejoindre avant qu'il ne sombre. La distance de 19,5 milles affirmée par Lord (et par son premier officier, George Steward, responsable du journal de bord, qui se trouvait cependant au lit au moment des événements) semble aujourd'hui ne pas avoir été surestimée : même sans les glaces qui l'auraient ralenti, le *Californian* serait arrivé trop tard pour sauver les malheureux passagers restés sur le paquebot. Néanmoins, il aurait pu être là à temps pour extirper de nombreuses personnes des eaux glacées.

À 2 h 05, Gibson, âgé de vingt ans, descendit à la salle des cartes pour rapporter le lancement successif de huit fusées blanches ; le « tramp » (*sic*) qu'ils avaient discerné plus tôt était à présent hors de vue. Lord, paradoxalement, avait identifié ce bateau comme ressemblant au sien. Stone y avait d'ailleurs remarqué quelque chose d'étrange : son feu rouge se trouvait plus haut que le vert, indiquant une gîte certaine sur tribord (en effet, le *Titanic* donna un moment de la bande sur tribord après la collision, avant de se rééquilibrer sur bâbord). Lord, homme strict et redouté en matière de discipline, se souvint avoir demandé : « Qu'est-ce que c'est... ? » lorsque quelqu'un était entré dans la salle des cartes ; mais, ne recevant aucune réponse, il retourna à son sommeil.

Quand il se réveilla, vers 4 h 40, un vapeur était visible à environ 8 milles. Avec son unique cheminée jaune et ses quatre mâts bien distincts, ce n'était pas le bateau aperçu durant la nuit, qui semblait alors se trouver non loin de la position de lancement des fusées. Vers 5 h 15, Stewart apprit à Lord que la radio avait annoncé le naufrage d'un navire à 41° 46' N, 50° 14' W. À 5 h 40, le *Mount Temple*, d'où provenait l'information, émit un nouveau message révélant qu'il s'agissait du *Titanic*. Bientôt, Evans reçut des rapports similaires du *Frankfurt* et du *Virginian*. Peu après 6 heures, Lord mit le cap sur la position indiquée et, ralenti par les bancs de glace, n'arriva sur les lieux qu'une heure et demie plus tard.

En quoi commit-il une erreur ? Le récapitulatif des faits

montrant le rôle joué par son bateau est aussi clair que possible, étant donné les inévitables preuves contradictoires apportées dans cette affaire, comme il en est dans tous les événements devenus légendaires. Pourtant, dès que les commissions d'enquête américaine et britannique condamnèrent Lord pour n'être pas arrivé plusieurs heures plus tôt au secours du paquebot en péril (n'oublions pas qu'il a réagi dès qu'il a su ce qui se passait), des groupes pro et anti-Lord virent le jour. Les premiers se battirent pour faire rouvrir le dossier de l'enquête britannique huit ans après les événements, et parvinrent non pas à annuler mais à adoucir le verdict de l'histoire.

Les écrivains « pro-lordiens » les plus passionnés sont Leslie Harrison et Peter Padfield, la plus pure « anti-lordienne » étant Leslie Read. Aux uns comme à l'autre, il arrive parfois de jeter toute logique par-dessus bord dans leur âpreté à vouloir sortir vainqueur du débat. Nous pouvons honnêtement conclure que le *Californian*, et plus particulièrement Stone en tant qu'officier de quart, aurait dû réagir en apercevant les fusées blanches. Lord était maître à bord et, de ce fait, responsable de son navire mais aussi de ses propres faiblesses : c'était un commandant sûr de lui, autoritaire, qui redoutait de naviguer dans un champ de glace.

Ce constat ne nous empêche cependant pas de condamner la joie avec laquelle les deux commissions ont saisi ce manquement au devoir pour faire de l'infortuné Stanley Lord un bouc émissaire et l'utiliser comme moyen de diversion par rapport à d'autres questions.

Les Américains conclurent que le *Californian* se trouvait à moins de 19 milles du *Titanic* et que ses officiers, ayant vu ses signaux de détresse, n'y avaient pas répondu, ce qui « impliquait gravement la responsabilité » de Lord en tant que commandant. Les Britanniques se jetèrent sur le témoignage d'Evans, qui précisa n'avoir été en contact qu'avec un seul bateau (le *Titanic*). Il ajouta qu'il croyait celui-ci tout près d'eux et qu'un bateau (ainsi que des signaux lumineux) avait été aperçu du *Californian*. Tout cela constituait à leurs yeux la preuve flagrante que ce dernier avait vu le *Titanic* et vice versa.

Tirer de telles conclusions est faire offense à la logique. Mais, dans notre chapitre sur l'enquête britannique, nous reviendrons sur la façon dont lord Mersey et les autres traitèrent le commandant Lord. Qu'il suffise de dire que le soutier Ernest Gill laissa le journal *Boston American* publier le 25 avril 1912 sa déclaration sous serment, contre la somme rondelette de 500 dollars (l'équivalent de quatorze mois de salaire). Gill y affirmait avoir aperçu un très grand paquebot avant minuit (le *Titanic* venait alors de s'immobiliser après avoir heurté l'iceberg à 23 h 52, heure du *Californian*, ce qui impliquait que le soutier était peut-être en train d'observer le navire au moment même de la collision). À deux reprises, vers 0 h 40, il avait vu s'élever des fusées de détresse, à environ 10 milles du *Californian*. On plaça sa déclaration dans le dossier des enquêteurs américains et le jeune marin confirma ses dires devant chaque commission.

Le rapport américain fut publié le 28 mai, au milieu d'une pause de dix jours de l'enquête britannique. Lord et les autres témoins du *Californian* furent interrogés à Londres les septième et huitième jours (les 14 et 15 mai), mais aucun événement ne fut rappelé. Le vingt-quatrième jour (le 16 juin), l'avocat général proposa, avec l'accord de lord Mersey, de modifier les attributions de l'enquête afin de pouvoir condamner Lord. Les deux commissions choisirent de croire Gill (vénal mais inébranlable) et Groves (sans expérience, selon ses propres aveux, mais manifestement honnête, même lorsque cela semblait desservir ses intérêts) plutôt que le commandant Lord (guère objectif), Stewart (couché à cette heure) et Stone (comme Stewart, intimidé par Lord). Les deux derniers avaient aperçu le pont éclairé d'un paquebot, que Groves avait aussi vu disparaître ; lord Mersey préféra interpréter cela comme le résultat d'une vaine tentative du *Titanic* afin de virer pour éviter l'iceberg.

Cependant, Groves ne distingua jamais le feu vert de tribord (indiquant un navire au sud, qui faisait route vers l'ouest) mais seulement le feu rouge de bâbord, après l'extinction de l'éclairage du pont. Le *Titanic* étant resté éclairé jusqu'au bout, Groves ne pouvait pas avoir vu son feu de bâbord – ce qui voudrait dire que le navire aurait viré de façon à diriger sa proue vers l'est – sans distinguer aussi celui de tribord, dont il prétendait qu'il avait disparu ! Le troisième officier parla aussi de deux feux de mât. Le *Titanic* n'en possédait qu'un.

On s'efforça en vain de retrouver le « mystérieux bateau », pendant et après l'enquête britannique. Cependant, en août 1912, le commandant Lord reçut une lettre ahurissante d'un certain W. H. Baker, qui avait servi quelque temps comme quatrième officier sur le *Mount Temple,* juste après la catastrophe. Il écrivait alors de sa cabine de passager régulier à bord d'un autre paquebot canadien, l'*Empress of Britain.*

Ayant reçu une notification de vacances de dernière minute, je repartais de Halifax pour rentrer chez moi à bord du Mount Temple... *Les officiers du navire et d'autres gens me racontèrent ce qu'ils avaient vu le fameux soir où le* Titanic *sombra. D'après eux, ils se trouvaient à 10 ou 14 milles du paquebot lorsqu'ils aperçurent ses signaux de détresse. J'en déduis que le commandant craignait de naviguer à travers la glace, bien que celle-ci ne parût pas particulièrement épaisse. Tous me dirent que non seulement ils avaient vu les lumières du pont mais aussi plusieurs lumières vertes à mi-distance et un bateau qu'ils croyaient être le* Titanic. *Ils avaient aussi entendu deux énormes explosions qui, selon eux, avaient dû signifier la mort du paquebot. Le commandant déclara à la commission d'enquête de Washington que son bateau se trouvait à 49 milles, mais les officiers du bord affirment qu'il n'était pas éloigné de plus de 14 milles. Je peux vous dire que ces hommes ont été indignés de n'avoir pas été appelés à témoigner car l'attitude du commandant lors de ces événements les avait littéralement révoltés. Le médecin avait tout mis en œuvre pour recevoir les rescapés, les cabines avaient été transformées en chambres d'hôpital et l'équipage se tenait prêt sur le pont, observant les lumières du paquebot et les lueurs vertes qui provenaient des canots. Ces hommes doivent être navrés pour vous, car ils savent, au vu de tout ceci, que vous ne pouviez en aucun cas être ce navire mystérieux.*

La lettre de Baker indiquait aussi qu'il avait l'impression (fausse) d'avoir rencontré le commandant Lord sur un navire-école. Toutefois, cette erreur n'affecte en rien l'importance de sa description détaillée des événements survenus sur le *Mount Temple.* Soit le capitaine de ce bateau (voir plus bas) a menti, soit Baker a menti. À la demande de Lord, cette incroyable révélation fut portée, le 27 août 1912, devant le Board of Trade, le ministère du Commerce, par C. P. Grylls, secrétaire général de la MMSA (Mercantile Marine Service Association), en d'autres termes le syndicat des officiers. Cela se passa juste dix-sept jours après que Lord lui-même eut adressé – un peu tardivement, il faut l'admettre – une lettre au ministère (rédigée d'une très belle écriture mais dans un style déplorable) : il reprochait à lord Mersey son interprétation erronée des nombreux témoignages fournis par l'enquête. Mais le ministère refusa avec mépris tout appel de sa part ou en son nom, jusqu'en 1992, trente ans après sa mort.

Lord et la MMSA auraient été mieux avisés de rendre l'affaire publique en s'appuyant sur la lettre de Baker et en recourant à d'autres témoignages. Toujours est-il que Lord rencontra Baker entre deux traversées, et ce dernier le présenta lors d'un déjeuner à celui qu'il avait brièvement remplacé : A. H. Notley, le quatrième officier du *Mount Temple.* Ce dernier lui confirma, entre autres, les calculs de Lord sur la position des canots abandonnés le matin du 15 avril : 11 milles au sud-est de la position de Boxhall, ce que Lord avait toujours soutenu au cours de ses dépositions. Mais Notley, bien que prêt à fournir toutes sortes de renseignements, ne voulait pas non plus risquer sa carrière au sein de la Canadian Pacific par une déclaration devant le Board of Trade ; attitude que Lord, renvoyé par la Leyland après les deux enquêtes officielles, pouvait certainement comprendre.

Quant au médecin de bord du *Mount Temple*, le Dr Mathias Bailey, il prétendit lâchement tout ignorer de la navigation et des affaires nautiques, pour éviter de venir en aide à Lord.

Si elle avait été publiée, la lettre de Baker, corroborée de surcroît par les déclarations de Notley, aurait fait sensation étant donné les rumeurs qui couraient autour de ce « mystérieux bateau ». Si l'on retourne plus de quatre-vingts ans en arrière, on ne peut qu'être surpris de constater qu'il n'est rien ressorti de ces révélations, et cela uniquement à cause du barrage opposé par le Board of Trade. Cependant, l'explication est simple : cette lettre fut écrite après la fin des deux enquêtes et ne fut jamais publiée à l'époque. On ne peut en dire autant du témoignage du Dr F. C. Quitzrau, de Toronto, devant la commission d'enquête américaine, qui déclara solennellement :

– Je voyageais comme passager de deuxième classe sur le vapeur *Mount Temple*, qui avait quitté Anvers le 3 avril 1912. Vers minuit, heure de New York, le dimanche 14 avril, je fus réveillé par l'arrêt soudain des machines. Aussitôt, je me suis rendu aux cabines de deuxième classe [*sic*], où j'ai trouvé plusieurs stewards et passagers qui m'ont appris que l'on avait reçu un message radio du *Titanic,* annonçant que le navire avait heurté un iceberg et demandait du secours. Des ordres ont été immédiatement lancés et le *Mount Temple* a modifié son cap pour se diriger droit sur le *Titanic.* Vers 3 heures du matin, donc 2 heures sur le bateau [*sic*], le *Titanic* fut repéré par certains officiers et membres d'équipage. À cet instant, on a allumé toutes les lumières du *Mount Temple,* on a stoppé les machines et le navire s'est mis en panne durant environ deux heures. À l'aube, on a remis les machines en route et le *Mount Temple* est venu contourner la position du *Titanic,* ceci sur ordre des officiers de bord et contre l'avis du commandant, qui souhaitait que le vapeur reprenne son voyage. Alors que nous contournions la position du *Titanic,* nous avons aperçu le *Frankfurt* au nord-ouest, le *Birma* au sud, et nous avons discuté avec eux par radio, le *Birma* nous demandant si nous étions en détresse. Vers 6 heures, nous avons vu le *Carpathia,* qui nous avait appris un peu plus tôt que le *Titanic* avait sombré. À 8 h 30, le *Carpathia* nous a annoncé par radio qu'il avait récupéré 20 canots de sauvetage et environ 720 passagers, et qu'il était inutile pour le *Mount Temple* d'attendre car les passagers restés à bord du *Titanic* avaient péri noyés.

Cette déclaration, attestée sur l'honneur le 29 avril 1912 devant le vice-consul des États-Unis à Toronto, et dont le texte, cité ici dans son intégralité, est soit l'œuvre d'un fantaisiste, soit le récit honnête d'un médecin qui estimait que ces événements devaient être portés à l'attention de la commission américaine. Ce témoignage lui fut dûment adressé tant que l'enquête était encore en cours. Si ce médecin cherchait la notoriété par le biais de cette déclaration, ce fut en vain car ses soupçons semblent avoir été totalement ignorés par la commission britannique lorsqu'elle a enquêté sur le commandant du *Mount Temple*.

Toutefois, ni cette déclaration sur l'honneur ni son auteur ne se virent discrédités. Le récit du Dr Quitzrau donne l'impression qu'il se trouvait partout à la fois sur le navire, tandis que sa relation des faits repose en grande partie sur des renseignements glanés autour de lui sur le *Mount Temple*. Cependant, avec le témoignage Notley-Baker, cette déclaration fait du *Mount Temple* le principal – mais non le seul – navire soupçonné d'être le « mystérieux bateau » aperçu par le *Titanic*.

James Henry Moore, commandant du *Mount Temple* (un paquebot deux classes de 6 661 tonnes), témoigna devant les deux commissions. Il ne fut pas inquiété, bien qu'il eût commencé son récit aux Américains en se trompant sur la position de son navire au moment où lui était parvenu le message de détresse du *Titanic* (selon l'opérateur radio John Durrant, à 0 h 11, heure du navire, soit quatre minutes en retard sur le *Titanic*). Ce message donnait en effet une position de 41° 44' N, 50° 24' W. Moore annonça pour le *Mount Temple* une latitude de 41° 25' N et une longitude 51° 15' W, qu'il corrigea ensuite, pour préciser 51° 41' W, quelque 14 milles plus à l'ouest, ce qui le plaçait à 49 milles au sud-ouest du paquebot naufragé. Moore ordonna alors de prendre un cap nord-est, qu'il ajusta en apprenant par radio la position modifiée de Boxhall.

Le *Mount Temple* rencontra la glace à 3 heures du matin et fit alors doubler la surveillance en envoyant son quatrième officier sur la pointe du gaillard d'avant. Peu de temps après, il vit la lumière verte de tribord d'une goélette, à 1,5 mille environ devant sa proue. Il ordonna de faire machine arrière et de mettre la barre à tribord toute (donc de virer franchement nord-ouest sur bâbord) pour croiser le bateau tribord-tribord, au moment où « les feux semblèrent soudain disparaître ».

Moore dit avoir observé à bâbord du *Mount Temple*, de 1 heure à 1 h 30 sans interruption, un vapeur de cabotage étranger, pesant 4 000 à 5 000 tonnes, qui naviguait sans pavillon et faisait route vers l'est. Lentement, le bateau passa à tribord du *Mount Temple* pour ne plus laisser discerner que son feu de poupe. Il comportait une cheminée noire ornée en son sommet d'une bande blanche où se dessinait un emblème (c'était le fameux navire pour lequel on avait en vain lancé de vastes recherches).

Un autre navire, le *Saturnia*, de la Anchor-Donaldson Line, capta des messages de détresse. À 1 heure du matin, il mit le cap vers la position de Boxhall mais se vit arrêté par les glaces à seulement 6 milles du paquebot en perdition. Une photo, prise de l'avant du *Saturnia,* montre une cheminée unique avec une bande blanche horizontale sur laquelle on distingue trois sombres lignes verticales.

Moore déclara avoir stoppé les machines à 3 h 25, à environ 14 milles de la position signalée du *Titanic*, laissant son navire dériver quelque temps avant de se frayer lentement un chemin au milieu des bancs de glace vers son objectif, qu'il atteignit à 4 h 30. Le seul autre bateau alors en vue fut le vapeur non identifié qui naviguait en avant et au sud du *Mount Temple*.

Moore ne découvrit ni débris d'épave ni corps, seulement un immense champ de glace de plus de 20 milles sur 6, où flottaient des icebergs dont certains atteignaient 60 mètres de haut. Le commandant calcula que la dernière position du *Titanic* se trouvait en réalité 8 milles plus à l'est que celle signalée dans les messages de détresse. Cela devrait aider à expliquer l'absence de débris aux alentours de la position de Boxhall.

Les passagers du *Mount Temple* avaient manifestement parlé à la presse car Moore refusa d'admettre que des fusées ou des signaux de détresse avaient été aperçus de son bateau vers minuit, le soir de la catastrophe. On n'avait rien vu de la passerelle et personne ne se trouvait alors sur le pont, assura-t-il. En recevant les messages de détresse, on avait débâché les chaloupes, installé des passerelles, des cordes, des échelles et préparé des gilets de sauvetage. La capacité des 20 canots du bord était de 1 000 personnes, pour 2 200 couchettes en troisième classe et 166 en deuxième, plus 130 membres d'équipage. Pour une raison que l'on n'a jamais élucidée, raconta Moore aux sénateurs américains, le navire possédait deux radeaux supplémentaires. Pourtant, à Londres, il déclara avoir préparé 18 embarcations sur 20. « Je vous assure, monsieur, que j'ai tout tenté, sans pour autant oublier la sécurité de mon bateau et de mes passagers », affirma-t-il au sénateur Smith.

Le *Mount Temple* poursuivit ses recherches jusqu'à 9 heures du matin, le 15 avril. À 6 milles, il vit le *Carpathia* naviguer au milieu des glaces, puis il aperçut le *Californian*, qui arriva bien plus tard. Les témoignages indiquent clairement que le navire canadien resta en panne durant environ trois heures, jusqu'à 4 h 30, regardant le *Carpathia* accomplir tout le travail. Ce en quoi Moore peut se féliciter de ne pas avoir vu retomber sur lui la honte publique dont Lord a été si facilement accablé. Le commandant du *Mount Temple* distingua aussi le paquebot russe *Birma*, qui s'était joint aux sauveteurs durant la nuit et avait franchi à toute vapeur les 70 milles qui le séparaient du lieu du désastre.

Moore ajouta que jamais il n'avait vu tant de glace si bas au sud. En recevant les messages d'alerte, le 13 avril, il avait modifié son cap vers le sud. Il n'aurait, d'ailleurs, certainement pas fait ce que fit le commandant E. J. Smith en maintenant sa vitesse malgré les nombreux avis de glace (les règles pour les bateaux naviguant dans les eaux canadiennes, où les glaces flottaient plus que partout ailleurs, étaient plus strictes). Moore estimait que Smith s'était montré « très imprudent ». Il pensait aussi que la glace avait dû dériver sur la zone du désastre et devait donc dissimuler des cadavres et des débris. Il donna à la commission britannique une troisième version de sa longitude au moment où il reçut les appels de détresse : 51° 14' W (pour être juste, on peut admettre que le 51° 41' W du rapport de la commission américaine n'était qu'une erreur d'impression, où l'on aurait remplacé le 14' par un 41' ; si ce n'était pas le cas, soit le commandant mentait, soit il se montrait gravement négligent).

Son opérateur radio, Durrant, déclara que le bateau avait modifié son cap au plus tard quinze minutes après avoir reçu le CQD. À 0 h 43, heure du *Mount Temple*, il entendit MGY (le *Titanic*) appeler MKC (l'*Olympic*). À 1 h 06, le *Titanic* signala : « Préparez vos canots. Sombrons de l'avant. » Il entendit aussi le *Frankfurt* et le

Baltic converser en morse avec le navire naufragé mais aucun d'eux ne se déplaça jusque sur les lieux. Durrant dit également avoir annoncé la nouvelle au *Californian* à 5 h 11.

En contraste flagrant avec le traitement qu'ils réservèrent au commandant Lord et au *Californian*, le président du Tribunal des naufrages et le substitut de l'avocat général s'efforcèrent de disculper Moore et le *Mount Temple*. Lord Mersey fit remarquer pendant le témoignage de Durrant :

– Le *Mount Temple* n'a jamais été en mesure d'apporter une aide efficace.

Ce à quoi sir John Simon répliqua :

– Il se trouvait à 49 milles (9 milles plus près que le *Carpathia*) et il se dirigeait vers le paquebot.

– Il ne l'aurait jamais rejoint, rétorqua Mersey.

– Non, c'était impossible, lui accorda Simon. Il faisait le maximum.

Simon ne se trompait pas, étant donné les positions respectives des deux navires.

On ne mentionna ni le Dr Quitzrau ni sa version des faits. Il est cependant clair qu'un navire à 11,5 nœuds ne pouvait atteindre les 25 nœuds nécessaires pour parcourir en 125 minutes les 49 milles qui le séparaient du *Titanic* avant que celui-ci ne sombre. Parmi les bateaux que l'on savait dans la zone de la catastrophe, seul le *Californian* aurait pu atteindre la position du *Titanic* avant qu'il ne disparaisse – et seulement s'il avait laissé sa radio branchée ou réagi aussitôt après avoir vu les fusées.

Et que dire du voilier aperçu par le *Mount Temple* et le *Titanic* ? Ce mystère fut apparemment résolu en 1962, un demi-siècle après la tragédie, par un officier retraité de la marine marchande norvégienne, le capitaine Hendrik Naess. Peu avant sa mort, il fit une déclaration sur l'honneur, que l'on retrouva plus tard dans la presse norvégienne, où il assurait avoir servi à l'époque comme premier officier sur le *Samson,* un voilier de 45 mètres pesant 506 tonnes, commandé par un certain C. J. Ring. Une des rares photographies de ce bateau révèle un vaisseau de bois avec un long mât de beaupré, une cheminée haute et étroite (pour un moteur auxiliaire), deux mâts à gréement droit et un troisième à gréement aurique.

Pour compliquer les choses, les 6 et 20 avril 1912, ce voilier mouillait officiellement dans un port islandais. Moteur auxiliaire ou non, il aurait eu le plus grand mal à couvrir la distance aller et retour vers le lieu du naufrage entre ces deux jours. Élucider un mystère en amène donc un autre. Pourquoi de telles déclarations ? Peut-être Naess appartenait-il à cette étrange mais bien réelle minorité qui aime à faire de faux aveux afin de se libérer d'un sentiment de culpabilité ou d'attirer l'attention sur soi.

Cependant, au moins une goélette de pêche, le *Dorothy Baird*, de Gloucester dans le Massachusetts, se trouvait dans les parages à l'heure du naufrage. Mais ce bateau non plus ne possédait pas de radio à bord.

Naess « révéla » que le *Samson* avait vu le *Titanic* ainsi que ses fusées de détresse, sans toutefois reconnaître le paquebot. Or le voilier, qui appartenait à une société de pêche de Trondheim, chassait illégalement le phoque dans les eaux sud-est du Canada et dans les Grands Bancs de Terre-Neuve. Les fusées auraient pu être celles d'un navire de surveillance lui intimant l'ordre de se mettre en panne afin de venir le perquisitionner. Pour éviter d'être pris en flagrant délit, le voilier s'enfuit, vraisemblablement au moteur car la mer était d'huile, et sans doute tous feux éteints.

Un navire de cette taille, malgré la douzaine de barques qu'il transportait, n'aurait pas été d'un grand secours pour les 2 220 personnes voyageant sur le *Titanic*. Toutefois, sa présence sur les lieux aurait peut-être sauvé quelques vies. Ainsi en est-il du seul bateau « non identifié », dont un prétendu témoin affirmait qu'il était visible du *Titanic* durant la nuit du drame, et qui aurait donc pu être aperçu par le paquebot (si Naess a dit la vérité).

La question de savoir qui se trouvait dans les parages du *Titanic* lorsqu'il heurta l'iceberg est, à bien des égards, la plus complexe de toute l'affaire. Certains témoignages suggèrent qu'un voilier et un vapeur auraient pu être vus du *Titanic*. Deux navires, un vapeur et un caboteur, l'ont été du *Californian*, entre celui-ci et le liner naufragé. Le *Mount Temple* était indiscutablement plus près et apparut plus tôt sur les lieux que le *Carpathia*, qui arriva de plus loin mais se chargea de tout le sauvetage, tandis que le *Mount Temple* n'offrit aucun secours au paquebot. L'erreur du *Californian* fut qu'il négligea de chercher les véritables causes des fusées de détresse ; mais il reste clair que, des deux côtés de l'Atlantique, on se hâta de condamner l'attitude de Lord.

Cette injustice fut en partie reconnue par le gouvernement britannique en 1992. La découverte de l'épave, en 1985, à 13 milles de la position de Boxhall, et la renaissance du lobby « pro-Lord » qui s'ensuivit poussèrent le ministère des Transports à ordonner en 1990 une nouvelle enquête sur le rôle exact du *Californian*. L'inspecteur en chef du comité d'enquête de la marine, le capitaine P. B. Marriott, nomma un expert indépendant dont il refusa bientôt les conclusions « anti-Lord » puis mit son propre assistant sur l'affaire avant de signer le rapport officiel en mars 1992.

Celui-ci stipulait que le *Titanic* se trouvait à 41° 47' N et 49° 55' W lorsqu'il heurta l'iceberg (et à 41° 43,6' N et 49° 56,9' W lorsqu'il sombra). Le *Californian* naviguait plus vraisemblablement à 18 milles au nord. Il aurait pu apercevoir le *Titanic* par un effet de réflexion (le « mirage ») mais cela reste peu probable. En revanche, le bateau a sans doute vu les fusées de détresse, devant lesquelles il n'a pas réagi. Le deuxième officier, Herbert Stone, fut coupable d'avoir ignoré ces signaux et de ne pas s'être assuré que Lord avait été informé et appelé à la passerelle pour reprendre le commandement de son navire. Il ne s'est pas réveillé lorsque l'aide radio, Gibson, est entré ; et son « Qu'est-ce que c'est... ? » ne fut sans doute que la réaction inconsciente d'un homme endormi. Gibson et Stone n'insistèrent probablement pas car ils savaient combien le commandant Lord avait peur.

Le *Californian* n'aurait pas pu arriver plus vite que le *Carpathia*, conclut le rapport. Et, à la différence du *Mount Temple*, le navire du commandant Lord avait au moins traversé le champ de glace pour venir en aide au bateau de la Cunard, même si celui-ci n'avait alors nul besoin d'assistance.

Bien que Lord eut âprement contesté, et ce jusqu'à la fin de sa longue vie, les conclusions hostiles des deux commissions d'enquête, l'inefficacité et la mollesse de sa défense parurent suicidaires. Leslie Read interprète ainsi comme un aveu le peu d'enthousiasme de Lord à admettre devant la commission britannique que les fusées aperçues de la passerelle du *Californian* « auraient pu être » des signaux de détresse. Cependant, à la barre des témoins, il ne fit que reconnaître son tort d'avoir négligé ces fusées. Ce qui ne prouve nullement qu'il savait ce qui se passait quand, à moitié endormi à l'aube du 15 avril 1912, il n'avait pris aucune mesure pour venir en aide au paquebot en difficulté.

TROISIÈME PARTIE

LES SUITES DU NAUFRAGE

7

NEW YORK ET HALIFAX

Avec la censure imposée par le commandant Rostron sur les messages radio émanant du *Carpathia,* le monde entier, privé de nouvelles, attendait avec avidité la moindre trace d'information sur la catastrophe. Toutes les demandes de renseignements – et elles étaient nombreuses – provenant des organes de presse et se voyaient aussitôt rejetées.

Comme nous l'avons noté, le président des États-Unis lui-même essuya une rebuffade. Seul l'*Olympic,* qui naviguait dans les parages, eut, en tant que « frère jumeau de la victime », le privilège de recevoir un compte rendu des événements. Rostron, qui pensait vraiment à tout, ne voulait surtout pas que Haddock, en s'approchant, heurte la sensibilité des rescapés ; soutenu par Ismay, il obtint donc de l'*Olympic* qu'il reste hors de vue.

Quant au message qu'Ismay adressa à son bureau de New York pour faire son rapport sur le désastre, il ne fut envoyé que le 17 avril. Ce silence imposé par Rostron peut sembler cruel, même si cela n'était pas son intention.

New York n'apprit la situation désespérée du *Titanic* qu'à l'aube du lundi 15 avril (heure locale). Radio-amateur et pronostiqueur, David Sarnoff, âgé de vingt et un ans, avait une cabine installée sur le toit d'un gratte-ciel de Manhattan, d'où il captait les émissions de la marine. Il intercepta la nouvelle du naufrage par un relais de transmission et alerta aussitôt ses clients.

Cependant, cette nuit-là, il ne fut pas la seule oreille indiscrète à surprendre les conversations radio. L'éditeur du *New York Times,* Carr Van Anda, reçut un message de Cape Race, émis à 1 h 20 (heure locale), moins de soixante minutes après le naufrage. Mais son journal circulait déjà dans les rues, avec une annonce signée de la White Star, qui prévoyait l'arrivée du *Titanic* pour le 16 avril (mardi) à 16 heures, et non le mercredi matin, comme l'avait déclaré Ismay. Mais les enquêteurs ne relevèrent pas cette différence.

Les premiers comptes rendus du drame provinrent d'informations embrouillées et erronées. Comme le *Virginian* avait répondu à l'appel CQD (à 170 milles au nord) en modifiant aussitôt son cap, le bruit courut qu'il avait pris à son bord les passagers du *Titanic.* Les journaux du lundi soir racontèrent aussi que le *Carpathia* et le *Parisian* avaient réussi une belle opération de sauvetage et que l'épave était remorquée jusqu'à Halifax, en Nouvelle-Écosse. Cette dernière rumeur n'était sans doute que la déformation d'un message de l'*Asian,* qui remorquait alors un tanker allemand naufragé, le *Deutschland.* Pour cette raison, d'ailleurs, l'*Asian* avait signalé qu'il n'était pas en mesure de venir en aide au *Titanic.*

Une autre source de confusion citée par les agences de presse devant la commission américaine fut le terme « en attente » utilisé par plusieurs bateaux naviguant dans les parages, la nuit du drame. Ce terme ne signifiait pas qu'ils attendaient une quelconque évolution de la situation mais qu'ils faisaient ce qu'ils pouvaient pour aider ou intervenir depuis l'endroit où ils se trouvaient.

Le matin du lundi 15 avril, M. J. A. Hugues, magistrat fédéral à Huntington, en Virginie, reçut un télégramme de Manhattan, qui annonçait : « *Titanic* en route vers Halifax. Passagers devraient débarquer mercredi ; tous sains et saufs. » Signé : « White Star Line. » On ne retrouva jamais l'auteur de cette affreuse tromperie. En Angleterre, le père de Jack Phillips, l'opérateur radio du *Titanic,* reçut ce message le 15 avril : « Approchons lentement de Halifax. Pratiquement insubmersible. Pas d'inquiétude. » Ce n'était ni un canular ni un message de l'opérateur disparu mais cela venait d'un oncle bien intentionné qui, ayant eu vent d'une des nombreuses fausses rumeurs, tentait de rassurer son frère.

Le siège de la White Star, situé au n° 9 à Broadway, fut informé du désastre par l'*Olympic.* Bien avant cela, le 15 avril à 1 h 58, Philip Franklin, vice-président d'IMM American, reçut chez lui, à Manhattan, le coup de téléphone d'un journaliste en quête d'une confirmation et d'une réaction aux toutes premières nouvelles de la catastrophe. Celui-ci déclara que le *Virginian* et la station maritime de Montréal (où l'Allan Line avait un bureau) venaient d'annoncer que le *Titanic* était en train de sombrer. Montréal, assurant avoir *entendu* que le *Virginian* avait récupéré les passagers, ne fit alors que confirmer la rumeur elle-même.

Afin de vérifier cette nouvelle, Franklin téléphona à l'Associated Press, qui avait eu vent des mêmes rumeurs, puis à l'Allan Line, à Montréal. À 3 heures, il demanda à l'*Olympic* de rechercher la position du *Titanic*. À 6 h 16 seulement (heure de New York), il reçut la dramatique réponse de l'*Olympic*. S'appuyant sur des renseignements fournis par le commandant Rostron, le message confirmait officiellement à IMM la disparition du paquebot.

Carpathia *rejoint position* Titanic *à l'aube. Trouvé canots et débris d'épave seulement.* Titanic *a sombré vers 2 h 20, à 41° 46' N, 50° 14' W. Tous ses canots récupérés. Environ 675 âmes sauvées, équipage et passagers, pour la plupart femmes et enfants. Leyland Line SS* Californian *resté sur place, recherche position du désastre.* Carpathia *retourne vers New York avec survivants. Veuillez informer Cunard. Haddock.*

Le commandant Haddock déclara à la commission américaine, le dix-septième et dernier jour d'audience, qu'il avait ordonné de lancer le message via Cape Race à 16 h 35, heure de New York. Franklin expliqua à son tour :

– En recevant ce message, nous avons eu un tel choc qu'il nous a fallu plusieurs minutes pour nous ressaisir.

Peu de temps après, lors d'une conférence de presse de la White Star, la salle se vida en catastrophe lorsque Franklin, qui énonçait le message, prononça ces mots : « A sombré vers 2 h 20... » Enfin, quelque dix-huit heures après le naufrage dans l'Atlantique du grand paquebot, il y eut une confirmation publique et officielle de la perte du *Titanic.* « Il ne resta plus un seul journaliste dans la salle tant ils avaient hâte de téléphoner la nouvelle à leur journal. »

Franklin ajouta : « Nous croyions le navire insubmersible et nous étions loin d'imaginer qu'il ait pu y avoir autant de pertes humaines... jusqu'à ce que nous parvienne le message de Haddock, à 18 h 30. » Ignorant la requête d'Ismay, qui demandait que le *Cedric* vienne récupérer les membres d'équipage rescapés, Franklin proposa à la place le *Lapland.*

Le vacarme que firent les journalistes en se dispersant, ce lundi soir, n'empêcha pas une cohue de reporters de revenir le lendemain matin pour accuser Franklin de ne pas divulguer toutes les informations. On sait que, le lundi matin à 7 h 45, le commandant Haddock avait adressé un message à IMM, New York, via la station maritime de Sable Island, qui précisait : « N'avons pas communiqué avec le *Titanic* depuis minuit. » Franklin avait dû l'apprendre et n'avait plus qu'à espérer que de meilleures nouvelles suivraient. Cependant, rien ne prouve qu'il ait reçu la confirmation officielle du naufrage avant que Haddock ne transmette, le lundi, l'information qui lui était parvenue du *Carpathia*.

Vers 8 heures (heure de New York), le bateau communiqua brièvement avec deux autres navires prêts à intervenir, le *Baltic* et le *Virginian,* pour leur annoncer qu'on n'aurait pas besoin de leur aide car Rostron avait embarqué « environ 800 passagers » à son bord. Le *Carpathia* envoya ensuite un message à tous les bateaux alentour leur disant qu'il n'était plus nécessaire de rester « en attente ». Les « 800 » personnes, dont on avait manifestement anticipé le nombre, apparurent dans la presse avide du mardi, grâce aux radio-amateurs, aux écoutes indiscrètes et aux informateurs de tous ordres qui sévissaient dans les stations de radio maritimes.

Le lundi à 20 heures seulement, Rostron adressa le plus sec des messages à l'Associated Press, annonçant que le *Titanic* avait heurté un iceberg avant de sombrer, que lui-même avait récupéré de « nombreux passagers » et qu'il faisait route vers New York.

À Londres, cinq heures avant New York, la version « sains et saufs » fut publiée par les journaux du mardi soir et celle des « 800 » survivants s'étala dans la presse du mercredi matin. Dans les deux villes, une foule de plus en plus nombreuse se massa bientôt devant les locaux de la White Star, où se mêlaient les curieux et ceux qui guettaient avec angoisse des nouvelles de leurs parents ou amis. On ne remarqua pas moins d'inquiétude devant le siège de Southampton, où avaient été recrutés la plupart des membres d'équipage.

Tout au long de ce lundi, entre les annonces d'un « bateau en péril » et d'un « bateau coulé », le bruit courut que la Lloyd's s'employait à réassurer la cargaison du *Titanic* à valeur de 50 %, selon un rapport télégraphié du Dow Jones à New York. Ce qui fut vivement réfuté par la White Star et ne semble pas être vrai.

Le véritable événement devait cependant se produire lorsque le *Carpathia*, retardé par le brouillard et des rafales de pluie – un temps de printemps caractéristique de l'Atlantique nord –, arriva à New York avec les rescapés, le soir du jeudi 18 avril. Les rumeurs, cependant, continuaient d'aller bon train, alimentées par les ondes et les articles de journaux. On racontait que tel ou tel personnage célèbre était sur le *Titanic*, on décrivait le navire et ses installations, on cherchait à préciser les listes des rescapés (les passagers par ordre de classe puis l'équipage) envoyées par le *Carpathia* via l'*Olympic* et le *Chester*.

Les nouvelles restrictions imposées par Rostron s'expliquent par le souci légitime de donner l'absolue priorité à l'énumération des survivants et aux messages qu'ils pouvaient adresser à leurs familles. Le commandant ne pouvait toutefois maîtriser les communications qui parvenaient au *Carpathia,* dont beaucoup étaient douteuses. Guglielmo Marconi, le grand inventeur de la télégraphie sans fil, fit plusieurs apparitions devant la commission américaine, qui se montra envers lui bien plus sévère que les Britanniques. Ayant déclaré au début que l'on n'avait envoyé aucun message au *Carpathia,* il changea ensuite d'avis. Rappelé le neuvième jour, il dit avoir vérifié ses registres et découvert qu'il avait adressé un message à son opérateur radio, transmis à 3 h 15 le matin du 18 avril et signé de sa main. Celui-ci disait : « Télégraphiez immédiatement nouvelles... Si impossible, demandez commandant pourquoi interdiction de transmettre nouvelles. » Il assura n'avoir obtenu aucune réponse mais Harold Bride affirma le contraire. Il semble tout à fait incroyable que Marconi ait pu « oublier » un tel fait, étant donné l'impact sans précédent de la catastrophe et l'intérêt général qu'elle avait suscité, sans parler du rôle crucial qu'y avait joué la radio. Les explications qu'il offrit alors rendirent son manque de mémoire encore moins crédible :

– J'ai été, comme tout le monde, extrêmement surpris qu'aucune nouvelle ne nous parvienne et je m'en inquiétais beaucoup. Voilà pourquoi j'ai décidé ce jour-là (le 18 avril) d'envoyer ce message.

Le grand homme se garda bien de raconter la vérité sur les activités de sa société après la catastrophe. Néanmoins, le sénateur Smith, qui présidait la commission américaine, fit le reste : il obtint un récit plus complet des autres témoins, dont Cottam et Bride et quelques chroniqueurs. On apprit ainsi que plusieurs offres d'argent (environ huit) contre la publication d'une histoire furent repoussées avec dédain. D'autre part, des messages émanant du bureau de Marconi conseillèrent aux deux opérateurs de « se taire » devant la commission sénatoriale et de vendre plutôt leur récit à New York.

En outre, ce jeudi 18 avril, un représentant de Marconi appela l'Associated Press pour lui proposer une histoire exclusive fondée sur des renseignements reçus du *Carpathia.* L'agence accepta mais l'histoire n'arriva jamais jusqu'à ses bureaux. Lorsqu'on apprit que les deux opérateurs avaient effectivement vendu leurs récits au *New York Times*, Marconi expliqua avec condescendance qu'il estimait que les deux jeunes gens méritaient bien quelque argent de poche (comme s'il n'était pas responsable de leur modeste salaire). Le *New York Times* les paya 750 dollars chacun, et Bride reçut en outre 250 dollars d'un journal londonien qui acheta les droits anglais de son histoire.

Ce fut Frederick M. Sammis, ingénieur en chef chez Marconi aux États-Unis, qui suggéra aux deux opérateurs d'exploiter le drame qu'ils avaient vécu en profitant de l'enrichissement sans précédent que connaissaient les journaux grâce à cette catastrophe exceptionnelle. Sammis avoua aussi être heureux d'aider deux employés mal payés (respectivement, 4 livres et 4,10 livres) à mettre un peu d'argent de côté. Comme il n'existait pas de loi en Amérique contre de telles pratiques, on ne retint aucune charge contre lui. Sammis conseilla même aux deux jeunes gens de se rendre au *Strand Hotel,* près du quai de la Cunard, à Manhattan, devenu temporairement le quartier général du *New York Times,* et qui assurait alors la plus grande opération de couverture du journalisme moderne.

Les relations que cultivait le rédacteur Van Anda avec Marconi payèrent magistralement... comme le fit d'ailleurs son carnet de chèques bien rempli. Le journal téléphona à Sammis pour lui demander l'exclusivité du récit des opérateurs, qu'il obtint grâce à l'appui personnel de Marconi. Il embarqua discrètement avec lui un reporter du *Times* et demeura présent lorsque Bride se fit interviewer sur le bateau. Cottam lui aussi accorda au journal une interview alors qu'il était encore à bord. Ainsi, ce 17 avril, jour du premier grand reportage sur la tragédie du *Titanic,* le *New York Times* fit-il un énorme pied de nez à ses concurrents. Ceux-ci protestèrent vigoureusement et le sénateur Smith ne se montra pas moins virulent. Ils attaquèrent Marconi en justice ainsi que le *Times* pour détournement d'informations d'intérêt public dans un but lucratif. Le *Times* répliqua par des attaques si violentes à l'encontre de Smith qu'elles rebondirent aussitôt pour être ensuite abandonnées.

Des scènes de chaos, auxquelles la presse était loin d'être étrangère, attendaient le *Carpathia* lorsqu'il pénétra dans le vaste complexe portuaire de New York. Un cordon de deux cents hommes, renforcé par la police montée et quelques officiers en civil chargés de prévenir les vols, interdisait au public et à la presse l'embarcadère de la Cunard. Seuls deux proches parents de chaque rescapé, soigneusement identifiés, étaient autorisés à attendre sur le quai. Les autorités eurent la délicatesse de supprimer les formalités de douane et d'immigration, d'ordinaire si pénibles lors de l'entrée aux États-Unis. Pourtant, malgré l'absence de projecteurs et de micros, la scène avait tout d'un spectacle médiatique avec les journalistes hurlant leurs questions, les cameramen se jetant contre les barrières de police, les flashes au magnésium crépitant de partout et les gens se bousculant pour mieux voir ce qui ne se passait pas encore.

Ce fut sans aucun doute l'événement le plus sensationnel en son genre de l'histoire du journalisme ; l'essentiel étant, semblait-il, de montrer au monde la machine de presse la plus sophistiquée et la plus compétitive, grâce aux téléphones, aux téléscripteurs et autres technologies de pointe pour reportages brûlants. Cependant, la Cunard déclara qu'elle ne tolérerait aucun journaliste sur le bateau.

Comme il émergeait de l'Ambrose Channel pour entrer dans Lower New York Bay, le *Carpathia* se vit soudain cerné par une multitude d'embarcations plus ou moins officielles, dont le bateau pilote, toutes bourrées de reporters. Certains d'entre eux durent regretter leur initiative car il pleuvait et ventait, et la mer était agitée. Un seul parvint néanmoins à se hisser à bord du bateau pilote. Plusieurs milliers de personnes s'étaient agglutinées dans Battery Park, à la pointe sud de Manhattan, afin de voir le navire entrer dans l'Hudson River, sur le côté ouest de l'île.

Le *Carpathia* passa lentement devant le quai n° 54 puis s'arrêta le long de l'embarcadère n° 59 de la White Star, où il mit à l'eau les treize canots de sauvetage du *Titanic* (délestés durant la nuit de tout ce que l'on pouvait y dérober ; ce qui ne suffit pas car le nom même du bateau fut arraché de chaque coque le lendemain). Une autre foule patientait sur le quai de la Cunard, où le *Carpathia* accosta avant d'être solidement amarré. Il était 21 h 30.

Lorsque ses passagers réguliers eurent débarqué après ce retour imprévu à New York, les rescapés de la première classe débouchèrent par la coupée avant, pour la plupart étrangement vêtus avec ce que les autres avaient pu leur offrir. Ils furent accueillis par leurs parents ou amis, au milieu d'une mêlée quasi hystérique. Puis, en émergeant dans le grand hall qui faisait face au quai, ils tombèrent sur une cohue de journalistes auxquels s'ajoutaient un bon nombre d'inconnus ayant réussi à s'infiltrer dans la salle. Quelques passagers, dont les membres de la Philadelphia Railroad, furent emmenés en limousine ou en taxi vers des trains privés. D'autres furent raccompagnés jusqu'à leur habitation de New York ou dans des hôtels de luxe. Certains, dont le commandant Arthur Peuchen, descendirent au *Waldorf Astoria*, ce qui facilitait les choses car, dès le lendemain, allait s'ouvrir dans cet hôtel la commission sénatoriale américaine.

Le sénateur William Alden Smith, qui devait la présider, était arrivé à New York par le train, mais trop tard pour monter sur le *Carpathia* au moment où celui-ci entrait dans le port ; il dut attendre que le navire soit à quai pour se faire escorter à bord. Son premier réflexe fut de trouver J. Bruce Ismay pour une demi-heure d'entretien privé.

Les passagers de deuxième classe, qui débarquèrent peu après, trouvèrent aussi, pour la plupart, où se rendre une fois à terre. On ne peut en dire autant des malheureux de troisième classe ; la quasi-totalité d'entre eux avaient perdu tout ce qu'ils possédaient dans le naufrage et ils durent chercher assistance auprès de la mairie ou d'associations charitables. Les employés de l'immigration s'intéressèrent plus spécialement à ces rescapés sans ressources car beaucoup d'entre eux étaient partis avec l'intention de s'installer aux États-Unis. Cependant, on leur épargna les procédures habituelles de douane, qui imposaient un transit à Ellis Island, dans le port de New York. Sept inspecteurs montèrent à bord afin de les contrôler tandis que leurs parents et amis proches recevaient des instructions et de l'argent pour voyager. D'autres furent installés dans des hôtels.

Bientôt les aides financières arrivèrent d'un peu partout. Le maire de New York établit sans attendre une caisse de secours qui réunit plus de 161 000 dollars. Le journal *New York American* et le Comité d'assistance des femmes ajoutèrent 100 000 dollars à faire distribuer par la Croix-Rouge américaine. À bord du *Carpathia,* les rescapés de la première classe avaient formé leur propre comité et réuni un total de 4 360 dollars destiné aux membres d'équipage (dont Rostron et ses officiers). Cette caisse, qui finit par atteindre la somme de 15 000 dollars, fut bientôt gérée par J. P. Morgan lui-même.

D'autre part, les rescapés achetèrent pour Rostron une timbale d'argent et firent frapper 320 médailles pour son équipage : d'or pour les officiers, d'argent pour les subalternes et de bronze pour les autres. Ils leur en firent présent lorsque le *Carpathia* revint à New York, à la fin du mois de mai. La source de fonds la plus importante fut créée par le maire de Londres : la Caisse de secours du *Titanic* amassa en un an la somme de 413 200 livres et resta active pendant plus d'un demi-siècle. La distribution en fut supervisée par la municipalité de Londres.

Southampton, ville sinistrée depuis la disparition de tant de membres d'équipage du *Titanic*, créa sa propre caisse de secours. Le 17 avril, les listes des survivants commencèrent à s'afficher devant le siège de la White Star, sur Canute Road. Toutefois, parents et proches des victimes auraient sans doute préféré une énumération des disparus, qui ne devait être publiée que plus tard, lorsque tous auraient été identifiés. Les bureaux de la White Star, à Liverpool, furent également pris d'assaut par des gens avides d'informations tandis qu'en Angleterre et aux États-Unis on réagissait violemment au naufrage du *Titanic*.

Alors que le roi Georges V et le président Taft adressaient leurs condoléances aux familles des victimes, la presse britannique s'en prenait déjà à la trop grande vitesse du paquebot, à l'inefficacité des canots de sauvetage et à la fascination du gouvernement vis-à-vis de la technologie moderne. Il planait alors le sentiment général que l'humanité s'était surestimée et retombait de haut.

Le 19 avril, eut lieu un office commémoratif à la cathédrale Saint-Paul. Après la cérémonie, au cours de laquelle s'effondra Alexander Carlisle, concepteur des « Olympics » sous la direction de Pirrie, le *Daily Mail* obtint de lui un entretien exclusif. Carlisle révéla ainsi comment on avait ignoré son projet d'installer beaucoup plus de chaloupes sur le *Titanic.*

Cottam, opérateur radio du *Carpathia,* s'était rendu au *Strand Hotel* et au *New York Times* dès qu'il avait pu descendre à terre. Bride, quant à lui, resta se reposer sur le *Carpathia* avant d'être transféré dans un hôpital dès que le navire, après deux journées éprouvantes à quai, reprit, le 20 avril, son voyage interrompu vers la Méditerranée. Avant cela, le commandant Rostron avait fait réapprovisionner son bateau, déposé devant la commission américaine et envoyé à la Cunard son rapport officiel sur le sauvetage. La compagnie n'accepta d'ailleurs pas un centime de la White Star – attitude contrastant étrangement avec la mesquinerie de cette dernière, qui n'avait pas hésité à cesser tout paiement de solde à l'équipage du *Titanic.*

Peu de temps avant le départ du *Carpathia,* qui emmenait 743 passagers à son bord, le commandant Rostron, fidèle à lui-même, rassembla les membres de son équipage sur le pont principal pour les féliciter de leur efficacité durant le sauvetage et leur remettre les récompenses offertes par les rescapés.

Les réactions mesurées que l'on put noter dans la majorité des journaux britanniques à propos du naufrage – dont la couverture fut massive, parfois spéculative et souvent chargée d'erreurs – se démarquèrent du style adopté par la presse américaine. Le journal le plus influent du pays, le *New York Times*, ne se priva pas d'utiliser toutes les ficelles de la profession. New York devint le théâtre d'une nouvelle et féroce guerre de tirages, qui avait débuté avec l'adoption générale de la rotative à la fin du XIXe siècle, plus particulièrement entre les journaux de Joshua Pulitzer et ceux de William Randolph Hearst.

Anglophobe pathologique, ce multimilliardaire, par le

biais de son journal, le *New York American,* s'empressa de cracher son venin sur Ismay, l'« Anglais-avec-ses-airs-d'aristocrate », dont il avait fait son bouc émissaire. Dans un exemple aussi typique que monstrueux du « procès médiatique », il fit publier sa photo, auréolée des visages des veuves du *Titanic*, le tout surmonté du gros titre en caractères gras : « J. BRUTE ISMAY. » Le journal déforma également une brève conversation entre Hearst et lady Duff Gordon, pour en faire un récit à la première personne, « signé » par elle-même. Les audaces plus qu'indiscrètes des tabloïds britanniques, les pires que l'on puisse trouver aujourd'hui, paraissent bien anodines, comparées au traitement réservé à l'affaire du *Titanic,* dont le seul récit suffisait à satisfaire le lecteur le plus avide de sensations.

À New York, dès que la foule de badauds et de journalistes se dispersa, les 210 rescapés de l'équipage du *Titanic* ainsi que quatre officiers quittèrent le *Carpathia* par la coupée arrière, empruntée un peu plus tôt par les passagers de troisième classe. On les conduisit au quai n° 60, puis ils embarquèrent sur le *Lapland,* un paquebot appartenant à l'IMM Red Star Line. Les officiers eurent chacun droit à sa propre cabine. Tout en se félicitant de faire partie de la minorité des survivants, ces marins, qui n'aspiraient à présent qu'à rentrer chez eux, savaient qu'une autre épreuve les attendait : leur interrogatoire par les autorités. Pire encore, dès qu'ils en auraient terminé avec les Américains, ils se verraient confrontés à la commission britannique, dont l'esprit bureaucratique avait la réputation d'être redoutable.

Le sénateur Smith, nommé le 17 avril président de la commission américaine, agit sans attendre. Le jour même, les quatre officiers rescapés et douze membres d'équipage reçurent une convocation. Quinze autres hommes furent bientôt ajoutés à la liste des témoins avant que le *Lapland* n'appareille, le samedi 20 avril. Ce matin-là, alors que le navire se trouvait encore dans les eaux américaines, un remorqueur emmenant à son bord un officier fédéral lui intima l'ordre de stopper, et cinq autres membres d'équipage du *Titanic* furent retenus à New York pour se présenter devant les sénateurs. Ce fut une opération prestement menée par les Américains qui, alors, ne soupçonnaient pas à quel point le témoignage de ces hommes serait capital pour l'enquête. Lorsque la commission se déplaça ensuite à Washington, tous les témoins l'y suivirent.

En Grande-Bretagne, alors que le *Lapland* accostait à Plymouth, le 29 avril, les quelque 170 membres d'équipage du *Titanic* se retrouvèrent quasiment prisonniers des autorités. Une altercation, qui tenait du grotesque, débuta quand des agents du gouvernement et de la White Star, dont Harold Sanderson, montèrent à bord pour annoncer aux marins du *Titanic* qu'ils ne seraient autorisés à descendre que lorsque chacun aurait fait sa déposition. Des représentants du Syndicat des marins, s'étant vu refuser l'accès au navire, avaient réquisitionné un bateau et un mégaphone. Et, tandis que les marins prenaient place sur un tender pour être conduits à terre, le président du syndicat, Thomas Lewis, les exhorta à ne faire aucune déclaration sans la présence d'un conseiller juridique. Ainsi encouragés, ils refusèrent de coopérer et, après une absurde poursuite à travers le port, Lewis put monter à bord du *Lapland* pour rencontrer les hommes du *Titanic*.

Une fois à terre, ceux-ci se retrouvèrent confinés dans une salle d'attente de troisième classe, jusqu'à ce que le laborieux processus de récolte des premiers témoignages soit achevé. Une douzaine d'entre eux reçurent une citation à comparaître sur place, à Londres. On leur apporta des vivres et on leur installa des couchettes dans la salle même, pendant qu'une foule curieuse se massait à l'extérieur. Dès que l'un des hommes en émergeait pour se faire interroger, il ne manquait pas de se plaindre devant les badauds et les journalistes agglutinés derrière les portes.

À 18 heures, quelque 85 membres d'équipage, soit la moitié des hommes présents, avaient témoigné à temps pour prendre le train spécial qui devait les conduire à Southampton. Là, une foule énorme, qui avait assisté le matin à une cérémonie commémorative, accueillit le convoi avec une très vive émotion. Lorsque la seconde moitié des marins rescapés arriva à Southampton, le public qui les guettait se montra plus calme.

À la fin d'avril, tous les témoins avaient donc été entendus à New York ou à Washington. Le dernier d'entre eux avait été Ismay, qui fut néanmoins rappelé le 30 avril avant d'être relevé de ses obligations. Ceux qui avaient été retenus aux États-Unis rentrèrent chez eux par petits groupes sur des bateaux de la White Star. Ismay repartit à bord de l'*Adriatic* et sa femme, Florence, le rejoignit le 10 mai à Queenstown, pour arriver le 11 à Liverpool. La foule chaleureuse qui l'accueillit là-bas lui apporta un peu de réconfort après les mauvais traitements dont il avait été l'objet en Amérique : de partout s'élevèrent des cris de sympathie et même quelques applaudissements.

Très vite, lorsqu'on annonça que l'*Asian* remorquait le pétrolier *Deutschland* vers Halifax, le bruit circula qu'il s'agissait de l'épave du *Titanic*. On se prépara à recevoir en grande pompe le navire et ses survivants, avant de tout annuler. Néanmoins, le port principal de la Nouvelle-Écosse et ceux de la côte est du Canada eurent la pénible tâche de récupérer en mer les cadavres des naufragés. La ville se trouvant plus proche que New York du lieu du drame, les agents de la White Star à Halifax affrétèrent un câblier britannique, le *Mackay-Bennett*, commandé par F. H. Lardner.

On eut recours à la John Snow & Company Limited, la plus grande entreprise de la région, ainsi qu'à une quarantaine d'embaumeurs, pour préparer les corps en vue des funérailles. D'autre part, Kenneth Hind, un chanoine anglican de la cathédrale de Halifax, monta à bord afin de célébrer un office à l'intention de ceux qui seraient immergés en haute mer. Le travail d'embaumement devait débuter sur le navire même avec la glace que transportait le réservoir remorqué par le bateau. Les membres d'équipage du *Mackay-Bennett* virent leurs gages doubler pour l'aide qu'ils fourniraient.

Enfin, le vaisseau, emportant une centaine de cercueils, prit la mer le mercredi 17 avril, deux jours et demi après le drame. On avait battu là un record de diligence et d'efficacité.

La position de Boxhall se trouvait à quelque 450 milles à l'est de Halifax. Le câblier, retardé par la tempête et le brouillard qui sévissaient presque en permanence dans les Grands Bancs, mit près de deux jours pour couvrir la distance. Comme il approchait de la zone du naufrage, vers midi, le vendredi, le capitaine Lardner envoya un message CQ, demandant à tous les bateaux alentour de signaler les corps ou les débris d'épave qu'ils apercevraient. Deux paquebots allemands, le *Rhein* et le *Bremen*, répondirent à son appel en lui indiquant une latitude de 42° N sur une longitude de 49° W, soit environ 30 milles à l'est-nord-est de la position de Boxhall. Ce fut suffisant pour Lardner, qui atteignit la zone à la nuit tombée.

Peu de temps après, du *Mackay-Bennett* qui avait stoppé ses machines, on commença à apercevoir des corps et des débris ; et, dès l'aube du samedi 20 avril, on retira des cadavres de l'eau, dont un garçonnet blond âgé d'environ deux ans, 4 femmes et 45 hommes. Deux douzaines de corps, non identifiables et défigurés, furent glissés dans des sacs lestés puis immergés en mer après un office funèbre. Les autres dépouilles, que l'on avait pu reconnaître à leurs effets personnels, furent marquées d'un numéro que l'on reporta ensuite sur un sac contenant les biens que chacun avait gardés sur soi. Enfin, dans un grand livre, on inscrivit face à chaque numéro la description du corps.

Le dimanche, on ne découvrit rien aux alentours mais, le lundi, aux premières lueurs du jour, on aperçut d'autres débris ainsi que des cadavres dans leur gilet de sauvetage. On repéra aussi le radeau repliable B, qui avait manifestement heurté un bateau car son revêtement était endommagé ; il flottait encore, retourné sur l'eau. Lardner décida de l'abandonner. Dans la journée, on retira encore 27 corps de la mer, dont l'un fut identifié comme étant le colonel J. J. Astor grâce aux initiales brodées sur le col de sa chemise. On découvrit aussi sur lui un mystérieux mouchoir portant les lettres A.V., 2 440 dollars et 250 livres en billets, ainsi que plusieurs objets en or (une boucle de ceinture, une montre, un stylo, des boutons de manchette et une alliance de diamants). La fortune de cet homme dépassait les 100 millions de dollars...

Beaucoup des cadavres retrouvés avaient sur eux deux ou trois couches de vêtements. Astor portait un costume de serge bleue, une chemise de flanelle et des bottes de cuir brun. Il semble étrange que cet homme, de toute évidence encore sur le paquebot après le départ du dernier radeau, ait pu mourir à proximité d'une des chaloupes. Il avait indubitablement péri au cours du naufrage ; mais ce corps était-il bien le sien ? Il ne faisait pas partie des passagers forcés de rester sur le repliable B jusqu'à ce que les canots n°s 12 et 4 viennent les récupérer.

Le lundi, 15 autres victimes non identifiées furent immergées en haute mer. D'autres navires retrouvèrent des corps, dont un à 25 milles à l'est de la position de Boxhall. On signala également un canot vide en bon état. Le mercredi, un épais brouillard empêcha toute poursuite des recherches ; cependant, le *Mackay-Bennett* s'arrangea pour rencontrer le *Sardinian*, où il récupéra de la toile et des sacs. Le bateau avait alors à son bord 80 dépouilles. Le jeudi, on arracha à la mer 87 autres corps.

Pendant ce temps, à Halifax, on avait affrété un deuxième câblier pour venir en aide au *Mackay-Bennett* : le *Minia* (dont le capitaine était W. S .G. de Carteret). Après avoir embarqué une autre cargaison de cercueils fabriqués d'urgence, le navire prit la mer un peu avant minuit, le lundi 22 avril. Il lui fallut trois jours pour atteindre la zone de recherches, où les deux équipages joignirent leurs forces. Le vendredi suivant, ils se séparèrent, le *Mackay-Bennett* retournant à Halifax avec 190 corps, après en avoir immergé 116. Il accosta au quai de la Marine, le matin du 30 avril. À son arrivée, les cloches sonnaient le glas, les drapeaux étaient en berne et, à l'entrée de chaque échoppe, de chaque bureau, on avait disposé un ruban noir.

Des fourgons mortuaires emportèrent les cercueils jusqu'à la patinoire publique de Mayflower, à moins d'un kilomètre de là. Les autorités de la ville avaient eu, parmi d'autres attentions, celle de faire installer des alcôves pour l'embaumement et offrir aux familles des victimes un peu d'intimité tandis qu'elles venaient reconnaître les corps. Même dans la mort, on avait donné priorité aux premières et deuxièmes classes en leur réservant une centaine de cercueils. Les dépouilles des passagers de troisième classe et de l'équipage se trouvaient simplement dans des linceuls de toile.

Le *Minia*, gêné par le mauvais temps, ne rentra que le 6 mai, avec seulement 15 corps à bord, dont celui du magnat des chemins de fer canadiens, Charles M. Hays. Deux membres d'équipage non identifiés avaient été immergés en mer. Le 3 mai, le gouvernement canadien envoya le *Montmagny*, un navire de surveillance de la pêche, pour assister le *Minia* dans ses recherches. Il récupéra 4 cadavres, dont un fut abandonné à la mer, puis rentra à Halifax le 13 avant de repartir le lendemain matin, pour ne retrouver en cinq jours aucune autre victime. Les dernières recherches furent accomplies par l'*Algerine*, un bateau que la White Star avait affrété à Saint-Jean de Terre-Neuve. On ne découvrit alors qu'un seul corps, celui d'un steward, le 328e à être arraché à l'eau.

209 dépouilles en tout furent ramenées à Halifax. Curieusement, ce nombre, ajouté aux 705 survivants récupérés par le commandant Rostron, donne un total de 914, qui correspond à celui des naufragés comptés dans les chaloupes par les témoins de la commission britannique. Une autre coïncidence, probablement, mais bien sinistre.

59 corps furent identifiés et emportés par les familles. On enterra les 150 autres à Halifax, la plupart dans un cimetière sans confession religieuse, celui de Fairview, où l'on peut voir aujourd'hui les longs alignements de tombes. Sur l'une d'elles, l'équipage du *Mackay-Bennett* fit spécialement graver une épitaphe à la mémoire d'un garçonnet de deux ans. Les catholiques furent enterrés à Mont Olivet, et les israélites au cimetière Baron de

Hirsch, après une invraisemblable vérification par le rabbin Jacob Walter, qui dut se résoudre à reconnaître plus tard que plusieurs des victimes n'étaient pas juives. Dix corps furent ainsi déplacés et examinés avec un tel zèle que l'on dut remplacer leurs cercueils endommagés.

Une foule énorme assista à chaque cérémonie, qu'elle fût anglicane, catholique, judaïque ou méthodiste. Les francs-maçons eux-mêmes envoyèrent leur représentant, ainsi que la marine et l'armée ; et, à Fairview, l'orchestre du Royal Canadian Regiment joua le cantique *Plus près de toi, mon Dieu.*

On célébra également des offices funèbres à Londres, dans la cathédrale catholique de Westminster, ainsi qu'à Belfast, Liverpool, New York et Paris. La bravoure exceptionnelle de l'orchestre du *Titanic*, qui avait joué jusqu'à la disparition totale du navire, suscita une réaction particulière. Le corps de Wallace Hartley, leur chef, fut rapatrié de Halifax à Liverpool le 12 mai par l'*Arabic*, un paquebot de la White Star. De là, un fourgon le ramena dans sa ville natale de Colne, où on l'enterra dignement devant une foule nombreuse. Le cantique *Plus près de toi, mon Dieu* résonna longtemps à la mémoire de cet homme remarquable.

Le 24 mai 1912, près de 500 musiciens, recrutés parmi sept orchestres différents, jouèrent lors du concert donné en mémoire des victimes du *Titanic* à l'Albert Hall de Londres. Des commémorations laïques eurent aussi lieu au Metropolitan Opera de New York, au Royal Opera House de Covent Garden et dans beaucoup d'autres grands théâtres, des deux côtés de l'Atlantique.

Moins élégante et plus commerciale fut la participation, vers la fin avril, de plusieurs membres d'équipage du *Titanic* à un spectacle de music-hall de Washington, alors qu'ils étaient retenus dans cette ville par la commission d'enquête. Rappelons que ces hommes s'étaient vu supprimer leurs gages par la White Star, à compter du jour du naufrage, le 15 avril à 2 h 20 du matin. Ce qu'ils recevaient du Sénat américain en tant que témoins leur donnant à peine de quoi vivre, ils saisissaient la moindre occasion pour gagner un peu d'argent. Ailleurs, les compagnies cinématographiques rafistolaient et montaient ensemble tous les bouts de film qu'elles pouvaient trouver, y compris des animations, afin de les montrer dans les cinémas.

Nous avons déjà parlé des cartes postales et des films montrant l'*Olympic* sous toutes ses formes ; mais le nom du *Titanic* ou une image du paquebot apparaissaient maintenant sur tout ce qui pouvait se vendre : du papier à musique aux boîtes de biscuits, en passant par les assiettes ou les vases. On édita plus de 300 chansons commémoratives dans plusieurs langues, la plupart étant d'un goût exécrable ou d'une mièvrerie déplacée. On exploita jusqu'au bout la grande tragédie maritime.

L'une des premières conséquences visibles de la catastrophe fut le réflexe presque immédiat des plus importantes compagnies maritimes, dont la White Star : ajouter à bord de leurs navires des chaloupes assez nombreuses pour tous les passagers. Le mouvement démarra en quelques jours, personne ne jugeant utile d'attendre les résultats des enquêtes pour savoir de quel côté soufflait le vent de l'opinion publique.

Néanmoins, ces mesures n'empêchèrent pas une révolte sur l'*Olympic*, le 24 avril 1912. Quelque 284 soutiers, qui jusque-là ne s'étaient jamais inquiétés des chaloupes ou de leur maniement, refusèrent de travailler et débarquèrent juste avant le départ du navire pour New York. Leur colère ne venait que de leur appréhension quant aux normes des 40 radeaux repliables de type Berthon que l'on avait installés à la hâte sur l'*Olympic* après le naufrage de son frère jumeau. Le capitaine Clarke, du Board of Trade, les certifia en état de naviguer le 22 avril mais, lorsqu'on débarqua 16 d'entre eux sous prétexte qu'ils étaient superflus (le bateau étant loin de sa charge maximum), les soutiers en conclurent que les radeaux n'étaient pas sûrs et demandèrent en vain qu'on les remplace par des canots conventionnels.

La White Star, qui savait y faire avec la main-d'œuvre, parcourut la région, engagea 100 hommes à Portsmouth, et en fit venir 150 par train spécial de Liverpool et de Sheffield. Pendant ce temps, l'*Olympic*, avec ses passagers à bord, partit s'ancrer en mer dans la Solent pour empêcher les autres membres d'équipage de quitter le navire. Afin de rassurer ces derniers, le capitaine Clarke ordonna de tester une nouvelle fois les chaloupes, le matin du 25 avril ; la manœuvre échoua, cependant, car, en l'espace de deux heures, on ne parvint à mettre à l'eau que quelques-unes d'entre elles. On abandonna ensuite tout essai lorsque certains passagers commencèrent à s'intéresser à ce qui se passait sur le pont. À 22 heures, un remorqueur vint charger sur le paquebot des canots de remplacement, mais 53 autres hommes d'équipage, pour la plupart des matelots, profitèrent de la présence du bateau pour quitter l'*Olympic* car ils n'avaient nulle confiance en l'équipe de soutiers non syndiqués qu'on leur imposait.

Le commandant Haddock ordonna alors aux nouveaux mutins de remonter à bord. Les tentatives de négociation de M. Lewis, du Syndicat des marins, échouèrent elles aussi. Et, quand les hommes refusèrent de reprendre le travail, Haddock, furieux et humilié, appela à l'aide le commandant W. E. Goodenough, du croiseur *Cochrane*. La Royal Navy elle-même, tout en menaçant de lancer une charge contre les révoltés, ne put rien contre eux. Toutefois, ni d'un côté ni de l'autre on n'utilisa la force : les hommes d'équipage restèrent calmes tout en refusant d'obéir aux ordres des officiers.

Lorsque le remorqueur atteignit Southampton, le 26 avril, les 53 marins se virent accusés de mutinerie par la police et traduits devant la justice locale, qui les garda jusqu'au 30. Le voyage de l'*Olympic* fut annulé et les passagers évidemment dédommagés. Le 5 mai, les magistrats déclarèrent les mutins coupables, sans toutefois les punir, ce qui constitua une rare démonstration de bon sens. Il est clair que la crainte d'une réaction publique se cachait derrière cette sage décision. L'*Olympic* ne reprit la mer que dix jours plus tard, après s'être procuré assez de chaloupes pour tout le monde et avoir reconstitué un équipage entièrement professionnel, les deux mesures étant approuvées par le syndicat.

Horatio Bottomley (1860-1933), journaliste, financier, politicien, charlatan et stéréotype du self-made man tout à la fois, sut mieux que la White Star manipuler l'opinion publique. Avec l'instinct caractéristique de ceux qui misent sur les craintes et les désastres, Bottomley, en novembre 1910, avait attiré l'attention sur le fait que l'*Olympic* ne transportait que 14 chaloupes à bord (plus 4 radeaux repliables et 2 barques de secours). Éconduit selon les plus pures traditions ministérielles britanniques, avec la simple réponse que le nombre des canots excédait le minimum requis, Bottomley s'entêta dans son idée en s'exprimant longuement dans *John Bull,* l'hebdomadaire populaire qu'il avait lancé avec succès en 1906.

En février 1911, à la Chambre des communes, il repartit de plus belle en posant une question dont il connaissait déjà la réponse : de quand datait la réglementation sur les embarcations de sauvetage ? De 1894. Le responsable du Board of Trade lui assura alors que le problème des chaloupes avait été confié à une commission. Celle-ci, dont l'un des conseillers n'était autre qu'Alexander Carlisle, retraité de Harland & Wolff mais encore administrateur de Welin, la manufacture qui fabriquait les bossoirs, se réunit deux fois, pour n'aboutir à aucune conclusion.

Dès le 16 avril 1912, Bottomley revint à la charge en demandant quelle était la capacité exacte des canots du *Titanic* et quelle proportion du nombre officiel de passagers ils représentaient ; ce qui n'était qu'une des nombreuses questions que posait déjà la Chambre des communes. Pour préparer la réponse, le représentant du Board of Trade amassa une pile de documents provenant de sources multiples, constituant de la sorte les dossiers qui nous fournirent plus tard une quantité d'informations et de détails sur la catastrophe.

Ainsi nous sont parvenus les échos d'une discrète querelle diplomatique entre Londres et Washington à propos de l'enquête sénatoriale, qui avait débuté le lendemain de l'arrivée du *Carpathia* avec ses rescapés. Il était question d'un navire britannique disparu en mer, propriété d'une compagnie britannique, sous les ordres d'un commandant britannique et servi par un équipage tout aussi britannique ; qu'en était-il de la juridiction américaine ? Mais le *Titanic* appartenait en réalité à un conglomérat américain, protesta la partie américaine ; il faisait route vers New York avec, à son bord, une majorité d'Américains en première classe (dont quelques très éminents citoyens) et un entrepont de troisième classe bondé de passagers émigrant vers l'Amérique. Le Sénat n'eut aucun mal à faire légitimer cette juste vision des choses par les hommes de loi.

Les lettres de C. W. Bennett, consul général de Sa Majesté à New York, révèlent une étude approfondie des événements. Dès le 19 avril, il écrivit à sir Edward Grey, ministre des Affaires étrangères :

Pendant toute cette pénible période, et surtout les deux premiers jours, le public a été profondément choqué de voir quel mauvais usage de la radio ont pu faire les amateurs... [qui] à l'aide de moyens illégaux ont relevé des parties de messages qu'ils ont collées à d'autres, pour en faire des annonces totalement fausses. Dans un cas, notamment, il est indubitable qu'un message a été fabriqué de toutes pièces : celui prétendument adressé par M. Phillips, l'opérateur radio du Titanic, *à sa mère, qui précisait que tout allait bien et que le navire continuait sa route vers Halifax. Jamais un tel message n'a été envoyé du* Titanic.

La presse américaine a réagi de façon très violente devant ce désastre et a publié à ce sujet les déclarations les plus folles et les plus mensongères sans même chercher à les justifier. La principale cible fut M. Bruce Ismay, dont la conduite a été fort injustement critiquée... Comment ne pas soutenir M. Ismay après la façon dont il a été traité [par le Sénat comme par la presse] ?

Le consul général fit chaque jour un rapport long et circonstancié des audiences, sans omettre les coupes sombres du *New York Sun,* qui semble en avoir assuré la couverture la plus importante. Bennett fit preuve d'une grande finesse. Déjà, le 16 avril, parmi toutes les rumeurs contradictoires, il proposait un chiffre de 1 600 disparus. Il suggéra que l'enquête obligatoire du ministère du Commerce (le Board of Trade) se tienne à Londres « non pas dans l'idée d'éviter du travail » au consulat mais parce qu'il serait impossible de garder pendant deux semaines ou plus des témoins à New York ; il ignorait alors les projets de citation à comparaître du sénateur Smith.

Le 17 avril, Bennett proposait de réviser la réglementation plus que négligée sur les canots de sauvetage. Le consul général avait aussi des antennes politiques. L'attaché naval à l'ambassade britannique de Washington, le capitaine C. H. Sowerby, de la Royal Navy, fut alors chargé d'observer la commission d'enquête américaine. Il ne tarda pas à conclure que les motifs de celle-ci n'étaient pas d'empêcher un tel désastre de se reproduire mais de « trouver au plus vite un coupable ».

Pendant ce temps, le Board of Trade s'adressait ainsi, via sir Edward Grey, à l'ambassadeur britannique à Washington, le Rt. Hon. (Right Honourable) James Bryce, OM (Ordre du Mérite) :

Le ministère serait heureux de connaître les détails de l'enquête sénatoriale sur la disparition du Titanic, *qui était un paquebot britannique.*

Demandez aux dirigeants du Sénat de mener cette enquête selon les lois existantes ; ou une nouvelle loi serait-elle passée qui leur accorderait l'autorité nécessaire ? Des sujets britanniques sont-ils retenus aux États-Unis pour les besoins de l'enquête ?

Bryce était assez bon politicien pour comprendre que ses supérieurs de Londres seraient mal avisés de monter sur leurs grands chevaux en public. « Aux yeux de l'opinion américaine, la proposition [des témoins] de comparaître devant les sénateurs était la meilleure chose à faire », déclara-t-il au ministère des Affaires étrangères, le 22 avril. Cependant, en privé, l'ambassadeur adopta l'attitude ironique de la bureaucratie britannique. « La façon dont ils mènent cette enquête est tellement inefficace qu'ils risquent de se discréditer aux yeux du public, qui finira par y perdre tout intérêt », fit-il remarquer sans beaucoup de réalisme, le 23 avril.

Néanmoins, dès le 17 avril, le Sénat avait pris sa décision et formait une sous-commission spéciale à la commission du Commerce, avec tout pouvoir d'enquêter, de déterminer les responsabilités de chacun et de recommander une nouvelle législation pour prévenir la répétition d'une telle catastrophe. Cette sous-commission pouvait aussi prendre des mesures internationales, instaurer de nouvelles normes de sécurité, imposer des restrictions sur le nombre des passagers d'un paquebot ainsi qu'une inspection obligatoire des navires.

Le 21 avril, un certain Charles W. Jones, de Liverpool, écrivait au ministre des Affaires étrangères, lui donnant un avant-goût de l'opinion publique dans cette ville :

Le bruit court ici ce soir que M. Bruce Ismay s'est donné la mort à New York... Si cela est vrai, tout porterait à croire que la tension nerveuse engendrée par ces derniers jours lui a fait perdre l'esprit... Une tension qui s'est extrêmement accrue lors du très brutal interrogatoire que lui a fait subir la commission d'enquête des États-Unis. Qu'un sujet britannique, gentleman anglais de surcroît, ait pu essuyer un tel affront indigne les habitants de Liverpool ; c'est donc très humblement que je vous demande d'intercéder en sa faveur auprès du gouvernement américain.

Le 24 avril, Bryce déclara avoir discuté de l'enquête avec le président Taft, affligé par la mort du commandant Archie Butt, disparu avec le *Titanic*. Taft, qui avait envoyé ses croiseurs, le *Chester* et le *Salem,* escorter le *Carpathia* vers New York et avait su écarter la presse de ces bâtiments de guerre, pensait que le sénateur Smith poursuivrait l'enquête tant qu'il pourrait en tirer quelque gloire personnelle. Bryce admettait parfaitement que Taft puisse qualifier Smith de maniaque avide de publicité. Comme nous le verrons plus loin, c'était le sous-estimer.

Dans les dossiers réunis respectivement par les ministères des Affaires étrangères et du Commerce, on trouve aussi des informations concernant le fameux « mystérieux bateau », si souvent aperçu durant la nuit du drame. On enquêta sur tous les navires arborant une cheminée dont le sommet peint en noir laissait apparaître une bande blanche décorée d'un étrange signe. Les recherches s'étendirent des ports de Terre-Neuve vers les côtes est de l'Amérique et du Canada, pour se poursuivre en Scandinavie, en Allemagne, aux Pays-Bas, en Belgique, en France, en Italie et en Russie. Les dossiers ne font aucune mention de l'Angleterre, où l'on avait pourtant le plus de chances d'aboutir à un résultat. Le *Saturnia*, par exemple, ne semble pas avoir fait l'objet d'une investigation, et il n'est finalement rien ressorti de cette chasse.

On ne peut en dire autant de l'enquête du sénateur Smith, dont on reconnut très vite l'envie d'embarrasser le gouvernement britannique. Selon les Anglais, Smith était un tirailleur, parfaitement ignorant de la discrétion à observer devant certaines révélations pénibles ; une discrétion dont on savait, au contraire, faire bon usage à Whitehall et à Westminster. Et le pays qui avait mis au monde un personnage aussi imbu de gloire que Bottomley n'était donc pas en position d'attaquer le sénateur sur sa soif de publicité.

8

LES AUDIENCES DU SÉNAT

L'enquête américaine sur la disparition du *Titanic* fut effectivement un one-man show. Le sénateur William Alden Smith, républicain du Michigan, membre de la commission du Commerce, prit la parole le mercredi 17 avril 1912 pour proposer la création d'une sous-commission spéciale d'enquête. Ce matin-là, l'ampleur du désastre était devenue tout à fait claire, même s'il manquait encore des détails, et la résolution n° 283 du 62e congrès, deuxième session, fut votée à l'unanimité. Son auteur fut alors nommé président, et on élut six sénateurs de plus à la commission, soit trois démocrates et trois républicains. Le sénateur Francis G. Newlands, du Nevada, se retrouva vice-président.

Aucun de ces juristes ne s'y connaissait spécialement en affaires maritimes, mais Smith profita des conseils de l'inspecteur général du Service d'inspection des vapeurs du Département du Commerce et du Travail, George Uhler.

Décidé à ne pas perdre une minute, Smith agit avec une remarquable rapidité. Aussitôt après le vote, il consulta le ministre de la Justice des États-Unis pour s'assurer qu'il aurait tout pouvoir d'empêcher les témoins britanniques de rentrer chez eux, puis il appela le président Taft à la Maison-Blanche. Enfin, l'après-midi du 18 avril, il se précipita à Union Station pour attraper le train de New York.

La désignation de Smith à la tête de la commission entraîna de vives polémiques, qui se poursuivirent jusque après l'enquête, des deux côtés de l'Atlantique. Rappelons-nous l'approche férocement partisane des journalistes américains, pour la plupart hostiles au sénateur. De leur côté, les Britanniques réagirent avec force sarcasmes, mépris et xénophobie. N'avait-on pas là un politicien américain issu d'un trou perdu, chargé d'enquêter sur la disparition d'un navire de fabrication anglaise, et retenant chez lui des témoins britanniques avant même que l'Angleterre n'ait eu le temps de créer sa propre commission ?

Nous avons déjà évoqué les railleries hautaines des officiels britanniques, incapables de s'accoutumer à la franchise américaine et à son ardeur à saisir les problèmes à bras-le-corps. Mais l'urgence et l'envergure de l'enquête, malgré une gestion plutôt fantasque qui oscillait entre une parfaite ignorance des petits détails et une inquisition impitoyable, reflétaient l'ampleur de la catastrophe et le désir impérieux du public de connaître les causes exactes de cette épouvantable tragédie.

Cela n'influença en rien la commission britannique qui fut créée par la suite. Dans une atmosphère radicalement différente, elle garantit au moins l'étude approfondie de certaines questions qui auraient pu être négligées ou ignorées : chaque audience américaine était rapportée dans le détail par la presse britannique. D'autre part, les Anglais prirent certainement une avance sur les Américains en suggérant de condamner l'attitude du commandant Lord et d'améliorer la sécurité en mer.

La différence fondamentale entre les deux commissions repose sur leurs motifs respectifs : les Américains cherchaient quelqu'un à blâmer alors que les Britanniques désiraient établir l'historique des événements afin d'éviter une nouvelle tragédie de ce genre. La commission américaine était dirigée par des politiciens, alors que la commission anglaise était conduite par des hommes de loi et des experts techniques.

Entré en 1906 au Sénat, Smith y avait accompli un mandat complet de six ans, après avoir été onze ans député dans un district du Michigan. Né en 1859 à Dowagiac, une petite ville située sur la côte sud-est du lac Michigan, il mena une carrière classiquement américaine. Garçon brillant issu d'un milieu assez pauvre, forcé de subvenir aux besoins de sa famille en travaillant après ses heures d'école, il parvint à entrer à l'université de droit pour devenir plus tard avoué à Grand Rapids, dans le Michigan.

Populiste et un peu démagogue, il se présentait lui-même comme un homme du peuple non contaminé par les grands centres du pouvoir, que ce soient le monde des affaires ou Washington. Bien que républicain, il se voulait indépendant, refusant de prendre parti dans le grand schisme de 1912 entre Taft et son prédécesseur, Theodore Roosevelt. Mais Smith était apparemment d'accord avec les deux hommes sur une question importante : il était opposé aux trusts surpuissants, particulièrement celui de Morgan, le plus important de tous.

Il va sans dire que Smith espérait pouvoir prouver qu'il y avait eu négligence de la part de la White Star, compagnie britannique pour la forme, dirigée par un Ismay indiscutablement britannique, pour que les victimes du désastre puissent intenter des actions en justice devant des tribunaux américains. Il se présenta alors comme le tribun du peuple et s'efforça certainement d'agir en ce sens. Cependant, son ardeur à blâmer les Britanniques le mena aussi à surestimer le rôle de l'Américain J. P. Morgan, qu'il considérait comme le promoteur d'une violente et inéquitable compétition sur la route de l'Atlantique nord. L'aspect « financier impitoyable » de Morgan, toujours prêt à dispenser ses largesses envers des hommes politiques, tels que Taft ou Theodore Roosevelt (ou le sénateur Smith lui-même) afin d'exercer son influence, se retourna contre lui. Smith le crédita d'un pouvoir qu'il ne possédait peut-être pas.

Le 18 avril au soir, en arrivant à New York, alors que le *Carpathia* accostait au quai n° 54, le sénateur se fit conduire en taxi directement au navire. Sans attendre, il se présenta à la cabine du médecin de bord, où un Ismay épuisé s'entretenait déjà avec le vice-président d'IMM, Philip A. S. Franklin, arrivé dix minutes plus tôt. Au bout d'une demi-heure à peine, Smith débarqua pour raconter aux journalistes, à dessein peut-être, qu'il n'envisageait aucune sorte d'obstruction à son enquête de la part des Britanniques ou des représentants de la White Star. Puis il se rendit au *Waldorf Astoria,* où il devait ouvrir l'enquête dès le lendemain matin.

La grande salle Est de l'hôtel grouillait de monde. D'ordinaire utilisée pour les banquets ou les conférences, elle était meublée pour ce genre de circonstance. La sous-commission avait pris place d'un côté de la longue table centrale, Smith trônant au milieu des sénateurs réunis et chaque témoin se tenant à l'extrémité. À la gauche de celui que l'on interrogeait se trouvait un sténographe. Alignés debout le long des murs, coude à coude, les journalistes avaient à peine la place d'écrire. Officiels, avocats et témoins siégeaient assis aux autres tables ou sur des chaises en rangs serrés. Quant aux photographes, ils avaient l'autorisation de prendre des clichés des témoins chaque fois que l'un d'eux venait s'asseoir à la table principale. Sur l'un des murs était affiché un plan du *Titanic*.

Selon la résolution n° 283, le rôle de la sous-commission était de déterminer à qui incombait la responsabilité du désastre « dans le but de prévenir toute répétition de ce drame ». Les sénateurs devaient enquêter particulièrement sur « le nombre des chaloupes, des radeaux et des gilets de sauvetage, ainsi que tout autre équipement destiné à la protection des passagers et de l'équipage ; sur le nombre de personnes à bord... et l'efficacité des inspections ». Ils devaient aussi étudier la possibilité d'accords internationaux sur la protection du trafic maritime et recommander l'instauration d'une législation en ce sens. En d'autres termes, le sénateur Smith avait carte blanche pour examiner tous les aspects de la catastrophe, soutenu en cela par le pouvoir légal d'assigner à comparaître tout individu susceptible d'apporter un témoignage.

Le premier témoin fut J. Bruce Ismay, quarante-neuf ans, que l'on autorisa à faire une brève déclaration avant de se soumettre à l'interrogatoire du sénateur Smith. Pâle et fatigué, Ismay exprima sa douleur devant tant de pertes humaines et annonça qu'il n'avait « rien à cacher ». Le paquebot disparu était le « dernier cri en matière de navigation » et, pour sa construction, personne n'avait reculé devant les dépenses.

Sa première apparition devant la commission fut, heureusement pour lui, très rapide. Ismay donna les vitesses du bateau en tours-minute : 70 de Cherbourg à Queenstown, 72 le deuxième jour, 75 le troisième, que l'on n'avait ensuite jamais dépassés. Officiellement, la vitesse maximum des machines était de 78 mais elles auraient sans doute pu monter jusqu'à 80. Les cinq chaudières à sortie unique n'avaient pas été allumées, mais : « Il était dans nos (*sic*) intentions, si le beau temps persistait lundi après-midi ou mardi, d'amener ce navire à donner son plein rendement. »

Ismay déclara avoir été le seul représentant de la White Star à bord. La société Harland & Wolff s'était fait représenter sur le *Titanic* par Thomas Andrews, disparu dans le naufrage. Ismay insista sur le fait qu'il n'avait « jamais » eu l'occasion de discuter avec le commandant de la vitesse du bateau. Mais il s'était arrangé avant le départ de Queenstown pour que le liner n'entre pas dans le port de New York avant 5 heures du matin, le mercredi 17 avril. Essayant de passer sous silence le fait que le paquebot tentait alors de battre un record transatlantique, Ismay ajouta :

– Le *Titanic* étant un navire en rodage, nous (*sic*) augmentions peu à peu sa vitesse.

Ils naviguaient alors sur la route sud-ouest.

Interrogé sur la question épineuse de sa fuite sur une embarcation de sauvetage alors que tant de ses clients, dont des femmes et des enfants, n'y étaient pas parvenus, Ismay répondit qu'au moment où il était monté dans le radeau, il n'y avait ni femme ni enfant aux alentours. Ainsi, « comme le radeau était sur le point d'être descendu à la mer, j'y suis monté ». Une fois sur l'eau, « nous avons distingué de la lumière au loin et, croyant qu'il s'agissait d'un bateau, nous avons ramé vers elle ». Il portait alors un pyjama, des pantoufles, une veste et un pardessus.

Quant à l'instant où le paquebot alla par le fond, Ismay assura ne pas l'avoir vu sombrer parce qu'il « ramait » en lui tournant le dos. La commission, ignorante en matière de navigation, ne trouva rien d'étrange à cette déclaration. Ismay devait être en train de pousser sur l'aviron et non de tirer (ce qui était possible car les rames étaient d'ordinaire utilisées par deux personnes, l'une faisant face à la proue, l'autre tournée vers la poupe.) Jetant un coup d'œil en arrière, il aperçut la lumière verte du *Titanic*.

– Je ne voulais pas le voir disparaître, dit-il. Il serait encore là aujourd'hui s'il avait heurté l'iceberg de front plutôt que de côté.

Les premières déclarations d'Ismay devant les sénateurs ne représentèrent pas un moment trop pénible, mais le pire restait à venir. Par la suite, il allait se retrouver parmi les quelques témoins cités une seconde fois car certaines révélations devaient donner une tout autre couleur à leur premier témoignage.

Après avoir commencé avec le candidat idéal pour jouer le rôle de bouc émissaire, la sous-commission appela son deuxième témoin, celui que beaucoup considéraient déjà comme le héros de la tragédie : le commandant Arthur Henry Rostron, qui avait hâte de reprendre sa traversée interrompue vers la Méditerranée. Imposant avec sa casquette blanche à galons dorés, sa redingote et ses deux décorations, le maître du *Carpathia* cita d'après son journal de bord les ordres qu'il avait donnés en recevant les appels de détresse du *Titanic*, puis il décrivit comment les rescapés arrivèrent sur son navire. Il ne vit qu'un cadavre dans la mer, celui d'un homme d'équipage, mais en hissa trois autres à bord, qui gisaient dans une embarcation.

Rostron déclara qu'il connaissait le commandant Smith depuis quinze ans mais ne l'avait rencontré que deux ou trois fois. Il estimait que l'officier avait choisi une route à la fois sûre et sage (mais il ne fit aucun commentaire quant à la vitesse de son paquebot). Lorsqu'on lui demanda pourquoi il y avait si peu de chaloupes sur les paquebots, Rostron expliqua :

– Les navires sont construits aujourd'hui pour être pratiquement insubmersibles et chacun d'eux est censé être un canot de survie à lui tout seul. Les canots, eux, sont censés être installés là en attente.

En entrant dans le port de New York, il avait fait abaisser à moitié les embarcations afin de pouvoir les mettre à flot le plus vite possible ; pour cela, il avait demandé par radio que des remorqueurs se tiennent prêts à les emmener. Il aurait eu, en effet, du mal à accoster avec ces canots supplémentaires qui encombraient le pont du *Carpathia*.

D'autre part, il avait ordonné qu'aucun message radio ne soit envoyé sans son expresse autorisation. Priorité fut donnée à la liste des passagers. Les noms des premières et deuxièmes classes avaient été adressés via l'*Olympic* et, lorsqu'on perdit le contact avec lui (sa radio avait une portée de seulement 150 à 200 milles), les noms des troisièmes classes furent transmis au *Chester*. La liste des hommes d'équipage rescapés passa en dernier. Quant aux messages privés des survivants, ils furent pris en compte au fur et à mesure de leur arrivée et télégraphiés dès que possible.

Ensuite, Rostron autorisa un signal à sa compagnie, la Cunard, un autre à la White Star et un troisième à l'Associated Press, chacun d'eux annonçant le drame sans le moindre détail. Le commandant ajouta que son opérateur radio n'aurait jamais capté l'appel de détresse si celui-ci était arrivé dix minutes plus tard car il s'apprêtait alors à se coucher. Le sénateur Smith déclara d'une voix forte :

– Votre conduite mérite la plus haute estime.

L'on permit ensuite à Rostron de rejoindre son navire,

qui appareilla à 16 heures, et l'audience fut interrompue pour le déjeuner.

Dans l'après-midi, Guglielmo Marconi (1874-1937), fils d'un marquis italien et d'une Irlandaise, fit une brève apparition. Il déclara avoir obtenu en 1897 ses premiers succès de télégraphie en mer. Son invention avait sauvé de nombreuses vies en janvier 1909 lorsque le paquebot de la White Star, le *Republic*, fut dramatiquement endommagé après avoir été heurté dans le brouillard par un navire italien, le *Florida*, près du bateau-feu de Nantucket. Le *Baltic,* ayant entendu le CQD, leur avait porté assistance pour secourir les 1 500 passagers (excepté un couple) et les marins des deux vaisseaux ; l'un des héros était Jack Binns, l'opérateur radio du *Republic*, qui vendit les droits de son récit et devint plus tard journaliste. Après cette déclaration, Marconi resta à la disposition des sénateurs pour d'autres interrogatoires.

Sa place au bout de la table fut prise par le deuxième officier, Lightoller, né dans le Lancashire, âgé de trente-huit ans, rescapé de l'équipage du *Titanic*. Titulaire d'un certificat d'officier de réserve, Lightoller passait pour un fier-à-bras, avec une carrière aventureuse derrière (et devant) lui. Sur les mers depuis l'âge de treize ans, il avait fait le tour du monde, tenté sa chance dans les mines d'or du Yukon et survécu à cinq naufrages et autant d'incendies de bateau. Malgré son courage durant la catastrophe du *Titanic*, une présence assidue lors des deux commissions d'enquête et une attitude remarquable durant la Première Guerre à la tête d'un destroyer de la Royal Navy lorsqu'il coula un sous-marin en l'éperonnant, jamais il ne se vit offrir le commandement d'un navire marchand. Sa retraite, prise avant la Seconde Guerre, ne l'empêcha pas de rejoindre Dunkerque dans un canot automobile, en juin 1940, alors qu'il avait soixante-sept ans, pour aider à l'évacuation de l'armée britannique.

La commission américaine avait déjà établi sa façon de procéder lorsque Lightoller prêta serment. Le sénateur Smith posait à lui seul la quasi-totalité des questions, ne faisant grâce d'aucun détail et revenant fréquemment sur des points déjà maintes fois détaillés. Le premier sujet qu'il aborda avec Lightoller, qui avait déjà servi sur l'*Oceanic*, fut celui des essais en mer du *Titanic*. Ceux-ci avaient duré sept heures en tout ; William Murdoch était encore second (et Lightoller, premier officier) lorsque le navire accosta à Southampton, pour l'inspection finale du capitaine Clarke. Lightoller décrivit d'ailleurs cet épisode comme une « nuisance » à cause de la façon « trop stricte » dont le travail avait été mené.

Les questions de Smith, bien que très agressives, ne firent qu'effleurer chaque sujet l'un après l'autre, compliquant ainsi la tâche des journalistes, qui avaient le plus grand mal à présenter un rapport cohérent sur les différents témoignages. Par manque de temps, aucune stratégie d'interrogatoire n'avait été mise sur pied. À la lecture de ce compte rendu, on garde l'impression d'une recherche avide d'informations peu sélective et avalant les faits au hasard des révélations. De temps en temps seulement, il semble que le sénateur Smith travaillait selon un agenda qui, bien qu'imprécis, lui indiquait une ligne à suivre. Certains thèmes paraissaient l'obnubiler ; il soupçonnait par exemple son « homologue de la marine » de s'être adonné à l'alcool en compagnie de ses officiers pendant le travail et d'avoir fait preuve de négligence. Il reprochait aussi aux autorités britanniques trop de souplesse vis-à-vis des règles de sécurité.

Lightoller estima avoir passé entre trente et soixante minutes dans l'eau, protégé par son gilet de sauvetage ;

il précisa que la température était de - 0,5° (niveau où la coque du *Titanic* était à son point le plus cassant) lorsqu'il sortit prendre son quart, à 22 heures. Il quitta au dernier moment le navire qui sombrait et raconta comment le radeau repliable B fut ôté du toit du carré des officiers avant d'être jeté à l'eau, où il se retourna. La cheminée avant choisit cet instant pour se briser et s'écraser dans la mer à « environ 10 centimètres du bateau » ; Lightoller disparut sous les flots avec le colonel Gracie, Harold Bride, M. Thayer et d'autres encore. Cependant, lui-même et Gracie furent sauvés par un conduit de ventilation dont l'air, repoussé par l'eau en furie qui s'engouffrait dans le navire, les avait violemment propulsés à la surface.

Finalement, une trentaine de personnes s'agrippèrent à la coque de l'embarcation retournée, parmi lesquelles Jack Phillips, le supérieur de Bride, qui trouva malgré tout la mort.

– À l'aube, le radeau était rempli de la proue à la poupe, dit Lightoller.

Il ajouta avoir aperçu des personnes dans l'eau après que le *Titanic* eut sombré, mais il précisa qu'elles se trouvaient à un demi-mille de lui (ce qui semble exagéré).

Lightoller dit aussi avoir estimé que les chaloupes pouvaient contenir un maximum de 25 personnes alors qu'elles étaient encore sous bossoirs. Il avait pris le risque de dépasser ce nombre car les canots étaient neufs (par la suite, la commission américaine ne dévoila pas que, après enquête, elle apprit que les embarcations pouvaient être descendues chargées à plein).

L'interrogatoire de Lightoller occupa la majeure partie de l'après-midi. Après une pause, l'audience reprit, pour durer jusqu'au soir, avec le témoignage de Harold Thomas Cottam, vingt et un ans, ancien opérateur radio du *Car-*

pathia, relevé de ses fonctions pour répondre aux questions.

Cottam déclara être payé 4 livres 10 shillings par mois, logé et nourri. Son équipement sur le *Carpathia* avait une portée maximum de 250 milles. Sur le point d'aller se coucher, le soir du drame, il avait pourtant gardé ses écouteurs car il attendait la confirmation de réception d'un message envoyé au *Parisian* ; ce fut alors qu'il entendit le CQD du paquebot en détresse. Le dernier message qu'il capta fut :

« L'eau atteint les chaudières dans la salle des machines. »

Dès cet instant, il n'avait cessé de travailler devant sa radio. Le mercredi soir, on lui amena Bride pour l'aider jusqu'à leur arrivée à New York.

Ne révélant toujours rien du plan de son enquête, le sénateur Smith appela ensuite Alfred Crawford, steward sur le pont B (première classe), âgé de quarante et un ans, originaire de Southampton, rescapé de la chaloupe n° 8. Il décrivit l'héroïsme d'un couple de gens âgés, Isidor et Ida Straus, qui avaient choisi de mourir ensemble en sombrant avec le *Titanic.*

Le commandant Smith lui-même s'affairait partout pendant que le premier officier Murdoch supervisait le chargement du canot n° 8 ; il ordonna personnellement à Crawford d'y monter afin d'aider à ramer :

– [Smith] nous a donné l'ordre de ramer jusqu'à une lueur qu'il avait aperçue, de débarquer là-bas les femmes et de revenir ensuite au bateau. Il s'agissait des feux d'un navire croisant au loin. Nous avons ramé et ramé, sans jamais atteindre ce point lumineux.

Environ 35 personnes se trouvaient dans la chaloupe

commandée par un marin tandis qu'une femme avait pris la barre. Il n'y avait aucun homme à bord, précisa Crawford. Il ne remarqua aucun effet de succion lorsque le *Titanic* alla par le fond. Ils ramaient encore vers la lumière localisée par Smith lorsqu'ils virent le *Carpathia* et mirent le cap sur le vaisseau. Après Ismay, Crawford fut le deuxième des seize témoins du Sénat à mentionner celui que l'on appela le « bateau mystérieux ». (En admettant que le navire repéré par le *Californian* ne soit pas le *Titanic* ou vice versa, il y avait plusieurs candidats à ce mystère : le *Saturnia* et le *Mount Temple* s'arrêtèrent au milieu des glaces près de la position de Boxhall ; et plus d'un navire avait pu être aperçu par le *Titanic* et le *Californian.*)

Le premier jour de l'audience s'acheva à 22 h 30, laissant la presse avec une masse de nouvelles sensationnelles à publier le lendemain matin. Charles Burlingham, avocat de la White Star américaine, demanda que les hommes d'équipage rescapés puissent rentrer chez eux mais Smith refusa de laisser partir qui que ce soit.

Smith et son assistant, le sénateur Newlands, ne furent rejoints par les cinq autres membres de la sous-commission que lorsque la commission se déplaça à Washington, le troisième jour. La deuxième journée commença avec le rappel de Cottam à la barre des témoins. Parmi une sélection de points recueillis par Smith, il nia avoir envoyé un message annonçant que le *Titanic* faisait route vers Halifax. Il estima avoir pu dormir en tout une dizaine d'heures entre le CQD du *Titanic* et leur arrivée à New York, quatre jours plus tard.

Le témoin suivant fut Harold Bride, un Londonien âgé de vingt-deux ans, fort d'une expérience de neuf mois au sein de la société Marconi. Son salaire en tant que second opérateur sur le *Titanic* était de 4 livres par mois, logé et nourri. Il était censé travailler par quarts de six heures, en alternance avec son supérieur, Phillips. Bride déclara que 250 messages avaient été envoyés du *Titanic* entre le départ de Southampton et la collision. Certains, venant d'Ismay, étaient destinés à ses bureaux de Liverpool et de Southampton ; cependant, Bride n'avait eu aucun contact avec lui.

Lorsque le sénateur lui demanda si le commandant du navire avait reçu des messages de ses employeurs concernant le cap et la vitesse du *Titanic*, Bride répondit par la négative. Mais ce fut lui qui remit personnellement au commandant Smith l'avis de présence de glace, vers 17 heures, le dimanche 14 avril.

L'opérateur avait dormi jusqu'au début du drame, pour se réveiller un peu avant minuit afin de prendre la relève de Phillips. Pendant que les deux opérateurs échangeaient leurs places, le commandant Smith apparut et leur ordonna d'envoyer un message de détresse. Phillips resta donc pour le télégraphier. Le *Frankfurt* fut le premier à répondre, suivi par le *Carpathia* puis par l'*Olympic*. Le signal adressé par le navire allemand était très puissant ; il se trouvait donc à une distance raisonnable du *Titanic* (en fait, à près de 200 milles, la radio émettant mieux durant la nuit). Cependant, Phillips s'indigna de l'attitude de son collègue allemand, qui semblait ne pas comprendre l'urgence de la situation ; il le traita d'« imbécile » et lui demanda de rester en attente sans encombrer les ondes.

Mais au moins savait-on sur le *Titanic* que le *Carpathia* n'était pas loin et faisait route vers eux. Bride expliqua ensuite que CQD était un signal international de détresse, également reconnu par l'Allemagne. L'opérateur du *Frankfurt* « ne connaissait pas son métier, voilà tout ». Le

Carpathia, quant à lui, avait immédiatement saisi l'urgence de la situation.

Bride poursuivit en disant que la radio du *Titanic* fonctionnait encore dix minutes avant que le bateau ne sombre ; cinq minutes plus tôt, le commandant avait passé la tête par la porte pour déclarer aux deux opérateurs qu'ils avaient l'autorisation de quitter leur poste. Lorsqu'il arriva sur le pont, Bride vit que l'on ôtait un radeau repliable fixé sur le toit du carré des officiers, afin de le jeter à l'eau. Il s'y accrocha et y sauta mais passa bientôt par-dessus bord lorsque l'embarcation chavira en atteignant les flots glacés. Pris au piège sous la coque, Bride demeura ainsi « trente à quarante minutes » (ce qui paraît hautement improbable, mais chaque instant passé dans de telles conditions devait sembler une éternité). Il parvint néanmoins à s'extirper de sous le radeau et à rejoindre ceux qui, par « douzaines », se tenaient à présent debout sur la coque après s'y être hissés avec le plus grand mal. Son collègue Phillips était là aussi mais il mourut avant qu'ils puissent être secourus ; son corps fut abandonné à la mer.

Bride ajouta :

– La dernière fois que j'ai aperçu le commandant, il enjambait la passerelle et sautait par-dessus bord. Il a sauté au moment où nous jetions le repliable à l'eau.

L'opérateur n'avait remarqué aucun effet de succion lorsque le *Titanic* coula, alors qu'il ne se trouvait qu'à 150 mètres du vaisseau. Incapable de marcher à cause de ses blessures et de ses pieds gelés, Bride apporta tout au long de la matinée un témoignage souvent confus.

L'après-midi, Herbert John Pitman, trente-quatre ans, troisième officier avec seize ans de service en mer, fit une brève déclaration pour apporter sa vision personnelle des faits. À la levée de l'audience, 35 rescapés avaient parlé devant la commission : les quatre officiers, Bride et Cottam, et 29 hommes d'équipage. Le sénateur Smith clôtura la deuxième journée par un exposé sur ce qu'il avait entendu jusque-là.

Évoquant les citations à comparaître, il dit avoir appris que certains sujets britanniques, dont les officiers du *Titanic* et Ismay, projetaient de rentrer dans leur pays. Il ajouta qu'une telle décision réduirait à néant tout espoir de réunir au plus vite des informations précises sur la catastrophe. Par ailleurs, lors de sa visite sur le *Carpathia*, il avait vu Ismay et Franklin, qui l'avaient assuré de leur disponibilité.

Lightoller avait été appelé à témoigner très tôt car c'était lui qui se trouvait aux commandes du vaisseau peu de temps avant le drame. On avait entendu Bride à New York car ses blessures l'empêchaient pour l'instant de quitter la ville, et Cottam parce que son témoignage restait étroitement lié avec celui de son collègue opérateur. Ismay avait été le premier à comparaître à cause du rôle crucial qu'il jouait dans cette affaire, et l'on souhaitait inscrire au plus vite sa déposition dans les dossiers.

Tous les témoins resteraient donc à la disposition des enquêteurs pour un interrogatoire ultérieur, si nécessaire. Certains passagers dont les noms n'avaient pas encore été divulgués avaient aussi reçu une convocation. Smith annonça enfin que la prochaine séance se tiendrait à Washington, le lundi 22 avril, au Capitole.

Dans la vaste salle d'audience du Sénat, Smith crut bon, le lundi matin, de réclamer violemment le silence et de mettre en garde ceux qui n'observeraient pas un minimum de discipline. Arrivé la veille à Washington, Pitman ne fut pas tout de suite convoqué.

À sa place, Smith appela Philip Franklin, quarante et un ans, vice-président d'IMM à New York. Le capital de la compagnie s'élevait à 100 millions de dollars en actions et 78 millions en obligations : le trust possédait l'International Navigation Company of Liverpool, propriétaire de l'Oceanic Steam Navigation Company qui, elle-même, possédait la White Star... IMM comptait treize administrateurs, dont Ismay (directeur général de la White Star), lord Pirrie, J. P. Morgan Junior et Harold Sanderson (l'un des vice-présidents). Franklin était l'un des directeurs mais ne siégeait pas au conseil d'administration, bien qu'il fût à la tête d'IMM American depuis sa création en 1902.

Après avoir pris connaissance de ces détails administratifs, le sénateur Smith plongea dans un enchevêtrement de câbles, de signaux et de communications radio. Le dernier message de routine que Franklin reçut du *Titanic*, le 14 avril, lui indiquait que le navire se trouvait à 550 milles au sud-est de Cape Race ; cette annonce fut, comme d'habitude, transmise à la presse.

Que pouvait-on dire du cruel câble adressé le lendemain de New York à M. Hughes, en Virginie, affirmant que le *Titanic* faisait route vers Halifax, où les passagers débarqueraient sans doute le mercredi suivant, « tous sains et saufs – [signé] White Star Line » ? Franklin déclara avoir aussitôt ordonné une enquête pour savoir d'où provenait ce message, mais en vain. Il y avait beaucoup d'employés aux bureaux d'IMM, à Broadway, et la seule information concrète qu'ils avaient reçue sur le *Titanic* venait de l'*Olympic*.

Franklin lui-même avait été alerté à 1 h 58, heure de New York, lorsqu'un journaliste inconnu avait appelé chez lui, à Manhattan, pour lui apprendre que le *Virginian* et les bureaux de l'Allan Line à Montréal annonçaient que le *Titanic* était en train de sombrer. Il téléphona à l'Associated Press, qui avait entendu la même chose, puis aux bureaux d'IMM, à Montréal, en les priant de contacter l'Allan Line pour confirmation. Il demanda aussi que l'on envoie un message à l'*Olympic* afin que le commandant Haddock établisse les coordonnées exactes du *Titanic* : « Télégraphiez-nous immédiatement sa position. »

À 3 h 05 précises, heure de New York, l'Associated Press signala qu'il y avait eu un CQD à 22 h 25 (0 h 15, heure du *Titanic*) puis, trente minutes plus tard, un deuxième message disait que le navire sombrait par l'avant. Le *Virginian*, le *Baltic* et l'*Olympic* restaient en contact et s'efforçaient de trouver sa position. Mais le *Virginian* avait capté un dernier signal de détresse « haché et s'arrêtant brusquement », qui fut coupé lorsque MGY fut privé d'électricité. Cette nuit-là, le premier message d'IMM fut adressé à l'*Olympic*, à 3 heures. Le navire renonça à toute tentative pour contacter le *Titanic* et signala son silence radio à 9 heures, alors qu'il se trouvait à 310 milles du paquebot naufragé. Quatre heures plus tard, Haddock capta une communication du *Parisian* annonçant que le *Carpathia* avait rejoint les lieux du drame et trouvé les canots de sauvetage.

À 14 heures, IMM, qui espérait encore un miracle, dit à Haddock :

– N'avons rien reçu du *Titanic* mais croyons savoir qu'il fait lentement route vers Halifax. Impossible pourtant de confirmer. Espérons que le *Virginian* a rejoint le *Titanic*. Essayez de le contacter.

La presse avait évoqué ce message avec Franklin, qui n'avait aucune idée de son origine. IMM n'avait pas eu de contact avec Marconi mais avait demandé au *Carpathia* de lui livrer les noms des rescapés. Finalement, à 18 h 16, arriva la dépêche de Haddock, qui confirmait la catastrophe et le sauvetage.

Un quart d'heure plus tard, IMM reçut un message d'Ismay (envoyé à « Islefrank New York », l'adresse télégraphique de Franklin) : « Regrets indicibles. Continue ma traversée. *Carpathia* m'informe aucun espoir retrouver autres survivants. Vous enverrai noms des rescapés dès que je les saurai. Yamsi » (nom de code d'Ismay).

Comme Haddock reprenait sa route vers Southampton, il adressa un dernier message à Franklin à 1 h 15, le 16 avril :

« Démentez rumeur que *Virginian* a embarqué passagers du *Titanic* ; ne croyez que rescapés sur le *Carpathia* ; les deuxième, troisième, quatrième et cinquième officiers, le deuxième opérateur radio sont seuls saufs. »

Toute tentative d'IMM pour obtenir une réponse de Rostron échoua.

Franklin ne put donner des détails sur les équipements de sauvetage du *Titanic* car la White Star était dirigée depuis le Royaume-Uni, où les responsables n'étaient autres que le superintendant de la marine et le Board of Trade, le ministère du Commerce. Le sénateur Smith lui demanda alors :

– La compagnie [IMM ou White Star], pour autant que vous ou l'un des directeurs ou administrateurs le sachiez, a-t-elle des intérêts dans la société de construction navale [Harland & Wolff] ?

– Je n'en ai jamais entendu parler, répliqua Franklin.

Réponse qui attestait le rôle de lord Pirrie, membre du comité de direction d'IMM/White Star, non moins président de Harland & Wolff et dont le nom avait déjà été mentionné comme administrateur d'IMM. Il n'y avait aucune raison pour que Smith connaisse le rôle clé de Pirrie, mais l'apparente ignorance de Franklin sur les agissements de l'un de ses directeurs semble peu crédible.

La liste complète des passagers avait disparu avec le

Titanic, poursuivit Franklin. Cependant, on pouvait obtenir une liste des réservations pour chaque port d'escale, ce qui finit par être fait mais avec des résultats fort peu satisfaisants.

Franklin prétendit que le liner naufragé dépassait de loin les normes de sécurité imposées par la Lloyd's. Il avait coûté 1 500 000 livres et pouvait emporter plus de passagers que l'*Olympic*. Le tarif minimum en première classe était de 125 dollars en cabine double, de 66 dollars en deuxième et 40 en troisième. Répondant patiemment à un barrage de questions sans rapport avec la catastrophe, Franklin déclara qu'Ismay l'avait prié d'envoyer un officier et quatorze marins de la White Star dans deux remorqueurs pour se charger des treize canots du *Titanic* récupérés à New York.

Le vice-président d'IMM évoqua aussi quatre messages d'Ismay lui demandant que l'on réquisitionne le *Cedric* afin qu'il ramène à son bord les hommes d'équipage rescapés. Craignant que la presse et le public ne s'insurgent devant une telle décision, alors que le scandale du *Titanic* faisait rage, Franklin ignora la requête d'Ismay. Il laissa le *Cedric* appareiller en temps voulu, le 18 avril, et réserva le *Lapland* à la place. Pendant ce temps, le lendemain de l'accostage du *Carpathia*, Ismay avait donné l'ordre que chaque bateau IMM soit équipé de chaloupes assez nombreuses pour accueillir tout le monde à bord. Personne n'aurait pu prévoir un tel désastre, proclama Franklin :

– Le paquebot était censé être son propre canot de sauvetage.

Le *Titanic* était aussi son propre assureur, n'étant couvert que pour deux tiers de son prix.

– Il était assuré, en chiffres ronds, pour 1 million de livres, la balance étant étayée par la compagnie IMM selon un plan de garantie établi par nous-mêmes.

Revenant une fois de plus en arrière, le suspicieux sénateur Smith voulut savoir pourquoi la compagnie avait désiré que les membres d'équipage soient rapatriés chez eux avec tant de hâte. Franklin expliqua :

– Des hommes débarquant dans de telles circonstances, sans contrat, sont parfois très difficiles à contrôler car beaucoup de gens cherchent à leur soutirer des déclarations, leur font des cadeaux et les entraînent dans la rue (*sic*). Ils vagabondent et s'attirent les pires ennuis. On ne peut pas les contrôler comme les matelots ou les soutiers, qui continuent de travailler sur un bateau à quai, sous les ordres d'un officier.

L'équipage n'étant alors plus payé, cela ne paraît guère surprenant.

– Il est du devoir de chaque propriétaire, dans de telles circonstances, d'éviter à ces hommes ce genre de tentation et de les ramener chez eux, dans leur pays, où ils pourront retrouver du travail et repartir en mer.

Renvoyer chez lui l'équipage d'un vaisseau naufragé était une pratique courante ; on utilisait pour cela un autre bateau de la compagnie si le premier était hors d'usage.

– Dès l'instant où un navire fait naufrage, les hommes cessent de toucher leurs gages. Mais nous prenons soin d'eux, bien sûr, déclara Franklin avec un air pieux. Tout contrat est rompu dès lors qu'un bateau coule.

L'interrogatoire de Franklin se poursuivit après la pause du déjeuner. Il estima de façon précise que cinq ou six chambres étanches avaient dû être éventrées lors de la collision et confirma que le *Titanic* naviguait à 2 ou 3 nœuds de moins que le plus rapide des vaisseaux de la Cunard. Il lut ensuite des extraits des instructions données par la White Star aux commandants de ses paquebots, dont ce passage :

« Nous rappelons aux commandants que les vapeurs ne

sont pas assurés en majeure partie et que leur existence, ainsi que celle de la compagnie, repose sur l'aptitude des officiers à éviter tout accident. Aucune précaution garantissant une navigation sûre n'est donc à négliger. »

Franklin ajouta :

– Je ne crois pas qu'il existe une seule compagnie transatlantique assumant une part aussi large de sa propre assurance que les filiales d'IMM.

Malheureusement, le rapport ne décrit pas le ton que prit Franklin, ni l'expression qu'il afficha, lorsqu'il fit cette assertion. Un tel témoignage devait-il être source de fierté ou d'embarras ? Cependant, les faits parlent d'eux-mêmes : les pertes ou les dommage infligés à ses navires frappaient moins IMM et ses filiales que ses concurrents, car le groupe craignait les assurances. Et son joyau, la White Star, comptait une quantité inhabituelle d'accidents, grâce à son doyen, le commandant Smith.

Il est impossible de ne pas en déduire que les deux faits – une faible assurance, des risques élevés – étaient liés. Même les bonus substantiels payés aux commandants et aux officiers dont les bateaux avaient évité tout accident durant un an ne suffisaient pas à compenser les erreurs des autres. Dire qu'une compagnie « assume une large part de sa propre assurance » est un euphémisme ; il s'agit en fait d'un refus – ou de l'incapacité – de s'assurer correctement. Pour les importants dégâts subis par l'*Olympic* lors de sa collision avec le *Hawke*, les propriétaires n'étaient pas assurés du tout.

Le reste de la journée passa à entendre le témoignage du quatrième officier, Joseph Groves Boxhall, vingt-huit ans, originaire de Hull et au service de la White Star depuis quatre ans et demi. Il expliqua comment on avait testé les chaloupes du *Titanic* avant le départ de Southampton : deux d'entre elles avaient été équipées, mises à l'eau et emmenées à la rame autour du quai avant d'être remontées à bord. Boxhall savait pertinemment que les embarcations ne devaient en aucun cas être chargées avant d'avoir été abaissées de sous les bossoirs et descendues à hauteur du pont principal ; là, les opinions divergeaient quant au fait de savoir si l'on pouvait les remplir de cet endroit avant de les mettre à l'eau. Par ailleurs, elles avaient été parfaitement équipées à Belfast car Boxhall l'avait vérifié lui-même.

Par ailleurs, il assura aux sénateurs que tous les officiers du *Titanic* étaient d'excellents marins et des hommes de confiance. De lui-même, il déclara :

– Je possède un caractère équilibré.

Non, il n'avait jamais auparavant navigué avec le commandant Smith. Personne non plus ne lui avait indiqué la présence d'icebergs la nuit du drame, bien que le commandant en eût mentionné l'éventualité un ou deux jours plus tôt, avant de marquer sur la carte les endroits où l'on pouvait rencontrer de la glace.

Boxhall croyait que l'iceberg heurté par le *Titanic* était bas sous la surface. Il pensait qu'il s'agissait d'un « *growler* long et couché » – un iceberg assez plat mais d'une bonne longueur et, de ce fait, plus massif qu'il ne le paraissait. Durant les deux enquêtes officielles, parmi tous les témoignages contradictoires, les plus catégoriques avaient trait à la cause même de la perte du *Titanic* : jamais deux témoins ne semblaient d'accord sur la taille de l'iceberg, sur sa forme, sur sa couleur. Ce qui veut donc dire que personne ne vit cette montagne de glace. Le temps que les quelques curieux émergeant sur le pont par cette nuit glaciale recherchent l'origine de l'impact (qui fut loin d'être ressenti par tout le monde), l'iceberg était déjà passé. Les marins professionnels restaient les plus aptes à fournir une description précise de l'obstacle mais, là encore, personne ne tomba d'accord.

Lorsque Boxhall signala que les sacs postaux surnageaient au niveau du pont G, le commandant ordonna de préparer les chaloupes afin de les mettre à l'eau. Au même moment, le jeune officier vit les feux de mât et les lumières latérales d'un vapeur dont la proue semblait tournée vers le *Titanic*. Ayant reçu l'ordre de monter dans l'un des canots de sauvetage de bâbord (le n° 2), Boxhall obéit et rama sur une distance de 500 mètres ; un peu plus tard, il se rapprocha d'environ 400 mètres pour prendre d'autres passagers à son bord. Comme l'opérateur Harold Bride, et bien qu'il se fût légèrement écarté par précaution, il ne remarqua que peu d'effet de succion lorsque le liner alla par le fond.

Alors que son canot allait être mis à la mer, Boxhall demanda plusieurs fusées éclairantes vertes, qui ne faisaient pas partie de l'équipement officiel des chaloupes. Ce fut grâce à celles-ci que le *Carpathia* l'aperçut plus tard et mit le cap sur lui ; c'est ainsi que le canot n° 2 fut le premier à être récupéré. Les déclarations de Boxhall s'achevèrent sur ce témoignage ; il se retira ce jour-là pour raisons de santé.

Le quatrième jour, on rappela le troisième officier, H. J. Pitman, que l'on avait brièvement entendu à New York, à la fin de la deuxième journée. Il commença sa déposition en affirmant que tous les essais de la White Star sur ses bateaux se faisaient à vitesse réduite ; c'était pourquoi on n'avait pas effectué de tests limitatifs pour le *Titanic*. Pitman fit une autre révélation importante : il n'y avait pas assez de charbon pour soutenir une vitesse de 24 nœuds. Il raconta ensuite qu'il fut réveillé cette nuit-là par le « bruit d'une chaîne se dévidant de son treuil ». Il fut aussi le premier à mentionner avoir vu de la glace sur le pont.

Tandis que Pitman dégageait le canot n° 5, Ismay apparut et lui dit : « Il n'y a pas de temps à perdre. » Il aida ainsi plusieurs femmes à monter à bord puis, quand l'embarcation fut à l'eau, Murdoch ordonna à Pitman de s'écarter du navire. Le troisième officier eut l'impression, au moment où ils se serraient la main en guise d'au revoir, que Murdoch lui faisait ses adieux ; il lui fallut en effet une heure entière pour comprendre que le paquebot était perdu.

– Il s'enfonçait peu à peu et, bientôt, le gaillard d'avant a été submergé jusqu'à la passerelle. Puis sa poupe s'est élevée à la verticale avant d'être engloutie elle aussi.

Pitman entendit alors quatre détonations, venant probablement des cloisons qui se disloquaient ; il ne croyait pas que cela provenait des chaudières qui explosaient. Elles étaient en effet arrêtées depuis deux heures et demie au moins, précisa-t-il en oubliant que certaines avaient marché jusqu'au bout pour nourrir les générateurs. De la fumée s'était échappée du liner pendant encore quarante-cinq minutes.

Pitman expliqua qu'il voulait ramener le canot n° 5 sur les lieux du drame mais les passagers s'y opposèrent car ils craignaient d'être submergés par ceux qui n'avaient pas pu trouver refuge sur une chaloupe. C'était selon eux une « idée folle » que de vouloir retourner là-bas ; aussi l'équipage abaissa-t-il les avirons. Harcelé par les questions brûlantes du sénateur à propos des cris s'élevant de l'eau, l'officier répliqua à trois reprises qu'il préférait ne pas être interrogé sur ce point. Mais Smith insista.

– Il y a eu des gémissement continuels pendant une heure environ... [qui] se sont éteints peu à peu, finit par avouer Pitman.

– Si c'est tout l'effort que vous avez fourni, reprit Smith, dites-le... et j'arrêterai là mes questions sur ce sujet.

– C'est tout, monsieur le sénateur, admit alors Pitman. C'est tout l'effort que j'ai fourni.

Le peu héroïque troisième officier prit le canot n° 7 en remorque car celui-ci n'avait pas de « capitaine » et y transborda quelques passagers du n° 5 avant de laisser filer la corde qui les reliait. Vers 3 h 30, il aperçut les feux du *Carpathia* et, une demi-heure plus tard, quand il fut certain qu'il s'agissait bien d'un bateau qui approchait, il commença à ramer dans sa direction. Pitman pensait lui aussi que les chaloupes n'étaient pas faites pour être chargées alors qu'elles se trouvaient encore sur le pont ; il valait mieux les mettre à l'eau avant d'y installer des passagers. (Les officiers rescapés qui avaient eu le temps sur le *Carpathia* de se remémorer la catastrophe furent – de manière assez suspecte – unanimes sur ce point. Les témoignages montrent cependant que Murdoch et Moody s'inquiétaient moins de surcharger les canots et d'y installer aussi des hommes, avant de les descendre à la mer.)

Pitman avait aussi aperçu une lueur blanche immobile à quelque 3 milles au loin mais, n'ayant pu identifier son origine, il estima n'avoir aucune raison de ramer dans sa direction. Il déclara aussi aux sénateurs n'avoir pas eu connaissance de l'incendie qui s'était déclaré dans la soute, ni avant ni après l'accostage du *Titanic* à Southampton.

Le témoin suivant fut d'un intérêt particulier pour la presse autant que pour les sénateurs. Bon marin, Frederick Fleet, né à Southampton et âgé de vingt-quatre ans, avait été vigie durant quatre ans sur l'*Oceanic* et sa paie s'élevait à 5 livres par mois, plus 5 shillings par traversée en tant que veilleur. C'était l'homme qui, du nid-de-pie, avait donné l'alarme – hélas, trop tard – signalant qu'un iceberg se profilait droit devant le navire. Il le décrivit comme une « masse noire... à peine plus haute que la pointe du gaillard d'avant » (environ 17 mètres).

Fleet stupéfia alors l'assistance quand il avoua n'avoir « aucune idée des distances ou de l'espace ». Il ne possédait pas de jumelles alors qu'il en avait toujours eu à sa disposition sur l'*Oceanic* (et sur le *Titanic*, de Belfast à Southampton). Ses collègues Hogg et Evans avaient bien demandé qu'on les leur rende mais on leur avait répondu qu'aucune n'était disponible. Fleet maintint que, s'il avait eu ces jumelles, il aurait sans doute repéré l'iceberg assez tôt pour sauver le paquebot.

Le quatrième jour, le mardi 23 avril, Ismay (après une première et vaine tentative, le samedi) demanda au sénateur Smith l'autorisation de retourner en Angleterre ou au moins à New York ; mais, une fois de plus, il essuya un refus. Accompagné de Burlingham, l'avocat d'IMM, il rendit donc une visite officielle au sénateur avant la reprise de l'audience, le mercredi ; pour la troisième fois, Smith refusa d'accéder à sa requête. S'entêtant malgré ce nouvel échec, Ismay décida de faire une demande par écrit, qui fut de nouveau sèchement rejetée.

La querelle à propos de la façon dont le sénateur Smith menait son enquête était violente des deux côtés de l'Atlantique. Le sénateur avait bon nombre de sympathisants dans les deux pays. Ismay se vit donc dans l'obligation de rester à Washington jusqu'à la fin du mois.

Le témoin suivant était le commandant canadien Arthur G. Peuchen, cinquante-trois ans, fabriquant de produits chimiques – le premier des vingt et un passagers appelés par la commission américaine (la commission britannique n'en convoqua d'ailleurs que deux, et pour des questions d'ordre secondaire). Les sénateurs pensaient fort justement que les passagers, dont certains étaient électeurs, devaient témoigner, ne serait-ce que parce que leurs déclarations pouvaient servir de contrepoint à celles des officiers et des hommes d'équipage.

Peuchen s'apprêtait à se coucher dans sa cabine de première classe lorsque :

– J'ai eu l'impression qu'une énorme vague venait de s'abattre sur le paquebot, qui a semblé être secoué de toutes parts... Sachant que la nuit était tranquille et qu'une telle secousse ne pouvait se produire par temps calme, j'ai enfilé mon pardessus et je suis sorti sur le pont. Alors que je montais le grand escalier, je suis tombé sur un ami, qui m'a annoncé que nous avions heurté un iceberg.

(Peuchen ajouta plus tard que certains disaient avoir vu un iceberg passer devant les hublots de leur cabine.) Il trouva des morceaux de glace sur le pont avant, tombés à plus d'un mètre à l'intérieur du bastingage de tribord.

Au bout de vingt-cinq minutes, Peuchen redescendit à sa cabine et troqua son pyjama contre des vêtements plus chauds. De retour sur le pont, il trouva plusieurs femmes en larmes. Il vit aussi comment un officier de haute taille (Henry Wilde) évacuait à lui seul une centaine de mécaniciens du pont des embarcations.

On avait ôté les voiles et les mâts des canots de sauvetage de bâbord, que l'on préparait pour leur mise à l'eau. Quand un quartier-maître demanda plus de rameurs, Peuchen déclara au commandant Smith qu'il savait naviguer ; celui-ci l'envoya aussitôt sur le canot n° 6, qu'il rejoignit en se laissant glisser le long d'une des cordes retenant les chaloupes. Le quartier-maître affecté à la barre (Hitchens) refusa de ramener le canot vers le navire, même lorsqu'un coup de sifflet venant d'une autre chaloupe sembla lui en donner l'ordre. Les femmes qui avaient pris place dans l'embarcation avaient pourtant demandé à retourner vers le vaisseau pour aller chercher d'autres rescapés. Mais, au lieu de cela, ils ramèrent en direction d'un feu aperçu au loin par le quartier-maître.

Le canot s'étant écarté d'environ trois quarts de mille, Peuchen regarda les lumières s'éteindre sur le *Titanic* puis entendit trois explosions tandis que le liner allait par le fond. Lorsque le *Carpathia* arriva, il flottait deux grandes « îles » de débris d'épave, que le bateau contourna lentement. Peuchen n'aperçut aucun corps.

– Je suppose que cet équipage [celui du *Titanic*] était ce que l'on appelle en termes de marine un équipage de fortune, provenant de différents vaisseaux. C'étaient peut-être d'excellents marins mais qui n'avaient pas l'habitude de travailler ensemble.

Ce qui explique pourquoi il y avait trop peu d'hommes disponibles pour armer les canots. Le jugement de Peuchen pouvait s'appliquer à presque tous les navires ; même les paquebots les plus prestigieux ne s'offraient pas le luxe d'avoir à leur bord un équipage permanent.

Comme nous l'avons expliqué, les officiers supérieurs pouvaient eux aussi se voir affectés au dernier moment sur un autre bateau, tandis que le gros de l'équipage était nouvellement recruté pour chaque voyage, ce qui n'empêchait pas certains de reprendre du service plusieurs fois de suite sur le même navire. La particularité de l'équipage du *Titanic* venait de ce qu'il était formé d'un grand nombre d'anciens de l'*Olympic*, ce qui signifiait que le paquebot avait à son bord des marins qui savaient se débrouiller partout – donc un équipage peut-être moins « de fortune » qu'à l'accoutumée.

Cette négligence quant au maniement des canots venait surtout du manque d'intérêt de la White Star pour les exercices de manœuvres : indifférents aux listes affichées dès avant le départ du bateau, beaucoup d'hommes d'équipage ignoraient à quelle chaloupe ils étaient assignés. Peuchen savait qu'un exercice d'entraînement aurait dû avoir lieu le dimanche. Lightoller lui avait dit que les officiers ignoraient que les embarcations pouvaient être chargées à plein alors qu'elles étaient encore suspendues au-dessus de l'eau ; mais, en constatant la solidité des bossoirs et des cordes, il avait compris que c'était tout à fait possible.

En réagissant à retardement, le sénateur Smith rappela Fred Fleet le matin du cinquième jour et le questionna sur sa vue. Ce marin confirmé déclara que, comme pour toutes les vigies, ses yeux devaient être examinés chaque année par les médecins du ministère du Commerce et qu'il avait subi des tests environ un an plus tôt. Et sa vue, que l'on qualifiait de déficiente, ne l'avait pas empêché d'apercevoir, lorsqu'il se trouvait encore sur le *Titanic* et après l'avoir quitté, une vive lumière à bâbord. Lightoller avait demandé à l'équipage de ramer dans cette direction. Confirmant le témoignage du commandant Peuchen, Fleet ajouta que les femmes à bord de son canot avaient voulu faire demi-tour pour embarquer d'autres rescapés mais que Hitchens avait catégoriquement refusé.

Après avoir entendu Fleet pour la seconde fois, le sénateur Smith prit soin de mettre la presse en garde :

– Depuis le début [de cette enquête] je sens que certaines personnes tentent de façon indiscrète et tout à fait gratuite d'influencer le cours de l'enquête et d'en modifier la procédure. Il y aurait eu des déclarations déformées, me suis-je laissé dire. Personnellement, je n'ai pas lu un seul journal depuis que je dirige cette commission, car je ne veux pas me laisser influencer par la presse ni prendre parti pour ou contre qui que ce soit. La commission ne tolérera aucune tentative pour modifier le cours de l'enquête. Celle-ci se poursuivra comme ellc a commencé.

Harold Godfrey Lowe, cinquième officier du *Titanic*, fut le témoin suivant. Âgé de vingt-huit ans, originaire du pays de Galles, il avait passé la moitié de sa vie en mer et travaillait pour la White Star depuis quinze mois. Il ne connaissait ni le *Titanic* ni la route que le liner allait suivre ; son poste d'abandon sur le paquebot était le n° 11. Incité par la note que venait de lui transmettre une personne de l'assistance prétendant avoir vu Lowe en train de boire durant la nuit du drame, Smith le confronta avec les termes de ce message pour ne recevoir qu'une plate dénégation : l'officier ne buvait jamais d'alcool.

Lorsqu'il avait compris l'étendue du désastre, Lowe était allé chercher un pistolet avant d'aider à charger le canot n° 5, sous les yeux de Murdoch. Il raconta plus tard qu'il avait utilisé cette arme pour décourager les hommes qui tentaient d'investir de force la chaloupe, notamment « des Italiens ». Il tira en l'air (trois coups en tout) chaque fois qu'il traversait un pont, avant d'arriver au canot n° 14, dont il devait prendre la charge. Lorsque Ismay se présenta pour monter dans le n° 5, Lowe lui conseilla fermement de « foutre le camp », sur quoi l'infortuné directeur général trouva tout de même le moyen de prendre place dans un radeau.

Lowe estima qu'ils étaient une cinquantaine dans la chaloupe n° 5, dont 10 hommes, lorsqu'elle fut mise à la mer ; lui aussi croyait qu'on ne pouvait la remplir jusqu'à sa capacité de 65 personnes avant qu'elle n'ait atteint l'eau. Après cela, Lowe s'occupa de charger le n° 3, où il trouva Ismay en train d'aider les passagers à s'installer malgré l'ordre qu'il lui avait intimé quelques minutes plus tôt. Il était inutile de se précipiter pour embarquer dans tel ou tel canot tant que le cinquième officier n'avait pas eu le temps d'aider à l'installation du premier.

Durant l'interrogatoire, Smith et Lowe finirent par très nettement se heurter ; tandis que le sénateur le harcelait de questions qu'il n'hésitait pas à répéter sans cesse, Lowe se montra de plus en plus irritable et avare de réponses. Boxhall, lui aussi, avait été déconcerté par les façons de faire du sénateur. L'atmosphère était plutôt tendue, donc ; et cela ne s'améliora guère lorsqu'un gros rire s'éleva dans la salle : Smith demanda solennellement au cinquième officier de quoi était fait un iceberg. « De glace », ne put-il s'empêcher de répondre.

Lowe déclara qu'il traversa le pont vers bâbord afin d'aider le sixième officier Moody à la mise à l'eau des chaloupes n°s 14 et 16. Après avoir embarqué 58 personnes sur le canot n° 14 alors qu'il pendait encore sous les bossoirs, il y grimpa à son tour et en prit les commandes. Une fois à flot, il avait rassemblé plusieurs autres embarcations, redistribué çà et là des passagers, et attendu qu'ils « s'éparpillent un peu » avant de retourner vers le *Titanic* avec une chaloupe vide, en dehors de la poignée de rameurs volontaires qui l'occupaient encore. Mais, au moment de faire demi-tour, il remarqua un Italien « vêtu comme une femme » (avec un châle sur la tête) :

– Je me suis précipité sur lui et l'ai jeté dans un autre canot.

Ensuite, Lowe retourna vers le paquebot naufragé et

extirpa de l'eau 4 personnes en vie, dont l'une mourut peu de temps après. Il ne vit cependant aucune femme en train de surnager. Seul parmi les canots de sauvetage, le n° 14 hissa une voile au vent qui venait de se lever et fut capable de barrer vers le *Carpathia* lorsqu'il apparut. Pendant quelques instants, Lowe avait pris un repliable en remorque, qui s'était retourné, pour y récupérer 20 hommes et femmes avant de l'abandonner avec à son bord trois cadavres d'hommes. Les rescapés s'y tenaient debout, avec de l'eau jusqu'à la cheville.

– Trois minutes de plus et ils coulaient.

Les témoignages de Boxhall, Pitman et Lowe semblent avoir incité le sénateur Smith à rappeler Lightoller, l'après-midi du cinquième jour. On interrogea le deuxième officier sur de nombreux points cruciaux, qui allaient des cloisons étanches au manque de femmes présentes sur le pont lors du chargement des canots. Il reconnut aussi avoir soutenu la requête d'Ismay lorsque celui-ci avait demandé que l'on réquisitionne le *Cedric* pour que les hommes d'équipage, qui n'avaient plus de travail, puissent rentrer chez eux. Si le brouillard n'avait pas retardé le *Carpathia* en route vers New York, ils auraient pu y parvenir avant le départ du *Cedric*. Lightoller précisa qu'il songeait alors à la commission d'enquête britannique, qui devait prochainement s'ouvrir à Londres. S'il avait su que devait se tenir une commission sénatoriale américaine, il n'aurait bien sûr rien suggéré de tel. Il fit cependant de son mieux pour venir en aide à Ismay :

– Je dois dire qu'à ce moment-là [sur le *Carpathia*] M. Ismay ne me semblait pas en assez bonne condition mentale pour décider de quoi que ce soit. J'ai fait de mon mieux pour soutenir M. Ismay, qui était obsédé par un remords : il aurait dû sombrer avec le liner car trop de femmes avaient péri avec lui... J'ai tenté de lui ôter cette obsession de la tête mais il n'y a rien eu à faire ; je sais que le médecin du bord a essayé aussi mais nous avions toutes les difficultés du monde à secouer M. Ismay de sa torpeur tant il s'accrochait à l'idée que des femmes avaient péri avec le paquebot et que lui avait survécu.

Wilde avait « fourré » Ismay dans un radeau de sauvetage, déclara Lightoller.

Il pensait que la charge maximale dans une chaloupe que l'on descendait à la mer était de 20 à 25 personnes. Lui non plus n'avait pas vu dans la salle des cartes un message avertissant de la présence de glace ; cependant, le commandant Smith lui avait dit en avoir reçu un vers midi, le dimanche 14 avril. Lightoller s'attendait à pénétrer dans la zone critique. Il confirma aussi que si l'on annonçait d'importants champs de glace, la compagnie avait recommandé aux officiers de choisir la route la plus au sud avant de prendre la mer.

C'était aux deux commissaires de bord et à leurs quatre assistants d'informer les passagers du danger et de leur indiquer ce qu'ils avaient à faire. Ils étaient épaulés par deux médecins de bord, dont l'un fit ses adieux à Lightoller juste avant que le paquebot n'aille par le fond. Aucun de ces hommes ne survécut. Alors qu'il aidait à descendre les chaloupes à la mer, Lightoller vit un bateau croiser à 4 ou 5 milles de là, à 2 quarts de la proue bâbord du *Titanic*.

La cinquième journée prit fin avec la déposition de Robert Hitchens, timonier de trente ans, né à Southampton. Il tenait la gouvernail depuis une heure quarante après avoir passé deux heures sur la passerelle. Il naviguait N 70° W et le navire gîta de 5° sur tribord pendant environ dix minutes après la collision. Inquiet, le commandant envoya le charpentier du navire vérifier le bon état du *Titanic*.

Hitchens, responsable du canot n° 6, se montra très précis quant au nombre de personnes qui y avaient embarqué : 38 femmes, un marin (Fleet), un jeune passager clandestin italien, le commandant Peuchen et deux autres hommes. Il s'éloigna de l'épave et rama vers une lueur qu'il jugea provenir d'un chalutier de pêche des Grands Bancs. Mais jamais ils ne purent l'approcher et Hitchens avoua plus tard que cela avait sans doute été un effet de son imagination, bien qu'il eût reçu l'ordre de ramer dans cette direction. Après avoir fait fermement comprendre à Peuchen qu'il était responsable de ce canot, il laissa une certaine Mme Mayer tenir la barre, qu'il se hâta de reprendre lorsqu'elle laissa l'embarcation traverser la légère houle qui commençait à se former.

Hitchens raconta aussi avoir « emprunté » un chauffeur de la chaloupe n° 16 pour qu'il aide à ramer lorsqu'ils étaient encore reliés. Lui aussi avait entendu beaucoup de cris et de plaintes s'élevant de l'eau mais il nia le fait que des femmes l'eussent supplié de retourner sur les lieux du drame. Il s'était contenté de rester à l'écart, de peur de subir l'effet de succion provoqué par le liner tandis que les flots l'engloutissaient. Il nia également avoir bu des quantités excessives de whisky (comme Mme Mayer l'avait raconté à la presse) : il avait seulement bu une gorgée de la fiasque que lui avait proposée une femme.

Succombant à une autre crise de doute, le sénateur Smith rappela Marconi, le matin du sixième jour. Il voulait en découvrir plus sur la façon dont fonctionnait sa société de télégraphie. Il savait que l'on louait les services du personnel britannique, que l'on négociait les contrats avec les compagnies maritimes ; il tenait ces renseignements du directeur général de Marconi à Londres, Godfrey Isaacs, frère de l'avocat général sir Rufus Isaacs (lien qui aura un impact sur la réputation de la commission britannique, dirigée par ce dernier). La société avait des contrats substantiels avec la Grande-Bretagne.

Marconi déclara qu'il se trouvait à New York au moment de la catastrophe et qu'il n'en entendit parler que le lundi soir vers 18 h 45. Il monta sur le *Carpathia* dès que le navire eut accosté et s'entretint avec Bride dans la cabine radio. (Cottam avait déjà quitté le bateau mais téléphona ce soir-là à son patron pour l'informer des interviews qu'il avait accordées au *New York Times* et lui en demander l'autorisation rétroactive. Marconi non seulement accepta mais permit au jeune opérateur de toucher de l'argent pour ces déclarations.)

Smith ne cacha pas ses soupçons quant à l'honnêteté de l'inventeur ; il savait que le cuirassé *Florida* avait intercepté quatre transmissions radio recommandant aux opérateurs du *Carpathia* de ne rien raconter de ce qu'ils avaient vu. Marconi nia que l'on ait pu donner de pareilles instructions ; il n'approuvait pas ce genre de messages. Il admit malgré tout que le fait de publier dans les journaux le récit d'une telle tragédie servait l'intérêt public. En tant que maître de son navire, Rostron avait le droit de transmettre des messages quand il le désirait (ce qu'il fit quand il jugea le moment approprié).

Rappelé aussi à la barre, Cottam nia avoir reçu le moindre message lui ordonnant de « se taire » mais ajouta que Bride avait agi dans ce sens. Il admit ensuite qu'il avait capté une communication lui demandant de retrouver Marconi dès que possible au *Strand Hotel* (le quartier général du *New York Times*) et de « ne pas ouvrir la bouche » d'ici là. Il se rendit donc à l'hôtel, où il téléphona à Marconi pour recevoir l'autorisation de raconter son histoire (il ne parla pas du journaliste que lui avait envoyé Marconi sur le *Carpathia*.) L'opérateur déclara aussi qu'il aurait dû surprendre la réponse du *Mount Temple* à l'appel CQD du *Titanic* mais qu'il n'entendit rien.

Le sénateur Smith croyait alors que le navire se trouvait « juste en avant du *Titanic*... et dans le champ de vision des officiers ». Apparemment, les gens du *Mount Temple* avaient dit à la presse qu'ils avaient vu les lumières du *Titanic* tandis qu'il sombrait. (Smith refusait peut-être de lire les journaux mais il était manifestement bien informé sur ce qu'ils racontaient.)

Le reste de la sixième journée fut occupé par des interrogatoires simultanés mais séparés, menés par Smith et quatre autres sénateurs, afin d'accélérer la procédure. Ils parvinrent à entendre 23 personnes dont toutes les déclarations se trouvent dans les dossiers. Prises ensemble, elles forment un kaléidoscope d'images répétitives relatant les événements à bord du paquebot puis des chaloupes, déjà décrits plus haut. Parmi les multiples détails révélés ou répétés, on peut trouver : l'hésitation première des passagers à embarquer dans les canots ; de nombreuses références aux feux d'un autre vaisseau ; l'absence de jumelles pour les vigies après Southampton ; la glace trouvée sur le pont avant ; le calme des officiers et des hommes d'équipage.

Tandis que ces témoins étaient une fois de plus mis à l'épreuve, un capitaine de gendarmerie monta à bord du *Californian*, à 19 heures, juste après qu'il eut accosté à Boston. Le commandant Stanley Lord et son opérateur radio, Cyril Evans, se virent remettre une assignation à comparaître le lendemain devant le Sénat, à Washington.

Les deux hommes prirent le train de nuit qui menait à la capitale.

Franklin, d'IMM, fut brièvement rappelé le 26 avril, le septième jour, par un Smith irascible et fatigué, qui une fois de plus l'entraîna sur un terrain qu'il connaissait bien : qui avait ou n'avait pas envoyé quels messages à qui... ? Il fut suivi par un témoin qui, pour une coquette somme, avait déjà raconté son extraordinaire histoire à la presse de Boston. Il s'agissait du soutier Ernest Gill. Lorsqu'on lui lut sa déclaration sous serment publiée dans les journaux et inscrite dans le dossier, Gill s'y tint. Il resta avant tout celui qui avait conduit les deux enquêtes officielles à croire que le *Californian* avait vu le *Titanic* en péril, avait aperçu ses signaux de détresse et n'avait rien tenté pour lui porter assistance.

Le témoin suivant fut le commandant Lord. Il donna la position où il stoppa au milieu des glaces, ainsi que l'heure, et il raconta comment il lui avait fallu deux heures et demie (*sic*) pour atteindre le *Carpathia* le matin suivant le drame. À 23 h 30, il avait aperçu un vapeur et son unique feu de mât à environ 4 milles au sud. Mais les premières nouvelles qu'il avait reçues de la catastrophe lui étaient parvenues du *Frankfurt*, vers 5 heures du matin, confirmées à 6 heures par le *Virginian*. Puis, à l'aube, il avait localisé à 8 milles un navire avec une cheminée jaune (qui ne pouvait être que le *Mount Temple*).

Le témoignage de Lord n'eut rien d'exceptionnel et ne prêta donc à aucune controverse ; tout laissait alors prévoir la vague d'opprobre qui allait bientôt le submerger.

Il fut suivi par Cyril Evans, qui confirma avoir capté le terrible message du *Frankfurt*. Le second, Stewart, avait d'ailleurs déclaré avoir vu les fusées pratiquement à la même heure. Vers 23 heures, le dimanche soir, Evans avait averti le *Titanic* de la présence de glace pour s'entendre dire en retour de se taire ; ce qui prouvait que le paquebot l'avait entendu. La déposition d'Evans sur la foi de Gibson, précisant que celui-ci avait mentionné par trois fois les fusées devant Lord, n'arrangea pas les affaires du commandant. Cependant, l'opérateur radio expliqua aussi que Ernest Gill lui avait avoué, le soir du 24 avril, qu'il s'attendait à obtenir 500 dollars pour son récit. La haine manifeste que le sénateur Smith portait à l'argent de la presse ne l'incita pourtant pas à traiter Gill avec le mépris qu'il montra envers les opérateurs radio du *Carpathia*. Après leurs déclarations, Lord et Evans retournèrent sur le *Californian* et ne reparurent plus jusqu'au début de l'enquête britannique. Mais déjà, alors, la réputation de Lord était anéantie.

Le même sort n'attendait pas James Henry Moore, commandant du navire à la cheminée jaune, le *Mount Temple*, que l'on appela le huitième jour, le samedi 27 avril. Comme nous l'avons vu, il corrigea sa longitude de 51° 15' W à 51° 41', mais ce dernier chiffre étant sans doute une erreur d'écriture, il fallait lire : 51° 14'. Moore déclara qu'après avoir entendu le signal CQD et appris la position de Boxhall, il avait changé de route, croisé une goélette puis rencontré la glace qui l'avait décidé à stopper son navire, à environ 14 milles des lieux du drame. Il avait également aperçu à bâbord un vapeur de cabotage de 4 000 à 5 000 tonnes, naviguant comme lui sur un cap nord-ouest. C'était un bateau étranger sans pavillon et dont la cheminée noire était rehaussée d'une bande blanche, elle-même ornée d'un signe qu'il ne parvenait pas à distinguer. Peu à peu, il croisa la route de *Mount Temple* pour se retrouver à tribord.

Ce vaisseau était le seul en vue lorsque, à 4 h 30 du

matin, le *Mount Temple* reçut la position du CQD. Ce fut à ce moment que Moore repéra un champ de glace de plus de 20 milles de long sur 5 ou 6 milles de large et qui comportait des icebergs d'au moins 60 mètres de haut. Il fouilla les alentours jusqu'à 9 heures le 15 avril, sans rien trouver. Cependant, il restait persuadé que le *Titanic* s'était arrêté 8 milles plus à l'est que la position rapportée par le message CQD.

Moore nia énergiquement les dires de la presse, attribués à ses passagers, prétendant que les fusées ou les signaux de détresse du *Titanic* avaient été aperçus de son navire à minuit : personne ne se trouvait sur le pont à cette heure. Dès qu'on l'avertit de ces signaux, il fit dégager les ponts, installer des échelles et des cordes, préparer les bouées de sauvetage et les chaloupes. Il avait vu au loin le *Carpathia* puis le *Californian* arriver, ainsi que le vapeur de cabotage et le paquebot russe *Birma* (avec son mât et sa cheminée jaunes).

Le commandant estimait que le *Mount Temple* avait été stoppé par les glaces aux alentours de 3 heures, cette nuit-là, à plus de 5 milles de l'endroit où avait coulé le *Titanic* : si la glace dérivait alors d'un demi-mille par heure, le vaisseau pouvait très bien être passé sur les lieux du drame et avoir déplacé des corps et des débris d'épave.

Revenant sans cesse en arrière, le président de la commission se rappela soudain avoir un jour rencontré le commandant Smith, qui lui avait fait visiter l'un de ses bateaux ; par élimination, on découvrit plus tard qu'il s'agissait de l'*Adriatic,* bien que le sénateur fût incapable d'en retrouver le nom.

Le commandant Moore poursuivit sa déposition en racontant qu'il n'avait jamais vu de glace aussi bas vers le sud et qu'il n'aurait jamais maintenu une telle vitesse sur le *Titanic* après les messages d'alerte. Néanmoins, Moore connaissait bien les eaux canadiennes et avait l'habitude de rencontrer de la glace sur les routes plus au nord, qu'il savait dangereuses. Il avait donc fait tout ce qu'il pouvait.

Le sénateur Smith le crut sur parole et ignora ou manqua de relever que le *Mount Temple* était resté sans bouger durant des heures dans le voisinage immédiat du lieu du naufrage, des canots de sauvetage et du *Carpathia*, qui se démenait alors pour secourir les rescapés. Moore s'en sortit en réfutant en bloc les racontars de la presse « inspirés par un passager de Toronto » (que l'on ne nommait pas mais qui était sans doute le Dr Quitzrau, dont la déclaration sur l'honneur citée plus haut fut jointe au dossier de l'enquête sans aucun commentaire).

Jusque-là, nous avons décrit les procédures de l'enquête sénatoriale américaine, telle qu'elle eut lieu, jour après jour, pour donner une image de la façon dont elle fut conduite. Nous en avons un peu recréé l'atmosphère, dépeint les participants et détaillé ce puzzle incomplet : ils eurent le plus grand mal à réunir les pièces. Mais, au fur et à mesure qu'elle avançait, la commission fut victime de la loi des rendements décroissants et consacra de plus en plus de temps et d'énergie à découvrir de moins en moins de choses. Jugeant préférable de passer sur les innombrables répétitions qui jalonnèrent les différents témoignages, nous n'avons mentionné que les dépositions ayant une signification particulière.

Rappelé le neuvième jour, Marconi révéla alors le trou de mémoire qui lui avait fait « oublier » sa demande signée au *Carpathia* pour que celui-ci lui révèle des détails sur la catastrophe. Car son invention avait joué un rôle tout aussi capital que positif, d'une valeur extrême pour les journaux et fort exploitable commercialement.

Smith le harcela de questions, cherchant à savoir s'il y avait eu des messages envoyés par Ismay et n'hésitant pas demander à haute voix pourquoi aucune notification n'avait été adressée à la White Star avant celle de l'*Olympic*, le lundi 15 avril. Marconi lui fit remarquer que tous les messages du *Carpathia* ce jour-là avaient dû être relayés, probablement via l'*Olympic* et Cape Race, car la radio du navire sauveteur était trop faible pour transmettre des communications directes. Le sénateur continuait de s'inquiéter de la cruelle annonce « tous sains et saufs, en route vers Halifax », signée de la White Star et télégraphiée le lundi soir. Les directeurs de Marconi se montrèrent peu enclins à divulguer le contenu de ces messages mais Smith insista. Franklin lui proposa alors de fournir le texte de toutes les communications issues de la White Star, d'IMM et d'Ismay ou destinées à ces derniers.

La cible suivante de Smith fut Frederick Sammis, trente-cinq ans, ingénieur en chef de la MCA (Marconi Company of America). Il prit la responsabilité des messages avisant les opérateurs de garder le silence et suggérant à Cottam de se rendre au *Strand Hotel*. Il se déclara heureux d'avoir aidé des hommes au salaire modeste à gagner de l'argent grâce à la presse ; il n'existait aucune loi contre cela et lui-même n'avait rien reçu en échange. Les opérateurs britanniques étaient payés deux fois moins que les Américains à cause de la différence du coût de la vie entre les deux pays.

Le mors au dents, Smith choisit d'interpréter de la pire façon les déclarations de Sammis, qui admit poliment avoir accédé à la requête du *New York Times* demandant l'exclusivité du récit des opérateurs.

À coup sûr profondément satisfait de son dernier butin, le sénateur se tourna vers les passagers et commença avec Hugues Woolner, de Londres, qui avait voyagé en première classe. Celui-ci déclara avoir dit au commandant Smith que les baies vitrées sur le pont A étaient fermées quand on commença à armer les canots pour leur mise à l'eau. Lorsqu'on trouva enfin la clé à écrou qui devait les ouvrir, les passagers se tenaient déjà sur le pont, prêts à embarquer. Woolner raconta alors comment le premier officier Murdoch tira en l'air un coup de pistolet pour écarter le groupe d'hommes agglutinés autour du repliable C, dans lequel Ismay put si aisément se glisser peu après. Les questions que Smith posa alors reflètent la façon répétitive, méticuleuse et maniaque dont il abordait les interrogatoires :

Smith : – Ils se sont précipités en masse dans l'embarcation ?

Woolner : – Oui.

Smith : – Était-ce dans ce radeau repliable ?

Woolner : – C'était un repliable, oui, monsieur.

Smith : – Ce fut le premier radeau à être mis à l'eau à bâbord ?

Woolner : – À tribord, monsieur. C'était l'autre côté.

Smith : – Vous aviez traversé le bateau ?

Woolner : – Oui.

Smith : – Vous étiez donc du côté tribord ?

Woolner : – Oui...

Woolner aida Murdoch à dégager le repliable C (celui d'Ismay) afin d'y installer des femmes, avant d'y grimper lui-même. On rama ensuite jusqu'à 150 mètres environ du liner en train de sombrer, qui soudain fut entraîné vers le fond dans un vacarme assourdissant.

– On n'a plus rien vu lorsque les lumières ont disparu. Tout était encore brillamment éclairé du côté de la poupe et, soudain, plus rien. Nos yeux étaient si peu accoutumés à l'obscurité qu'on ne voyait rien et qu'on n'entendait plus que du bruit.

Harold Bride avoua alors aux sénateurs avoir reçu 1 000 dollars du *New York Times*, dont 250 de Fleet Street. Pour la deuxième fois, il raconta les dernières minutes du *Titanic* et profita de cette occasion pour démentir le fait que lui-même et Cottam écoutaient à la radio des résultats de base-ball (activité plus qu'improbable pour des Anglais, d'autant qu'ils étaient à ce moment-là extrêmement occupés à envoyer des messages de détresse). Le sénateur abattit alors son jeu :

Smith : – Si l'opérateur était resté à l'écoute sur le *Californian*, si ce navire ne se trouvait qu'à 15 milles de là et si votre signal CQD avait été entendu, la situation aurait-elle été différente ?

Bride : – Oui, monsieur.

Boxhall fut de nouveau convoqué pour parler du mystérieux bateau, la question à présent la plus controversée de toutes celles évoquées au cours de l'enquête. D'après sa version, le navire qui se trouvait à 5 milles comportait trois ou quatre mâts (et deux feux de mât plutôt qu'un seul), et il montrait son feu vert de tribord. Smith lui répliqua que le *Californian* ne croisait pas à plus de 14 milles mais Boxhall lui rétorqua que cela n'avait rien à voir parce qu'il n'aurait effectivement pu distinguer un bateau ou des fusées d'aussi loin.

Cottam fit sa quatrième apparition devant les sénateurs pour raconter comment il avait reçu 750 dollars du *New York Times*. Il admit que Marconi avait demandé des nouvelles par radio mais qu'il l'avait ignoré car il était bien trop occupé : il avait en effet transmis plus de 500 messages après le sauvetage. Il avait aussi discuté avec Bride de la somme offerte par le *New York Times* ; tandis que le *Carpathia* approchait de New York, ils avaient reçu deux autres propositions identiques.

Boxhall fut de nouveau rappelé pour justifier ses calculs de position. Il rejeta l'estimation du commandant Moore selon laquelle il se serait trompé de 8 milles. Questionné une fois encore sur le fameux « bateau mystérieux », il répondit avoir d'abord aperçu ses deux feux de mât, puis les feux latéraux ; la lumière (*sic*) rouge resta visible la plupart du temps, et ce à l'œil nu. Le navire les avait approchés de bâbord avant de virer au loin. Il n'avançait pas vite car il avait dû rencontrer la glace et changer de cap tout en dérivant. Le commandant Smith était avec Boxhall quand ils avaient conclu que le bateau était maintenant assez près – 5 milles – pour se signaler.

– J'ai distingué ses feux latéraux. Ce navire avait de très belles lumières. Je crois que nous pouvions les voir de plus loin que la normale [5 milles], mais je ne pense pas que nous aurions pu les distinguer à 14 milles.

Le dixième jour, on rappela Ismay pour un interrogatoire nettement plus long et détaillé que le premier. Il décrivit IMM, l'empire maritime de J. P. Morgan, qui incluait la Leyland (celle du *Californian*) et une demi-douzaine d'autres entreprises. Il n'existait ni compagnie ni lien d'aucune sorte entre IMM et les chantiers navals Harland & Wolff. (Une fois encore, on ne trouva nulle part le nom du président de cette société, lord Pirrie, également administrateur d'IMM ; Ismay, qui avait écouté la proposition de construire les « Olympics », était certainement plus au courant que quiconque des liens de Pirrie.)

Harold Sanderson, directeur de la White Star et administrateur d'IMM, ne faisait pas partie du terrible voyage mais déposa devant les commissions d'enquête ; pour Ismay, il représentait celui qui pouvait le tirer d'affaire.

Invité un peu plus tôt à énumérer les pertes de la White Star, Ismay évoqua le *Republic* et le *Naronic* – ce dernier, presque neuf, et qui disparut corps et biens, n'était pas assuré, déclara-t-il (aucune mention ici d'un projet d'« assurance propre »). Le *Titanic* avait été conçu pour flotter avec ses deux plus grands compartiments inondés, au cas où il se ferait heurter par un autre navire au niveau d'une cloison étanche. Une collision frontale ne devait pas non plus le faire couler.

Ismay produisit ensuite les textes de tous les messages qu'il avait envoyés (huit, en tout, destinés à Franklin) et reçus (trois de Franklin et un de sa femme) alors qu'il se trouvait sur le *Carpathia*. Il nia aussi avoir tenté d'influencer le commandant Smith sur la façon de mener son navire.

– Il n'y avait à mon sens aucun marin naviguant sur l'Atlantique aussi doué que le commandant Smith, jusqu'à ce qu'il ait cette malheureuse collision avec le *Hawke*... Je crois que son dossier était d'une clarté exceptionnelle.

En quittant le *Titanic*, Ismay avait embarqué sur le dernier radeau à être mis à l'eau du côté tribord ; celui-ci était alors loin d'être rempli.

Smith : – Pourquoi y avez-vous embarqué ?

Ismay : – Parce qu'il y avait de la place sur ce radeau. On était en train de le descendre à la mer, je sentais que le navire sombrait et je suis monté dans ce repliable. Je sais que mon attitude à bord du *Titanic* puis à bord du *Carpathia* a été très sévèrement critiquée. Je désire participer à la totalité de l'enquête et je me place sans aucune réserve entre vos mains et celles de vos confrères pour répondre à toutes les questions concernant ma conduite...

Ismay poursuivit en déclarant que le commandant Smith avait demandé qu'on lui rende l'avis de présence de glace envoyé par le *Baltic*, afin de pouvoir le laisser dans la salle des cartes des officiers (séparée de la sienne). Ismay le rendit à Smith vers 19 h 10, le dimanche. S'il avait embarqué sur le *Titanic*, c'était en grande partie pour rechercher les améliorations à envisager pour le confort des passagers des « Olympics ». Ceci marqua la fin de l'épreuve américaine du directeur général de White Star : on lui annonça qu'il pouvait rentrer en Angleterre et il partit le 30 avril.

Le reste de la dixième journée fut occupé par les témoignages d'autres voyageurs, puis l'audience fut ajournée pour trois jours. L'infatigable sénateur Smith retourna au *Waldorf Astoria Hotel,* le vendredi 3 mai, pour interroger seul d'autres témoins à New York. Ceux-ci incluaient Melville E. Stone, directeur général de l'Associated Press, qui collaborait avec huit cents journaux. Il fournit une analyse détaillée de la façon dont la nouvelle éclata et fut aussitôt prise en main par l'agence.

Aux premiers renseignements reçus de Cape Race, à Terre-Neuve, à l'aube du lundi 15 avril, succéda un effroyable silence qui rendit les agences hystériques. Le service radio du Dow Jones lança la fameuse rumeur « tous sains et saufs, en route vers Halifax » à 9 h 30, ce matin-là, et elle fit le tour du monde. Cette histoire se prolongea la journée entière ; ce ne fut qu'à 19 heures, le lundi 15, que l'Associated Press reçut la nouvelle (l'annonce par Franklin du message de l'*Olympic*) que le vaisseau avait sombré en entraînant avec lui un grand nombre de vies humaines. À ce moment, le *Carpathia* était hors de portée et tous ses messages devaient êtres relayés. Du mardi au jeudi, l'Associated Press s'efforça d'entrer en contact avec le navire. Stone ensuite parla de l'offre faite par Marconi de vendre à l'Associated Press des droits d'exclusivité qui ne vinrent jamais.

Le douzième jour, Smith, toujours à New York, interrogea John R. Binns, l'ancien opérateur radio du *Republic*, qui s'était rendu célèbre (ainsi que Marconi, son employeur de l'époque) en lançant des appels de détresse par radio et en sauvant ainsi des centaines de vies. Il avait ensuite travaillé pour le commandant Smith sur l'*Adriatic* puis sur l'*Olympic* avant de se tourner vers le journalisme, encouragé en cela par les gains que lui avait rapportés la saga du *Republic*. Ses employeurs lui avaient alors conseillé de réserver son histoire au *New York Times* « en raison des relations amicales qu'ils entretenaient avec la société Marconi ».

Binns, à présent correspondant maritime, émit l'avis que le point faible des « Olympics » résidait dans leurs joints de dilatation, insérés pour réduire les vibrations. Il ajouta cette remarque, aussi astucieuse que cruciale : en concevant ce paquebot, on n'avait pas une seule fois songé à l'éventualité d'une collision latérale ou oblique. Les grands vaisseaux de la Cunard étaient tous dotés d'une structure cellulaire extrêmement robuste, qualification qui donnait droit aux subventions du gouvernement britannique (l'Amirauté, qui imposait cette condition, en savait manifestement plus que le ministère du Commerce sur la façon de garder à flot un bateau endommagé).

Après trois jours d'audience à New York, Smith retourna à Washington, le 9 mai, pour présider la quatorzième journée en séance plénière. L'éditeur en chef du Dow Jones, Maurice L. Farrell, fit un résumé de ce que ses services avaient produit. Sa source quant au faux rapport « tous sains et saufs » était l'agence de presse Laffan, de Boston, dont le propriétaire était le *New York Sun*. Une autre de ses contributions à la légende fut une information sans fondement disant que le paquebot disparu emportait avec lui 5 millions de dollars en titres et diamants. À midi, ce lundi 15 avril, l'agence annonçait que le *Titanic* faisait sereinement route vers New York...

Farrell montra un article du Dow Jones sur IMM, basé sur son rapport annuel pour l'année 1911. La compagnie avait gagné 38 millions de dollars et réalisé un profit de 8,5 millions ; du surplus de 4,5 millions, 3,5 étaient partis en moins-value, laissant un surplus net de seulement 1 million de dollars (une fraction de la valeur du paquebot disparu). Le lundi 15 avril, les actions IMM chutèrent de 50 cents, pour arriver à 5,50 dollars ; mais elles remontèrent à 6 dollars le même jour. Les actions privilégiées descendirent de 20 dollars mais se rétablirent à plus de 23 dollars, une perte nette comparée à celle de la journée précédente.

Et, lorsque le naufrage fut confirmé le mardi, les mêmes actions et titres ne tombèrent que d'un à trois points, et seulement de façon temporaire. Puisque le plus gros des valeurs appartenait à Morgan, cette solidité n'avait rien d'étonnant.

Farrell estima que les pertes nettes du *Titanic* (2 ou 3 millions de dollars) ne parviendraient pas à briser IMM. Il récita alors l'historique du conglomérat de Morgan, tiré d'un article du Dow Jones et écrit à la manière des messages radio. Morgan avait lancé IMM en octobre 1912 et la compagnie n'avait « jamais réellement fonctionné ». Voici ce que lut Farrell :

Les compagnies d'assurances et autres garanties devaient garder leurs titres, qui représentaient une valeur réelle ; et elles ont toujours vendu de ce côté de l'Atlan-

tique pour nettement moins que la valeur de remplacement d'un bien, pour ne rien dire des immatériels.

De l'autre côté de l'Atlantique, la mainmise sur la White Star par les banques américaines provoqua l'indignation en Angleterre et fut la cause d'importantes subventions pour la Cunard et de rivalités entre les différents chantiers navals. En quelques années, toutes les compagnies maritimes commencèrent à souffrir des tarifs très bas et durent réduire ou suspendre leurs dividendes.

Récemment encore, les cours du tonnage à travers le monde étaient bien plus hauts et l'on voyait à l'horizon se profiler prospérité, dividendes et surplus en augmentation.

L'histoire d'IMM ne semble refléter aujourd'hui que la pauvreté engendrée par des cours très bas ou, s'il y a richesse, c'est alors pour subir la pire des catastrophes maritimes.

Cela tend à dire, en langage clair, qu'IMM avait surestimé la valeur de ses concurrents et amorcé une compétition féroce et injuste qui réduisit à néant les gains de tous. D'autre part, IMM fut victime soit de taux extrêmement bas, soit, lorsque ceux-ci étaient hauts, de désastres. Morgan, qui se félicitait de faire de l'or avec tout ce qu'il touchait, dut se sentir irrité par ces coups du destin.

Les trois derniers jours de l'enquête américaine se passèrent à relire les déclarations sous serment inscrites dans les différents dossiers. Parmi elles, il y eut celles du Dr Quitzrau, de Mme M. D. Douglas et de Mme E. B. Ryerson, ces dernières jurant sur l'honneur qu'Ismay leur avait montré le message concernant la présence de glace (ce qu'il avait nié). Smith interrogea aussi le commandant John J. Knapp, hydrographe à la Royal

Navy, sur les alertes à la glace et sur les cartes ; mais, le 18 mai, le dernier jour de l'audience à Washington, il ne fit qu'ajouter à la confusion en pinaillant sur les positions relatives du *Titanic*, du *Californian* et d'autres navires alentour.

La commission d'enquête américaine s'acheva le 25 mai, lorsque le sénateur Smith, de retour à New York, visita l'*Olympic* avant que celui-ci ne reparte dans la journée pour Southampton. Le commandant Haddock déclara avoir appris le naufrage directement du *Titanic* via son propre opérateur radio, E. J. Moore. Le lundi, il reçut aussi un message du commandant Rostron, disant :

« Bruce Ismay est sous tranquillisants. »

Moore, à son tour, fit une brève déposition sur les communications qu'il avait reçues ou surprises. Vint enfin le dernier témoin, Fred Barrett, soutier sur le *Titanic*, qui raconta au sénateur Smith comment il vit l'eau se précipiter dans la chaufferie par le côté éventré du navire, à une soixantaine de centimètres au-dessus du sol. Puis il narra les instants dramatiques qui suivirent à bord du canot n° 13.

Le mardi 28 mai 1912, William Alden Smith se hâta de présenter son rapport devant un Sénat absolument comble. Long de vingt-trois pages, il fut accompagné d'un discours alambiqué qui arrivait à surpasser la rhétorique américaine. En voici un bref exemple :

Nous laissons à l'Angleterre le soin de juger du châtiment le plus juste à infliger au ministère britannique du Commerce, qu'un laxisme vis-à-vis des réglementations et une inspection trop hâtive ont rendu responsable devant le monde entier de cette horrible fatalité...

Malgré les avis de présence de glace, on augmenta la vitesse du navire et les messages d'alerte ne surent les plonger dans la crainte.

Le sénateur Smith critiqua hautement son homonyme, le commandant, lui reprochant son « indifférence devant le danger », son « excès de confiance » qui l'avait incité à « négliger d'écouter des avertissements maintes fois répétés ». Lightoller se vit également accablé de critiques à propos de l'absence de jumelles et, indirectement, pour avoir fermé les yeux sur la trop grande vitesse du paquebot et n'avoir pas su coordonner la mise à l'eau des canots.

Le rapport affirma à tort que la sous-commission avait entendu 82 témoignages. Nous en avons compté 68, auxquels se sont ajoutées 22 nouvelles déclarations (certains témoins furent même rappelés quatre fois), plus 3 dépositions écrites (sans compter les déclarations sur l'honneur affirmant que la White Star avait malencontreusement loué un train spécial pour aller chercher les rescapés à Halifax).

La particularité qui distingua l'enquête sénatoriale et ses témoignages réunis pêle-mêle de la commission britannique, nettement plus réfléchie, fut, chez les Anglais, la proportion à peu près égale entre les hommes d'équipage, les passagers rescapés et les témoins extérieurs cités. Étant donné le peu de temps disponible pour l'organisation et le choix de ces témoins, la commission britannique fit preuve d'une remarquable efficacité pour rassembler toutes les informations nécessaires. Les dépositions des passagers servirent de contrepoint utile aux témoignages des officiers, qui auraient pu se dispenser de révéler tout ce qu'ils savaient ou décider de ménager leur employeur ; si cela n'avait tenu qu'à Lightoller, par exemple, le rôle d'Ismay aurait pu être considéré avec moins de sévérité.

Le rapport du sénateur Smith qualifiait de superficiels les essais en mer du *Titanic* ainsi que les exercices de maniement des canots et des autres équipements de sécurité. D'avance, il corrigeait tous les flottements de procédure que ne manquerait pas de relever la commission britannique. Le commandant Smith avait reçu au moins trois avis de présence de glace mais n'y avait prêté aucune attention.

– La vitesse ne fut pas ralentie, les veilleurs ne furent pas augmentés.

Néanmoins, le commandant avait demandé à être réveillé au moindre événement et Lightoller avait ordonné aux vigies de guetter tout spécialement la présence de glace. Dans la collision, cinq compartiments avaient été presque tout de suite inondés.

– Les cloisons supposées étanches ne l'étaient pas et le naufrage du paquebot était inévitable.

Cependant, il n'y eut jamais d'attaque directe contre les constructeurs du navire.

Les bateaux aperçus dans le voisinage du paquebot naufragé étaient, par ordre de proximité, le *Californian*, à 19,5 milles, le *Mount Temple* (qui croisa une goélette non identifiée et capta les premiers et derniers messages de détresse du *Titanic*), le *Carpathia*, à 58 milles, le *Birma*, le *Frankfurt*, le *Virginian*, le *Baltic* et enfin l'*Olympic,* à 512 milles.

Six témoins du *Titanic*, dont des officiers et des marins expérimentés, avaient repéré les feux d'un navire qui n'avait pas réagi aux fusées ni aux signaux lumineux.

À la même heure, les officiers du *Carpathia* admirent avoir vu des fusées dans la direction du *Titanic*, cependant que plusieurs hommes d'équipage déclaraient que les feux latéraux d'un grand vaisseau naviguant à pleine vitesse étaient nettement visibles du pont inférieur, à 23 h 30, heure du *Carpathia*, juste avant la collision...

La sous-commission se voit donc contrainte d'en déduire que le Californian, *contrôlé par la même compagnie, se trouvait plus près du* Titanic *que les 19 milles annoncés par son commandant ; que les officiers et les hommes d'équipage ont vu les signaux de détresse du paquebot en péril mais ont négligé d'y répondre comme l'exige la loi et selon les réglementations internationales.*

Si l'on était venu rapidement au secours des naufragés, ou si l'opérateur radio... était resté quelques minutes de plus à son poste le dimanche soir, [le Californian*] aurait eu le mérite de sauver la vie des passagers et de l'équipage du* Titanic.

Le rapport critiquait aussi la confusion générale qui s'instaura lors de l'armement et du chargement des chaloupes. Avec une meilleure organisation, on aurait pu sauver encore plusieurs centaines de passagers. Smith nota aussi l'imprécision de certains témoins qui avaient considérablement amplifié le nombre des rescapés montés dans chaque canot. La peur de se voir emporté par l'effet de succion quand le liner avait sombré fut tout autant exagérée. Les sénateurs étaient très enclins à reconnaître que la glace, aidée par les courants, avait couvert et/ou déplacé les corps ainsi que les débris ; ils préféraient cette théorie à l'idée que la position de Boxhall pût être erronée ; cette éventualité ne fut d'ailleurs pas mentionnée.

On ne trouva en revanche aucune explication au message « tous sains et saufs, en route vers Halifax ». Les bureaux de la Western Union d'où il avait été envoyé se trouvaient dans le même bâtiment qu'IMM, à Broadway. La commission reprocha à la société Marconi d'avoir poussé ses opérateurs à monnayer leur récit à la presse, et elle eut le plaisir de constater que Guglielmo Marconi lui-même leur avait déconseillé de recommencer.

Le sénateur Smith et ses confrères firent une série de recommandations. Appelant à une action internationale, ils proposèrent que les États-Unis imposent des réglementations de sécurité plus strictes pour les navires étrangers naviguant vers les ports américains, à moins que les pays propriétaires de ces bateaux ne mettent en vigueur leurs propres règles. Une place dans les chaloupes devrait être prévue pour chaque passager et membre d'équipage ; à chaque canot devraient être assignés quatre hommes d'équipage et un nombre bien précis de passagers ; et les exercices d'entraînement devraient être renforcés et pratiqués plus fréquemment.

La radio devrait fonctionner vingt-quatre heures sur vingt-quatre, les amateurs devraient en être interdits d'accès et le secret des messages devrait être protégé par la loi. Les fusées ne devraient être utilisées qu'en cas de détresse. Chaque navire devrait posséder un haut double fond ou des cloisons étanches longitudinales, afin de créer une « peau » étanche à l'intérieur de la coque ; d'autre part, ces mêmes cloisons devraient être étendues à un pont principal, étanche, lui aussi.

Toutes ces propositions étaient censées renforcer et même transformer la sécurité en mer. Ce ne fut qu'un demi-siècle plus tard, à la naissance du ferry transroulier destiné à accélérer les manœuvres, que l'on abandonna la construction cellulaire – avec, malgré tout, des résultats tragiques pour le *Herald of Free Enterprise* (en 1987) et l'*Estonia* (en 1994), pour n'en citer que deux.

Une liste proposée plus tard par le sénateur Smith insista sur tous les défauts que la sous-commission avait identifiés ; elle chercha aussi à étendre la loi antitrust à l'industrie navale, à qui l'on recommanda vivement de se renseigner sur « qui possédait quoi » en mer. Ce fut le seul moment où Smith osa évoquer, et de manière plus que discrète, le rôle caché de Morgan dans la tragédie du *Titanic*. Au bout du compte, il fallut la loi Clayton de 1914 pour combler les énormes failles de la loi Sherman (antitrust) de 1890.

Pendant ce temps, on créa la Patrouille internationale de la glace pour surveiller les icebergs. Dirigée par la police maritime des États-Unis, elle fut fondée en mémoire des disparus du *Titanic*.

À la fin de son discours, le sénateur Smith conclut simplement, mais non sans fermeté, que la présence à bord d'Ismay, d'IMM/White Star, et d'Andrews, de Harland & Wolff, poussa l'inconscient commandant Smith à accélérer la vitesse du paquebot. Tous trois étant sujets britanniques, leur gouvernement se vit reprocher son laxisme quant à la sécurité en mer, et deux commandants britanniques – l'un étant mort et l'autre condamné sans procès – furent accusés de négligence.

Le fait de masquer la participation américaine en la personne de J. P. Morgan et les très puissants intérêts qu'il avait en jeu équivaut à un mensonge par omission. Ce fut sa façon d'appréhender les affaires qui, plus que tout, avait ces derniers temps accentué la tendance naturelle à la compétition entre les chantiers navals. Ce fut enfin Morgan qui encouragea les compagnies à gagner du temps sur les mers.

Rappelons ensuite que Morgan invoqua la maladie à

titre d'excuse pour ne pas avoir participé au premier et dernier voyage du *Titanic*. Deux jours après le naufrage du paquebot, des journalistes américains le retrouvaient au *Grand Hôtel* d'Aix-les-Bains, où il suivait une cure. Il était en excellente santé et accompagné de sa maîtresse française.

Néanmoins, le marteau du président ne s'abattit en aucune manière sur les trusts.

9

LA COMMISSION D'ENQUÊTE BRITANNIQUE

Le début de l'« enquête officielle sur la disparition du *Titanic* » à Londres peut être fixé le 23 avril 1912, avec la nomination d'un commissaire aux naufrages par le ministre de la Justice anglais, selon les termes de la marine marchande. Pour l'assister dans ce travail, le ministère de l'Intérieur établit, le 26 avril, une liste de cinq experts en affaires maritimes et, le 30 avril, Sydney Buxton, président du Board of Trade (ministère du Commerce), chargea officiellement le commissaire d'enquêter sur la disparition du *Titanic*. Buxton avait essentiellement pour fonction de régler la sécurité en mer, de veiller à l'application des normes de construction et à l'installation des équipements d'urgence, tâche dans laquelle le ministère avait de toute évidence échoué.

Conscient des fautes de son gouvernement et de la responsabilité qui lui incombait, Buxton choisit donc, selon un processus légal, un juge, des jurés, un avocat général ainsi que tous les témoins officiels.

La commission d'enquête se réunit pour la première fois le jeudi 2 mai 1912, avec pour mission de répondre à vingt-six questions essentielles, son but n'étant pas de trouver un coupable ni de rechercher la faute commise : on ne jugeait pas une affaire de droit civil ou criminel, on menait une enquête dont les instances étaient moins strictes que celles d'un procès.

Les questions s'étendaient du nombre de passagers et d'hommes d'équipage aux amendements nécessaires aux lois maritimes en vigueur. La question n° 24 demandait à l'origine :

« Quelle fut la cause du naufrage du *Titanic* et de la perte de vies humaines qui s'ensuivit ? La conception du navire et ses installations étaient-elles propres à empêcher les passagers ou les hommes d'équipage d'accéder aisément aux équipements de sauvetage ? »

Cette question serait la seule à voir son texte considérablement modifié par une insertion tardive au cours de l'enquête.

Qui allait présider la commission britannique ? Le candidat idéal semblait John Charles Bigham (1840-1937), baron Mersey of Toxteth, originaire de Liverpool, qui avait travaillé sept ans durant dans l'entreprise navale de son père avant de préparer le barreau, où il entra en 1871. Quelques études en Allemagne puis en France lui permirent de parler ces deux langues. Si sa voix nasillarde le privait d'une certaine noblesse, il trouva cependant vite sa place dans la magistrature grâce à une superbe éloquence, et devint avocat de la Couronne en 1883, député de Liverpool en 1895, juge à la Haute Cour en 1897, puis président du Tribunal des successions, de grande instance et du ministère de la Marine, en 1909. Malheureusement, des troubles cardiaques allaient l'obliger à abandonner ces différents postes. Il fut anobli en 1910 et devint une sorte de juge itinérant, prêtant ses services à toutes sortes de commissions, telles que celle-ci.

Son premier geste fut de désigner un secrétaire en la

personne de son fils, Clive Bigham (1873-1956), qui fut un temps capitaine des grenadiers de la garde, puis porte-parole du gouvernement, explorateur, espion, journaliste, écrivain et esprit universel. Rapide et efficace, Bigham mit en place le mécanisme et les rouages nécessaires à son administration : des bancs, une estrade, une barre des témoins et de longues tables ; un service de sténographie et de quoi recevoir témoins, avocats, journalistes et centaines de spectateurs ; une demi-maquette (face tribord) de 6 mètres du *Titanic*, un schéma de 12 mètres de son plan d'ensemble et une vaste carte de l'Atlantique nord.

Bigham choisit aussi le lieu du procès, Drill Hall, salle d'entraînement du London Scottish Regiment, une unité de réserve. Le bâtiment était assez grand pour qu'on y fasse défiler des troupes. Les efforts de Bigham pour couvrir les murs intérieurs de longues draperies rouges et suspendre au plafond des abat-voix n'eurent aucun effet sur l'acoustique désastreuse de la salle, entourée de galeries sonores ; ce qui lui attira d'incessantes récriminations.

Le principal représentant du ministère du Commerce serait l'avocat général lui-même, sir Rufus Isaacs, conseiller ministériel, avocat de la Couronne et député. Il serait assisté de sir John Simon, de Butler Aspinall, de S. A. T. Rowlatt et de Raymond Asquith, fils du Premier ministre. Isaacs (1860-1935), fils d'un marchand juif de l'est de Londres, quitta l'école à quatorze ans, partit en mer deux ans plus tard, travailla ensuite comme intérimaire à la Bourse avant d'être accusé d'infraction, puis se lança dans le droit et se présenta au barreau après des études à Bruxelles et à Hanovre. Physiquement et mentalement doué, il trouva donc sa voie dans la magistrature et s'éleva très vite dans la profession, avant de devenir député de Reading (Berkshire), en 1904. Huit ans plus tard, il intégrait le ministère en tant qu'avocat général après deux années passées comme substitut. (En 1913, il devait devenir président de la Haute Cour de Justice et, plus tard, se faire nommer ambassadeur à Washington, vice-roi des Indes, et enfin ministre des Affaires étrangères.)

Isaacs et son frère Godfrey, codirecteur général de la société Marconi en Angleterre depuis 1910, entretinrent des rapports financiers douteux dès les jours qui suivirent le naufrage du *Titanic,* ce qui permit à l'avocat général de profiter de la catastrophe. En mars 1912, la société Marconi signait un contrat fort avantageux afin de relier les pays de l'Empire britannique par radio. Godfrey possédait un grand nombre de titres chez Marconi American. Le 9 avril 1912, il proposa d'en vendre une partie à ses frères Harry et Rufus, avant que la Bourse de Londres ne relançât le titre, le 19 avril. Harry accepta mais Rufus refusa.

Cependant, le 17 avril, jour où la presse confirmait la disparition du *Titanic*, Rufus changea d'avis et acheta 10 000 actions, à 2 livres chacune. Le même jour, il attribua respectivement 1 000 actions à deux de ses collègues, le chef du parti libéral et le ministre des Finances, un certain David Lloyd George... Lorsque le partage débuta, le 19 avril, les actions, cotées à 3,5 livres, continuaient de monter, poussées par le rôle crucial joué par la radio durant le sauvetage. Ce jour-là, sir Rufus Isaacs vendit près de la moitié de ses avoirs pour en tirer un superbe profit.

Ces opérations, ainsi que d'autres cas tout aussi scandaleux de transactions internes, ne furent connues qu'au début de 1913. Pourtant, lorsqu'une commission parlementaire de la Chambre des lords mit au jour le « scandale Marconi », en mai de la même année, elle n'insista aucunement sur la date à laquelle sir Rufus Isaacs avait acheté ces actions.

Pendant ce temps, alors qu'un soupçonneux sénateur Smith s'acharnait contre Marconi et ses manœuvres douteuses, l'avocat général et principal actionnaire Isaacs s'apprêtait à le traiter comme un prince, avec force courbettes. À mesure que l'enquête britannique se poursuivit, lord Mersey ne s'inclina pas de la sorte devant Isaacs mais n'en manifesta pas moins la volonté de suivre ses « conseils » sur la façon dont se dérouleraient les débats. L'avocat général ne se priva pas d'occuper le devant de la scène du début à la fin de la procédure, ni de conduire la plupart des interrogatoires.

La White Star était représentée par sir Robert Finlay, avocat et député, par Mes F. Laing, Maurice Hill, avocats à la cour, et Norman Raeburn. Le Syndicat national des marins, les survivants du pont inférieur et les familles des membres d'équipage disparus avaient mandaté Thomas Scanlan. Clement Edwards parlerait au nom du Syndicat des travailleurs des quais, docks et rives, et W. D Harbinson, pour les passagers de troisième classe. C. Robertson Dunlop assisterait aux débats en tant que simple observateur, pour les propriétaires, le commandant et les officiers du *Californian*. Ce seraient là les principaux personnages de tout un peuple de juristes et autres défenseurs, parmi lesquels devait se singulariser Henry Duke, avocat de sir Cosmo et lady Duff Gordon.

Les archives britanniques ont gardé copie des dépositions dans un lourd volume de plus de neuf cents pages, impossibles à manier, parfois en miettes. Le déroulement de chacune des trente-six audiences londoniennes fut promptement publié par la Papeterie royale, éditeur et imprimeur du gouvernement, qui en tira des brochures à 1 shilling 6 pence. Les témoignages américains, également publiés, d'abord par articles puis reliés, remplissent près de douze cents pages imprimées mais atteignent à peine la moitié des recueils anglais.

Le tribunal présidé par lord Mersey était dispensé des solennités de la Haute Cour : juge et avocats s'habillaient de sombre mais sans les robes et perruques encore de mise en Angleterre pour les procès criminels. Les photographes purent même exercer leur métier à l'intérieur de Drill Hall le premier jour, entièrement consacré aux questions de procédure. Isaacs présenta dans ses grandes lignes le déroulement du drame et les conclusions de l'enquête officielle avant de lire à haute voix l'énoncé des trente-six questions posées à la cour par le ministère du Commerce. En fait, la plupart étaient multiples ou fractionnées, si bien qu'au total on en arrivait à plus de cent cinquante points.

– Telles sont, conclut-il, les questions que nous soumettons aujourd'hui à la cour... Nous nous réservons, toutefois, de les compléter ou de les modifier si besoin est, à la fin du procès.

Avec quelle impudence il reconnaissait que le gouvernement avait l'intention de tourner l'affaire à son avantage ! Ayant écouté son distingué confrère, attentivement quoique non sans difficulté, sir Robert Finlay demanda si l'instruction ne pouvait être menée dans une plus grande salle, à Westminster par exemple, afin que tout le monde pût profiter de ce qui s'y disait. Il lui fut répondu que c'était impossible.

Reprenant la parole dès le deuxième jour, Isaacs narra de nouveau la tragédie, dans les détails, cette fois, commençant par la description du paquebot, de son équipage et du nombre de passagers qu'il pouvait emmener, comparé à la capacité des canots de sauvetage, des effectifs du bord, des cloisons étanches. Il décrivit l'état de l'Atlantique, de la route suivie, désignée sur la carte par la mention « navires postaux en partance, du 15 janvier au 14 août », avant de passer aux avertissements du *Caronia* et du *Baltic* signalant la présence d'icebergs. À ce moment, lord Mersey s'interposa :

– Maître, dois-je comprendre que ce navire s'est précipité droit vers la zone qu'on lui conseillait d'éviter ?

– Oui.

Pourtant, reprit Isaacs, avec le froid grandissant, l'équipage aurait dû se douter de la proximité des icebergs avant la collision : la cloche du nid-de-pie n'avait-elle pas sonné trois fois ? Apparemment mal renseigné, l'avocat général ajouta que la carrière du commandant Smith avait été exemplaire en tous points sauf un, la collision entre l'*Olympic* et le *Hawke*. Néanmoins, Smith n'avait pas été inquiété dans la mesure où la responsabilité du pilote était seule établie. En l'absence de la plupart des témoins, Isaacs n'avait évidemment pas tous les éléments en main. Ce qui ne l'empêcha pas de décrire l'épisode des chaloupes et de conclure :

– J'estime que si un seul point doit ressortir de cette enquête, c'est que, sans cette merveille de la science qu'est la radio, aucun passager ne serait sorti vivant de ces embarcations ou, en tout cas, beaucoup moins qu'on n'en a finalement sauvé.

Un actionnaire des établissements Marconi n'aurait su mieux dire. On ne peut qu'imaginer la réaction de lord Mersey, nettement moins en vue dans l'échelle de la haute société, s'il eût connu les intérêts d'Isaacs dans l'affaire.

Cependant, l'avocat général s'était lancé dans l'analyse des passagers par classes, par genres et par pourcentages de disparus et de rescapés, ajoutant que la réglementation du ministère du Commerce exigeait un minimum de 16 canots pour un navire de plus 10 000 tonnes, la plus grande catégorie reconnue par le règlement édicté en 1894.

Une fois achevée cette entrée en matière, il resta encore assez de temps, avant de clore la journée, pour entendre deux des quelque 100 témoins convoqués à la barre. Le premier était Archie Jewell, l'un des six veilleurs ; à dix-huit ans, il faisait déjà preuve d'une solide maturité et raconta, avec beaucoup de calme, comment l'alerte avait été transmise au nid-de-pie et comment il avait vécu la collision ; ensuite, il fut interrogé sur ce qui s'était passé dans le canot n° 7.

– Nous nous sommes arrêtés pour voir le paquebot couler petit à petit. Il y avait encore tellement de gens sur le pont, avant que les lumières s'éteignent...

Thomas Scanlan, l'avocat de l'équipage, souligna l'absence de jumelles et de boussole sur le canot de sauvetage de Jewell, ajoutant qu'on n'avait pas fait d'exercices de sauvetage le dimanche. À plusieurs reprises, l'embarcation avait contourné les lieux du naufrage mais personne n'avait aperçu d'autre bateau avant de parvenir au *Carpathia.* Lord Mersey félicita Jewell pour la qualité de sa déposition, compliment qui ne devait guère plus lui échapper.

Le deuxième témoin, le matelot Joseph Scarrott, fut interrogé par Aspinall pour le ministère du Commerce. Il raconta le choc contre l'iceberg, la glace sur le pont et cette impression qu'il avait eue de se retrouver face au rocher de Gibraltar. En tout cas, il avait vu des gens courir en tous sens, des membres de l'équipage se précipiter sur le pont, des étrangers tenter d'aborder son canot n° 14, le cinquième officier Lowe faire le coup de feu pour les éloigner. Par la suite, il avait vu flotter des centaines de cadavres dans leurs gilets de sauvetage, et Lowe et son équipe tirer quatre personnes de l'eau ; à l'aide de gestes expressifs, il décrivit la scène :

– Il y avait un magasinier, accroché à une épave d'escalier, agenouillé, comme s'il priait... mais il appelait au secours. Nous l'avons aperçu au dernier moment, alors que nous commencions à nous éloigner. Il y avait tellement de débris et, Dieu me pardonne ! tellement de cadavres qu'il nous a fallu près d'une demi-heure pour nous approcher de cet homme. Quand nous ne pouvions contourner les corps, nous devions les écarter à coups de rame afin de nous frayer un chemin... Enfin, nous avons pu lui tendre un aviron qu'il a saisi et nous l'avons hissé à bord.

L'un des quatre rescapés mourut peu après, alors que Lowe et ses hommes retournaient vers le reste de la flottille. Ils virent un radeau de fortune, où avaient pris refuge une vingtaine de personnes qu'ils purent faire monter dans leurs canots, ainsi qu'un radeau repliable qu'ils amarrèrent à leur embarcation avant de rejoindre le *Carpathia.* Scarrott répondit à Scanlan qu'ils avaient eu tout le temps de faire monter les passagers de l'entrepont, que personne ne les avait empêchés de rejoindre les ponts supérieurs. Il y avait par exemple des échelles aux extrémités de chaque étage.

Seuls quatre canots sur les vingt devaient, selon le ministère du Commerce, être équipés d'une boussole, expliqua ce vétéran qui avait dix-huit ans de mer derrière lui ; mais quand il chercha la lampe censée se trouver sous un banc, elle avait disparu.

Le lundi 6 mai, la cour se rendait à Southampton pour visiter l'*Olympic* afin de se faire une idée du paquebot naufragé ; si bien que l'audience ne reprit que le septième jour, avec la déposition du chauffeur George Beauchamp.

Il travaillait à la chaudière n° 10 quand il entendit le « roulement de tonnerre » de la collision. Le signal « stop » s'alluma sur le transmetteur. Les portes étanches se fermèrent mais il fallut encore un quart d'heure pour éteindre le feu. L'eau ayant envahi la salle, il dut emprunter l'échelle de secours. Comme il ignorait à quel canot il était affecté, il prit le treizième, celui de Fred Barrett, auquel il donna un coup de main pour l'aider à s'éloigner des restes de l'épave. Il entendit des « explosions et un grondement » lorsque le liner coula, puis des cris dans l'eau ; mais leur embarcation était pleine ; aussi ne rebroussèrent-ils pas chemin. Ils n'avaient trouvé à bord ni lampe ni boussole, ni eau potable ni vivres.

Puis ce fut le tour du timonier de quart au moment de la collision, Hitchens ; entre 20 et 22 heures, sur la passerelle, Lightoller lui avait donné l'ordre de prévenir le charpentier du navire que le froid pourrait faire geler l'eau des canalisations. À 22 heures, il relevait le quartier-maître Olliver au gouvernail et, à 23 h 40, Murdoch lui intimait : « Barre à tribord toute ! » En deux heures, ils venaient de parcourir 45 milles et filaient N 71° W. Le bateau avait viré de 2 quarts à bâbord quand se produisit la collision. Une minute plus tard, le commandant apparaissait sur la passerelle.

Smith envoya le charpentier inspecter le navire puis, après minuit, ordonna :

– Débâchez les canots et sortez les gilets de sauvetage !

En confiant à Hitchens le canot n° 6, Lightoller lui donna l'ordre de se diriger vers le point lumineux.

– Il y avait une lumière à environ 2 quarts à bâbord, disons à 5 milles... Nous pensions qu'il s'agissait d'un bateau à vapeur... La lumière bougeait, s'éloignait petit à petit. On avait l'impression qu'elle reculait à mesure qu'on avançait [*sic*].

Il n'était pas le seul à se souvenir d'un feu multicolore alors que les fusées blanches s'élevaient du *Titanic*.

William Lucas, un simple matelot, commença par indiquer qu'il n'avait rejoint le bord qu'un quart d'heure avant le départ de Southampton. Après la collision, il avait découvert plusieurs tonnes de glace blanchâtre répandue sur le pont promenade. Désigné pour emmener les passagers de la barque de secours n° 1, il avait pourtant commencé par aider à remplir huit embarcations avant de rejoindre le radeau repliable D, d'où il avait aperçu, à quelque 8 ou 9 milles, la faible lumière et le feu de mât d'un bateau à vapeur qui s'éloignait. Il ajouta qu'il y avait trop peu de femmes sur le pont pour occuper toutes les chaloupes.

Le chauffeur Fred Barrett vint raconter comment une vague de près d'un mètre avait brusquement envahi la chaufferie n° 6. Il reprit son témoignage au matin du quatrième jour, le 8 mai, pour dire comment le quinzième canot avait été déhalé à peine trente secondes après le treizième, manquant atterrir sur la tête des passagers.

– Il y avait un peu de courant, qui nous avait déportés exactement sous le n° 15.

Ayant pris la décision de couper les amarres, il libéra de justesse la chaloupe, qui fut alors projetée vers le flanc du *Titanic* par le jet bouillant du condenseur. Il en conclut que c'était là l'explication du mouvement qui avait failli les faire écraser par le canot n° 15.

– Nous nous en sommes tirés de justesse, acheva-t-il.

Thomas Lewis, représentant du Syndicat des marins britanniques, ayant repris l'interrogatoire, Barrett expliqua que si la chaufferie n° 6 était à peu près vide, c'était à la suite d'un ordre donné peu après le départ de Southampton.

Q : – Vous en connaissiez la raison ?
R : – Oui.
Q : – Nous vous écoutons.
R : – Il y avait eu le feu.
Q : – Dans la chaufferie, en quittant Southampton... ?

Lord Mersey intervint pour demander quel rapport il y avait entre cet incendie et l'enquête, et il lui fut répondu, par les témoins autant que par les avocats, que le sinistre avait endommagé la cloison.

L'avocat général se leva pour interroger Reginald Robinson Lee ; des six veilleurs, tous rescapés, ils étaient cinq présents à l'audience. Lui-même se trouvait dans le nid-de-pie avec Fleet lorsque l'iceberg arriva en vue. Isaacs demanda si une paire de jumelles n'aurait pas été nécessaire et Lee répondit qu'en effet ils auraient peut-être aperçu l'obstacle plus tôt. Contrairement à presque tous les autres témoins, à l'exception de Fleet, Lee affirma qu'une légère brume s'était levée juste avant la collision. L'iceberg était plus haut que le gaillard d'avant (près de 17 mètres), masse sombre couronnée de blanc. En passant devant, ils le virent carrément noir.

– Alors que de dos, il avait l'air plutôt blanc.

Cela semblerait provenir de l'éclairage du bateau. Lee resta dans le nid-de-pie jusqu'à la fin de sa veille, à minuit, et fut ensuite évacué dans le canot de Barrett. Lui aussi avait aperçu les lumières d'un navire avant et après le naufrage.

John Poingdestre, le témoin suivant, marin chevronné lui aussi, rejeta toute idée de « vaisseau fantôme ». De son canot, il avait distingué une lumière à 4 ou 5 milles vers l'horizon, que d'autres avaient cru provenir d'un navire. Malgré son scepticisme, il promit à ses passagères qu'elles seraient bientôt recueillies à ce bord. Il avait ramé en direction d'appels au secours mais n'avait trouvé, en un quart d'heure de recherches, que des centaines de chaises de pont qui flottaient sur l'eau.

Les avocats du ministère du Commerce interrogèrent ainsi un à un les responsables des chaloupes dans un apparent désordre en fait savamment orchestré. James Johnson, steward du salon des premières classes, raconta ce qui s'était passé dans l'embarcation de Boxhall, ainsi que l'étrange réflexion d'un membre d'équipage au moment de l'impact avec l'iceberg :

– On est bons pour retourner à Belfast !

Puis il rapporta la discussion qu'il y avait eu dans le canot n° 2, où, entendant des appels montés de l'eau, Boxhall avait proposé de retourner en arrière.

– Les dames ont dit non. Elles avaient entendu les cris elles aussi, mais tant pis, c'était bien dommage, et tout...

Ensuite, Thomas Patrick Dillon, soutier, vint expliquer comment le paquebot avait commencé à couler alors qu'il se trouvait encore à bord. Il se tenait sur le pont arrière depuis près d'une heure quand il fut projeté deux brasses plus bas ; à ce moment, il eut l'impression qu'un millier de personnes étaient tombées à l'eau et lui-même flotta une vingtaine de minutes dans son gilet de sauvetage avant d'être recueilli sur le canot n° 4, où il perdit connaissance. Les passagers attendaient la fin « sans l'ombre d'un désordre ». L'un de ses sauveteurs était le graisseur Thomas Ranger, qui se souvenait d'avoir aidé à tirer sept hommes de la mer.

– Il a fallu les frictionner pour les faire revenir à eux.

Ranger précisa que le générateur électrique se trouvait sous la quatrième cheminée et que les lumières étaient restées allumées presque jusqu'à la fin, grâce aux câbles électriques enrobés de caoutchouc. Le courant avait dû se couper au moment où l'eau avait touché la dynamo. Quant au nom de « Ranger », il n'est sans doute pas exact dans la mesure où il n'apparaît pas dans les listes de rescapés.

Le dernier témoin du cinquième jour fut le chef soutier Charles Hendrickson, qui confirma avoir été assigné au canot n° 12 ; mais il reçut ensuite l'ordre de monter dans la barque n° 1, où ne se trouvaient que 12 personnes, 3 hommes, 2 femmes et 7 membres d'équipage. Les passagers, dont sir Cosmo et lady Duff Gordon, avaient refusé de revenir en arrière prendre d'autres rescapés, de peur de « se retrouver en surcharge ». Des hurlements et des « cris terribles » s'élevaient dans un rayon de 200 mètres mais « ils ne voulaient rien entendre ». En fait, l'objection ne venait que des Duff Gordon. La veille de l'arrivée du *Carpathia* à New York, les sept marins du canot se virent offrir un billet de 5 livres de la main de sir Cosmo.

La torpeur où sombre régulièrement tout tribunal durant une audience de plusieurs jours, quelle que soit l'intensité du drame, se dissipa dès que l'assistance prit conscience de l'importance de ces allégations. Les journalistes griffonnaient furieusement. Hendrickson passa toute la journée à la barre des témoins, décrivant comment il avait recouvert d'huile usée la cloison brûlée de la chaufferie n° 6 « pour lui rendre son aspect habituel ».

La sixième journée fut consacrée à l'audition de six autres marins qui évoquèrent divers incidents survenus sur leurs canots.

Le lundi 13 mai, la cour se transportait pour la seconde fois sur l'*Olympic*, si bien que le septième jour d'audience à Drill Hall ne débuta que le mardi, entièrement consacré, ainsi que la matinée suivante, à l'affaire du *Californian*, l'un des incidents clés de l'enquête. C'est alors que lord Mersey, discrètement poussé par l'avocat général, s'acharna sur son bouc émissaire.

Au dire de tous, le commandant Stanley Lord n'était

pas homme à se laisser impressionner. En fait, avec son arrogance et sa raideur, il n'eut, dans ce tribunal, de pire ennemi que lui-même.

Le Sénat américain n'avait pas encore publié les résultats de sa commission d'enquête, et cependant la presse britannique se répandait en révélations sur son témoignage à Washington le 26 avril et rapportait aussi celui de Gill, qui assurait avoir vu un grand paquebot et des fusées au moment du désastre. Ce qui suffit plus qu'amplement, dans l'esprit de lord Mersey, à incriminer le malheureux commandant avant même que celui-ci ait pu ouvrir la bouche. Les préjugés du magistrat ne tardèrent pas à éclater, alors que l'avocat général mettait au pied du mur l'austère officier, mal préparé à affronter les eaux perfides du système judiciaire.

Lord raconta comment, le dimanche 14 avril, il s'était arrêté au milieu des glaces à 22 h 21, heure du bateau. Il avait brièvement remis les moteurs en route à 5 h 15 du matin, pour ne partir qu'à 6 heures, le 15. Vers 23 heures, il avait aperçu à tribord les lumières d'un bateau qui se dirigeait vers l'ouest. Il avait alors demandé à son opérateur radio, Cyril Evans, avec quels navires il était entré en contact et s'entendit répondre :

– Seulement le *Titanic*.

À quoi Lord avait rétorqué :

– Celui-là, ce n'était pas le *Titanic*.

La lumière avait disparu. Plus tard, vers 23 h 30, il distingua un feu de position vert et les éclairages d'un bateau à quelque 6 milles (malheureusement pour Lord, le *Titanic* entrait en collision avec l'iceberg à 23 h 40, selon les horloges du bord).

Le commandant du *Californian* avait prié Evans, à 23 heures, d'avertir le *Titanic* qu'ils avaient dû s'arrêter à l'abord de la banquise. En allant se coucher, il discerna clairement la lueur verte d'un steamer à environ 5 milles, sud-sud-est. Le troisième officier Groves lui fit signe avec la lampe morse mais sans résultat. À 1 h 15, le deuxième officier Stone informait le commandant par tuyau acoustique qu'il avait vu une fusée blanche et que le navire en vue changeait de cap pour prendre la direction sud-ouest (autrement dit, ou c'était le bâtiment déjà aperçu qui bougeait, ou c'était un autre qui venait de prendre sa place ; le *Californian* avait beau dériver imperceptiblement, l'est restait l'est et l'ouest, l'ouest).

Brusquement, lord Mersey dévoila son jeu :

– Vous ne m'ôterez pas de l'idée que c'était le *Titanic*.

Isaacs demanda sournoisement à Lord :

– S'il a vu deux feux, ce ne pouvaient être que ceux du *Titanic*, non ?

– Pas forcément.

D'autant moins que le *Titanic* n'en possédait qu'un ! Pourtant, le président et l'avocat général s'entendirent sans vergogne pour conclure qu'Evans n'avait repéré qu'un seul navire, le *Titanic*... que Groves avait vu deux feux de mât, appartenant au même paquebot, le *Titanic*... et que Lord et les autres ayant aperçu un bateau du côté du *Titanic*, ce ne pouvait être que ce dernier... Cet outrage à la logique eût été risible ailleurs que dans un tribunal. Le fait qu'un seul navire ait officiellement frayé dans les parages du *Californian* n'excluait pas la présence d'autres bâtiments à deux feux de mât mais sans TSF ni lampe morse. Nous pourrions en citer une bonne douzaine partis sur la ligne anglo-américaine cette nuit-là, et nous ne pouvons affirmer qu'une chose : notre liste est incomplète (voir appendice 2).

Dans la mesure où beaucoup de steamers n'utilisaient pas de lampe morse, Lord avait pris les fusées pour une sorte d'accusé de réception aux signaux de Groves. Il ne s'était pas rendu compte que c'étaient six ou sept fusées qu'on avait comptées cette nuit-là de son bord : lui-même n'avait eu connaissance que d'une. Il ajouta qu'il n'avait discerné qu'un seul paquebot, le *Mount Temple*, à l'endroit où se trouvait Boxhall à 7 h 40, le matin du 15. Par la suite, il avait bien vu les restes du naufrage, mais par 41° 33' N, 50° 1' W, soit à une douzaine de milles au sud-sud-est de la position précédente. Le voyage interrompu avait été sa « première expérience de la banquise... je prenais toutes les précautions requises ».

Interrogé par Robertson Dunlop, son propre défenseur, l'infortuné commandant put apporter ces deux précisions : d'abord, Gill avait « déserté » à Boston, ensuite, depuis le moment où l'aspirant Gibson était venu l'avertir, le *Californian* n'aurait matériellement pas eu le temps d'atteindre le paquebot avant son naufrage. Pourtant, lord Mersey écarta ces remarques, d'une objection adressée directement à Dunlop :

– Dois-je comprendre par là que si votre client avait su qu'il s'agissait du *Titanic*, il n'aurait rien tenté pour s'en approcher ?

– Pas du tout.

Le commandant dut alors revenir sur ses explications : d'abord, il n'aurait pu arriver à temps sur les lieux, ensuite, il eût été « des plus dangereux » de vouloir le faire. Et son avocat de conclure qu'il n'aurait pas été là avant le *Carpathia*, quand même il aurait su que plusieurs fusées avaient été tirées. À l'évidence, lord Mersey ne parut pas convaincu.

L'aspirant James Gibson arriva ensuite à la barre des témoins, pour confirmer qu'il était descendu à la cabine de Lord à 2 h 05 du matin, à l'horloge du bateau (soit vingt-sept minutes avant l'engloutissement du *Titanic*), pour lui annoncer qu'on avait vu huit fusées dans le ciel.

À cet instant-là, il considérait que le bateau qui s'était éloigné, apparemment sans difficulté, était un tramp dont le feu rouge plus haut que le vert indiquait qu'il devait gîter par tribord.

Le deuxième officier, Herbert Stone, quant à lui, croyait que les fusées provenaient d'un navire plus éloigné que celui dont ils apercevaient les lumières.

– Elles ne semblaient pas monter très haut ; en fait, elles atteignaient à peine la moitié de la hauteur du feu de mât. Je croyais qu'une fusée s'élevait beaucoup plus que cela. Et puis je ne comprenais pas pourquoi, si elles avaient été lancées d'un autre navire, elles se déplaçaient en même temps que celui que nous voyions.

L'une des trois dernières leur parut cependant beaucoup plus brillante que les autres ; elle devait provenir du vapeur aperçu du *Californian.* L'officier les avait vues vers 1 h 40 alors que ce bateau virait de bord, de sud-sud-est à sud-sud-ouest, jusqu'à ce qu'il disparût complètement, vers 2 h 40, lorsque Stone en rendit compte au commandant Lord, assoupi.

Charles Victor Groves, le troisième officier, assura que, sur le bateau qu'il avait vu, les feux s'étaient éteints vers 23 h 40, d'où il avait d'ailleurs conclu que ce devait être un paquebot dont les passagers allaient se coucher. À moins qu'il n'eût viré de 2 quarts, de façon que son éclairage s'en trouvât masqué. Lord Mersey remarqua que cette heure correspondait à celle à laquelle le *Titanic* avait viré de 2 quarts à bâbord pour tâcher d'éviter l'iceberg. Ensuite, poursuivit Groves, le feu de bâbord était devenu beaucoup plus visible car il n'y avait plus d'autre lumière. S'il s'agissait du même bateau, celui-ci ne pouvait qu'avoir complètement inversé sa route, d'ouest en est.

Répondant à l'adjoint de l'avocat général, sir John

Simon, George Frederick Stewart, le second, déclara au sujet du mystérieux bateau :

– Je croyais que les fusées s'adressaient à lui et qu'il y répondait.

Stone avait donné l'impression d'avoir vu deux navires différents à plusieurs reprises, sauf si le premier avait ralenti sa route pour s'être retrouvé en zone de dérive de glace. Toute la nuit, le *Californian* était demeuré à 30 milles au nord du lieu du naufrage découvert le matin, entre 19 et 20 milles de la position de Boxhall. Ni le *Titanic* ni ses fusées n'auraient pu être distingués à de telles distances. Sur ces entrefaites, lord Mersey l'interrompit pour déclarer qu'à son avis le navire qu'ils avaient vu devait être le *Titanic*, qu'un mois après le drame il n'y avait toujours aucun signe du mystérieux bateau. C'était désormais la parole collective de Lord, Stewart et Stone contre celle de Groves et de Gill, mais aussi contre les preuves indirectes de Gibson et de l'opérateur radio, Cyril Evans, qui devait justement s'exprimer ensuite.

Lord Mersey avait choisi son camp.

Evans redit qu'il était allé se coucher, épuisé, à 23 h 30, ce dimanche soir. Non, il n'avait pas été vexé par la fin de non-recevoir du *Titanic* envers ses avertissements ; c'était normal, dans son métier et, de toute façon, l'opérateur du navire le plus important avait la priorité sur ceux de moindre tonnage.

La cour se rendit ensuite sur le *Mount Temple*. Butler Aspinall interrogea le commandant Moore pour le compte du ministère du Commerce. Pas une fois il n'aborda la question de sa position ou de ses mouvements à telle ou telle heure. Moore dit qu'il avait reçu des avis de présence de glace le samedi 13 avril et qu'il avait aussitôt viré vers le sud (il n'avait pas jugé nécessaire de réduire sa vitesse mais la Canadian Pacific interdisait à ses commandants d'approcher le champ de glace).

– Dès que j'ai reçu l'appel de détresse, j'ai viré de bord pour repartir plein est.

Tout l'équipage se préparait à porter secours au navire en difficulté, y compris en mettant les canots à la mer. À 3 h 25 du matin (il avançait de quatre minutes sur l'heure du *Titanic*), il avait dû stopper à cause de la glace qui l'entourait. Entre 1 heure et 1 h 30, il avait distingué un bateau qui faisait route en parallèle avec lui, quoique légèrement en avance (il avait aperçu son feu de poupe) et, au sud, un vaisseau à la cheminée noire cerclée de blanc et ornée d'un motif. Ce dernier bâtiment était resté continuellement en vue depuis la tombée de la nuit. Vers 3 heures, le feu vert d'un voilier, mais rien de plus, avait été aperçu au moment où le *Mount Temple* se trouvait à quelque 16 milles du lieu du naufrage. Le *Carpathia* et le *Californian* avaient été vus vers 8 heures.

Moore ajouta qu'il parcourait depuis vingt-sept ans l'Atlantique nord, depuis Montréal en été et depuis St John's (New Brunswick) en hiver. On ne fournissait pas de jumelles aux vigies dans sa compagnie. Jamais il n'avait vu la glace descendre aussi bas vers le sud ; d'ailleurs, il n'en avait pas discerné la moindre trace jusqu'à ce qu'il ait dû rebrousser chemin pour se porter à l'aide du *Titanic*. Quand on lui demanda son avis sur la vitesse observée par le commandant Smith, il répondit qu'il la trouvait « déraisonnable » en cas d'avis de présence de glace.

Le témoin suivant fut son opérateur radio, John Durrant, qui déclara avoir reçu un appel de détresse vers 0 h 11, heure du bateau, le 15 avril. Son navire avait changé de direction moins d'un quart d'heure plus tard.

Lord Mersey estimait que le commandant Moore ne

devait aucune explication à personne, tant il était persuadé de la culpabilité du commandant Lord. Tout le temps perdu durant lequel Moore avait gardé son vaisseau cloué sur place, alors que Rostron mobilisait ses forces pour aider les survivants, ne semblait pas entrer en ligne de compte.

Le dixième jour commença par le rappel de Charles Hendrickson, qui avait le premier révélé l'attitude douteuse des Duff Gordon. Le caractère de la procédure civile prit, ce jour-là, un tour différent lorsqu'une grande partie du tout-Londres se présenta pour voir comment allait se comporter le riche mari de la fameuse couturière « Lucile ». Cette fois, Hendrickson dut affronter le contre-interrogatoire de Me H. E. Duke, avocat du couple. Le chauffeur ne se laissa pas démonter pour autant et s'en tint à sa première version, non sans ajouter au passage que lady Duff Gordon, une fois sur le *Carpathia*, avait demandé à l'équipage de la barque n° 1 de signer son gilet de sauvetage en souvenir ; puis un marin avait pris en photo les rescapés de son embarcation. Sir Cosmo Duff Gordon avait également déclaré qu'il payait les marins « pour rembourser leurs trousses à outils ».

Ensuite vint à la barre George Symons, veilleur, qui avait pris en charge la barque n° 1. Il évoqua ses souvenirs de la catastrophe, racontant que le paquebot s'était cassé en deux dans un fracas de tonnerre dans le lointain. Ce simple matelot répondit avec grandiloquence aux questions d'Isaacs, assurant qu'il était resté « maître de la situation » et qu'il avait « agi à sa discrétion », expressions qui semblaient avoir été placées telles quelles dans sa bouche par l'avocat des Duff Gordon. Symons ajouta qu'il avait été surpris que personne n'ait demandé à s'en retourner pour répondre aux appels au secours des passagers tombés à l'eau. Ils avaient ramé énergiquement en direction des lumières du bateau qui semblait s'éloigner d'eux à mesure qu'ils avançaient. Dans le but manifeste de le discréditer, Isaacs demanda :

– Vous rendez-vous compte que si vous y étiez retournés vous auriez sauvé de nombreuses vies ?

Imperturbable, Symons répondit :

– Je sais.

Cependant, personne ne douta de sa parole quand il raconta la visite qu'il avait reçue chez lui, à Weymouth, de l'envoyé de la famille Duff Gordon à la suite du témoignage de Hendrickson. James Taylor, chauffeur qui s'était également retrouvé dans la barque n° 1 et avait reçu la même visite, corrobora le témoignage de Hendrickson, précisant qu'on avait proposé de rebrousser chemin mais qu'une dame et deux messieurs avaient objecté que la barque pourrait être submergée.

Interrogé par l'avocat général, sir Cosmo Duff Gordon estima que le canot avait dû s'éloigner de 1 000 mètres avant qu'on voie le *Titanic* s'enfoncer dans l'eau. Il parut un peu perdre pied lorsque Isaacs évoqua les supplications des naufragés et insista sur l'étrangeté qu'il y avait à ne pas rebrousser chemin pour sauver d'autres personnes dans un canot si peu rempli. Mais non, sir Cosmo n'avait entendu personne proposer de retourner en arrière ou objecter qu'ils risqueraient de chavirer.

– Il y avait un homme à côté de moi mais, évidemment, dans le noir, je ne distinguais pas son visage. D'ailleurs, je ne l'ai jamais vu et je ne sais pas encore aujourd'hui de qui il s'agit. Pour autant que je m'en souvienne, à un moment où ils avaient arrêté de ramer pour reprendre un peu leur souffle, environ vingt minutes ou peut-être une demi-heure après que le *Titanic* a coulé, l'un d'eux m'a dit : « Vous avez sans doute tout perdu », et j'ai répondu : « En effet. » Il a ajouté : « Pourtant vous retrouverez d'autres biens ailleurs. » J'ai dit que oui et il a soupiré : « Nous, malheureusement, nous avons perdu tous nos outils et la compagnie ne nous en donnera pas d'autres ; qui plus est, notre paie s'arrête à hier soir. Ils ne nous doivent rien de plus que le retour sur Londres. » Alors je leur ai dit : « Ne vous inquiétez pas, mes amis, je vous donnerai à chacun 5 livres pour remplacer vos outils. » Voilà en tout et pour tout l'histoire de ces 5 livres.

Sir Cosmo répéta qu'il ne pouvait identifier son interlocuteur, l'un des sept hommes d'équipage qui les accompagnaient et qui avaient tous posé avec lui et son épouse sur le *Carpathia* et dont quatre avaient déjà témoigné. Il précisa également qu'il avait parlé de cette allocation au commandant Rostron et que celui-ci avait répondu que ce n'était pas indispensable.

Après avoir passé à peu près toute la dixième journée sur cette sordide affaire, au matin du onzième jour, ce lundi 20 mai, lord Mersey lança à Thomas Scanlan, qui se levait pour interroger sir Cosmo :

– À mon sens, toute cette histoire n'a que fort peu d'incidence sur l'affaire qui nous intéresse et je ne désire pas y consacrer plus de temps qu'il n'en faut.

Le tout-Londres avait de nouveau envahi la salle lorsque le baronnet reprit son témoignage. Il se plaignit que nombre d'articles racontant le naufrage du *Titanic* aient paru sous le nom de son épouse, tant dans la presse américaine que britannique. Or lady Duff Gordon n'avait pas écrit un mot ; toute cette littérature ne provenait que d'interviews tronquées ou déformées, pis, de on-dit sans fondement. Par exemple, un ami de la famille avait raconté à un reporter de la presse Hearst ce qu'il avait entendu au cours d'un dîner et cela était devenu un reportage de première main.

Sir Cosmo n'avait offert cet argent que vingt minutes après la disparition du *Titanic*. Il ne croyait pas possible de sauver d'autres personnes. Malgré les réserves de lord Mersey, les trois derniers membres d'équipage de la barque n° 1 furent à leur tour interrogés à la barre. Finalement, le chauffeur Robert Pusey confirma que sir Cosmo avait proposé ses 5 livres environ trois quarts d'heure après la perdition du navire, et le lamentable épisode de la barque n° 1 s'acheva après avoir occupé un jour et demi d'audience.

Quatre membres d'équipage, dont les femmes de chambre des premières classes Elizabeth Leather et Annie Robinson, apportèrent leur témoignage avant que ne fût appelé Lightoller. En tant qu'officier rescapé du plus haut grade, il ne put que marquer les deux commissions avec sa longue déposition. Il raconta qu'il avait passé des années au service de la White Star après avoir obtenu son grade en 1902. Tous les officiers à l'exception de Wilde avaient assisté aux essais du *Titanic* durant lesquels le navire n'avait pas dépassé la vitesse de 18,5 nœuds, respectant plutôt une moyenne de 18 entre Belfast et Southampton.

Le commandant Smith était monté sur la passerelle le dimanche soir à 20 h 55 et tous deux avaient évoqué le calme plat (mais non pas la vitesse). Il resta jusque vers 21 h 30 puis alla se coucher, non sans avoir laissé l'ordre de le prévenir s'il se produisait quoi que ce soit de suspect. De son côté, Lightoller avait pris ses jumelles pour observer l'océan. Il déclara qu'il n'avait pas détecté la moindre trace de glace mais il s'en servait pour examiner des objets déjà repérés à l'œil nu. Quand il eut terminé, tout était calme et le froid augmentait car on approchait de la zone de dérive.

– Je ne pense pas qu'on ait jamais réduit la vitesse

d'aucun navire dans l'Atlantique nord par temps clair, en présence de glace ou non.

Lorsqu'il sentit « un choc et un grincement... une légère secousse », il pensa immédiatement à la glace, sortit de son lit, monta sur la passerelle, ne vit rien, s'aperçut que le navire avait réduit sa vitesse d'environ 6 nœuds et retourna paisiblement se coucher.

– Je n'étais pas de quart ; rien ne m'obligeait à rester sur la passerelle.

Naturellement, lord Mersey crut bon de relever cette preuve remarquable de sang-froid :

– Mais que faisiez-vous donc ? Vous étiez allongé dans votre lit à écouter les bruits du dehors ?

– Il n'y avait pas de bruit. J'ai relevé ma couverture sur ma tête en attendant que quelqu'un vienne éventuellement me chercher si l'on avait besoin de moi.

Il attendit entre quinze et trente minutes, jusqu'à ce que Boxhall se présente :

– Savez-vous que nous avons heurté un iceberg ?

– Je sais que nous avons heurté quelque chose.

– L'eau a envahi le pont F jusqu'à la salle du courrier.

Enfin, Lightoller s'habilla et remonta sur la passerelle, alors que la vapeur s'échappait dans un grondement assourdissant.

Revenu à la barre des témoins le douzième jour, le deuxième officier raconta de nouveau comment il avait participé à l'évacuation dans les canots de bâbord. Il se rappelait fort bien avoir entendu le second ordonner :

– Tous les passagers à tribord !

Sans doute pour compenser la gîte sur bâbord, ou plus vraisemblablement parce que les canots seraient plus faciles à déhaler de ce côté. Il avait fallu attendre qu'ils soient prêts à descendre avant d'y faire grimper les passagers, de peur que les bossoirs ne se déforment pendant les manœuvres. Quand il fit mettre à la mer les radeaux repliables, ils étaient à 35 centimètres de l'eau. Les feux d'un navire étaient apparus vers l'avant. Lightoller eut juste le temps de passer à tribord :

– Le paquebot s'enfonçait de plus en plus ; alors, je suis entré dans l'eau.

Il nagea en direction du nid-de-pie sur le point de couler puis se sentit aspiré contre une grille à travers laquelle l'eau s'engouffrait dans le *Titanic* ; après quoi, il fut repoussé par l'air qui soufflait dans l'autre sens.

Tout le temps qu'il s'était occupé des canots de sauvetage, il avait, sans aucun doute possible, vu à plusieurs reprises le mystérieux bateau à moins de 5 milles de là. Les signaux de détresse n'étaient pas des fusées mais des sortes d'obus qui explosèrent dans la nuit, formant des milliers d'étoiles.

– La catastrophe impliquait une extraordinaire combinaison de circonstances... comme on n'en rencontre qu'une fois tous les cent ans.

Pas de lune, pas de vent, pas de houle ; l'iceberg devait s'être retourné récemment et n'était pas blanc, mais « noir ». Avec tant d'étoiles dans un ciel clair, un iceberg blanc se serait reflété dans l'eau. Lightoller affirmait qu'il n'y avait pas de brume ; sans doute les jumelles donnaient-elles une autre impression. De même, on ne percevait pas bien les bruits alentour. Quant aux avis de glace, ils ne signifiaient pas pour autant qu'on allait en rencontrer.

Malgré les efforts de Scanlan, Lightoller montra qu'il savait garder la tête froide en ne se laissant pas entraîner à reconnaître que la catastrophe était due à une quelconque erreur humaine. Il affirma également que la White Star était particulièrement intransigeante sur les examens ophtalmologiques. D'ailleurs, le ministère du Commerce vérifiait également les yeux des officiers, pour 1 shilling la séance.

Lightoller confirma qu'il n'avait jamais entendu parler de l'incendie dans la chaufferie mais que le commandant était certainement au courant. C'était le travail du chef mécanicien. À la fin de la journée, il conclut son témoignage en déclarant que c'était lui qui avait envoyé le maître d'équipage ouvrir les sabords de charge pour que les passagers puissent embarquer dans les canots.

L'enquête se poursuivit par la déposition de chaque officier par ordre de grade ; le treizième jour, se présentèrent Pitman, Boxhall et Lowe. Pitman dit qu'il n'existait pas d'autre moyen de donner l'alerte générale, sur ce paquebot, qu'en allant informer directement les gens. Tous les avis de présence de glace qu'il avait entendus situaient le danger au nord du *Titanic*. Le commandant avait ordonné de virer de sud-ouest à ouest plus tard que Pitman ne l'avait escompté et cela entraîna le liner « 10 milles plus bas vers le sud » avant qu'il prenne la direction de New York. Pitman avait aperçu le feu de poupe d'un voilier.

Boxhall avait vu un vapeur qu'avec le commandant Smith il observa aux jumelles mais qui ne répondit pas aux signaux de détresse ni à la lampe morse. L'officier était à peine descendu dans la barque n° 2 qu'il s'entendait rappeler par mégaphone pour retourner à tribord. Il ne sut jamais pourquoi il devait faire cela (sans doute en vue de l'ouverture des sabords). Il avait constaté un effet de succion à l'extrémité et les rameurs eurent du mal à s'y soustraire ; ils durent se battre sur un demi-mille vers le nord-est. Son calcul, quelque peu approximatif mais désormais célèbre, de la position du bateau, se fondait sur une vitesse de 22 nœuds en fonction d'une étoile vue à 19 h 30 ; il prit également en compte la position du paquebot, S 86 W à 17 h 50 ; mais la carte du tribunal indiquait S 86,3/4 W.

– J'avais cet honneur, dit Lowe quand on lui demanda s'il avait été le cinquième officier.

Nous avons vu ce qu'il avait répondu aux sénateurs américains ; arrivé devant la commission britannique, il ne se rappelait plus le numéro du canot auquel il avait été assigné, ce qui lui attira la réaction incrédule de lord Mersey :

– Comment cela ?

Ce détail mis à part, sa déposition de Londres ne varia pas de celle de New York.

George Elliott Turnbull, sous-directeur de la compagnie Marconi, attesta que les zones de dérive de glace étaient repérées et signalées par l'Office hydrographique des États-Unis. Avant la catastrophe, des alertes avaient été lancées tant de *La Touraine*, du *Caronia*, de l'*Amerika*, du *Baltic* (qui relayait les appels de l'*Athinia*), du *Californian* (pour l'*Antillian* mais perçus par le *Titanic*) et du *Mesaba*, qui auraient dû être directement audibles du *Titanic*.

Harold Bride confirma que, pour sa part, il n'en avait entendu qu'une, du *Californian*, à laquelle il avait seulement répondu de libérer la ligne. Vers la fin, son collègue, Jack Phillips, ne cessa plus de transmettre jusqu'à ce que le courant fût coupé. Bride ajouta une révélation des plus significatives, quoique suspecte :

– Nous avons surpris quelqu'un qui volait le gilet de sauvetage de Phillips au moment où je quittais la cabine.

Selon toute vraisemblance, il s'agissait d'un chauffeur. Les deux opérateurs le maîtrisèrent.

– Je l'ai immobilisé et M. Phillips l'a frappé.

LES HOMMES DE LA TSF

Jack Phillips,
le chef opérateur du *Titanic*.

Harold Bride,
le second de Jack Phillips.

Harold Cottam,
du *Carpathia*.

© Sach

© Popper Photo / Sipa

© Sachs / Sipa

Une nuit en enfer... Alors que le navire commence à sombrer, le radio continue d'envoyer inlassablement des SOS avec ce texte laconique : « Nous coulons rapidement. Passagers évacués dans les canots. »

BRAVE AS THE "BIRKENHEAD" BAND: THE "TITANIC'S" MUSICIAN HEROES.

1. MR. F. CLARKE, OF LIVERPOOL. 2. MR. P. C. TAYLOR, OF CLAPHAM.
. MR. G. KRINS, OF BRIXTON, SOMETIME OF THE RITZ HOTEL ORCHESTRA. 4. MR. W. HARTLEY (BANDMASTER), OF DEWSBURY. 5. MR. W. T. BRAILEY, OF NOTTING HILL
6. MR. J. HUME, OF DUMFRIES. 7. MR. J. W. WOODWARD, OF HEADINGTON, OXON.

)ne of the most dramatic incidents of the great shipwreck was the heroic conduct of the and, which, led by Mr. W. Hartley, of Dewsbury, continued to play up to a few minutes f the end. On this subject, as on others connected with the disaster, there have been onflicting statements, but of the main fact there is no doubt. In its careful summary of the arious reports, the "Times" said: "That the band played as bravely as that other band in e 'Birkenhead' during a great part of the time that the 'Titanic' was sinking seems indisputable . . . 'Nearer, my God, to Thee,' and other hymn tunes were, as reported, played for some time. Then the music changed to something lighter (which would explain Bride's statement about the rag-time he heard), and continued until about ten minutes before the end. As they played, the bandsmen are said to have tried to fix on life-belts. It may well be, indeed, that it was not until they were flooded out that they gave up their heroic and self-appointed task." In addition to those of whom we give photographs, there was Mr. R. Bricoux, of Lille.

© Sachs / Sipa

© Sachs / Sipa

© Sachs / Sipa

Les musiciens de l'orchestre jouèrent jusqu'au bout, tandis que les dernières embarcations s'éloignaient du paquebot. Ci-dessus, une partition de circonstance : *Plus près de toi, mon Dieu.*

La découverte de l'épave du *Titanic* autorisa un certain nombre de spécialistes à avancer de nouvelles thèses.

© Sachs / Sipa

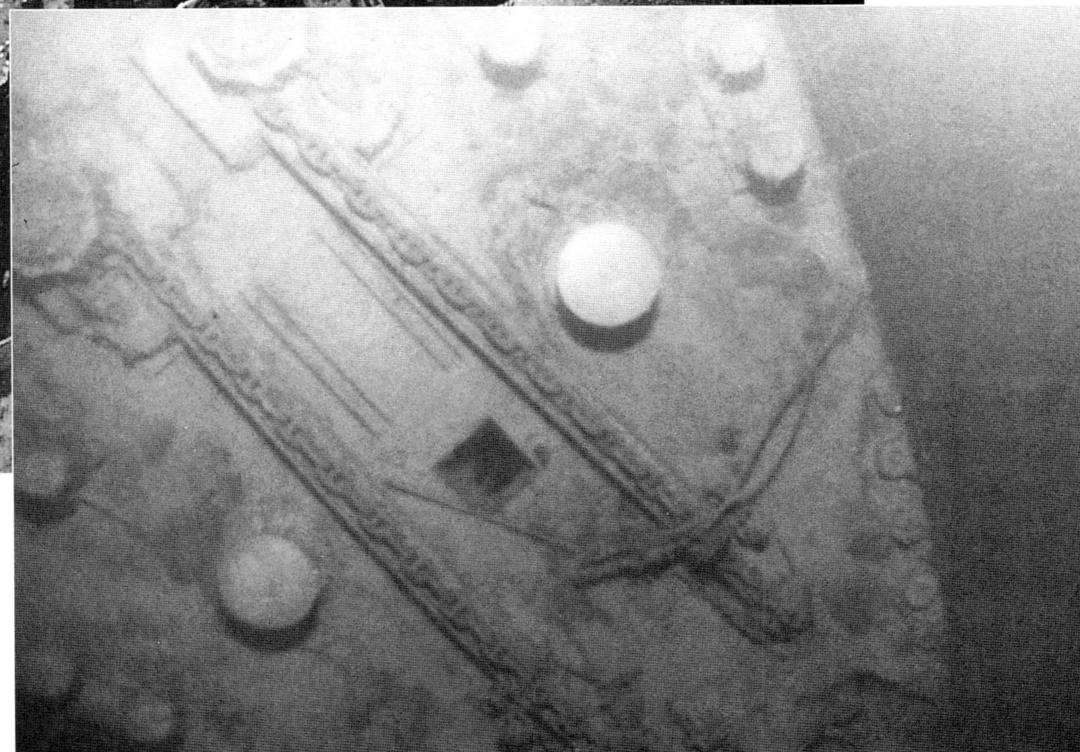

© Woods Hole Oceanographic Institution / Sipa

THE ILLUSTRATED LONDON NEWS,

REGISTERED AS A NEWSPAPER FOR TRANSMISSION IN THE UNITED KINGDOM, AND TO CANADA AND NEWFOUNDLAND BY MAGAZINE POST.

No. 3811.– VOL. CXL SATURDAY, MAY 4, 1912. SIXPENCE.

The Copyright of all the Editorial Matter, both Engravings and Letterpress, is Strictly Reserved in Great Britain, the Colonies, Europe, and the United States of America.

Mr. Bruce Ismay.

QUESTIONED BY SENATOR SMITH: MR. JOSEPH BRUCE ISMAY GIVING EVIDENCE AT THE AMERICAN INQUIRY INTO THE "TITANIC" DISASTER.

Mr. Joseph Bruce Ismay, survivor of the "Titanic" disaster, Managing-Director of the White Star Line and President of the International Mercantile Marine Company, was the chief witness at the Senatorial Inquiry which, under Senator Smith, of Michigan, began in the ball-room of the Waldorf-Astoria Hotel, New York, immediately after the arrival of the "Carpathia" with survivors, and was transferred to Washington. It was arranged that the first sitting of the British Commission of Inquiry should be held on Thursday, May 2, at the Scottish Hall, Buckingham Gate. The members of this Commission are Lord Mersey, chairman, appointed a Wreck Commissioner of the United Kingdom on April 26; and the following assessors—Rear-Admiral the Hon. S. A. Gough-Calthorpe, Captain A. W. Clarke, Commander F. C. Lyon, Professor J. H. Biles, and Mr. E. C Chaston. Captain the Hon. C. Bigham is the secretary. In the photograph Mr. Ismay is seen in the centre, with his hand to his mouth.

© The Illustrated London News Picture Library

Ismay (qui se lisse la moustache) lors de la première audience sénatoriale du *Waldorf Astoria* à New York. Le sénateur Smith, accoudé à la table, est le troisième personnage en partant de la gauche.

D'où l'on peut conclure que l'homme, quel qu'il fût, y perdit la vie, dans la mesure où il n'était pas en état de s'échapper lorsque ses deux adversaires abandonnèrent leur poste sur l'ordre du commandant, quelques minutes avant l'engloutissement du paquebot.

Lightoller, Boxhall, Pitman et Lowe furent brièvement rappelés à la barre pour donner quelques précisions sur les avis de présence de glace. Lightoller dit que Smith lui avait montré celui du *Caronia* le dimanche à 0 h 45. Boxhall et Pitman croyaient se souvenir l'avoir vu eux aussi. Lowe ajouta qu'il avait remarqué une note sur le mur de la salle des cartes, indiquant « glace » et une position, mais rien de plus.

Le quinzième jour, le témoignage de Harold Cottam, opérateur du *Carpathia*, ne pouvait surprendre ceux qui avaient pris connaissance de sa déclaration auprès de la commission américaine. Mais il ajouta qu'il avait assisté ses collègues du *Titanic* dans leurs appels à l'aide après que ceux-ci eurent signalé qu'ils n'entendaient rien, assourdis par les fuites de vapeur. Par la suite, le joint de dilatation avait roulé sur le pont à l'extérieur de leur cabine, évacuant d'énormes jets d'air à mesure que l'eau pénétrait dans les niveaux inférieurs par la coque déchirée. Ce fut lui qui permit au *Titanic* de joindre l'*Olympic*.

Le témoin suivant fut le veilleur Frederick Fleet. Il confirma tout d'abord qu'il avait bien vu de la brume en avant du navire, malgré les allégations de lord Mersey, qui croyait que son collègue, Lee, avait forgé cette excuse pour se justifier de n'avoir pas aperçu l'iceberg à temps. Fleet ajouta que la glace était noire et s'élevait un peu plus haut que les 17 mètres du gaillard d'avant. Lui-même se tenait dans le nid-de-pie, à 23 mètres. Lord Mersey répéta que tout cela n'était qu'une échappatoire mais Fleet s'accrocha à sa version. Le président assura qu'il ne voulait en aucune façon l'influencer mais que pourtant le témoignage de Lightoller n'allait pas dans son sens.

– On a déjà essayé, se renfrogna Fleet.

Comme un autre avocat se levait pour l'interroger à son tour, il ajouta agressivement :

– Il y en a encore beaucoup qui veulent s'y mettre ?

Lord Mersey se radoucit :

– Je vous comprends. Maître Isaacs, avez-vous d'autres questions à poser à monsieur ?

L'avocat général s'empressa d'esquiver :

– Oh non !

– Encore heureux, maugréa Fleet.

– Merci de votre obligeance, coupa lord Mersey. Croyez-moi, vous avez fait un excellent témoignage, malgré le peu de confiance que vous semblez nous accorder.

Ainsi s'acheva l'épreuve de Fleet. Ce qu'il pouvait vouloir cacher à la cour le serait à jamais. L'avocat général crut bon de préciser que les examens ophtalmologiques n'étaient effectués qu'à la demande des marins et coûtaient à chacun 1 shilling ; on comprendrait mieux pourquoi fort peu s'y étaient soumis.

Sept autres membres d'équipage apportèrent encore leur témoignage sur les canots de sauvetage ; le quatrième se présenta le seizième jour. Il s'agissait d'Ernest Gill, le manœuvre du *Californian.* Isaacs le présenta en ces termes :

– La substance de sa déclaration antérieure n'est plus sujette à caution ; il avait parfaitement raison de dire cela en Amérique.

En effet, tant ses supérieurs que l'aspirant Gibbs avaient abondé dans son sens. On n'a gardé trace d'aucune protestation de Robertson Dunlop au nom du commandant

Lord, qu'il était pourtant censé défendre. Si bien que Gill put reprendre sa version des faits sur le navire bien éclairé qu'ils avaient aperçu à quelque 10 milles de distance, ainsi que sur la présence de fusées. Cité comme témoin en Amérique, il n'avait pu rejoindre à temps le *Californian* et n'avait donc pas déserté.

Lorsque Gill quitta la barre des témoins, on eût entendu une mouche voler dans la salle : Joseph Bruce Ismay était appelé à la barre. Il commença par expliquer les liens qui existaient entre IMM/Oceanic et la White Star. IMM possédait sept compagnies, cinq britanniques et deux américaines, soit un total d'environ 1 million de tonnes, dont la White Star gérait à peu près la moitié. À quoi Isaacs crut bon de faire remarquer, au nom du ministère du Commerce :

– En somme, le *Titanic* était un navire américain ?

– C'est exact, répondit Ismay.

Il n'avait rien à voir avec les chantiers Harland & Wolff, mais ne se priva pas de rapporter le double emploi de lord Pirrie. Aucune réaction sur ce point n'est parvenue jusqu'à nous.

Ismay raconta également que le commandant Smith lui avait fait part de l'avis de présence de glace, du *Baltic* (qu'il avait escamoté par pure étourderie, il tenait à le souligner) ; si bien que lui-même avait autorisé le chef mécanicien, Bell, à pousser à pleine vitesse (mais « nos intentions » en Amérique était devenu « l'intention » en Angleterre). Il nia avoir eu connaissance des projets initiaux d'Alexander Carlisle : installer davantage de canots de sauvetage. Désormais, les navires de la compagnie en étaient pleinement équipés. IMM était l'unique grand armateur non répertorié par la Lloyd's ; d'ailleurs, ses navires ne subissaient d'autre inspection que celles du ministère du Commerce. Proportionnellement, IMM versait les plus faibles polices d'assurance étant donné la dimension de ses bâtiments.

– Nous le croyions insubmersible... Je restais devant le canot ; j'ai aidé tout le monde à embarquer et, ensuite seulement, je suis monté à bord.

Ismay avait beau faire, il ne put convaincre sir Rufus Isaacs qu'il n'était qu'un passager ordinaire. Une seule question suffit à le déstabiliser :

– Aviez-vous payé votre traversée ?

Néanmoins, l'interrogatoire anglais du directeur de la White Star fut nettement moins éprouvant qu'en Amérique. Il termina sa déposition au matin du dix-septième jour, le 5 juin, affirmant qu'en abandonnant l'épave il avait remarqué les feux d'un autre navire à tribord. Il ne pensait cependant pas qu'il s'agît du *Californian* mais demeurait convaincu que ce vaisseau avait perçu les signaux de détresse du *Titanic*.

Harold Sanderson le suivit à la barre en déclarant d'emblée que les bâtiments de la White Star étaient conformes à toutes les normes des États-Unis et de la Grande-Bretagne. La glace avait atteint la voie Outward Southern trois fois depuis que les grands armateurs s'étaient mis d'accord sur les trajets des diverses lignes, en 1898. Au moindre signal de glace, chaque compagnie avertissait les autres. Mais, par temps clair, les commandants ne ralentissaient pas sur la ligne anglo-américaine (qu'il faut distinguer de la canadienne, plus stricte sur ce point). Sanderson estimait que, si le commandant Smith avait décidé de reporter son changement de cap après le tournant prévu (le *turning point*), se portant ainsi à quelques milles au sud de la voie officielle, c'était précisément pour répondre aux alertes reçues.

Contrairement à la commission américaine, la cour britannique faisait grand cas de l'absence de jumelles dans le nid-de-pie. Cinq veilleurs, Lightoller et Ismay furent interrogés sur ce point mais la contribution du huitième témoin, Sanderson, parut quelque peu nébuleuse :

Q : – Vos camarades de la vigie ont, je crois, déclaré qu'il y avait des jumelles sur l'*Olympic* ?

R : – Entre Belfast et Southampton.

Q : – Nous parlons bien de l'*Olympic* ?

R : – Oh, je vous demande pardon ! Oui.

Q : – Et qu'il n'y en avait pas sur le *Titanic* ?

R : – Oui.

Q : – Oh, je vous demande pardon ! Il s'agissait de l'*Oceanic* ; mais sur le *Titanic* il y en avait donc au départ de Belfast ?

R : – Oui.

Ainsi, au dix-septième jour d'une enquête qui faisait la une de tous les journaux sur la perte d'un navire appelé *Titanic*, Sanderson trouvait encore le moyen de confondre ce dernier avec son frère jumeau. Les enquêteurs furent tout aussi incohérents, comme nombre de leurs distingués confrères au cours d'une instruction passablement embrouillée ; le lapsus de Sanderson n'en demeure pas moins bizarre.

Il fut rappelé à la barre le 6 juin, dix-huitième jour, et déclara que la première fois qu'il avait entendu parler d'un feu dans une chaufferie, c'était lors de l'enquête. Entre-temps, ayant pris ses informations auprès de Southampton, il s'était entendu répondre qu'en effet il y avait eu un incendie depuis Belfast.

Le dix-neuvième jour, l'audience s'intéressa à la construction elle-même en appelant Edward Wilding, l'architecte de Harland & Wolff. Interrogé sur la structure cellulaire et le double fond du principal paquebot, plusieurs fois médaillé, de la Cunard, le *Mauretania*, Wilding confirma que sa coque était garnie de soutes à charbon étanches mais ajouta qu'en cas de brèche elle pourrait donner de la bande et qu'il serait alors difficile de la redresser à cause de ses cloisons longitudinales.

Wilding, dont le témoignage laisse l'impression d'une authentique compétence professionnelle, était « tout à fait sûr » que le *Titanic* aurait supporté une collision de front, même si celle-ci avait entraîné la mort des chauffeurs de quart au poste d'équipage. Le liner aurait été sauvé pour peu qu'il n'ait pas viré (autrement dit si le malheureux Murdoch n'avait pas tourné à bâbord). En 1878, le vapeur *Arizona* s'était sorti d'une collision de plein fouet avec un iceberg. La proue du *Titanic* aurait été écrasée sur 25 à 30 mètres, mais pas au-delà de la deuxième division étanche (en l'occurrence la cloison de collision). Wilding conclut en expliquant que la glace avait provoqué une brèche totale de moins de 4 mètres carrés, irrégulièrement distribuée sur des dizaines de mètres le long de la coque, à une profondeur moyenne de 2 centimètres. Cela avait suffi pour faire entrer quelque 16 000 tonnes d'eau dans le paquebot.

Wilding révéla également qu'à Belfast les canots de sauvetage de l'*Olympic* avaient été déhalés à pleine charge pour prouver qu'ils supportaient cette manœuvre. S'il avait su que les officiers l'ignoraient, il se serait fait un devoir de les en avertir.

La Lloyd's n'était pas venue inspecter le bateau mais, de toute façon, ses normes n'allaient pas au-delà de 200 mètres de long. En revanche, l'envoyé du ministère du Commerce l'avait visité « deux ou trois mille fois », en se fondant sur les règles édictées en 1891. Il précisa ultérieurement que deux autres navires de la White Star, le *Teutonic* et le *Majestic*, avaient à l'origine été construits par Harland & Wolff avec des cloisons longitudinales. Par la suite, on les avait retirées ou remplacées pour ne plus courir le risque d'une gîte impossible à corriger.

Interrogé sur la question des canots de sauvetage, le constructeur indiqua qu'Axel Welin, l'inventeur du bossoir breveté, lui avait dit que chaque paire pouvait retenir trois canots. Il confirma enfin qu'une cloison endommagée par le feu pouvait s'avérer plus fragile.

Après que Leonard Peskett, l'architecte naval de la Cunard, eut brièvement décrit la structure des « Lusitanias » – treize cloisons transversales ajoutées aux cloisons longitudinales, depuis la quille jusqu'au pont étanche, ainsi qu'un double fond renforcé sur 2,50 mètres de chaque côté –, Alexander Montgomery Carlisle fut appelé à la barre.

Le concepteur des « Olympics », sous l'autorité de lord Pirrie, alors directeur général de Harland & Wolff, dit qu'il avait informé le ministère du Commerce des règles de sécurité en mer. Il avait participé à la création des « Olympics » jusqu'à sa retraite en juin 1910, et conseillé d'y installer 48 canots après avoir avisé la White Star qu'elle pourrait en mettre, si elle le voulait, jusqu'à 74 sous 16 paires de bossoirs. Néanmoins, Carlisle reconnut avoir signé les recommandations du comité pour les canots de sauvetage du ministère du Commerce, quand bien même il ne les approuvait pas toutes.

Le 11 juin, vingt et unième jour de la commission, ne vit d'autre témoignage de passagers que l'affaire Duff Gordon et les déclarations d'Ismay. W. D. Harbinson, au nom des troisièmes classes, demanda quand ses clients allaient être cités et lord Mersey, abondant en cela dans le sens de l'avocat général, laissa tomber :

– Pour autant que je sache, à la lumière des informations dont nous disposons, aucun témoignage de passager ne saurait éclairer plus avant les faits sur lesquels porte notre enquête.

Harbinson n'obtint donc pas ce qu'il voulait. En revanche, ce fut le début d'un long défilé de techniciens et d'officiels.

À commencer par sir Walter J. Howell, sous-secrétaire au ministère du Commerce et de la Marine, le principal spécialiste en matière de sécurité dans la construction navale et en mer. Il commença par se réfugier derrière les statistiques : sur les 3 250 000 passagers qui avaient voyagé sur la ligne anglo-américaine durant la décennie 1892-1901, 73 avaient perdu la vie. Au cours de la décennie suivante, ils n'avaient plus été que 9 sur 6 millions, et ainsi de suite. Howell demeura à la barre des témoins toute la journée, le lendemain, pour n'être relevé que le vingt-troisième jour par sir Alfred Chalmers, capitaine de première classe, expert et conseiller auprès du ministère de la Marine. Pourquoi, lui demanda-t-on, les normes de 1894 étaient-elles toujours en vigueur ?

Cet homme apparemment imperméable au doute avança sept bonnes raisons, que nous énoncerons ici assorties de nos commentaires. 1. Les voyages en mer offraient toujours un haut degré de sécurité (tant que l'on excluait les accidents évités de justesse). 2. Les bateaux étaient de mieux en mieux construits (faux ; les bâtiments de la Cunard étaient plus robustes que les derniers « Olympics »). 3. De toute façon, on ne pouvait pas lancer dans la hâte plus de 16 canots (faux, ainsi que le prouva Welin). 4. Les trajets n'avaient jamais présenté aucun danger (vrai, jusqu'au 14 avril 1912...). 5. L'usage de la TSF se généralisait (vrai). 6. Plus il y aurait de bateaux, plus on aurait besoin d'hommes habituellement « oisifs » pour les manœuvrer (faux). 7. Les propriétaires préféraient en général surpasser les normes (vrai mais hors de propos).

Quant à lui, il ne voyait toujours pas la nécessité de changer ces normes. Lorsque la Cunard et la White Star s'étaient lancées dans la construction de leurs navires géants, il avait pris conseil auprès du comité consultatif ; néanmoins, ce n'était pas cette catastrophe qui pouvait le faire changer d'avis.

Le 1er novembre 1911, Alfred Young, capitaine de première classe, lui avait succédé au ministère du Commerce ; il estimait que le nombre des canots de sauvetage devrait être reconsidéré pour les plus grands navires. Le *Titanic* aurait très bien pu emporter les 63 chaloupes nécessaire à l'évacuation de tous les passagers et de l'équipage.

Rappelé le vingt-quatrième jour, le capitaine Young déclara que, dès son arrivée à ce poste, il avait recommandé d'élever l'échelle à 50 000 tonnes par paliers de 5 000 tonnes. Il avait déjà envoyé un message sur ce point à sir Walter Howell le 18 février 1911. Ce qui eût donné 1 907 places sur le *Titanic* selon la méthode de calcul existante (qui, pour d'obscures raisons, ne dépendait pas du nombre de passagers embarqués mais du volume).

Le vingt-quatrième jour débuta sur une initiative de l'avocat général, qui décida du sort du commandant Stanley Lord, du *Californian*. Comme il l'avait annoncé dès le premier jour, Isaacs proposa d'ajouter quelques mentions au questionnaire du ministère du Commerce. Se référant à la question n° 24, il dit à lord Mersey :

– Monsieur le président, il est important que la question soit précisément énoncée afin que personne ne la considère comme une simple vue d'ensemble sur l'enquête en général. Elle a déjà été examinée, et mon ami, M. Dunlop, qui représente le *Californian*, a eu l'occasion de s'exprimer à ce sujet. C'est pourquoi nous vous demandons de bien vouloir y répondre.

– Soit. J'imagine que je n'ai pas compétence pour ordonner qu'on empiète sur l'autorité du commandant ?

– Non, je crois que cela n'est possible qu'en cas de collision entre deux vaisseaux.

– En supposant que j'adopte un point de vue opposé à la conduite du commandant du *Californian*, je n'ai donc qu'à exprimer mon opinion là-dessus ?

– Oui. Tout ce que nous vous demandons consiste à exprimer votre point de vue sur le témoignage que vous avez reçu et de nous faire bénéficier de vos conclusions sur ce point.

– Bien.

À croire que c'était Isaacs qui dirigeait les débats et non lord Mersey ! En tout cas, le président faisait preuve d'une totale complaisance envers l'avocat général. Ce dernier s'empressa d'exclure toute critique et tout commentaire sur la conduite « inappropriée » des Duff Gordon et d'Ismay au moment de quitter le navire, alors qu'il admettait d'office la condamnation de Lord, sans preuve ni jugement. Quand il eut achevé sa démonstration, la question n° 24 devenait (les ajouts sont en italique) :

« 24. (a) Quelle fut la cause du naufrage du *Titanic* et de la perte de vies humaines qui s'ensuivit ? (b) *Quels vaisseaux étaient en mesure de prêter assistance au* Titanic *et, s'il y en avait, comment se fait-il que cette aide n'ait pas été apportée avant l'arrivée du* Carpathia ? (c) La conception du navire et ses installations étaient-elles propres à empêcher les passagers ou les hommes d'équipage d'accéder aisément aux équipements de sauvetage ? »

Il n'est mentionné nulle part, dans le rapport mis à la disposition de la plupart des parties intéressées, que la question n° 24 ait été amendée aux deux tiers de l'enquête, rétrospectivement, en l'absence de Lord et dans le but de modifier un témoignage. Voilà un procédé aussi original que discutable : après avoir forgé la réponse, susciter la question idoine.

Entre témoins du ministère du Commerce et commandants assurant qu'ils ne ralentissaient pas leur vitesse par avis de présence de glace, le stade des auditions touchait à sa fin. Le vingt-quatrième jour, Francis Carruthers, expert à Belfast pour le ministère du Commerce, déclara que seule la paroi de collision B avait été testée sous l'eau ; les autres l'avaient été avec un *feeler* (très mince lame). L'étanchéité du double fond avait été mise à l'épreuve. Il jura que le navire avait été lancé à pleine vitesse au cours des essais mais ne se souvenait pas de son rayon de braquage, qu'il estimait cependant petit s'il se fiait aux remarques des spectateurs à l'époque.

William Henry Chantler, expert à Belfast, avait examiné les canots de sauvetage et affirma qu'ils pouvaient être déhalés à pleine charge officielle, soit 65 passagers si ce n'était 70. Cette information n'avait pas été indiquée sur les embarcations ; pourtant elles étaient assez solides pour en supporter le double. C'étaient du moins les conclusions auxquelles l'avaient conduit ses calculs après la catastrophe.

Le capitaine Maurice Harvey Clarke, chargé de l'émigration à Southampton, dit qu'il avait passé en revue les installations du navire et les canots de sauvetage ; quant à l'équipage, il avait eu droit à une visite médicale supplémentaire. Deux canots avaient été mis à la mer. La dernière inspection avait eu lieu le jour même de l'appareillage, de 8 heures du matin à midi. L'incendie aurait dû lui être rapporté mais il n'en avait rien su. Sa mission arrivait en complément de celle de Carruthers, quoiqu'il fût nettement plus qualifié pour cette tâche que celui-ci, qui avait une formation d'ingénieur. Clarke estimait que dix-sept inspecteurs au ministère du Commerce ne suffisaient pas, il aurait fallu en engager deux fois plus. Avant la catastrophe, seuls les chauffeurs de la White Star s'opposaient aux exercices d'évacuation ; ensuite, au contraire, ils s'y soumirent sans rechigner, de même que les soutiers et les stewards. Pourquoi, lui demanda-t-on, les navires d'émigrants avaient-ils droit à de telles attentions ?

Lord Mersey décida de répondre à la place du témoin :

– Les émigrants sont, à juste titre, traités comme des enfants ou des malades ; ils ont besoin de toute notre sollicitude.

En fait, au début des grands flux d'émigration, les voyageurs étaient parqués dans des cales insalubres, meilleur moyen de rentabiliser leur voyage. Au point de bientôt représenter, pour les armateurs, un pactole presque aussi lucratif que le trafic des esclaves, et nous savons à quelles escroqueries à l'assurance cela pouvait mener.

William David Archer, principal inspecteur du ministère du Commerce depuis 1898, déclara qu'il avait examiné la carène selon les directives de Carruthers. Une fois encore, un fonctionnaire se cachait derrière les autres : si l'on avait suivi sa circulaire du 28 février 1911, le *Titanic* eût été équipé de 46 canots susceptibles de transporter 3 196 personnes au total ; ou du moins, en fonction de ses cloisons étanches, de 26 embarcations pour 1 743 personnes. Pour un navire de 50 000 tonnes équipé de cloisons étanches, il recommandait habituellement d'installer assez de canots de sauvetage pour évacuer 2 500 personnes. Le *Titanic* aurait dû respecter cette estimation puisqu'il n'avait pas assez de cloisons pour prétendre adhérer à la deuxième hypothèse. À la suite de quoi le ministère du Commerce avait admis que le *Titanic* aurait pu être plus robuste. En outre, ajouta Archer, sur un bâtiment de cette taille, les réglementations allemandes, par exemple, auraient exigé des places pour 3 198 personnes.

Guglielmo Marconi fit son apparition le vingt-sixième jour pour répondre à l'interrogatoire du principal actionnaire de sa branche américaine, sir Rufus Isaacs. Les points soulevés furent donc techniques, sans prêter à la controverse. Contrairement à l'audience du sénateur Smith, aucun avocat n'importuna Marconi. Il raconta que le premier paquebot équipé de TSF avait été le *Kaiser Wilhelm der Große*, en 1900. La Cunard l'avait adoptée en 1901. Puis Marconi avait initié l'appel de détresse CQD en 1904 ; bien que transformé en SOS en 1908 par la convention de Berlin, le CQD était encore souvent utilisé, ce qui explique pourquoi le *Titanic* envoya les deux.

Le poste de 5 kilowatts avait une portée de 350 milles ; par mesure de sécurité, on avait installé deux récepteurs, alimentés par une dynamo elle-même renforcée par une dynamo de secours et, en dernier recours, par des batteries. Il montra l'un des tableaux régulièrement remplis par ses employés, où apparaissaient les postes côtiers et les positions des divers bateaux en mer selon les informations glanées auprès des compagnies. Marconi avait établi, dans son manuel de 1911-1912, une liste hiérarchique des messages prioritaires : signaux de détresse, rapports sur le trafic naval, informations relevant de la navigation, notes de service et, enfin, correspondance ordinaire. Tous les rapports de navigation devaient être contresignés par le commandant et annotés.

Ce fut sir Robert Finlay, pour la White Star, qui exprima onctueusement la gratitude de la cour pour l'« honneur d'avoir vu M. Marconi ». Il n'alla pas jusqu'à l'interroger.

Le non moins illustre sir Ernest Shackleton, recordman de l'Antarctique en 1909 pour avoir approché le pôle Sud à moins de 160 kilomètres, devait prendre la relève à la barre. Âgé de trente-huit ans à peine, le grand explorateur témoignait en tant qu'expert de la banquise. Il dit qu'à son avis, un iceberg de 25 mètres devait être visible à 5 milles par temps clair et qu'il ne devait pas réfléchir la lumière. Il avait déjà rencontré ce phénomène dans l'Atlantique nord mais seulement en tant que passager d'un paquebot. Par une nuit paisible, on devait plutôt s'attendre à des plaques de glace dérivantes à ras de l'eau. Il postait alors un homme à la poupe et ralentissait.

– On n'a pas le droit d'aller à une telle vitesse (celle du *Titanic*) dans une zone de dérive des glaces... À mon sens cela ne fait qu'augmenter le risque d'accident.

Son bateau, le *Nimrod*, ne pouvait dépasser les 6 nœuds mais il réduisait à 4 par temps de gel. Shackleton n'avait qu'un homme dans le nid-de-pie afin que celui-ci se concentrât mieux, mais il estimait les jumelles inutiles. C'était à l'officier de vérifier les éventuels obstacles qui lui étaient signalés. Mieux valait alors pouvoir scruter l'horizon d'un seul coup d'œil ; les jumelles n'offraient qu'un point de vue restreint. La température de l'eau ne pouvait suffire à établir la présence de glace : une couche d'eau douce fondue pouvait se former à la surface, si fine qu'elle resterait indétectable même à la surface d'un seau. En revanche, on devait pouvoir déceler la formation de glace dès que le vent provenait de sa direction ; dans un air immobile, après une chute de température anormale, il fallait s'attendre à en trouver n'importe où. De telles conditions, cependant, additionnées au calme plat qui régnait la nuit du 14 avril « pouvaient bien ne jamais se reproduire ». Un autre iceberg se trahirait par un clapotis sur la mer, et l'on devrait voir se lever une brume provoquée par la différence entre les températures de l'air et de l'eau (ce qui ne fut pas le cas dans l'Atlantique nord au moment de la catastrophe). Shackleton recommandait de ne progresser la nuit, dans les zones de glaces dérivantes, qu'à une vitesse minimale quoique suffisante pour ne pas perdre le contrôle du gouvernail (soit environ 10 nœuds pour le *Titanic*). Il était au courant des contraintes exercées sur les commandants de paquebot, à commencer par les courses que se livraient les armateurs et le goût du public pour la vitesse.

Le vingt-septième jour débuta sur un nouvel échange de civilités entre lord Mersey et Isaacs. L'avocat général désirait encore modifier la question n° 24 :

– Le seul (navire) qui présente encore une difficulté... est le *Californian*. Pour ce qui est du *Mount Temple,* vous avez tous les témoignages nécessaires. Cette question concernera le *Californian*.

Ce qui tend à prouver que le rôle du *Mount Temple* aura été sujet à caution, si ce n'est à soupçons ou à critiques, dans la coulisse, et que les autorités avaient décidé de ne pas poursuivre. Isaacs était tout simplement en train d'en avertir Mersey.

Changeant de sujet, celui-ci fit presque l'unanimité parmi les avocats lorsqu'il avança ce curieux concept : la coutume excluait toute accusation de négligence envers un mort, en l'occurrence le commandant Smith.

– J'éprouve les plus grandes réticences à accuser [*sic*] de négligence quelqu'un qui n'est plus là pour se défendre.

Butler Aspinall saisit la balle au bond :

– En effet, monsieur le président. Il n'a pas la possibilité de venir s'expliquer. Il avait d'excellents états de service [*sic*].

On aurait pu en dire autant du commandant Lord, qui, bien qu'il survécût un bon demi-siècle à Smith, n'eut jamais l'occasion de répondre aux accusations qui allaient être portées contre lui.

Un nouveau train de commandants vint attester que jamais ils ne ralentissaient par temps clair, même en présence de glace. À leur tête, l'ancien commandant du *Mauretania*, John Pritchard, qui assura que, dans ces conditions, il voguait toujours à pleine vitesse (26 nœuds), y compris sur le trajet emprunté par le *Titanic*.

Wilding revint avec les résultats du rayon de braquage de l'*Olympic* : il lui fallait trente-sept secondes pour accomplir un virage de 2 quarts ou 74 révolutions ; dans cet intervalle, le navire parcourait entre 370 et 397 mètres. À 18 nœuds, les deux moteurs principaux inversés (et la turbine auxiliaire arrêtée), il lui fallait plus de 920 mètres et trois minutes quinze secondes pour s'arrêter. Wilding s'était laissé dire par la Cunard que le *Mauretania*, en cas de percussion semblable à celle du *Titanic*, eût produit une gîte de 15° à 20° sans plus, grâce aux cloisons longitudinales ; d'après les calculs, le contre-courant sur l'autre flanc et à l'arrière aurait pu corriger cette inclinaison.

Le commandant Rostron fut appelé le vingt-huitième jour. Il venait de rentrer en Angleterre, si bien qu'il ignorait quelles questions lui seraient posées ; cependant, il reprit sans difficulté le récit qu'il avait déjà fait aux Américains. Il dit également qu'outre le *Californian*, il avait aperçu trois vapeurs le matin du 15 avril dans le voisinage des lieux du naufrage : d'abord, à 3 h 15, un feu de bâbord à 2 quarts par tribord avant (autrement dit, le navire voguait vers l'ouest devant lui, et à sa droite), et deux autres vers 5 heures, à 7 ou 8 milles au nord de la position de Boxhall, un quatre et un deux-mâts, chacun avec une seule cheminée.

Deux autres vieux loups de mer qui, glace ou non, ne ralentissaient jamais vinrent enfin clore le cycle des témoignages.

Le reste de la journée et des huit jours qui suivirent devait être occupé par les plaidoiries des avocats ; lord Mersey, pour sa part, n'en prononça pas, comme c'eût été le cas pour un procès civil ou criminel devant un jury. Thomas Scanlan, pour le Syndicat national des marins, fut le premier à parler. Il s'en prit aux capacités de navigateur du commandant Smith, qu'il considérait comme le responsable direct de la catastrophe : il n'avait pas ralenti ni doublé ses vigies. Trop de canots avaient été chargés en deçà de leurs capacités, faute d'exercice, de compétence et de discipline parmi les officiers. L'équipage n'avait pas eu le temps de s'entraîner au maniement du matériel de sauvetage. Trop sûr de lui, le ministère du Commerce avait négligé de suivre les progrès de la construction navale.

L. S. Holmes, représentant la marine marchande impériale et les officiers, à l'exception de Smith, défendit la conduite de ses clients, exemplaire en tous points. Les officiers avaient été surchargés de tâches par une organisation tatillonne. Avec un seul homme, Carruthers, responsable de toutes les vérifications sur les moteurs, la carène et l'équipement, quelle qu'ait été son aptitude, le système d'inspection n'était pas satisfaisant.

W. D. Harbinson, pour les passagers de troisième classe, dit qu'avec un peu plus de vigilance le drame aurait pu être évité. Smith avait changé de direction en ne virant pas au moment prévu mais il aurait dû également réduire sa vitesse après les avis de glace. La seule présence d'Ismay avait dû peser sur lui. L'avocat ne pouvait croire que le commandant ait pu lui tendre le message du *Baltic* sans commentaire. Les officiers avaient fait preuve de légèreté quand l'un (Lightoller) avait calculé qu'ils atteindraient la banquise à 21 h 30 et l'autre (le sixième officier Moody) à 23 heures ; preuve de la négligence des navigateurs. En outre, la troisième classe avait été tout simplement laissée de côté, qui comptait un nombre de victimes disproportionné par rapport aux autres. Quant à l'équipage, il aurait dû effectuer davantage d'exercices afin de mieux connaître ses canots pour y répartir correctement les passagers.

Clement Edwards, pour le syndicat des travailleurs des quais, commença par critiquer la vitesse du navire. En passant outre l'avis de présence de glace, Smith prouvait qu'Ismay n'était pas un passager comme les autres ; de plus, après la collision, il était monté directement sur la passerelle. Tout comme Harbinson, Edwards avait l'impression que le commandant avait voulu faire reposer sur Ismay leur trop grande vitesse ; à moins que ce dernier n'ait escamoté le message dans l'espoir que Smith l'oublierait et conserverait sa vitesse... Les normes d'IMM exigeaient que les commandants ralentissent sur la voie canadienne ; par conditions climatiques semblables, ils auraient dû imposer les mêmes préceptes aux routes situées plus au sud. Le ministère du Commerce, pour sa part, avait fait preuve de négligence en n'exigeant pas un pont étanche au-dessus des cloisons.

Edwards joignit sa voix à celles de lord Mersey et d'Isaacs en reprochant à Lord d'avoir ignoré les nombreuses fusées de détresse ; il croyait également qu'on avait pu distinguer le *Titanic* depuis le *Californian.* Ce que lord Mersey se hâta d'appuyer :

– J'estime que l'obligation de preuve en ce sens repose sur le *Californian...* que ce sera à ce navire de nous prouver que ces appels ne provenaient pas du *Titanic...*

Edwards s'en prit ensuite à sir Cosmo Duff Gordon pour avoir « acheté » les marins au milieu des cris des mourants. Quant à Ismay, il s'était trop pressé d'embarquer sur un canot quand il savait pertinemment qu'il restait des femmes et des enfants sur le pont. En les oubliant, il ne commettait pas une faute légale mais morale.

Sir Robert Finlay parla ensuite, non seulement pour la White Star mais aussi au nom du commandant disparu, Edward John Smith. Aucun reproche ne pouvant lui être fait, il se passait de toute immunité. Il avait sombré avec son bateau, respectant en cela les plus belles traditions de la marine. Personne n'avait pu prouver qu'il se fût démis de ses responsabilités sur Ismay ; et ce dernier, en se sauvant, n'avait pris la place de personne. Fallait-il donc qu'il se suicide ? Quand bien même, on l'eût alors accusé d'avoir voulu esquiver ses responsabilités. Rien ne l'obligeait à disparaître avec le navire.

Finlay voulait bien reconnaître que trois avis de présence de glace avaient atteint les officiers : ceux du *Caronia*, du *Baltic* et du *Californian.* Ceux du *Mesaba* et de l'*Amerika*, en revanche, ne leur étaient pas parvenus malgré leur importance. Sans doute auraient-ils pu empêcher la collision (il ne mentionna pas le *Rappahannock*, qui avertissait le *Titanic*, peu avant l'accident, des dommages que lui-même venait de subir).

Qu'aurait-on dit d'un officier qui envoyait son navire de plein fouet contre un iceberg, quand même ce geste l'eût sauvé, au prix de nombreuses vies parmi ses membres d'équipage ? Hindsight fut le seul à montrer que l'erreur avait surtout consisté à virer ; Murdoch n'avait donc rien à se reprocher. Tout le monde pratiquait depuis des années une pleine vitesse par temps de glace, sans accident majeur. Comment dès lors considérer cette pratique comme une négligence ? En vingt ans, il y avait eu 32 000 traversées, dont seulement 25 accidents avec pertes de vies humaines ou de bateau : 68 passagers et 80 marins avaient trouvé la mort durant tout ce temps.

Au matin du trente et unième jour, sir Robert parlait encore : Smith avait réclamé une vigilance toute spéciale en présence de glace et demandé qu'on l'appelât en cas de doute ; pour cela, il préférait dormir dans la salle des cartes. Il n'y avait eu que deux grosses collisions avec des icebergs : l'*Arizona* en 1880 et le *Lake Champlain* en 1907. Toutes deux avaient endommagé la proue mais sans faire de victimes. Finlay imaginait que Smith, en poussant vers le sud avant de tourner, croyait échapper au danger signalé par les trois messages.

L'avocat fit tout ce qu'il put pour contrer le témoignage accablant de Shackleton, en commençant par souligner que l'expérience de l'explorateur se bornait à la banquise du pôle Sud, qui n'avait rien à voir avec les glaces dérivantes de l'Atlantique nord, où il n'avait navigué qu'une fois et en tant que passager.

La défense de la White Star se poursuivit durant tout le trente-deuxième jour, 27 juin, après une journée de pause. Finlay reprit sa plaidoirie en répétant combien le temps avait été extraordinaire avant la catastrophe et combien il avait été naturel, quoique déraisonnable, de vouloir éviter l'iceberg. Wilding avait estimé à 200 les pertes de vies humaines en cas de collision frontale ; en revanche, 1 300 auraient été sauvées si le navire n'avait pas coulé.

Après consultation de ses conseillers, lord Mersey réfuta l'argument de Finlay selon lequel Smith avait viré plus tard pour éviter les glaces, et en conclut que cet atermoiement n'avait porté le *Titanic* que 4 milles plus au sud ; si bien que le navire ne se trouvait qu'à 2 milles au sud de sa route et à 4 des confins du champ de glace. En fait, les assesseurs estimaient que le commandant n'était pas descendu plus bas car il supposait que les glaces dérivantes s'étaient éloignées de son parcours. Si l'avertissement du *Mesaba*, envoyé à 21 h 40, était parvenu à la passerelle, il n'y aurait pas eu de catastrophe ; mais l'opérateur Phillips avait trop à faire pour en mesurer l'importance, et il avait fini par l'oublier. Lord Mersey rappela que les messages affectant la navigation recevaient une entière priorité sur presque tout le reste ; aussi pouvait-on conclure à la négligence de Phillips.

Finlay atteignit la fin de son marathon au début du trente-troisième jour, le vendredi 28 juin. Il fut suivi par son allié, Laing, qui passa aux arguments techniques en faveur de la White Star, assurant que le navire aurait pu rester à flot même avec trois compartiments inondés à l'avant. Le ministère du Commerce n'exigeait que 45 centimètres de cloisons étanches pour contenir les eaux entre deux compartiments ; or, si ceux du *Titanic* avaient retenu jusqu'à un mètre d'eau, le paquebot n'eût pas coulé, malgré un troisième compartiment inondé, ce qui prouvait que sa conception poussait le souci de sécurité au-delà des exigences de la Lloyd's. En outre, seule la marine faisait des essais sur ses cloisons.

Alors que Robertson Dunlop se levait au nom de la Leyland, du commandant et des officiers du *Californian*, il se fit sèchement rappeler à l'ordre.

Le président : – D'après vous, monsieur Dunlop,

combien de temps vous faudra-t-il pour nous convaincre que le *Californian* n'a pas vu les lumières du *Titanic* ?

M. Dunlop : – Je dirais deux heures.

Son introduction fut plutôt malheureuse :

– Mandaté par la Leyland, propriétaire du *Californian*, je suis chargé de représenter également le commandant et je désire, pour commencer, exprimer en leur nom leur profond regret à l'idée que le *Californian* n'ait pu prêter aide et assistance au *Titanic*.

Ses clients auraient pu raisonnablement alléguer qu'un plaidoyer commençant par des excuses ne représentait pas forcément la meilleure forme de défense.

La Leyland avait ordonné au *Californian* de rester sur place tant qu'il pourrait servir à quelque chose... après tout, il appartenait également à IMM. Dunlop confirma que le *Californian* n'avait aperçu ni les lumières ni les signaux de détresse du *Titanic* et que le *Titanic* ne voyait pas le *Californian*. Personne n'avait contesté la position du commandant Lord, enregistrée à quelque 20 milles au nord-est du lieu de naufrage. C'était le second, non Lord, qui tenait le journal de bord et nul ne laissait entendre qu'il ait été « trafiqué ». (Dunlop jouait avec le feu, même s'il étouffait dans l'œuf cette suggestion soulevée par lui seul.) Dès qu'il apprit le sort du *Titanic*, le *Californian* se précipita dans sa direction, bien que la barrière de glace l'eût obligé à se détourner d'au moins 10 milles.

Lord, Stone et Gibson croyaient tous avoir aperçu un tramp. Groves et Gill optaient plutôt pour un paquebot mais leurs témoignages se télescopaient. Gill avait été contredit par les déclarations entendues en Amérique. Alors que trois témoins du *Titanic* avaient vu un vapeur s'approcher puis s'éloigner, huit autres, dont Ismay, parlaient d'un bateau de pêche. Cependant, le *Carpathia* devait bientôt apparaître. Durant tout ce temps, le *Californian* était resté immobilisé par les glaces. Le second, Stewart, à 4 heures, aperçut un navire qui filait vers le sud-ouest puis virait au nord-est ; il pouvait s'agir de celui qu'avait vu Boxhall. On avait vérifié sur la liste hebdomadaire de la Lloyd's mais on ne pouvait déterminer la position d'un bateau qu'en fonction de ses transmissions radio. Sans TSF ou s'il se taisait, sa présence ne pouvait être enregistrée. Il était donc peu vraisemblable que quiconque vînt désormais reconnaître qu'il s'était trouvé dans les parages de la catastrophe sans réagir.

Après avoir énoncé les noms et caractéristiques des différents navires alors dans la zone intéressée, Dunlop fit remarquer que Lord n'aurait pas eu le temps de se rendre sur les lieux, à deux heures et demie de navigation à cause des glaces, avant l'engloutissement du *Titanic*, qu'il ait ou non répondu à l'appel de Gibson à 2 h 05 ou même aux fusées lancées une heure plus tôt.

Si la commission d'enquête ne possédait pas les moyens de dépouiller le commandant Lord de son titre, elle ne pouvait pas non plus le réprimander. Le ministère du Commerce, quant à lui, avait les moyens d'agir directement mais n'en avait rien fait. En revanche, Lord risquait de recevoir un blâme, malgré le manque de preuves contre lui. Il ne fut même pas convoqué pour la conclusion de l'enquête, pas plus que Dunlop, qui n'avait qu'un avis consultatif :

– Ce n'est que le 14 juin, un mois après que le commandant Lord eut quitté la barre des témoins, que j'ai entendu parler d'une proposition du ministère du Commerce tendant à formuler une question sur le *Californian.* Celle-ci donnerait à la cour la possibilité de désavouer le commandant Lord... [il] a été traité d'une façon totalement contraire aux principes habituellement suivis par la justice ou par les commissions d'enquête.

Lord aurait dû être informé de l'amendement de la question n° 24 et prévenu des allégations portées contre lui, avant de venir témoigner ; de même, il aurait dû se voir offrir la possibilité d'entendre les autres dépositions avant la sienne. Maintenant que la commission se tournait contre lui, quelles garanties lui restait-il de recevoir un jugement équitable ? L'impartial épilogue de Dunlop tombait dans l'oreille d'un sourd.

Le samedi 29 juin, trente-quatrième jour, l'avocat général, sir Rufus Isaacs, se leva pour entamer le dernier acte de ce drame indûment prolongé. Il commença par ce qu'il considérait comme les deux points clés de sa démonstration : la vitesse du *Titanic* et les canots de sauvetage. Si le navire avait ralenti, il n'aurait pas coulé corps et biens, ou du moins aurait encore flotté assez longtemps pour que le *Carpathia* pût prendre tous ses passagers à son bord. Lord Mersey fit observer que si la vitesse était bien la cause directe de la catastrophe, rien ne prouvait qu'elle fût due à une quelconque négligence. Mais pourquoi cette précipitation, ajouta-t-il, alors que personne n'entendait battre un record ? Ils progressaient à 22 nœuds alors que 20 suffisaient pour atteindre New York le mercredi à 5 heures du matin comme prévu.

Isaacs objecta que, sur la passerelle, on s'attendait à rencontrer le champ de glace, ainsi que le prouvaient les observations de Lightoller sur ces vaguelettes en l'absence de toute brise, annonçant la proximité d'un iceberg ; mais aussi l'ordre de Murdoch de fermer les écoutilles pour masquer une lumière qui pouvait gêner les veilleurs ; ainsi que les instructions de Smith demandant qu'on le réveillât à la moindre alerte, ce qui ne pouvait se rapporter qu'à la présence de glace ou de brume.

L'accident était prévisible. Lightoller avait dit, le onzième jour, qu'ils plaçaient une vigie à la poupe entre Southampton et Cherbourg par temps couvert. Devant les avis de présence de glace, le *Titanic* aurait dû réduire sa vitesse et augmenter le nombre de ses veilleurs.

Drill Hall étant retenu de longue date pour d'autres activités, le 1er juillet la commission d'enquête se déplaça, pour les deux derniers jours, dans des locaux beaucoup plus appropriés, Caxton Hall, à Westminster ; destiné à des réunions publiques, cet endroit offrait une acoustique autrement meilleure.

Avant tout, lord Mersey dit à Finlay que la remarque de Lightoller sur la totale absence de brise contredisait son argument selon lequel la proche surface de cette mer d'huile n'était pas visible de la passerelle ; d'ailleurs, tous les officiers devaient parfaitement savoir quel danger représentait l'absence de vaguelettes autour de la ligne de glace. Ils avaient en outre déterminé le moment approximatif autour duquel ils devaient atteindre le champ de glace, entre 21 h 30 et 23 heures (selon lord Mersey, la différence entre les opinions de Lightoller et de Moody provenait du fait qu'ils avaient utilisé des chiffres différents pour effectuer leurs calculs).

Le président rappela également que, depuis plus de vingt-cinq ans, les commandants de bord avaient pour habitude de conserver leur vitesse malgré les avis de présence de glace « parce qu'ils savent d'expérience qu'ils sauront toujours l'éviter. Néanmoins, voilà qui soulève l'inévitable question : pourquoi n'avez-vous pas évité cet iceberg ? ».

Isaacs reprit sa plaidoirie en affirmant qu'en donnant,

dès minuit, l'ordre de débâcher les canots, Andrews, Smith et Ismay connaissaient la gravité de l'avarie ; il fallut encore vingt-cinq minutes pour déhaler la première embarcation, ce qui prouvait amplement combien ils manquaient d'expérience. Les témoignages y plaçaient un peu plus que les 711 passagers (*sic*) effectivement rescapés. En apprenant que le *Carpathia* était en vue, beaucoup préférèrent rester à bord. Les officiers avaient eu tort de croire qu'en chargeant les canots ils risquaient de les faire chavirer.

L'« insubmersibilité » d'un navire était plus importante que le nombre de chaloupes qu'il emportait, continua l'avocat général ; les compartiments étanches restaient donc un point essentiel. À l'évidence, il devait y en avoir plus de deux et les armateurs s'efforçaient désormais d'en équiper leurs bâtiments sous l'égide du ministère du Commerce. Jusque-là, rien n'avait été fait, ajouta l'avocat général en glissant sur les omissions du ministère face aux normes de navigation, tant la route transatlantique avait paru sûre.

Au matin du trente-sixième et dernier jour, ce mercredi 7 juillet, Isaacs affirma que le ministère du Commerce attendait les conclusions de cette commission avant d'édicter de nouveaux règlements de sécurité en mer. Ce qui expliquait pourquoi rien n'avait encore été dit sur ce point au Parlement. Cependant, tous les armateurs avaient répondu favorablement à la demande du ministère : équiper de tous les canots nécessaires chaque navire de plus de 1 500 tonnes. Il tentait également de lancer une conférence internationale afin de réglementer une fois pour toutes la concurrence dans l'Atlantique nord. L'avocat général reprochait surtout au ministère de n'avoir rien fait depuis 1894, même si cela n'avait pas porté à conséquence – jusqu'au drame du *Titanic*. Nul n'avait prévu cette fulgurante collision latérale à pleine vitesse.

Pour l'avocat général, le point inévitable restait encore et toujours le *Californian*. Aucune excuse n'aurait su atténuer la gravité de sa faute. À la lumière des violentes critiques de la commission américaine, il paraissait évident que le commandant Lord aurait eu besoin de l'assistance d'un avocat. Pourtant, Dunlop avait accepté sa position de simple observateur avant d'entendre les principaux témoins ; ensuite, son interrogatoire orienté avait prouvé qu'il prenait position pour Lord.

Ce dernier avait reconnu avoir vu des fusées qui pouvaient ressembler à des signaux de détresse, provenant d'une direction qui aurait pu être celle du *Titanic*, auxquelles il n'avait fait répondre autrement que par lampe morse. Déclaration sujette à caution, mais :

– D'où je conclus que, pour un commandant de navire britannique, il ne doit rien y avoir de plus grave que des signaux de détresse, qu'ils proviennent d'un paquebot ou non, et que celui-ci soit ou non de la taille du *Titanic*.

En plaçant le *Californian* à la fin de sa démonstration, Isaacs lui donnait plus d'importance qu'à d'autres sujets moins sensibles mais plus concrets. Certes, il ne pouvait se faire accuser d'écarter des points aussi essentiels que sécurité, négligence ou inertie des autorités ; néanmoins, il les rendait presque secondaires par rapport à la supposée insouciance de Lord en soulignant celle-ci en dernier ressort. Ainsi resterait-elle présente dans tous les esprits après la clôture des débats.

Le président pouvait toujours appuyer ses arrêts sur les faits, ajouta-t-il.

– Je ne vous demande rien de plus.

En fait, Isaacs invitait lord Mersey à conclure sur les torts de Lord, comme un fait plutôt que comme une opinion. Isaacs ajouta que le *Titanic* et le *Californian* n'étaient qu'à 7 ou 8 milles de distance, quoique ce fût « difficile à dire » et qu'on ne pût faire preuve d'une grande précision sur ce point. Il convint qu'il avait modifié la question n° 24 pour obtenir une réponse fondée sur les témoignages entendus. Lord Mersey n'aurait su se montrer plus obligeant :

– Je crois que nous sommes tous d'avis que les fusées de détresse vues du *Californian* étaient celles du *Titanic.*

Isaacs s'en montra profondément reconnaissant, assurant que cela lui éviterait d'avoir à citer de multiples témoignages. Lord s'était immobilisé au milieu de la glace ; donc, il aurait dû se rendre compte que d'autres navires pouvaient être en danger ; cependant, il n'avait pas tenu compte des signaux de détresse. Si le *Californian* avait vu les fusées du *Titanic* à 5 ou 7 milles de là (Isaacs faisait tout ce qu'il pouvait pour réduire la distance) et s'il avait navigué à 11 nœuds, il aurait pu sauver tout le monde. CQFD...

Le rapport de lord Mersey fut publié dès le 30 juillet 1912 et consistait en ces quelques mots :

« La cour, ayant soigneusement enquêté sur les circonstances du naufrage ci-dessus mentionné, estime, pour les raisons citées dans l'annexe jointe, que la disparition dudit paquebot est due à sa collision avec un iceberg, provoquée par la trop grande vitesse à laquelle était poussé ce bateau. »

Peu importait, en somme, l'opinion des 96 témoins ainsi que d'une phalange d'avocats. Cependant, l'annexe comprenait soixante-quatorze pages imprimées en petits caractères, reprenant par les vingt-six questions (amendées par Isaacs) et divisée en huit parties. La première décrivait la White Star et son navire en détail, pour finir sur l'équipage et les passagers. La deuxième partie traitait du voyage, du trajet, des avis de présence de glace, de la vitesse du liner, du temps et de la collision. La troisième décrivait l'avarie, ses effets, les avantages et les inconvénients des ponts étanches, des cloisons longitudinales et des hauts doubles fonds. La quatrième partie parlait des canots de sauvetage et de l'évacuation des passagers ; tout en acquittant Duff Gordon de toute tentative de corruption, elle le stigmatisait pour avoir poussé des membres d'équipage à se frayer un chemin parmi les mourants ; elle s'abstenait toutefois de critiquer l'attitude d'Ismay. « S'il n'avait pas sauté dans un radeau, il n'aurait fait qu'ajouter une vie au nombre des victimes, la sienne. »

Il ne fut pas davantage question de la discrimination à l'encontre des passagers de troisième classe. Ce discours lénifiant s'achevait sur les rescapés, déclinés en genres, en nombre et en classes, puis sur l'équipage.

La critique du *Californian* occupait à elle seule la cinquième partie ; personne ne fut surpris d'y lire qu'il aurait pu sauver « beaucoup si ce n'est tous les passagers ». La sixième partie s'adressait au ministère du Commerce, expliquant que la réglementation sur les canots de sauvetage était à revoir. À quoi s'ajoutait une longue argumentation prouvant que les autorités avaient néanmoins envisagé de réviser les normes de sécurité avant la catastrophe, bien qu'elles n'en aient rien fait depuis 1894 (alors que le plus grand navire du monde, le *Lucania*, dépassait déjà de 2 952 tonnes la limite des 10 000 tonnes édictée à l'époque). Le ministère fut affranchi de la critique sur ses inspections aussi incomplètes qu'inadéquates ; néanmoins, sa latitude d'intervention sur les critères de construction des cloisons étanches restait largement insuffisante (il ne pouvait les examiner que sur demande volontaire de l'armateur), ce qui revenait à complaisamment ignorer la raison pour laquelle il n'avait pas exigé plus de pouvoirs.

La septième partie énonçait les conclusions de la cour sous forme de réponse aux vingt-six questions, une par une. Ce qui occupait dix pages, cinq de moins que l'exonération du ministère du Commerce. Les réponses reprenaient les points essentiels tels que le nombre de canots de sauvetage, le trajet, les avis de présence de glace, les jumelles, la vitesse, les détails de la catastrophe, les rescapés, suivis d'une analyse exhaustive des encombrements de la TSF. À la question n° 24, paragraphe b, demandant quels vaisseaux étaient en mesure de prêter assistance au *Titanic* et comment il se faisait que cette aide n'ait pas été apportée, il était répondu ce qui suit :

« Le *Californian* aurait pu rejoindre le *Titanic* s'il s'en était donné la peine dès l'apparition de la première fusée. Il n'a fait aucune tentative en ce sens. »

La question n° 25 demandait si le liner avait été « correctement construit et équipé en tant que paquebot pour passagers et émigrants sur les lignes de l'Atlantique ». Malgré les innombrables témoignages appuyant l'insuffisance des cloisons et des canots de sauvetage, la seule et unique réponse consista en un mot : « Oui ! »

La question n° 26 suscitait des recommandations qui se trouvaient développées dans la huitième et dernière partie. Le nouveau comité des cloisons devrait inspecter la construction des coques, particulièrement les ponts étanches, les cloisons longitudinales et les hauts doubles fonds (suggestion qui torpillait le « oui » de la question précédente). Le ministère du Commerce devrait pouvoir élargir ses inspections. Lord Mersey conseillait également de faire examiner plus souvent la vue des veilleurs, de resserrer la discipline en cas d'alerte, d'ouvrir la TSF vingt-quatre heures sur vingt-quatre, de réduire la vitesse en présence de glace, de rappeler aux commandants qu'ils commettaient une faute en ne portant pas secours aux navires en perdition, de faire passer des inspections à tous les navires quittant le pays et non pas seulement à ceux qui emmenaient des émigrants, enfin de convoquer une conférence internationale sur la subdivision interne des bateaux, les équipements de sauvetage, la radio, la vitesse en zone de glace et les projecteurs susceptibles d'éclairer les écueils.

Fallait-il voir dans cette commission une opération de blanchiment, comme on l'a souvent prétendu ? Elle se montrait également bienveillante envers le commandant Smith : bien que sa vitesse dans une zone de glaces dérivantes fût jugée une « très grave erreur », il n'était pas accusé de négligence car il avait suivi la pratique habituelle en ne ralentissant pas par temps clair ; néanmoins, cette conduite serait à l'avenir « considérée comme une faute si un pareil cas se présentait de nouveau ».

Ce furent là tous les reproches adressés par la commission britannique aux responsables de la réglementation, de la construction et de la navigation du *Titanic*. La seule personne condamnée, sur des témoignages tendancieux, fut le commandant dont le navire aurait pu sauver tout le monde si son opérateur radio était resté éveillé un peu plus longtemps ou si son second avait fait preuve d'un minimum de compétence. Cette diversion devait permettre de détourner l'attention des fautes du commandant Smith qui n'avait pas su voir venir le danger, des constructeurs et des propriétaires qui n'avaient pas su construire un navire aussi sûr que ceux de la Cunard, et du gouvernement qui n'avait pas su les y obliger.

En omettant de relever la moindre forme de négligence dans cette accumulation de manquements, on ne faisait pas que « blanchir » les fautifs, on insultait ceux qui avaient perdu la vie dans la catastrophe.

ÉPILOGUE

GRAVES DOUTES

Le naufrage du navire de guerre américain *Arizona*, toujours englouti dans les profondeurs de Pearl Harbor, où il fut torpillé le 7 décembre 1941, compte parmi les plus célèbres du monde. Le HMS *Royal Oak* gît par des fonds encore plus bas, à Scapa Flow, où il fut envoyé par un U-boat le 14 octobre 1939. Le bateau américain est devenu un monument aux 2 043 morts victimes de l'attaque surprise japonaise et peut être visité par le public dans un sous-marin spécialement équipé à cet effet. Quant au navire britannique, c'est le tombeau de 833 hommes que seuls peuvent approcher les plongeurs qui viennent chaque été visiter les lieux où a sombré la flotte du kaiser, sabordée sans perte de vie humaine, le 21 juin 1919. Ces deux sites consacrés se trouvent dans des eaux territoriales, et chaque pays concerné peut en contrôler l'accès. Il en est de même pour le *Lusitania*, coulé par un U-boat dans les eaux irlandaises le 7 mai 1915, et qui devait faire 1 198 victimes.

Mais son contemporain et rival en puissance, le *Titanic*, à bord duquel 1 500 personnes ont perdu la vie en temps de paix, dans la nuit du 14 au 15 avril 1912, reste englouti dans les eaux internationales et ne bénéficie d'aucune protection. Son seul bouclier, durant soixante et onze ans et demi, constitué d'une chape de près de 4 000 mètres d'eau en plein Atlantique, fut pénétré par la technologie moderne le 1er septembre 1985. Malgré les exhortations du Congrès et d'autres institutions des États-Unis et d'ailleurs, le site ne fut pas seulement visité par ceux qui en avaient les moyens financiers et techniques, mais littéralement pillé. Une partie des objets remontés furent présentés dès octobre 1994 et pendant un an en Grande-Bretagne, au cours d'une exposition nommée le « Naufrage du *Titanic* », au Musée maritime national de Greenwich ; d'aucuns y voyaient une véritable profanation de sépulture, doublée d'une incitation au voyeurisme.

Avec une louable objectivité, le musée proposait en même temps un enregistrement vidéo d'une émission de la BBC où s'exprimaient les protestations des opposants à cette expédition, dont Eva Hart, l'une des dernières survivantes, et Una Reilly, de l'Ulster Titanic Society ; celle-ci affirmait qu'il n'y avait « rien de si extraordinaire » à bord de ce navire pour qu'on veuille en remonter quoi que ce fût, si ce n'était dans un sordide but lucratif. L'exposition était bien organisée quoique assez modeste : elle ne présentait jamais que 150 des 3 600 objets arrachés aux alentours de l'épave.

Un autre enregistrement, pris durant une descente sur les lieux, montrait comment, à la suite de la première visite du Dr Robert Ballard, la rouille avait été grattée sans vergogne sur l'étrave, dénudant le nom du navire. Cette intervention est d'un tout autre ordre que le ramassage d'objets sur le site gigantesque qui entoure les deux parties de la coque brisée.

Ces activités controversées ont été rendues possibles par les prouesses technologiques de l'Institut océanographique de Woods Hole, du Massachusetts (Dr Ballard), et d'IFREMER (Jean-Louis Michel), qui se sont associés pour localiser l'épave en 1985. À cette occasion, des images furent prises par caméra commandée à distance mais il fallut attendre juillet-août 1986 pour que le Dr Ballard et ses collègues américains descendent dans un sous-marin spécial pour rendre une première visite à l'épave, rapportant des images encore plus impressionnantes, laissant une plaque pour marquer leur passage et recueillant quelques débris épars. Ballard était indubitablement sincère en exprimant l'espoir que l'épave du *Titanic* serait respectée au nom des morts qui y reposaient ; en même temps, il faisait preuve d'une certaine naïveté quand il souhaitait que sa position exacte fût gardée secrète. IFREMER, avec laquelle les Américains s'étaient brouillés, connaissait également le site et s'empressa d'y retourner avec la RMS Titanic Inc. de New York, afin d'y récupérer des milliers d'objets.

C'est à partir de cette expédition qu'avait été montée l'exposition de Greenwich. Si c'est là ce que le *Titanic* avait de mieux à offrir (en supposant que les exposants aient mis un point d'honneur à présenter leurs pièces maîtresses au public), on ne peut que déplorer cet affligeant résultat.

D'un côté, des avocats américains tirent une fortune de la controverse visant à autoriser ou à interdire la fréquentation du site. De l'autre, la RMS Titanic exige l'exclusivité tout en promettant de ne pas arracher d'objets à l'épave proprement dite et de ne rien en vendre. Ils ne pourront cependant pas prétendre que l'exposition n'avait pas pour but de rapporter des millions de dollars, nécessaires au remboursement de l'expédition. C'est ainsi que l'épave du *Titanic* est devenue une sorte d'entreprise à but lucratif où chacun, employés et commanditaires, a trouvé son profit.

Que faut-il retenir de la moisson d'objets recueillis ? D'abord cette « saisissante » idée que les passagers avaient emporté des dollars et des livres dans des portefeuilles de cuir, ensuite que certains fumaient des cigarettes, qu'ils étaient servis dans des plats d'argent et de la vaisselle blanche ; qu'ils buvaient des boissons alcoolisées dans des verres et utilisaient des pots de chambre blancs, qu'ils se reposaient sur des bancs de bois et de fer forgé comme on en voit dans tous les jardins publics, qu'ils lisaient des journaux, portaient des vêtements avec des boutons, qu'ils transportaient des bagages de cuir, qu'ils écrivaient des lettres et s'offraient des petits requinquets tirés de fiasques...

Et que dire du navire en soi ? Assurément, qu'il a été construit avec les mêmes équipements que ses contemporains, encadrements de hublots, radio de la salle des moteurs, la célèbre cloche du nid-de-pie (sans nom), téléphones intérieurs ou tableaux de fusibles, tous objets plus fascinants les uns que les autres, tel cet indicateur destiné à signaler aux occupants du pont arrière dans quelle direction conduisait le gouvernail. Mme Reilly a tout à fait raison : rien d'extraordinaire dans tout cela, rien que nous ne sachions déjà du mode de vie occidental, en mer et à terre, avant la Première Guerre mondiale. Les profondeurs de l'Atlantique n'ont donné le jour qu'à de ridicules restes sans aucune valeur intrinsèque. Seule leur association avec le *Titanic* peut leur apporter une quelconque signification sentimentale.

Le consortium d'IFREMER et de la RMS Titanic a effectué sa première plongée en août 1987 pour un coût d'environ 4 millions de livres, dans le but de remonter quelque 1 800 objets et de gratter la rouille de la proue afin de prouver que c'était bien le *Titanic* qu'on avait trouvé. Le premier résultat visible fut un documentaire français sans intérêt, présenté par Telly Savalas et diffusé dans de nombreux pays. Un coffre enlevé au bateau y était ouvert avec moult cérémonies, tout cela pour, à la grande joie de tous excepté des protagonistes, qu'on n'y découvre rien. Par ailleurs, certains objets semblaient avoir été purement et simplement arrachés à la carcasse et non recueillis dans les environs. Ce qui, à l'époque, souleva de violentes critiques.

La visite suivante, au cours de l'été 1991, s'est avérée plus acceptable. Joignant leurs efforts aux Américains qui avaient accompagné Ballard en 1985-1986, le Groupe d'études géologiques canadiennes et l'Institut géographique Chirchov utilisèrent deux submersibles russes afin de tourner un film à l'aide du procédé canadien IMAX qui faisait appel au plus grand écran du monde. D'où naquit *Titanica*, projeté en 1992 dans de nombreux pays. Les prises sous-marines, éclairées par les submersibles eux-mêmes, sont d'une extraordinaire qualité, surtout sur écran géant, qui donnent l'impression au spectateur de se trouver lui-même au fond de l'océan. Si on compare cela au premier reportage, on constate que l'épave se détériore effectivement de jour en jour ; autrement dit, cet enregistrement sur IMAX demeurera vraisemblablement le meilleur document sur les restes du *Titanic* à l'usage de la postérité.

IFREMER et la RMS Titanic effectuèrent deux autres visites sur le site durant les étés 1993 et 1994, rapportant un millier d'objets la première année, et plus de 750 l'année suivante. Ce qui devait porter le total à quelque 3 600 prises. Il faut quand même remarquer que chaque année la moisson était moins importante, ce qui corrobore, si besoin est, l'exploitation grandissante de la plus célèbre épave du monde. Il est hautement improbable qu'on y fasse encore de spectaculaires découvertes, n'en déplaise aux amateurs de sensationnel ou de souvenirs macabres ; il devrait donc être de plus en plus difficile d'attirer le public vers une coûteuse exposition.

La petite armée des amateurs du *Titanic* restera sans doute vigilante envers tout ce qui concerne le navire mais elle n'est pas assez importante pour intéresser de nouveaux bailleurs de fonds, susceptibles de financer une autre expédition. Les films et les photographies constituent un souvenir unique et historique ; le reste ne peut plus dorénavant être que broutilles.

Ces cinq visites à l'épave auront au moins suscité de nouvelles questions, plus importantes que tous les objets remontés à la surface. S'il est désormais confirmé que le liner s'est effectivement brisé en deux avant de s'enfoncer sous les eaux, la déchirure ouverte par l'iceberg dans la coque reste profondément enterrée dans le lit de l'océan et il semble peu vraisemblable, pour les raisons citées plus haut, que quiconque veuille engager les moyens en temps, en technique et en argent qu'exigerait sa désincarcération.

À tort ou à raison, on considérera comme pur vandalisme le grattage de l'étrave par IFREMER en 1987, dans le but de révéler le nom du *Titanic* ; du moins était-il destiné à identifier l'épave. En fait, comme nous l'avons dit à la fin du chapitre 4, il existe un nombre surprenant de raisons pour lesquelles on peut s'interroger sur cette question élémentaire et même se demander s'il n'y a pas eu tout simplement substitution.

Le nom apparaissait, doré en relief sur une plaque de chaque côté de la proue, et en noir sur une plaque blanche dans l'arrondi de la poupe. Il eût été facile et rapide d'échanger ces noms au cours de travaux effectués simultanément sur les deux bateaux jumeaux. Les seules autres caractéristiques externes, faciles à transformer et d'ailleurs reprises plus d'une fois, qui distinguaient le *Titanic* de l'*Olympic,* étaient leurs ponts A (à l'origine grands ouverts sur les deux, puis à demi fermé sur le premier) et leurs ponts B (différents modèles de hublots pour différentes installations internes).

À Belfast, l'*Olympic* était entré en cale sèche le 2 mars 1912 pour un remplacement de l'hélice, qui ne devait normalement prendre que quelques heures. Pourtant, le navire demeura immobilisé beaucoup plus longtemps. Si nous voulons pousser la théorie jusqu'à son terme, disons que cela eût donné aux experts une chance d'examiner sa poupe et peut-être de découvrir un nombre de dégradations plus grand que prévu. L'*Olympic* ne pouvait reprendre la mer avant le 7 mars, ce qui supposait l'annulation d'une autre traversée vers New York et, subséquemment, d'importantes pertes pour la White Star. Aucun autre de ses paquebots ne pouvait effectuer ce voyage à sa place. Si l'épisode de la perte de la pale avait secoué la poupe récemment réparée, au point d'exiger une intervention considérable en temps comme en argent, c'était le moment ou jamais d'envoyer le *Titanic* prendre la mer sous l'identité de l'*Olympic* et de réparer suffisamment ce dernier pour en faire un authentique rival de son jumeau.

Aussi bizarre que cela paraisse, il n'y fallait guère plus que la simple substitution de trois plaques, peut-être les ceintures et canots de sauvetage qui portaient le nom du navire, mais c'était à peu près tout. Chaque navire, comme nous l'avons vu, possédait trois cloches : au poste d'équipage, sur la passerelle et dans le nid-de-pie ; on a remonté celle du *Titanic*. Magnifiquement conservée, elle faisait partie de l'exposition de Greenwich mais ne portait aucune inscription, bien qu'on soit en droit d'attendre que la cloche la plus « en vue » arbore le nom de son navire. Il y avait également 48 ceintures de sauvetage destinées à être jetées par-dessus bord en cas de chutes d'hommes à la mer (curieusement, celles-ci ne sont pas mentionnées dans les témoignages alors qu'on a parlé des nombreuses chaises auxquelles s'accrochaient les malheureux passagers). Quant aux canots, ils affichaient traditionnellement le nom de leur bateau mais, une fois encore, rien n'empêchait d'en changer les inscriptions.

Et que dire de la coutellerie, de la vaisselle et du linge ? Au début, les navires de la White Star possédaient leur propre équipement : une tasse au nom de l'*Oceanic*, à l'évidence le souvenir d'un précédent voyage, fut découverte au cours de l'une des fouilles. Néanmoins, la compagnie avait depuis lors standardisé ses fournitures, qu'elle se procurait à Southampton, où se trouvait également une blanchisserie particulière, de façon à pouvoir reprendre indifféremment le linge sur n'importe lequel de ses bâtiments. Quant au papier à en-tête, aux menus, etc., qui portaient effectivement le nom du navire, on peut imaginer sans difficulté que quelqu'un les ait apportés sur le paquebot avant l'appareillage.

Ni le Dr Ballard ni aucun de ceux qui ont pu visiter l'épave, dans le but d'en tirer des images ou des trophées, n'ont pu produire un seul objet, une seule photo montrant le nom du *Titanic*, sauf sur la proue et sur un ticket de bagage. Il n'apparaît nulle part ailleurs. Nous estimons ce fait suffisamment remarquable pour avoir invité les spécialistes à régler la question une fois pour toutes en apportant la preuve que l'épave est bien celle du *Titanic*. Notre proposition a suscité les réactions les plus diverses, de l'amusement à l'irritation, en passant par la moquerie et la stupéfaction.

Paradoxalement, l'obstacle majeur à notre théorie provenait du fait qu'une substitution, prévue de longue date ou non, paraissait devoir résoudre un peu trop de difficultés à la fois. Nous savons, par exemple, que, suite à la collision avec le *Hawke*, la White Star avait encore ajouté aux frais d'avaries déjà considérables de l'*Olympic* en poursuivant l'Amirauté jusqu'à la Chambre des lords. Dans la mesure où IMM avait obtenu un petit bénéfice en 1911, grâce en grande partie à la White Star, Morgan et Ismay n'avaient aucun besoin de l'argent de la marine.

Seule une nouvelle loi pouvait donner lieu à des compensations pour une erreur de pilotage qui, au point où en étaient alors les choses, impliquait la responsabilité des armateurs quand bien même ils n'y étaient pour rien. Le plus dur des procès ne pouvait dès lors correspondre qu'à une tentative de récupération des pertes subies par l'*Olympic*. On sait qu'il fallait, à un navire de la série des « Olympics » en bon état, au moins six années de croisière pour devenir rentable ; si, en outre, il avait subi une grosse avarie au début de sa carrière, ce qui l'empêchait de rivaliser avec les bâtiments de la Cunard, le seuil de rendement ne s'en éloignait que davantage.

L'affaire s'étendit sur trois ans et demi, soit longtemps après que le *Titanic* eut coulé, et que l'*Olympic* fut réquisitionné pour la guerre. Fier de son aptitude à tout transformer en or, Morgan ne savait pas perdre. En fin de compte, il se peut qu'IMM ait eu un besoin urgent de fonds, mais sûrement pas pour une question économique.

Dans les chapitres 8 et 9, nous avons relevé à quel point les interrogatoires officiels tournaient autour des liens financiers qui unissaient constructeurs et propriétaires du *Titanic*, et ce plus encore en Amérique qu'en Grande-Bretagne. Le troisième jour des audiences américaines, Philip Franklin, d'IMM, mentionnait que lord Pirrie était l'un des directeurs de sa société. Mais l'homme invisible de la légende du *Titanic* n'a, semble-t-il, pas été considéré comme le président de Harland & Wolff ; les Britanniques ont à peine effleuré le rapport, alors que rien ne marque une interdépendance comme le profit pécuniaire.

Soucieux, en ce début de siècle, de protéger ses intérêts, lord Pirrie était entré dans le capital de Morgan en poussant le milliardaire américain à intégrer la White Star dans son groupe d'IMM ; ensuite, il devait le persuader, lui et son adjoint aux affaires maritimes, Ismay junior, d'investir dans les gigantesques navires de Harland & Wolff afin de se lancer à l'assaut de la suprématie de la Cunard. Mais la White Star essuya revers sur revers, à commencer par les factures de maintenance, imprévues, de l'*Olympic*, et qui tombaient au plus mauvais moment. Pendant ce temps, la Cunard faisait appel au gouvernement britannique et l'emportait sur tous les plans. La vitesse ne cessant de triompher sur la splendeur, les surenchères de Morgan sur l'Atlantique échouèrent et la White Star finit par être revendue à une Cunard victorieuse. En face de laquelle le seul à y gagner fut encore lord Pirrie.

Le feu, comme nous l'avons vu au chapitre 9, avait été caché au capitaine Clarke, l'inspecteur du ministère du Commerce. Pourquoi le commandant Smith n'avait-il pas demandé d'intervention aussi rapide que possible ? Pourquoi avoir caché cet incident ? Ce qui amène ces autres questions : pourquoi son navire présentait-il, par mer calme avant la collision avec l'iceberg, une légère gîte à bâbord, remarquée par plus d'un témoin ? Faut-il y voir d'autres avaries non déclarées, par exemple une fuite à la poupe ? Pourquoi, après la collision, Smith voulut-il encore pousser légèrement les moteurs, mouvement qui ne pouvait qu'aggraver l'inondation des compartiments avant ? Pourquoi n'a-t-on pas tenté de compenser à l'arrière pour maintenir le navire à flot au moins un certain temps ? Pourquoi, en visitant l'épave du *Titanic*, le Dr Ballard a-t-il trouvé une cloison qui n'existait pas sur son plan ?

Il ne faut pas non plus oublier le second, Henry Wilde, arraché malgré lui au commandant Haddock (qui avait certainement beaucoup plus besoin de lui) pour servir sous les ordres du commandant Smith. Nous avons raconté, au chapitre 3, qu'il n'appréciait guère ce changement d'affectation. Comment pouvait-il ne pas aimer un bâtiment sur lequel il n'avait jamais navigué et sur lequel il ne devait monter que le jour même du départ ? On ne peut que spéculer sur sa mauvaise impression dans la mesure où l'on ne possède pas beaucoup de détails sur la personnalité de cet homme, mais il ne semblait pas avoir tendance à la nervosité ni à la superstition. Sa sœur elle-même ne sut répondre à cette question, mais il avait confié à des amis qu'il n'acceptait cette affectation qu'à contrecœur. Qu'avait-il vu ou entendu ?

En outre, son arrivée rétrogradait Murdoch au rang de premier officier, et Lightoller, le seul officier supérieur qui possédât un brevet de capitaine, à celui de deuxième officier. Si cet équipage n'avait rien d'extraordinaire pour un paquebot de cette taille, comment peut-on expliquer que ni Murdoch ni Wilde n'aient été nommés commandants ? Pas plus que Lightoller, qui ne parvint jamais à s'arracher l'étiquette du *Titanic* (ce qui n'empêcha pas la Royal Navy de lui confier, par la suite, un croiseur). Cette carrière en retrait semble une bien piètre récompense pour celui qui demeura fidèle à ses employeurs, comme il a été montré dans ses témoignages. Toujours est-il que cette rétrogradation lors du voyage inaugural empêcha le deuxième officier en titre, Blair, d'y participer. Ce dont il ne put certainement que se féliciter... mais sa disparition coïncidait avec celle des jumelles, enfermées sur ordre de Smith dans ce qui était devenu la cabine de Lightoller. Il faut également ajouter, à propos de ce dernier, que, déjà rescapé de plus d'un naufrage et détenteur d'un brevet de capitaine en second, il devait en savoir beaucoup plus sur les canots et autres équipements de sauvetage qu'il ne voulut jamais le reconnaître.

Parmi les chauffeurs du premier essai entre Belfast et Southampton, qui devaient être au courant de l'incendie, un seul signa pour continuer la route. Les autres, bien qu'ils aient dû se trouver à court d'argent à la fin d'une longue grève qui avait affecté les fournitures de charbon, refusèrent de prolonger leur contrat, préférant chercher d'autres bateaux. John Coffey, le seul qui ait accepté de signer à Southampton, finit par déserter, à grand-peine, à Queenstown, en se cachant sous les sacs postaux qui contenaient les dernières et tristes lettres de Wilde et de Beedem.

Mais l'absence la plus marquante, au-delà des 55 passagers qui ont annulé à la dernière minute, reste celle de Morgan, le vrai propriétaire du navire maudit. Il se disait trop malade pour embarquer sur le paquebot le plus luxueux qui fût ; ce qui ne devait pas l'empêcher d'aller rejoindre sa maîtresse à Aix-les-Bains, où il fut trouvé en

« excellente santé » par un journaliste juste après le naufrage. Interrogé sur la catastrophe, il assura en éprouver une « extrême détresse ». Il était arrivé dans la station française après une croisière sur le Nil, en passant par Rome et Florence ; la nouvelle confirmant la catastrophe tomba le jour de son cinquante-cinquième anniversaire, le 17 avril. Par bonheur, une grande partie de ses collections artistiques, jusque-là conservées en Europe pour éviter les taxes américaines (qui disparaissaient juste au moment où elles étaient introduites en Angleterre), avait comme par hasard manqué le bateau « pour une mise en caisse retardée ». Le principal propriétaire du vaisseau disparu avait donc eu doublement de la chance. Aux innocents les mains pleines.

Dans un autre ordre d'idées, le chauffeur Thomas Hart, du 51, College Street, à Southampton, dont l'engagement, le 6 avril, est mentionné dans le chapitre 2, trouva lui aussi le moyen de s'absenter. Son nom n'apparaît pas dans la liste des survivants, et cependant il revient sur un tableau d'engagement de la White Star, douze jours plus tard.

Le 8 mai 1912, on frappait à la porte de sa maison. Ce fut sa mère qui ouvrit, pour le découvrir dans l'encadrement de la porte, sain et sauf, quoique légèrement échevelé. L'histoire qu'il raconta devait étonner autant sa famille que la police : selon lui, son certificat d'embauche lui avait été volé alors qu'il était saoul, et utilisé par quelqu'un d'autre, qui aurait embarqué sous son nom sur le *Titanic*. Hart ne se souvenait de rien mais jurait s'être caché et avoir vécu d'expédients, de peur de se trouver mêlé au tapage qui entourait la catastrophe. Le nom de celui qui eut la mauvaise idée de voler son identité ne fut jamais découvert. Le plus étrange de l'histoire reste encore que cinq ou six hommes de College Street se trouvaient à bord du paquebot.

Smith engagea son navire sur la route sud, ouverte du 15 janvier au 14 août. Cependant, le *turning point* était passé de 42° à 41° N depuis que la champ de glace avait fait son apparition, entre avril et juin ou juillet, trois années durant, de 1903 à 1905 (et, en moindre part, en 1912). En commandant chevronné, Smith devait le savoir ; de même qu'il ne pouvait qu'être au courant des risques de présence de glace avant de partir. La commission britannique ne manqua pas de souligner que la glace avait dû descendre beaucoup plus au sud les jours précédents. Le virage retardé de Smith ne peut donc être considéré comme une manière de détour ; au contraire, si l'on tient compte des courants, il ne pouvait que rencontrer la barrière de glace.

Même si le commandant Smith croyait son navire « pratiquement insubmersible », l'inondation simultanée de cinq compartiments (pour ne rien dire d'un sixième après l'éclatement de la cloison endommagée par le feu) et les lugubres prédictions de Thomas Andrews auraient dû lui faire perdre ses illusions. Il détenait ces informations vingt-cinq minutes après la collision mais attendit encore vingt autres minutes avant de faire actionner les pompes. On a l'impression que le navire n'a que peu et mal lutté contre son propre naufrage. C'est en tout cas l'avis de lord Mersey et de ses assesseurs :

« La tentative pour amener vers l'avant la pompe mobile, par les portes étanches rouvertes, devait probablement avoir pour but d'utiliser les pompes arrière en secours ; mais il semble que cette manœuvre ait échoué aussi sûrement que celle qui consistait à ouvrir les portes de la passerelle pour y passer les canots de sauvetage. »

Toutes les opérations liées au matériel de sauvetage semblent avoir été bâclées. Si la collision s'était produite par gros temps, on peut supposer qu'il n'y aurait presque pas eu de survivants. Aucun matelot ne fut envoyé vérifier que toutes les femmes et tous les enfants avaient embarqué dans les canots.

Avec une température inférieure à 0° dans l'eau, les passagers, même emmitouflés et blottis les uns contre les autres, ne pouvaient survivre dans la mer plus de quelques minutes, et pas davantage s'ils avaient été trempés avant de se hisser à bord d'un canot. Il est d'autant plus invraisemblable que Bride ait pu tenir trois quarts d'heure, la tête dans une poche d'air, sous une embarcation renversée. Ses blessures aux pieds (distinctes des engelures) n'ont jamais été expliquées ; pas plus que sa disparition en 1922. Lui seul avait pu entrevoir certaines choses.

Lightoller et le colonel Gracie, entraînés sous l'eau avant d'être rejetés à la surface par le paquebot en train de couler, et désireux de raconter au monde ce qui leur était arrivé, ne peuvent avoir passé que quelques minutes dans la mer, même si elles leur ont paru des siècles. Il est navrant que personne n'ait songé à les interroger sur ce point.

Le Sénat américain estima que Smith avait commis des négligences, ce qui devait entraîner plusieurs procès. En janvier 1913, l'État de New York recevait des demandes d'indemnisation s'élevant au total à 16 804 112 dollars, dont on pouvait extraire 97 772 dollars et 2 cents, valeur brute retirée du *Titanic* (canots de sauvetage, fret prépayé, prix des billets, etc.), calculée par la White Star. C'était là un montant tellement pitoyable que la compagnie demanda qu'on la soustraie en cas de négligence prouvée. La cour fixa la somme maximale à 663 000 dollars. Mais à la fin des tractations, en 1916, toutes les demandes américaines furent réglées lorsque la White Star reconnut sa responsabilité et accepta de verser un total de 2 500 000 dollars à partager entre les plaignants : le montant maximum pour une mort était fixé à 50 000 dollars en première classe et à 1 000 dollars pour un émigrant. La White Star n'accepta en revanche pas un jour de retard dans le remboursement de l'assurance qui s'élevait à 1 million de livres, à titre de dédommagement pour la coque.

Curieusement, alors que l'enquête de sa Haute Cour avait soigneusement évité de conclure à une quelconque négligence, la Grande-Bretagne en décida autrement. Selon les lois de la marine marchande, la White Star devait verser 123 711 livres, pour la seule perte de son chargement et de ses bagages.

Thomas Ryan poursuivit la compagnie pour la disparition de son fils, Patrick, passager de troisième classe. En juin 1913, le jury estima que le commandant Smith avait commis une faute en maintenant la vitesse de son navire, sans toutefois faire mention des vigies ; Ryan reçut la modeste compensation de 100 livres ; c'était donc le prix auquel on estimait la vie des passagers de troisième classe... D'autres parents touchèrent les mêmes montants quand, à la suite de Ryan, ils engagèrent à leur tour des poursuites. Comme à son habitude, la White Star fit appel et, en février 1914, perdit, comme à son habitude.

Tous les plaignants ne furent pourtant pas dédommagés : le journal londonien *The Independent* racontait en janvier 1995 que la famille d'immigrants libanais, par exemple, n'avait jamais vu venir un sou. Et la disparition des archives de la compagnie après sa reprise par la Cunard ne devait rien arranger.

D'autres mystères demeurèrent ainsi irrésolus, par exemple celui du canot chaviré (différent du repliable) aperçu par Marian Thayer, les commandants Rostron et Lord, mais que personne d'autre ne devait mentionner. Il y eut également cette découverte, par le *Mackay-Bennett*, le lundi 22 avril, non loin du radeau repliable B avarié, de 27 cadavres, dont celui de J.J. Astor (pour autant qu'il s'agisse de celui-ci et non d'un voleur qui aurait pillé sa cabine) ; or sa propre épouse jurait l'avoir vu rester sur le *Titanic* après le départ de la dernière embarcation. Pourtant, son corps se serait trouvé parmi un groupe de passagers et de membres d'équipage qui semblaient avoir été évacués dans un canot, serrés les uns contre les autres, chaudement vêtus, les poches pleines de nourriture ou de tabac et d'allumettes.

L'imbroglio des canots de sauvetage s'étend au *Mount Temple*, qui en comportait normalement 20. Alors qu'il se dirigeait vers la position de Boxhall, tous furent déhalés pour porter secours aux passagers à la mer. Pour une raison inconnue, la nuit de la catastrophe, le navire était équipé de 2 canots supplémentaires qui ne furent pas mis à la mer (sans doute parce qu'il n'y avait plus de bossoirs disponibles). Ce fut du moins ce que déclara Moore, le huitième jour, à la commission américaine. Dix-huit jours plus tard, devant la commission britannique, il affirmait avoir emporté 20 canots, dont 18 avaient été déhalés.

Il semble avoir particulièrement souffert de coquilles dans les divers rapports de ses témoignages. En Amérique, il a rectifié sa position, passant d'une longitude de 51° 15' W à 51° 41', soit une erreur de 14 milles (encore qu'on puisse soupçonner une faute de frappe qui aurait mal transcrit le 51° 14', soit une différence de 1 100 mètres seulement) ; en Grande-Bretagne, il aurait déclaré avoir reçu les signaux de détresse alors que « nous nous trouvions à peu près à 15 milles du lieu de naufrage du *Titanic* ». En lui accordant une seconde fois le bénéfice du doute, donc en lisant le nombre 50 à la place de 15, afin de rectifier la distance qu'il y aurait eu entre lui et ce qu'il prenait pour la position de Boxhall, il reste que Moore dit avoir stoppé au milieu des glaces vers 3 heures du matin à une distance assez courte du lieu du naufrage... et qu'il n'a pas bougé pendant que le *Carpathia* faisait tout le travail, le lundi matin. Plusieurs témoins, passagers du vaisseau de la Canadian Pacific, ont juré avoir vu de leurs yeux le *Titanic* et ses lumières.

Quant à Moore, il fut de ceux, plus nombreux, qui virent le « mystérieux bateau ». À coup sûr, plusieurs bâtiments non identifiés sont passés dans les parages du naufrage, surtout si l'on tient compte des variations dans les témoignages sur sa position, son horaire, son aspect, jusqu'à sa direction ; ce fut Moore qui parla d'une seule cheminée, sombre, ornée d'un curieux motif sur la bande blanche. Cette description correspond exactement au bateau de l'Anchor-Donaldson, le *Saturnia*, parti de Glasgow pour rejoindre St John's, dans le New Brunswick ; il avait fait machine arrière pour répondre aux messages de détresse mais se serait arrêté au milieu des glaces à 6 milles du lieu du naufrage. Le ministère du Commerce a retourné à peu près le monde entier, en quête de(s) bateau(x) mystérieux aperçu(s) par tant de témoins ; pourquoi n'a-t-il pas cherché dans son propre jardin ?

Le mystère s'épaissit encore à mesure que le temps passe. Inopinément, en 1986, le magazine *National Geo-*

graphic publiait cette lettre de Geraldine Hamilton, de Calgary, dans l'Alberta :

« Mon père, aujourd'hui âgé de quatre-vingt-neuf ans, a quitté l'Angleterre au début d'avril 1912 pour venir au Canada (à bord du *Victorian*). Voilà des années qu'il assure avoir vu les fusées de détresse du *Titanic.* Son paquebot peut donc fort bien avoir été le mystérieux bateau, premier témoin de cette tragédie. »

Il est certain que le *Titanic* n'était pas conçu pour se faire érafler par un iceberg. Il aurait pu résister à une collision frontale, même avec un autre bateau. Sans doute l'accident eût-il coûté de nombreuses vies, mais son double fond l'aurait empêché de prendre l'eau. Alors qu'un choc latéral, sans mettre grand monde en danger sur le moment, pouvait lui être fatal, ce que devaient savoir des constructeurs comme lord Pirrie ou Thomas Andrews (la preuve : il n'y a eu ni tué ni blessé au moment de l'impact). Les armateurs pouvaient donc compter que le navire resterait à flot assez longtemps dans ces parages fréquentés pour qu'un autre vînt récupérer à temps tous ses occupants, et rien ne les empêchait d'organiser les opérations à l'avance. Point n'est besoin de les accuser de massacre pour dénoncer la machination : c'est une escroquerie à l'assurance qui a terriblement mal tourné.

Le commandant Smith n'a pas évité le champ de glace mais aura sans doute voulu trop bien faire, comme toujours. Son navire a heurté un iceberg à peine visible dans d'aberrantes conditions, plus tôt qu'il ne l'avait envisagé ; même lui, malgré ses antécédents, pouvait changer de cap pour éviter l'accident. Il avait reçu assez d'avertissements pour s'attendre à trouver de la glace sur sa route. S'il y a effectivement eu complot pour se débarrasser du navire après avoir évacué les passagers sur d'autres bâtiments d'IMM (par exemple, le *Californian*), ceux-ci auront été pris de court par un accident prématuré, dû à la seule imprudence de Smith. On peut également se demander si Wilde ne voulait pas préparer sa sœur au choc de la nouvelle...

En tant que second, il était responsable du journal de bord et si lui-même a disparu dans le naufrage, quatre officiers ont survécu ; quant au commandant, il est demeuré sur le pont jusqu'au bout, encourageant ici, ordonnant là, libérant les opérateurs radio de leur poste, conseillant à chacun de s'enfuir. Pourquoi a-t-il fallu que ce journal, inestimable document qui eût certainement constitué la base de toutes les enquêtes ultérieures, ait disparu ? Il eût été facile de le confier à l'un des officiers qui partaient dans les canots.

Ces écrits auraient sans aucun doute prouvé le mensonge d'Ismay sur la vitesse du navire et sur le rôle qu'il a lui-même joué pour la faire augmenter. Nous avons déjà observé que quelqu'un avait presque révélé le complot en passant une annonce dans le *New York Times*, disant que le *Titanic* était attendu le mardi après-midi au lieu du mercredi matin. La source du message ne pouvait provenir que de la TSF du bord. Ismay avait bien sûr nié vouloir battre un record, soutenant que les moteurs ne dépassaient jamais 75 tours, ajoutant qu'il ne pourrait jamais battre le *Mauretania* sur ce terrain. Pourtant, s'il avait pu proclamer, après le voyage inaugural, que le *Titanic* n'était pas seulement plus grand et plus luxueux, mais aussi plus rapide que l'*Olympic*, il se serait offert une excellente publicité. Ce record-là était bel et bien à la portée du paquebot géant sur la route sud. La British Titanic Society ne sait-elle pas, d'après les témoignages de deux marins, le chauffeur John Thompson et le soutier William McIntyre (ignorés par les deux commissions d'enquête), que le dimanche 14 avril, les moteurs atteignaient 77 tours ?

Les difficultés soulevées par la théorie du complot en vue de la perdition du *Titanic* sont évidentes. Pour n'en citer que trois : Qui s'est compromis ? Qui savait ? L'enjeu d'1 million de livres valait-il la peine de prendre l'énorme risque de supprimer l'*Olympic* ?

Finalement, ce fut Harland & Wolff qui fournit l'épreuve de vérité. Le *Titanic*, affirma-t-il, portait sur sa coque le n° 401, apposé sur les plus importantes pièces de la structure. Le film IMAX montre un 401 sur l'hélice droite, soit, mais n'a-t-on pas détaché de nombreuses pièces du *Titanic* pour les installer sur l'*Olympic* après sa dernière avarie ? Ne s'agirait-il pas précisément de l'une d'elles ? C'est possible mais l'une des pièces les plus obscures de l'exposition de Greenwich, l'indicateur du pont arrière cité plus haut, montrait clairement le nombre 401 profondément gravé dans son pied de bronze...

On soulève régulièrement la théorie du complot après un naufrage parce que bien des gens ne parviennent pas à croire qu'un tel désastre soit possible. Psychologiquement, cela peut les aider à supporter un tel choc. Nous pourrions appeler cela « paranoïa spécifique post-traumatique » ; celle-ci frappe des personnes saines d'esprit, qu'il s'agisse de victimes directes, de leurs proches ou de simples observateurs, qui développent alors des symptômes temporaires afin de mieux affronter leur épreuve.

Mais les faits sont là. Les auteurs de cet ouvrage n'acceptent pas l'idée que le trou dans la coque, découvert par IFREMER en 1987, ait été causé par l'explosion de sa soute incendiée, et cela pour deux bonnes raisons. Premièrement, l'incendie s'est déclaré au moins à 50 mètres à l'arrière du trou ; deuxièmement, cela ne sert à rien. Étant donné qu'on n'a pas trouvé, dans le voisinage immédiat de la carcasse, un lourd objet éjecté de l'intérieur qui explique la présence de ce trou, celui-ci a dû être causé par la déformation de la coque en heurtant le fond sous un certain angle.

Et même si la théorie de l'explosion, avancée par George Tuccoch, de la RMS Titanic, dans une émission de la télévision britannique diffusée en mars 1995, était exacte, elle n'est guère satisfaisante. Le *Titanic* a percuté un iceberg et s'est abîmé à cause de son commandant, incité par son directeur à le propulser à pleine vitesse et à l'aveuglette dans une zone de glaces dérivantes.

Une fois balayées les contradictions et les complications, alors que le géant défiguré achève silencieusement de pourrir à 4 000 mètres au fond de l'Atlantique, il ne nous reste que l'éternelle énigme du *Titanic*.

APPENDICE 1

LISTE DES PASSAGERS

Ces listes passent pour contenir beaucoup d'erreurs qu'il n'a pas toujours été possible de corriger.

Les noms des passagers sauvés apparaissent en caractères gras.

Les noms entre parenthèses sont des variantes apparues sur des listes de rescapés.

Les noms entre crochets sont ceux des domestiques.

Première classe :

Adams, Mlle E
Allen, Mlle E W
Allison, HJ, son épouse, sa fille, son **fils**, sa bonne et sa **femme de chambre**.
Anderson, Harry
Andrews, Mlle CI
Andrews, Thomas
Appleton, Mme ED
Artaga-Veytia, R
Astor, colonel JJ, son **épouse**, son valet et sa **femme de chambre** [Mlle Bidois]
Aubert, Mme N, et sa **femme de chambre** [Segisser, Mlle Emma]
Barkworth, OH (Barkworth, AH)
Bauman, J
Baxter, Mme J
Beattie, T
Beckwith, RT, et son **épouse** (Beckwith, RL)
Behr, KH
Birnbaum, Jakob
Bishop, DH, et son **épouse**
Bjornstrom, H
Blackwell, SW
Blank, Henry
Bonnell, Mlle C
Bonnell, Lily (Bonnell, Mlle Elizabeth)
Borebank, JJ
Bowen, Mlle
Bowerman, Elsie
Brady, John B
Brandies, E
Brayton, George
Brew, dr AJ
Brown, Mme JJ
Brown, Mme JM
Bucknell, Mme SW, et sa **femme de chambre** (Bucknell, Mme W)
Butt, commandant A
Calderhead EP
Cardell, Mme C (Candee)
Cardeza, Mme JWM, et sa **femme de chambre** [Hard, Anna]
Cardeza, TDM, et son **valet** [Lesneur ?]
Carlson, Frank
Carran, FM
Carter, Lucille
Carter, M.
Carter, WE, son **épouse** et sa **femme de chambre** [Serepeca, Mlle]
Case, Howard B
Cassebeer, Mme HA
Cavendish, TW, son **épouse** et sa **femme de chambre** [Barber, Mlle]

Chaffee, HF, et son **épouse**
Chambers, NC, son **épouse**
Cherry, Mlle G
Chevro, Paul (Chevré)
Chibnall, Mme EM
Chisolm, Robert
Clark, WM, et son **épouse**
Clifford, GQ
Colley, EP
Compton, Mme AT
Compton, AT Jr
Compton, Mlle SW (Compton, Mlle SR)
Cornell, Mme BC (Cornell, Mme RC)
Crafton, John B
Crosby, EG, son **épouse** et sa **fille**
Cummings, JB, et sa **femme**
Daly, PD (Daly, PB)
Daniel, RW
Davidson, T, et son **épouse**
Devilliers, Mme B
Dick, AA, et son **épouse**
Dodge, W, son **épouse** et son **fils**
Douglas, Mme FC
Douglas, W, son **épouse** et sa **femme de chambre** [LeRoy, Mlle]
Dulles, William O
Earnshew, Mme B
Eganhiem, Mme AFL (Fleganhiem)
Endres, Mlle C
Eustis, Mlle EM
Flynn, JI
Foreman, BL
Fortune, M, son **épouse**, ses trois **filles** et son fils
Franklin, TP
Frauenthal, dr H, et son **épouse**
Frauenthal, TG
Frolicher, Mlle M
Futrelle, J, et son **épouse**
Gee, Arthur
Gibson, Mlle D
Gibson, Mme L
Giglio, Victor
Goldenberg, SL
Goldenberg, Mme SL
Goldshmidt, GB
Gracie, colonel A
Graham, M.
Graham, Mlle ME
Graham, Mme W
Greenfield, Mme LD
Greenfield, WB
Guggenheim, B
Harder, GA, et son **épouse**
Harper, HS, son **épouse** et leur **domestique** [Hammond ?]
Harris, HB et son **épouse**
Harrison, WH
Haven, H
Hawksford, WJ
Hays, CM, son **épouse,** sa **fille** et sa **femme de chambre** [Pericault, Mlle]
Head, Christopher
Hilliard, HH
Hippach, Mme IS et Mlle J
Hogeboom, Mme JC
Holversoh, AO, et son **épouse** (Holverson, Mme AO)
Hopkins, WE
Host, WF
Hoyt, FM, et son **épouse**
Icham, Mlle AE
Ismay, J Bruce, et son valet
Jones, CC
Julian, HF
Kent, Edward A
Kenyon, FR, et son **épouse**
Kimball, EN, et son **épouse**
Klaber, Herman
Lambert, WS
Leader, Mme A (Leader, Mme FA)
Levy, EG
Lines, Mme EH
Lines, Mlle MC
Lindstrom, Mme J
Long, Milton C
Longley, Mlle GF
Loring, JH
Madill, Mlle GA (Mme Madill)
Maguire, JE
Marechal, Pierre
McCaffry, T
McCarthy, TJ
McGough, JR
Melody, A
Melsom, HM
Mervin, DW, et son **épouse** (Marvin)
Meyer, Edward J, et son **épouse** (Meyer, Edward G)
Millet, Frank D
Minnehan, D^r WE, son **épouse** et sa **fille**
Moore, C, et son valet
Morgan, M, son **épouse** et sa **femme de chambre** (Duff Gordon)
Natsch, Charles
Newell, AW
Newell, Mlle Alice
Newell, Mlle M
Newsom, Mlle Helen
Nicholson, AS
Ostby, EC
Ostby, Mlle HR
Ovies, S
Parr, MHW
Partner, Austin
Payne, V
Pears, T, et son **épouse**
Penasco, V, son **épouse** et sa **femme de chambre** [Olivia, Mlle]
Peuchen, commandant A
Porter, WC
Potter, Mme T Jr
Reuchling, JG
Rhiems, George
Robert, Mme ES, et sa **femme de chambre** [Kenchen, Amelia]
Roebling, WA II
Rolmans, C (Rolmane C)
Rood, Hugh
Rosenbaum, Mlle
Ross, J Huge
Rothes, comtesse, et sa **femme de chambre** [Maloney, Mme]
Rothschild, M, et son **épouse**
Rowe, Alfred
Ryerson, A, son **épouse, deux filles**, son **fils**, et sa **femme de chambre** [Chandanson]
Saalfeld, Adolph (Saalfield)
Saloman, AL (Saleman)
Schabert, M (Schabert, Mme)
Schutes, Mlle EW
Seward, Frederick
Silver, WB, et son **épouse** (Silvey, Mme W)
Silverthorne, M
Simonious, colonel A
Sloper, Wiliam T

Smart, John M
Smith, J Clinch
Smith, Mme LP
Smith, RW
Snyder, J, et son **épouse**
Speddon, FO, son **épouse**, son **fils**, et sa **femme de chambre** [Wilson, Helen]
Spenser, WA, son **épouse** et sa **femme de chambre**
Statelin, Dr Max
Stead, WT
Steffanson, HB
Stehli, MF, et son **épouse**
Stengel, CEHE, et son **épouse**
Stephenson, Mme WB
Stewart, AA
Stone, Mme GM, et sa **femme de chambre** [Picard, Mlle Benoit]
Strauss, I, son épouse, sa **femme de chambre** et son valet
Sutton, Frederick
Swift, Mme FJ
Taussig, E, et son **épouse**
Taussig, Ruth
Taylor, ES, et son **épouse**
Thayer, JB, son **épouse** et sa **femme de chambre**
Thayer, JB Jr
Thorne, G, et son **épouse**
Tucker, GM Jr
Uruchrtu, M
Vanderhoef, W
Walker, WA
Warren, FM, et son **épouse**
Weir, J
White, MJ
White, PW
White, RF, son **épouse**, sa **femme de chambre** et son valet (White, J Stuart)
Wick, George, et son **épouse**
Wick, Mlle Mary
Widener, GD, son **épouse**, sa **femme de chambre** et son valet
Widener, Harry
Willard, Mlle C
Williams, Duane
Williams, NM Jr
Woolner, Hugh
Wright, George
Young, Mlle M

Total : 317
Total rescapés : 198

Deuxième classe :

Abelson, Hannah
Abelson, Samson
Andrew, Edgar
Angle, W, et son **épouse** (Mme Florence)
Ashby, John
Baily, Percy
Balls, Ada R
Bambridge (Baimbridge)
Banfield, FJ
Bateman, RJ
Beane, Edward
Beane, Ethel
Beauchamp, HJ
Beesley, L
Belker, Mme AO, et **trois enfants** (Becker)
Bentham, Lilian
Berreman, W
Bliss, Kate (Buss, Kate)
Botsford, WH
Bowenur, S
Brito, Jose de
Brown, Mildred
Bryl, Carl
Bryl, Dagmar
Butler, Reginald
Byles, révérend TRD
Bystrom, K
Caldwell, AF
Caldwell, AG
Caldwell, Sylvia
Cameron, Clear
Carbines, W
Carter, révérend EC
Carter, Lilian
Chapman, Charles
Chapman, Mlle E
Chapman, JH
Christy, Alice
Christy, Julia
Clarke, CV
Clarke, ADA M
Coleridge, RC
Collender, Erik
Collet, Stuart (Collett, Mme)
Collyer, Mlle C (Collyer, Mme)
Collyer, Harvey
Collyer, Mlle M
Corbett, Irene
Corey, Mme CP
Cotterill, Harry
Danbury, H
Donton, WJ
Davies, Charles
Davis, Agnes
Davis, JM
Davis, Mary
Deacon, Percy
De Carlo, S
Def, Lena N
Dibden, W
Doling, Ada
Doling, Elsie
Drachstedt, baron von
Drew, JV
Drew, Lulu
Drew, M
Duran, A (Duran, Mlle)
Duran, F (Duran, Mlle)
Fahlstrom, A
Faunthrope, H
Faunthrope, L (Faunthorpe, Mme Lizzie)
Fillbrook, C
Fjunk, Annie (Funk)
Foxe, Stanley
Fynney, Joseph
Gale, Henry
Garsido, Ethel (Garside)
Gaskoll, Alfred (Gaskell)
Gavey, Lawrence
Gilbert, W
Giles, Edgar
Giles, Fred
Giles, Ralph
Gill, John
Gillespie, W
Givard, HK
Greenberg, B (Greenberg, F)
Hamaliner, Anna, et son **enfant** (Hamalainer)
Harper, John
Harper, Nina
Harris, George
Harris, Walter
Hart, Benjamin
Hart, Esther
Hart, Eva
Herman, Alice
Herman, Jane
Herman, Kate
Herman, Samuel
Hewlett, Mary D

Hickman, L
Hickman, S
Hiltuner, Martha
Hocking, Eliza
Hocking, George
Hocking, Nellie
Hodges, Henry P
Hoffman, M., et **deux enfants**
Hold, Annie
Hold, Stephen
Hood, Ambrose
Howard, B
Howard, Ellen T
Hunt, George
Ilett, Berthe
Jacobsohn, Amy F (Jacobson)
Jacobsohn, SS
Jarvis, John D
Jeffert, Clifford (Jefferys)
Jeffery, Ernest
Jenkins, D^r JC
Jenkins, Stephen
Kano, Nora A (Keane, Nora A)
Kantor, S, et son **épouse** (Kenton, Mme Miriam)
Karnes, F
Keane, Daniel
Kelly, F (Kelly, Mme)
Kirkland, révérend Charles
Kvilner, JH
Lahtigen, W, et son épouse
Lamb, JJ
Lamore, Amelia
Laroche, J, et son **épouse**
Laroche, Louise
Laroche, S
Learnot, Rene
Lehman, Bertha
Leitch, Jessie (Leach)
Levy, RF
Leyson, RWN
Linjan, John (Lingan)
Louch, Alice
Louch, Charles
Mack, Mary
Malachard, Noël
Mallet, A, et son **épouse**
Mallet, A
Mantvila, Joseph
Marshall, M.
Marshall, Mme
Masgiavacci, E
Mathews, WJ
Maybery, FH
McCrie, James
McKane, Peter
Mellers, William
Mellinger, E, et son **enfant**
Meyer, August
Milling, Jacob
Mitchell, Henry
Moraweck, E
Moudd, Thomas (Mudd)
Myles, TF
Nasser, N, et son épouse
Nesson, L
Nicholls, J
Norman, Robert D
Nye, Elizabeth
Otter, Richard
Oxenham, T
Padro, Julian
Paine, Dr Alfred
Pallas, Emilio
Paris, Mme L
Parker, Clifford
Pengelly, F
Phillips, Alice
Phillips, Robert
Ponzell, Martin (Ponesell)
Portaluppi, E
Pulsaum, Frank (Pulbaum)
Quick, Jane
Quick, Phyllis
Quick, Vera W
Reeves, David
Renouf, Lillie
Renouf, Peter H
Reynolds, Mlle E
Ribsdale, Lucy (Ridsdale)
Richards, Emilie (Emile)
Richards, Emily
Richards, G
Richards, W
Rogers, Harry
Rogers, Selina
Rugg, Emily
Sedgwick, FW
Sharp, P
Shelley, LM (Shelley, Mlle Imanita)
Silven, Lillie (Mlle Lyyli)
Sincock, Maud
Sinkkonen, Anna
Sjostedt, EA
Slayter, HM
Slemer, RJ (Slemen)
Smith, A
Smith, Marion
Sobey, Hayden
Stanton, S Ward
Stokes, Phillip J
Swane, George
Sweet, George
Tervan, Mme AT
Tooney, Ellen (Toomey)
Trant, MEL (Trant, Mme Jessie)
Tronplansky, MA
Trout, Mlle E
Turpin, Rorothy
Turpin, WJ
Veale, James
Walcroft, Nellie
Ware, Florence L
Ware, JJ
Ware, WJ
Watt, Bertha
Watt, Bessie
Webber, Susie
Weisz, Leopold
Weisz, Matilda
Wells, Mme A (Wells, Mlle Addie)
Wells, Mlle J
Wells, Ralph
West, Ada
West, Arthur E
West, Barbara
West, Constance
Wheadon, E
Wheeler, Edwin
Wilhelm, C
Wilkinson, AC
Wilkinson, Mme G
Williams, C
Wright, Marion
Yodis, Mlle H

Total : 258
Total rescapés : 112

Troisième classe :

Abbott, Eugene
Abbott, Rosa (Abbott, Mme Rose)
Abbott, Rossmore
Abbing, Anthony
Abelseth, Karen (Abelseth, Koran)
Abelseth, Olaus (Abelseth, Olans)
Abrahamson, August

Adahl, Mauritz
Adams, J
Ahlin, Johanna
Ahmed, Ali
Aks, Filly
Aks, Leah
Alexander, William
Alhomaki, Ilmari
Ali, William
Allen, William
Allum, Owen G
Anderson, Albert
Anderson, Alfreda
Anderson, Anders
Anderson, Carla (Corla)
Anderson, Ebba (enfant)
Anderson, Ellis
Anderson, Erna
Anderson, Ingeborg (enfant)
Anderson, Samuel
Anderson, Sigrid (enfant)
Anderson, Sigvard (enfant)
Anderson, Thor
Andersson, Ida Augusta
Andersson, Paul Edvin
Angheloff, Minko
Arnold, Joseph
Arnold, Josephine
Aronsson, Ernest Axel A
Asim, Adola
Asplund, Carl (enfant)
Asplund, Charles (Osplund, C Anderson)
Asplund, Felix (enfant)
Asplund, Gustaf (enfant)
Asplund, Johan
Asplund, Lilian (enfant) (Asplund, William)
Asplund, Oscar (enfant)
Asplund, Selma (Astlund, Selma)
Assaf, Marian (Assim, Marriam)
Assam, Ali
Attala, Malake
Augustsan, Albert
Backstrom, Karl
Backstrom, Marie
Baclini, Eugene (Boklin, Eugene)
Baclini, Helene (Boklin, Helena)
Baclini, Latifa (Boklin, Latifa)
Baclini, Maria (Boklin, Marie)
Badman, Emily (Batman, Emily)
Badr, Mohamed
Balkic, Cerin
Banoura, Ayout
Barbara, Catherine
Barbara, Saude
Barry, Julia
Barton, David
Beavan, WT
Benson, John Viktor
Berglund, Ivar
Berkeland, Hans
Betros, Tannous
Billiard A van, et ses deux enfants
Bing, Lee
Bjorklund, Ernst
Bostandyeff, Guentcho
Boulos, Akar (enfant)
Boulos, Hanna
Boulos, Nourelain (Bolos, Monthora)
Boulos, Sultani
Bourke, Catherine
Bourke, John
Bowen, David
Bradley, Bridget
Braf, Elin Ester
Braund, Lewis
Brobek, Carl R
Brobeklank, Owen
Buckley, Daniel
Buckley, Katherine
Burke, Jeremiah
Burke, Mary
Burns, Mary (Burns, Mlle OM)
Cacic, Grego
Cacic, Luka
Cacic, Manda
Cacic, Maria
Calie, Peter
Canavan, Mary
Canavan, Pat
Cann, Ernest
Car, Jeannie
Caram, Joseph
Caram, Maria
Carlson, Carol R
Carlson, Julius
Carlsson, August Sigfrid
Carr, Ellen
Carver, A
Celotti, Francesco
Chartens, David
Chehab, Emir Farres
Chip, Chang
Christman, Emil
Chronopoulos, Apostolos
Chronopoulos, Demetrios
Colho, Domingos Fernardeo
Cohen, Gurchon (Cohen, Gust)
Colbert, Patrick
Coleff, Fotio
Coleff, Peyo
Conlin, Thomas H
Connaghton, Michel
Connors, Pat
Conolly, Kate
Conolly, Kate
Cook, Jacob
Cot, Bartol
Cot, Ludovik
Corn, Harry
Coutts, Winnie et ses **deux enfants**
Coxon, Daniel
Crease, Ernest James
Cribb, Alice (Cribb, LM)
Cribb, John Hatfield
Dahl, Charles
Dahl, Mauritz
Dahlberg, Gerda
Dakic, Branko
Daly, Eugene
Daly, Marcella (Daly, Marsella)
Danbom, Ernest
Danbom, Sigrid et son fils
Danoff, Yoto
Dantchoff, Khristo
Davies, Alfred
Davies, Evan
Davies, John
Davies, Joseph
Davison, Mary (Davidson, Mary)
Davison, Thomas H
Dean, Bertram F
Dean, Hetty, sa **fille** et son **fils** (Dean, Ettie)
Delalic, Regyo
Denkoff, Mito
Dennis, Samuel
Dennis, William
Derkings, Edward (Dorkings, Edward)
Devaney, Margaret (Devany, Margaret)
Dewan, Frank

Dibo, Elias
Dimic, Jovan
Dintcheff, Valtcho
Dooley, Patrick
Dowdell, Elizabeth (Darnell Elizabeth)
Doyle, Elin
Drapkin, Jenie (Draplin, Jennie)
Drazenovic, Josip
Driscoll, Bridget
Dugemin, Joseph (Dugenon, Joseph)
Dyker, Adolf
Dyker, Elizabeth
Ecimovic, Joso
Edwardsson, Gustaf
Eklunz, Hans
Ekstrom, Johan
Elias, Joseph
Elias, Joseph (Elias, Nicola)
Elsbury, James
Emanuel, Ethel
Emmeth, Thomas
Everett, Thomas J
Fabini, Leeni (Falnai, Ermaulman)
Farrell, James
Fat-ma, Mustmani
Finote, Luigi (Ferole, Luigi)
Fischer, Ebehard
Flynn, James
Flynn, John
Foley, Joseph
Foley, William
Foo, Choong
Ford, Arthur
Ford, Mlle DM
Ford, EW
Ford, Maggie
Ford, Margaret
Ford, MWTN
Fox, Patrick
Franklin, Charles
Gallagher, Martin
Garfirth, John
Gerios, Assaf
Gerios, Youssef
Gerios, Youssef
Gheorgheff, Stanio
Gilinski, Leslie
Gilnagh, Katie (Gallenagh, Kate)
Glynn, Mary
Godwin, Frederick
Goldsmith, Emily A
Goldsmith, Frank J
Goldsmith, Frank J Jr
Goldsmith, Nathan
Goncalves, Manoel E
Goodwin, Augusta
Goodwin, Charles E
Goodwin, Lillian A et ses quatre enfants
Green, George
Gronnestad, Daniel D
Guest, Robert
Gustafson, Alfred
Gustafson, Anders
Gustafson, Johan
Gustafsson, Gideon
Haas, Aloisia
Hadman, Oscar (Hedman)
Hagardon, Kate
Hagarty, Nora
Hagland, Angvald O
Hagland, Konrad R
Hakkurainen, Elin (Hokkronen, Ellen)
Hakkurainen, Pekko
Hampe, Leon
Hankonen, Eluna (Hankonen, Elin)
Hanna, Mansour
Hansen, Claus
Hansen, Henry Damgavd
Hansen, Janny (Hanson, Jenny)
Harknett, Alice
Harmer, Abraham
Hart, Henry
Healy, Nora
Hee, Ling (Hip, Ching)
Heininen, Wendla
Hemming, Nora
Hendekovic, Ignaz
Henery, Delia
Henriksson, Jenny
Hervonen, Helga, et sa **fille** (Herronen, Hilda)
Hickkinen, Laina (Hakaonen, Line)
Hillstrom, Hilda (Hillsfrom, Hilda)
Holm, John FA
Holton, Johan
Horgan, John
Howard, May (Mary)
Humblin, Adolf
Hyman, Abraham
Ilieff, Ylio
Ilmakangas, Ida
Ilmakangas, Pista
Ivanoff, Konio
Jansen, Carl
Jardin, Jose Netto
Jensen, Carl (Jenson, Carl)
Jensen, Nilho R
Jensen, Svenst L
Jenson, Hans Peter
Jenymin, Annie (Jermyn, Annie)
Johannessen, Bernt (Johanson, Verent)
Johannessen, Elias
Johansen, Nils
Johanson, Oscar (Johanson, Oscar)
Johanson, Oscar L (Johanson, Oscar L)
Johansson, Erik
Johansson, Gustaf
Johnson, A
Johnson, Alice, et sa **fille** (Johnnanson, Alice)
Johnson, Harold (Johnsen, Harold)
Johnson, W
Johnsson, Carl
Johnsson, Malkolm
Johnston, AG
Johnston, Mme, sa fille et son fils
Jonkoff, Lazor
Jonsson, Nielo H
Joseph, Mary
Jusila, Erik (Johnsila, Eric)
Jusila, Katrina
Jutel, Henrik Hansen
Kallio, Nikolai
Kalvig, Johannes H
Karajic, Milan
Karlson, Einar
Karlson, Nils August
Karun, Anna (enfant) (Kuram, Anna)
Karun, Franz (enfant) (Kuram, Franz)
Kassan, Housseing (Casem, Boyen)
Kassein, Hassef (Cassen, Masef)
Kassem, Fared
Keefe, Arthur
Kekic, Tido
Kelly, Annie C
Kelly, James (Southampton)
Kelly, James (Queenstown)

Kelly, Mary
Kennedy, John
Kerane, Andy
Khalil, Betros
Khalil, Zahie
Kiernam, John
Kiernam, Phillip
Kilgannon, Thomas
Kink, Anton
Kink, Louise, et sa fille (Kink, Louisa)
Kink, Maria
Kink, Vincenz
Klasen, Hilda, et sa fille
Klasen, Klas A
Laitinen, Sofia
Laleff, Kritso
Lam, Ali (Lam, Hah)
Lam, Len
Landegren, Aurora (Lundgreen, Aurora)
Lane, Patrick
Lang, Fang
Lang, Hee
Larson, Viktor
Larsson, Bengt Edvin
Larsson, Edvard
Lefebre, Frances, ses trois filles et son fils
Leinonen, Antti
Lemberopoulos, Peter
Lemon, Denis
Lemon, Mary
Leonard, L
Lester, James
Lindablom, August
Lindahl, Agda
Lindell, Edvard B
Lindell, Elin
Lindqvist, Einar
Linehan, Michel
Ling, Lee
Lithman, Simon
Lobb, Cordelia
Lobb, William
Lockyer, Edward
Movell, John
Lulic, Nicola (Lulu, Nella)
Lundahl, John
Lundin, Olga (Lunden, Olga)
Lundstrom, Jan (Lundstrom, Imrie)
MacKay, George W
Madigan, Maggie
Madsen, Fridjof (Mathesen, Frithiof)
Maenpaa, Matti
Mahon, Delia
Maisner, Simon
Makinen, Kalle
Malinoff, Nicola
Mampe, Leon
Mangan, Mary
Mannion, Margaret (Marrion, Margaret)
Marinko, Dimitri
Markim, Johann
Markoff, Marin
McCarthy, Katie
McCoy, Agnes
McCoy, Alice
McCoy, Bernard
McCormack, Thomas
McDermot, Delia
McElroy, Michel
McGovern, Mary (McGovan, Mary)
McGowan, Annie (McGowan, Mlle A)
McGowan, Katherine
McMahon, Martin
McNamee, Eileen
McNamee, Neal
Meanwell, Marion O
Mechan, John
Meek, Annie L
Meeklave, Ellie (Mocklaire, Ellen)
Melkebuk, Philemon
Meme, Hanna (Mauman, Hanne)
Meo, Alfonso
Messemacker, Emma (Messewacker, Arcina)
Messemacker, Guillaume
Midtsjo, Carl (Midtago, Carl)
Mikanen, John (McKaren, John)
Miles, Frank
Mineff, Ivan
Minkoff, Lazar
Mirko, Dika
Mitkoff, Mito
Moen, Sigurd H
Monbarek, Hanna
Moncarek, Omine, et ses deux **enfants** (Montharck)
Moor, Beile (Moore, Belle)
Moor, Meier (Moore, Neciman)
Moore, Leonard C
Moran, Bertha
Moran, James
Morgan, Daniel J
Morley, William
Morrow, Thomas
Moss, Albert
Moussa, Mantoura
Moutal, Rahamin
Mulder, Theo
Mullens, Katie (Mullen, Kate)
Mulvihill, Bertha
Murdlin, Joseph
Murphy, Kate
Murphy, Mary (Murphy, Maggie J)
Murphy, Nora
Myhrman, Oliver
Naidenoff, Penko
Naked, Maria (Neket, Mariu)
Naked, Said (Neckard, Said)
Naked, Waika (Naseraill, Adelia)
Nancarrow, WH
Nankoff, Minko
Nasr, Mustafa
Naughton, Hannah (Nyhan, Anna)
Nedeco, Petroff
Nemagh, Robert
Nenkoff, Christo
Nichan, Krikorian (Muhun, Erikorian)
Nikola, Jamila, et son **fils** (Nicola, Jancoli)
Nieminen, Manta
Niklasen, Sander
Nilson, Berta (Nelson, Bertha)
Nilson, Helmina (Nelso, Helmina J)
Nilsson, August F (Nelson, Carlo)
Nirva, Isak
Nosworthy, Richard C
Novel, Mansouer
Nyoven, Johan (Niskenen, John)
Nyston, Anna (Nysten, Anna)
O'Brien, Denis
O'Brien, Hannah

O'Brien, Thomas
O'Connell, Pat D
O'Connor, Maurice
O'Connor Pat
Odahl, Martin
O'Donaghue, Bert
O'Dwyer, Nellie
O'Keefe, Pat
O'Leary, Norah
Olsen, Arthur
Olsen, Carl
Olsen, Henry
Olsen, Ole M
Olson, Elon
Olsson, Elida
Olsson, John
O'Neill, Bridget
Oreskovic, Jeko
Oreskovic, Luka
Oreskovic, Maria
Orman, Velin (Olman, Virma)
Orsen, Sirayanian
Ortin, Zakarian
Osman, Mara
O'Sullivan, Bridget
Pacruic, Mate
Pacruic, Tome
Panula, Eino
Panula, Ernesti
Panula, Juho
Panula, Maria
Panula, Sanni
Panula, Urhu (enfant)
Panula, William (nourrisson)
Pantcho, Petroff
Pasic, Jakob
Paulsson, Alma C, et ses quatre enfants
Pavlovic, Stefo
Peacock, Treasteall, et ses deux enfants
Pearce, Ernest
Peduzzi, Joseph
Pekonemi, E
Pelsmaker, Alfons de
Peltomaki, Nikolai
Perkin, John Henry
Person, Eames
Person, Ernest (Parsons, Ernest)
Peter, Anna
Peter, Catherine Joseph (Paros, Coterina)
Peter, Mike
Peters, Katie
Peterson, Johan
Peterson, Marius
Petersson, Ellen
Petranec, Matilda
Petterson, Olaf
Plotcharsky, Vasil
Potchett, George
Radeff, Alexandre
Rafoul, Baccos
Raibid, Razi
Rath, Sarah (Roth, Sarah)
Reed, James George
Reynolds, Harold
Rice, Margaret, et ses cinq fils
Rintamaki, Matti
Riordan, Hannah
Risie, Emma
Risiens, Samuel
Robins, Alexander
Robins, Charity
Rogers, William John
Rosblom, Helene, et sa fille
Rosblom, Viktor
Rouse, Richard H
Rummstvedt, Kristian
Rush, Alfred George J
Ryan, Edward
Ryan, Patrick
Saad, Amin
Saad, Khalil
Saade, Jean Nassr
Sadlier, Matthew
Sadowitz, Harry
Sage, Ada (enfant)
Sage, Annie
Sage, Constance (enfant)
Sage, Dorothy
Sage, Douglas
Sage, Frederick
Sage, George
Sage, John
Sage, Stella
Sage, Thomas (enfant)
Sage, William (enfant)
Salander, Carl
Saljilsvik, Anna (Salkjelsock, Anna)
Salonen, Werner
Samaan, Elias
Samaan, Hanna
Samaan, Youssef
Sandman, Johan
Sandstrom, Agnes et ses **deux filles**
Sarkis, Lahowd
Sarkis, Mardirosian
Sather, Simon
Saundercock, WH
Sawyer, Frederick
Scanlan, James
Scrota, Maurice
Sdycoff, Todor
Seman, Betros (enfant)
Shabini, Georges
Shaughnesay, Pat
Shedid, Daher
Sheerlinck, Jean (Schurlinch, Jane)
Shellard, Frederick
Shine, Ellen
Shorney, Charles
Sihvola, Antti
Simmons, John
Sivic, Husen
Sjoboom, Anna (Sjablom, Annie)
Skoog, Anna, ses deux filles et des deux fils
Skoog, William
Slabenoff, Petco
Sleiman, Attalla
Slovovski, Selman
Smiljanic, Mile
Smyth, Julian (Smyth, Salia)
Sohole, Peter
Solvang, Lena Jacobsen
Somerton, Francis W
Sop, Jules (Sap, Jules)
Spector, Woolf
Spinner, Henry
Staneff, Ivan
Stankovic, Jovan
Stanley, Amy
Stanley, ER
Storey, T
Stoyehoff, Ilia
Stoytcho, Milhoff
Strandberg, Ida
Stranden, Jules (Strinder, Julo)
Strilic, Ivan
Strom, Selma (enfant)
Sunderland, Victor
Sutehall, Henry
Svensen, Olaf
Svensson, Coverin (Svenson, Severin)
Svensson, Johan
Syntakoff, Stanko
Tannous, Daler
Tannous, Elias

Tannous, Thomas
Theobald, Thomas
Thomas, Charles
Thomas, John
Thomas, Tamin, et son enfant
Thomson, Alex
Thorneycroft, Florence
Thorneycroft, Percival
Tikkanen, Juho
Tobin, Roger
Todoroff, Lalio
Tomlin, Ernest P
Tonfik, Nahli
Tonglin, Gunner
Torber, Ernest
Torfa, Assad
Trembisky, Berk (Trenobisky, Berk)
Tunquist, W (Turnquist, H)
Turcin, Stefan
Turgo, Anna (Turgen, Anna)
Twekula, Hedwig (Tukula, Hedvig)
Useher, Baulner
Uzelas, Jovo
Vagil, Adele Jane
Van de Velde, Joseph
Van de Walle, Nestor
Van der Planke, Augusta
Van der Planke, Emilie
Van der Planke, Jules
Van der Planke, Leon
Van der Steen, Leo
Van Impe, Jacob
Van Impe, Rosalie, et sa fille
Vartunian, David
Vassilios, Catavelas
Vereruysse, Victor
Vestrom, Huld AA
Vook, Janko
Waelens, Achille
Ware, Frederick
Warren, Charles W
Wazli, Yousif
Webber, James
Weller, Abi
Wende, Olof Edvin
Wennerstrom, August (Wimhormstrom, Amy E)
Wenzel, Zinhart
Widegrin, Charles
Wiklund, Jacob A
Wiklund, Karl F
Wilkes, Ellen
Willey, Edward
Williams, Harry
Williams, Leslie
Windelov, Einar
Wirz, Albert
Wiseman, Philip
Wittenrongel, Camille
Yalsevae, Ivan
Yasbeck, Antoni
Yasbeck, Celiney (Yaslick, Salamy)
Youssef, Brahim (Jousef)
Youssef, Hanne, sa **fille** et son **fils** (Jousef)
Zabour, Hileni
Zabour, Tamini
Zarkarian, Maprieder
Zievens, Rene
Zimmermann, Leo

Total : 709
Total rescapés : 175

OFFICIERS ET MEMBRES D'ÉQUIPAGE DU *TITANIC*

Liste des effectifs du *Titanic* établie par la White Star. Sauf indication contraire en italiques, tous étaient de Southampton.

Les noms entre parenthèses correspondent à ceux qui apparaissent sur les listes des rescapés ou des témoins. Néanmoins, celles-ci contiennent beaucoup d'erreurs.

Les noms des rescapés apparaissent en caractères gras.

EJ Smith, commandant
HT Wilde, *Liverpool*, second
WM Murdoch, premier officier
CH Lightoller, deuxième officier
HJ Pitman, *Somerset*, troisième officier
JG Boxhall, *Hull*, quatrième officier
HG Lowe, cinquième officier
JP Moody, *Grimsby*, sixième officier
WFN O'Loughlin, médecin
JE Simpson, *Belfast*, médecin
J Bell, chef mécanicien
W Farquharson, sous-chef mécanicien
JH Hesketh, *Liverpool*, second mécanicien
N Harrison, second mécanicien
GF Hosking, *Itchen*, troisième mécanicien
EC Dodd, troisième mécanicien
L Hodgkinson, quatrième mécanicien
JM Smith, *Itchen*, quatrième mécanicien
B Wilson, ingénieur mécanicien
HG Harvey, second ingénieur mécanicien
J Shepherd, second ingénieur mécanicien
C Hodge, troisième ingénieur mécanicien
FEG Coy
J Fraser, troisième ingénieur mécanicien
HR Dyer, quatrième ingénieur mécanicien
A Ward, *Romsey,* quatrième ingénieur mécanicien
Thomas Kemp, cinquième mécanicien
FA Parsons, cinquième mécanicien
WD Mackie, *Forest Gate,* cinquième mécanicien
R Millar, *Alloa,* cinquième mécanicien
W Moyes, *Stirling,* sixième mécanicien
WME Reynolds, *Belfast,* sixième mécanicien
H Creese, mécanicien de pont

T Millar, *Belfast*, aide-mécanicien de pont
G Chiswall, *Itchen*, chaudronnier
H Fitzpatrick, *Belfast*, second chaudronnier
Peter Sloan, ingénieur électricien chef
AS Alsopp, second ingénieur électricien
H Jupe, troisième ingénieur électricien
Alfred Middleton, *Sligo*, troisième ingénieur électricien
AJ May, *Northampton*
J Hutchinson, menuisier-charpentier
A Nicholls, *Bosun*
J Maxwell, charpentier
A Haines, second maître (J. Haines)
T King, capitaine d'armement
H Bailey, capitaine d'armement
J Foley, magasinier
S Hemmings, arrimeur (S Hennings)
C Proctet, chef cuisinier
A Bocketay, sous-chef cuisinier
H Stubbings, aide-cuisinier
H Maynard, aide-cuisinier
HW McElroy, commissaire de bord
RL Barker, commissaire de bord
C Holcroft, fichiste
EW King, *Clones*, fichiste
FR Rice, *Crosby*, fichiste
GF Turner, *Chiswick*, sténographe
FG Phillips, *Godalming*, opérateur radio
HS Bride, opérateur radio (absent des listes de rescapés)
L Gatti, maître d'hôtel
Francisco Nanni, *Finsbury Park N*, premier chef de rang
Giuseppi Bochet, *Londres*, second chef de rang
R Boroker, *Cheshire*, première caissière (Mlle R Bowker)
ME Martin, *Acton*, deuxième caissière (Mlle M Martin)
WA Jeffrey, *Acton*, contrôleur
H Vine, *Acton*, assistant contrôleur
Albert Irvine, *Belfast*, aide-électricien
William Kelly, *Dublin*, fourrier
William Duffy, *Itchen*, fourrier
A Rous, fourrier
RJ Sawyer, laveur de vitres
W Hardie, laveur de vitres (W Horder)

Total : 74
Total rescapés : 13

Serveurs du carré des officiers :

WA Makeson
John Coleman, *Itchen*
S Blake (? Blake)
George Gumery
CWN Fitzpatrick (W Fitzpatrick)

Total : 5
Total rescapés : 2

Quartiers-maîtres :

S Humphreys
W Wynn (absent des listes de rescapés)
A Oliver (F Oliver)
R Hitchens, *Dongola*
G Rowe
A Bright (R Bright)
W Perkis (J Perks)

Total : 7
Total rescapés : 6

Vigies :

S Symons (G Symons)
F Fleet (F Flett)
JA Hogg (P Hogg)
F Evans (S Evans)
A Jewell
RR Lee (J Lee)

Total : 6
Total rescapés : 6

Matelots :

W Weller (W Wimie)
W Lucas
F Bradley
G Moore (L Moore)
WH Lyons
J Forward
A Horswick (J Horswell)
E Archer
F Osman
Stephen J Davis
C Taylor
F Crouch, *Cornouailles*
B Terrell
W McCarthy, *Cork*
T Jones, *Liverpool*
E Buley, (J Bewly)
CH Pascoe (C Hascoe)
H Holman
D Matheson
F Clench (absent des listes de rescapés)
G Church (F Church)
F Tamlin
Robert Hopkins (V Hopkins)
WC Peters
J Anderson
W Smith
FO Evans
J McGough (G McGough)
J Scarrott
P Vigett
W Brice
J Poingdestre (J Poing Derstoc)

Total : 32
Total rescapés : 20

Magasiniers :

A Kenzler
A Foster
H Rudd
C Newman

Edward Parsons
HH Thompson
JW Keran
FW Prentice
G Ricks
Arthur J Williams, *Walton*
CF Morgan, *Birkenhead*
EJW Rogers
SA Stap (Mlle S Stap)

Total : 13
Total rescapés : 1

Chauffeurs :

W Small, *Liverpool*
James Keegan, *Liverpool*
T Threlfall, *Liverpool*
F Walker
Thomas Ford, *Liverpool*
C Hendrickson (? Hendricksen)
W Mayo
T Davies
J Norris
T Graham
E Watetridge
J Wyett
J Thomas
C Otken
John Jactopin
C Altrams
C Painter
H Sparkman
F Reeves
W Lindsay
W Jarvis
R Price
W Brugge
T Knowles, *Lymington*
W Butt
G Rickman
H Smither
E McGaw
J Haggan
G Combes
W Light
R Pusey
R Triggs
R Cooper
F Young
J Dilley
E Gradidge
A Blatherstone
A Tizard
A Shiers
E Hannan
E Harris
George Nettleton
F Mardle
H Siniar, *Clapham*
W Watson
FM McAndrews
S Graves
R Hopgood
D Hanbrook
J Podesta
W Neithear
N Toas
Thomas James
J Blaney
J Taylor
A Head
JJ Moore
J Barnes
J Diaper (? Draper)
T Bradley
E Tegs
J Ward
F Barrett
J Mason
P Pugh
T Blake
W Ferris
H Cooper
W Cherrett
E Williams
J McGregor
GW Bailey
J Fraser
J Chorley
T Hart
T Hunt
FW Barrett
W Ball
T Laley, *East Dulwich*
G Kemish (? Kerrish)
A Streets (? Striet)
G Roberts
B Moss
George Milford
E Blien
T Instance
W Saunders
C Rice
R Turley
W McCaslan
A Black
C Biddlescomb
B Hands
M Golder
William McQuillan, *Belfast*
John Noon
B Cunningham
C Hewert
Thomas Shea
J Hall
C Barlow
G Beauchamp (? Beacha)
F Saunders
Thomas McAndrill
J Cummins (? Crummins)
G Marget
S Sullivan
C Biggs
Archibald Scott
W McRae
R Adans
D Cacceran
F Harris, *Gosport*
A May
F Shafper
W Mintram
G Hallett
H Olliver (? Oliver)
G Snelgrove
Charles Barnes
Frank Painter
C Judd
J Brown
E Flarty
F Rendell
G Tresher
J Taylor
W Bessant
W Major
G Burnett
E McGurney
F Wardner
W Hurst
Thomas Kerr
F Mason
A Burroughs (? Burrage)
A Witcher
G Godley
T Morgan
W Vear
H Vear
H Allen
W Cross
F Drel
J Pearse (? Pearce)
E Burton
WH Taylor
WH Noss
S Doyle (? Doel)
E Denville

W Clet
W Hodges
J Priest
H Blackman
L Dymond
G Pond
C Light
William Murdock
J Thompson, *Liverpool*
J Canner
A Curtis
S Collins
F Taylor
H Stubbs
J Richards

Total : 167
Total rescapés : 35

Soutiers :

J Dawson
W McIntyre
W Hinton
James McCann
T Casey
W Evans
J Haslin
F Carter
W Saunders
A Foyle
F White
R Proudfoot
S Maskell
B Gosling
J Read
J Brooks
William Wilson
H Lee
A Farrang
G Cavell
R Morrell
J Bevis
A Morgan
H Brewer
R Reid
H Coe
H Perry
Thomas P Dillon (absent des listes de rescapés)
A Dore
E Smith
E Tegs
A Hunt
F Harris
J Bellows
W Morris
S Webb
W Snooks
A Hebb
R Moore
B Mitchell
C Shillaher
H Stocker
A J Fagle
F Watts
H Ford
W Skeater
F Sheath
A Penney
H Calderwood
W Binstead (? Pinstead)
G Kearl
H Wood
J Hill
F Long
E Perry
P Blake
T White
H Crabb
W Long
S Gosling
E Snow
T Preston
G Pelham
G Green
E Ingram
J Avery
J Cooper
G Allen
W Fredericks
R Carr
E Elliott

Total : 71
Total rescapés : 10

Machinistes :

A White
J Jukes
Fred Kanchensen
C Keare
G Phillips
F Beattie
A Self
T Palles
O Eastman
A Veal
G Prangnell
T Rungem
W Pitfield
C Olive
F Godwin
F Woodford
M Stafford
A Morris
W Bott
J Couch
T McInerney
J Kirkham
T Fay
J Jago
J Tozer
R Baines
R Moores
D Gregory
E Castjeman
F Scott
F Goree
J Kelly
J Dannon

Total : 33
Total rescapés : 2

Stewards :

A Latimer, chef
George Dodd, second
JS Wheat, assistant en second (absent des listes de rescapés)
WT Hughes, assistant en second
William Moss, salon
W Burke, deuxième salon
AJ Goshawk, troisième salon
W Osborne
John Strugness
A Dubb
W Rovell, *Liverpool*
J Smillin, *Glasgow*
James Johnson (J Johnston)
AA Howe
CD MacKay (absent des listes de rescapés)
Henry Ketchley
W Dyer
W Brown
C Whalton (absent des listes de rescapés)
E Brown, *Holyhead*
A Kutchling
B Oaket

A Best
W House
H Cove, *Londres*
W Lucas, *Londres*
Tom Weatherstone
E Spinner
AW Barringer
A McMickea (A McMichen)
FD Ray
HI Lloyd
J Shea
F Allsop
JH Boyes
G Knight
AJ Littlejohn
Ernest T Barker, *Harringay*
R Jones
H Bristow, *Kent*
B Boughton
P Keen
F Crafter
J McMullin
H Fairall, *Ryde*
William Lake
S Nicholls
F Toms
B Thomas
JE Cartwright
RG Smith
M Rowe (? Rue)
George Evans
T Turner
G Cook
A Coleman
J Symons
J Ranson
W Cherubin, *île de Wight*
H Crisp
William Burrows, *Londres*
JH Stagg
JL Pury
L White
S Rummer
A Stroud
L Hoare
A Lawrence
E Hendy
A Derrett
AM Bagot
C Casswill
W Pryce
W Ward
L Whiteley, *Highgate*
E Burr
T Veal
F Wormald
P Dewlands
James Toshuch
W Taylor
WF Kingscote
T Warwick
AE Lane
AC Thomas
R Butt
J McGrady
P Ahler
H Bruton
F Hartnell
C Lydiatt
A Mellor
E Bagley
George Lefevre
DE Saunders
AD Harrison
H Yearsley
GF Crowe (absent des listes de rescapés)
J Boyd
J Butterworth
JW Robinson
JR Diveridge
FC Simmons
Joseph Dolley
Thomas Holland (L Hyland)
TWH Cowles
Ernest ET Freeman
W Boston
W Hawksworth
PW Fletcher
E Abbott
RE Burke, *Chandlerford*
C Back
Brooke Webb
E Hamilton
J Stewart (W Seward)
AT Broome
T Wright, *Shepherd's Bush*
E Bessant
J Painton
Ernest R Olive
S Holloway
W Carney, *Liverpool*
Alfred King
T Allen
L Perkins
WA Watson
CH Harries
A Barrett
A Mishelany
ET Corben
Samuel Ryler
F Morris (absent des listes de rescapés)
H Broome
E Major
F Pennol
Thomas Baxter
John P Penrose
W Gwann
A Hayter
T Clark
R Wareham
R Allen
F McCarthy (P McCarthy)
W Anderson
GR Davis
R Ide
RC Geare
H Wittman
S Gill
J Hill
E Harris, *Winchester*
C Edwards
JW Marriott
J Akerman
S Stebbings
H Fellows
C Jackson
W Henry
EJ Guy (EJ Gay)
J Scott
S Hiscock
F Hopkins
W Bunnell
E Hogue, *Dulwich Common* (? Hogan)
C Light, *Christchurch*
JA Bradshaw
P Ball
Donald Campbell, *Clerk*
WF Janaway
A Cunningham
T Hewitt, *Aintree*
A Crawford (H Crawford)
PP Ward
W Bishop
E Ward
T Donoghue
Charles Culling (C Cullen)
William Faulkener
Thomas O'Connor
W McMurray
C Stagg, *Liverpool*
H Roberts, *Bootle*
Charles Crumplin
SC Siebert
A Thussinger (A Tessinger)

W Bond
E Stone
H Etches
G Brewster
J Walpole
B Tucker
G Levett
F Smith
FB Wrayson
J Monks
John Hardy, *Highfield,* chef des deuxièmes classes
H Jenner
R Sconnell
PW Conway, *South Hackney*
M Rogers, *Winchester*
RJ Davies
H Philliene (H Phillamore)
G Bailey, *Shepperton*
Alan Franklin
R Parsons
R Russell, *Redbridge*
GE Moore
W Ridout
FH Randall
A Whitford
A Jones
WG Dashwood
MV Meddleton, *Putney*
T Seaton
N Daughty
C Harris
F Benham
E Stroud
C Jensem
WE Ryerson, *Walthamstow*
R Pirrafen
John Charman
Joseph Heinen, *Lewisham*
CW Samuel
Peter Alinger
J Hawksworth
Jacob V Gibbons
F Terrell (F Tirrel)
W Williams
H Christmas
B Lacey, *Salisbury*
JT Wood, *Upper Clapton*
C Andrews
G Robertson
H Humphreys
GH Dean
R Owen
H Gunn
WT Kerley, *Salisbury*
WH Nichols (SH Nichols)
RJ Pacey
F Kelland, *Bitterne,* bibliothèque
FW Edge
J Witter (J Whitter)
H Bulley
J Chapman
W Perren
G Hinckley
JG Widgery (JG Willgery)
G Barrow
F Ford
C Smith
W Boothby
? Mackie
J Byrne, *Ilford*
C Reed
G Beeden, *Harlesden*
EW Hamblyn
H Bogi, *Eastleigh*
EH Petty
EF Stone
W Suvary
C Cook
A Harding
J Longmuir, *Eastleigh*
Arthur E Jones
F Hambley
A Burray
Mme Snape, *Sandown*
Mme Wallis
James Kiernan
SF Geddunary
L Mullar, inspecteur
A Pearcey
W Dunford
J Brookman
HP Hill
F Ford
C Taylor
R Bristow
F Edbroke, *Portsmouth*
J Mabey
AD Nichols
G Chitty
V Rice
SG Barton
WD Cox
A Ackerman
JA Prideaux
HJ Flight
S Daniels
R Mankle
EB Ede
W Sivier, *Paddington*
L Knight, *Bishopsgate*
A Mantz (Mansea)
H Ingrouville
J Hart
G Talbot
WE Foley (C Foley)
F Port
H Finch
M Thaler, *Croydon*
WH Egg
E Hilemot
M Leonard, *Belfast*
Richard Halford
HR Baxter
AE Peasel
T Mullin
CJ Savage (PJ Savage)
G Evans
H Prior
A Pugh
C Cecil
H Ashe
C Crispin, *Eastleigh*
J White (J Whitter)
W Wright
W Willis
A Lewis (AER Lewis)
T Ryard
WT Fox

Total : 324
Total rescapées : 46

Femmes de chambre :

M. Slocombe, *Londres*
A Caton, *Londres*
K Gold
Annie Martin, *Portsmouth*
EL Leather, *Port Sunlight*
M Bennett (K Bennett)
M Gregson
VC Jessop
M. Sloan, *Belfast*
E Marsden
TE Smith
MK Roberts, *Nottingham*
H McLaren
A Pritchard, *Londres*
A Robinson
B Lavington, *Winchester*
E Bliss
K Walsh

Total : 18
Total rescapés : 17

Cuisiniers :

W Sammons
F Gallop
C Ruskimmel
W Slight
J Lovell
W Caunt
J Hutchinson
JR Ellis
G Ayling
J Orr
HE Beverly
H Welch
C Coombs
William Thorley
H Jones
W Bedford

Total : 16
Total rescapés : 1

Marmitons :

FAJ Hall
W Bull (P Bull)
J Collins, *Belfast*
H Ross, *Londres*
F Martin, *Fareham*
Joseph Colgan
W Platt
G Allan
G King
W Inge
Reginald Hardwicke (R Hardrick)
William Beere
C Smith
Harry Shaw, *Liverpool*
A Simmons

Total : 15
Total rescapés : 6

Boulangers :

C Joujhi, chef (J Joughin)
J Giles
JJ Davies
W Hine, *Lyndhurst*
C Burgess
H Neal
J Smith
L Wake
G Ching
F Barnes
A Barker, *Winchester*
E Farenden, *Emsworth*
A Lauder
G Feltham

Total : 14
Total rescapés : 3

Bouchers :

A Mayhew
T Topp, *Farnborough*
F Roberts
C Mills
T Parker
W Wilsher
H G Hensford

Total : 7
Total rescapés : 3

Garçons de salle, coiffeurs, barmen, etc. :

JB Crosbie
W Ennis, *Southport*
Leonard Taylor, *Blackpool*
AH Whiteman (G Whiteman)
A White, *Portsmouth*
H Keene
P Gill
H Johnston
H Hatch
Ernest Brice, *Acton*
Charles Furvey, *Acton*
J Phillips, *Southampton*
E Yorrish, *Gatti*
C Scavino, *Gatti*
Angelo Knotto, *Gatti*
P Pourpe, *Gatti*
R Urbini, *Gatti*
Ertera Vahassori, *Gatti*
Narsisso Bazzi, *Gatti*
Enrics Ratti, *Gatti*
Guido Casali, *Gatti*
Geno Jesia, *Gatti*
Giovanni Batihoe, *Gatti*
Robert Nieni, *Gatti*
V Gilandino, *Gatti*
Benjamin Theyn, *Londres*
E Poggi, *Gatti*
Orovello Louis, *Gatti*
Alonzo B Aptix Di Antonio, *Gatti*
David Beux, *Gatti*
B Bernardo, *Gatti*
Louis Biatti, *Gatti*
J Monros, *Gatti*
Alfonso Meratti, *Gatti*
G Lavaggi, *Gatti*
Lornetti Mario, *Gatti*
Rinaldo Ricadone, *Gatti*
Abele Rigozzia, *Gatti*
Giovanni de Martiro, *Gatti*
Maurice de Treacq, *Gatti*
Albert Provatin, *Gatti*
Sebastiano Serantino, *Gatti*
Itile Donnati, *Gatti*
Aber Pedrini, *Southampton*
P Rousseau, *Gatti*
Henri Bollin, *Gatti*
Auguste Contin, *Gatti*
Adrian Charboisson, *Gatti*
Jean Vicat, *Gatti*

Total : 51
Total rescapés : 2

Autres membres de l'équipe Gatti :

Henry Jaillet
Georges Jouan Wault
Pierre Vilvarlarge
Morel Conraire
Louis Dornier
Jan Pachera
Giovanni Monteverdi
Louis Desornini
Adolf Maltman
H Voegelin
Gerald Groxlaude
Jean Blumet
George Aspilagt
C Teitz
Carlo Leiz
F Bertoldo
Paul Mange, secrétaire (Paul Mauge)
G Salussolia
E Testoni
Tazez Sartori

Total :10
Total rescapés : 1

Rescapés n'apparaissant pas sur la liste des membres d'équipage :

SJ Rule (absent des listes de rescapés ou des membres d'équipage)
W Mells
? Pelboun
? Casper
? Nutlearn
? Fryer
S Humphreys
J Piggott
F Louis
RP Fropper
T Ranger (T Granger)

Total : 11
Total des membres d'équipage : 884
Total des membres d'équipage rescapés : 183

Liste des membres d'équipage du *Titanic* absents pour cette traversée

A Haveling
W Sims
V Penny (W Penny)
C Blake
A Slade
Thomas Slade
D Slade
W Burrows
J Shaw
F Holden
B Brewer
E di Napoli
B Fish
P Kilford
WW Dawes
P Ettlinger (absent des listes des membres d'équipage)
R Fisher
A Manley (absent des listes des membres d'équipage)
WJ Mewe
P Dawkins
ET Bowman
J Coffy

Liste des remplaçants embarqués

Renny Dodds
L Kinsella
E Hosgood, *Londres*
W Lloyd
H Witt
D Black
A Windebank
A Locke
J Brown, *Eastleigh*
F O'Connor
W Dickson
T Gordon

Liste des rescapés embarqués sur le *Carpathia* et emmenés à New York qui n'apparaissent pas sur la liste des passagers. Après comparaison avec celle des membres d'équipage, il reste 98 survivants de plus que sur les listes officielles.

Ajal, Bemora
Akelseph, Alous
Aloun, Badmoura
Anton, Louisa
Argenia, Mme Genova et deux enfants
Artonon, V
Asplund, William
Barawich, George
Barawich, Harren
Barawich, Marian
Barlson, Rinat
Bassette, Mlle
Behr, KH
Billa, Maggie
Boskstrom, Masy
Bonas, John
Bridgett, Ros
Brown, Mlle E
Burns, Mlle OM
Bury, Richard
Casem, Boyen
Cassebeer, Mme HA
Chandanson, Mlle Victorine
Charles, William E
Charters, John
Cheang, Foo
Choonson, John
Collett, D
Collier, Gosham
Crosby, Mlle Harriet
Daly, Charles
Daniel, Sarah
Deanodelman, Delia
Domunder, Theodore
Doyt, Agnes
Eldegrek, Leonek
Emearmaslon, Renardo
Fastman, Daniel
Frolicher, Max
Frolicher, Mme
Fulwell, Mme J
Hamann, Maria
Hanson, Mlle Jeannie
Hemwig, Croft
Holverson, Mme AO
Hosono, Masabumi
Jacques, Mme
Jap, Jules
Jermyn, Mlle Mary
Jerserac, Inay
Joblom, S
Josburg, Siline
Joseph, Katherine
Joseph, Nigel
Jusefa, Carl
Jusefa, Manera
Kenton, Miriam
Kesorny, Florence
Kinorn, Krikoraen
Kockovaen, Erickau
Kolsbottel, Anna
Koucher, Mlle Emile
Krigesne, Jos
Lang, Hee
Lare, Eleoneh
Lesneur, Mme Gustav
Ludgais, Amo
Maioni, Mlle Ruberta
Malle, Bertha
Maloney, Mme R
Manga, Margaret
Manga, M Paula
Manv, Julio
Maran, Bertha
Marlkarl, Hauwakan
Marrigan, Margaret
Marshall, Mlle Katey
Marson, Adele
Massey, Marion
Mathgo, Karl
McCoy, Ernest
McDearmont, Mlle Leila
McGovan, Anna
Merrigan (Harrigan)
Messelmolk, GD
Messelmolk, Anna
Missulmona, Amina
Mock, Mme Phillipe
Modelmot, Celia
Moubark, Burns
Muhun, Erikorian
Nern, Hannah
Nevatey, Margaret
Nonbarek, Jiron
Noberek, Halin
Nubulaket, Samula
Nyhan, Anna
Oamb, Nicola
Olivia, Mlle
Ollmson, Sourly
Olman, Virma
Ongalen, Helena
Ornout, Alfred F
Osplund, C Anderson
Oumsun ?
Patro, Hobesa
Pericault, Mlle A
Person, Eames
Picard, Benoit
Pinsky, Mlle Rose
Ranelt, Mlle Appic
Reibon, Anna
Renago, Mme Naman J
Schurbint, John
Scunda, Assed
Scunda, Famine
Segisser, Mlle Emma
Serepeca, Mlle Augusta
Seward, Frederick K
Shine, Axel
Sibelrome, Agnes
Sibelrome, Rose
Simpson, Mlle Anna
Sindo, Beatrice
Smith, Mme LP
Sofia, Anna
Steffanson, HB
Strinder, Julo
Submaket, Fituasa
Sulici, Nicola
Waters, Mlle Nellie
Wilson, Mlle Helen
Wimhormstrom, Amy E
Zenn, Phillip
Zuni, Fabin

Total des rescapés n'apparaissant pas sur la liste des passagers : 135

Divers totaux de rescapés

1. Nombre minimum de rescapés, d'après le ministère du Commerce avant enquête : 703.

2. Nombre de rescapés, d'après le commandant Rostron : 705.

3. Nombre officiel des rescapés d'après la commission d'enquête britannique : 711.

4. Nombre de rescapés identifiés par la White Star sur la liste du 20 avril 1912 : 757.

5. Nombre total des rescapés après comparaison des listes de la White Star, des témoignages oculaires, des déclarations de la presse et des listes transmises par le *Carpathia* : 803.

APPENDICE 2

NAVIRES EN MER SUR L'ATLANTIQUE NORD LA NUIT DU DRAME

GRT = tonne de jauge brute
* = propriété de l'IMM

Almerian : 2 948 GRT, 107 m, Leyland Line, Grande-Bretagne*

Amerika : 22 622 GRT, 204 m, Hamburg-Amerika Line, Allemagne

Antillian : 5 608 GRT, 128 m, Leyland Line, Grande-Bretagne*

Asian : 5 614 GRT, 128 m, Leyland Line, Grande-Bretagne*

Athinia : 6 742 GRT, 128 m, Hellenic Trans-Atlantic Steam Navigation, Grèce

Baltic : 23 876 GRT, 216 m, White Star, Grande-Bretagne*

Birma : 4 859 GRT, 119 m, Rotterdamsche Lloyd, Hollande

Bruce : 1 553 GRT, 76 m, Reid Newfoundland Company, Grande-Bretagne

Californian : 6 223 GRT, 134 m, Leyland Line, Grande-Bretagne*

Campanello : 9 291 GRT, 143 m, HW Harding, Grande-Bretagne

Caronia : 19 687 GRT, 198 m, Cunard, Grande-Bretagne

Carpathia : 13 603 GRT, 162 m, Cunard, Grande-Bretagne

Celtic : 20 904 GRT, 207 m, White Star, Grande-Bretagne*

Deutschland : 3 710 GRT, 103 m, Deutsch-Amerika Petroleum, Allemagne

Dora : douze petits bâtiments portaient ce nom, dont un de 2 662 GRT, 89 m, H. Schuld, Allemagne

Dorothy Baird (trois-mâts) : 241 GRT, 36 m, James Baird, Grande-Bretagne

Etonian : 6 438 GRT, 145 m, Wilson & Furness-Leyland, Grande-Bretagne

Frankfurt : 7 431 GRT, ? m, Norddeutscher Lloyd, Allemagne

La Provence : 13 753 GRT, 184 m, Compagnie générale transatlantique, France

Memphian : 6 305 GRT, 122 m, Leyland Line, Grande-Bretagne*

Mesaba : 6 833 GRT, 150 m, Atlantic Transport, Grande-Bretagne

Mount Temple : 8 790 GRT, 148 m, Canadian Pacific Railway, Grande-Bretagne

Olympic : 46 359 GRT (déclaré sous 45 324 GRT), 270 m, White Star, Grande-Bretagne*

Parisian : 5 395 GRT, 135 m, Allan Line, Grande-Bretagne

Paula : 2 748 GRT, 86 m, Deutsch-Amerika Petroleum, Allemagne

Pisa : 4 959 GRT, 119 m, Hamburg-Amerika Line, Allemagne

Premier : 374 GRT, 47 m, Merritt & Chapman, Grande-Bretagne

President Lincoln : 18 168 GRT, 183 m, Hamburg-Amerika Line, Allemagne

Prinz Friedrich Wilhelm : 17 082 GRT, 139 m, Norddeutscher Lloyd, Allemagne

Rappahannock : 3 884 GRT, 113 m, Furness Withy, Grande-Bretagne

Samson : 506 GRT, 45 m, Saefaenger Co., Norvège

Saturnia : 8 611 GRT, 139 m, Saturnia Stream Ship Co. (Donaldson Brothers), Grande-Bretagne

Trautenfels : 4 699 GRT, 119 m, Deutsch Dampfschiffahrt, Allemagne

Victorian : 10 635 GRT, 159 m, Allan Line, Grande-Bretagne

Virginian : 10 757 GRT, Allan Line, Grande-Bretagne

Ypiranga : 8 103 GRT, 137 m, Hamburg-Amerika Line, Allemagne

REMERCIEMENTS

Les auteurs acceptent la pleine responsabilité des erreurs ayant pu survenir dans ce livre. Ils désirent par ailleurs exprimer leurs vifs remerciements aux personnes citées ci-dessous pour leurs conseils et leur aide, leurs encouragements et les informations qu'elles ont pu leur fournir.

Le Dr Robert Ballard, du Woods Hole Oceanographic Institute, Massachusetts ; Frederick Banfield ; la British Titanic Society (Steve Rigby, de Golborne, Lancashire, et Geoff Whitfield, de Liverpool) ; Annette Boon ; John Clifford, du *Cork Examiner* ; John P. Eaton, de New York ; le Geological Survey of Canada, Ottawa ; Lynn Gardiner ; Don Lynch, de la Titanic Historical Society, Redondo Beach, Californie ; Tommy McCluskie, de Harland and Wolff, Belfast ; Ken Marschall, Redondo Beach ; John Miller ; Michael Shaw, de Curtis Brown ; Ion Trewin, et ses collègues de Weidenfeld and Nicolson et de Orion Publishing Group ; George Tulloch, de la RMS Titanic, New York ; Ralph White, de Los Angeles ; Dinah Wiener, de Dinah Wiener Ltd.

Nous souhaitons aussi remercier le personnel de la

Bodleian Library, Oxford ; la Guildhall Library, Londres ; la Lloyd's Register Library, Londres ; la London Library ; les Archives nationales, Washington ; le musée national de la Marine, Greenwich ; les Archives nationales, de Belfast et Kew, Surrey ; les Bibliothèques nationales d'Oxford et Richmond, Surrey ; Trinity House, Londres ; la Witt Library, du Courtauld Institute, Londres.

Nous devons une reconnaissance particulière aux personnes ci-après pour les citations issues de leurs œuvres :
Robert D. Ballard, pour *The Discovery of Titanic* ; George M. Behe, pour *Titanic Tidbits* (n° 2), « The Bridge Paid No Attention to my Signals » ; A et C Black Ltd, pour *Who's Who* and *Who was Who* ; Michael Davie, pour *The Titanic, the Full Story of a Tragedy* ; John P. Eaton et Charles A. Haas, pour *Titanic, Triumph and Tragedy*, et pour *Falling Star* ; Stanley Jackson, pour *J.P. Morgan, the Rise and Fall of a Banker* ; le *National Geographic*, pour son numéro d'avril 1986 ; l'Oxford University Press, pour son *Dictionary of National Biography* ; Patrick Stephens Ltd et Shipping World and Shipbuilder, pour *Ocean Liners of the Past, Olympic and Titanic* ; les Studio Editions Ltd, pour *Fighting Ships of World War I* (édition 1990) ; le Titanic Signals Archive, pour *The Loss of the Titanic*.

Au cas où nous aurions omis de citer certaines personnes, nous leur présentons nos excuses et leur demandons de nous en prévenir, suite à quoi nous ferons le nécessaire pour que cette erreur ne se reproduise pas dans les éditions à venir.

TABLE DES MATIÈRES

Direction littéraire
Huguette Maure
Isabelle di Natale

Graphiste
Pascal Vandeputte

Attachées de presse
Nathalie Ladurantie
Myriam Saïd-Errahmani
Sophie Hourdequin

Composition P.C.A.
Bouguenais (L.-A.)

Impression réalisée sur CAMERON par
BRODARD ET TAUPIN
La Flèche

pour le compte des Éditions Michel Lafon
en juin 1998

Imprimé en France
Dépôt légal : juin 1998
N° d'impression : 6112U-5
ISBN : 2-84098-419-9
50-1715-7
ML 522